ISBN978-4-7963-0268-5 C3015

INDIAN LOGIC

VIII

In Honour of Professor Matsuda Kazunobu
on His Sixtieth Birthday

November 2015

Association for the Study of Indian Logic

INDIAN LOGIC, No.8
(インド論理学研究 INDO-RONRIGAKU-KENKYŪ 第Ⅷ号)

Editors
MATSUMOTO Shirō
KANAZAWA Atsushi
YOTSUYA Kōdō

c/o Kanazawa Atsushi
Faculty of Buddhism, Komazawa University,
1-23-1 Komazawa, Setagaya-ku, Tokyo,154-8525, Japan
e-mail:kanazawa@komazawa-u.ac.jp

First published November 2015 by the Association for the Study of Indian Logic.

ISSN 1884-7382
ISBN 978-4-7963-0268-5 C3015

ISSN 1884-7382

インド論理学研究

Ⅷ

松田和信教授還暦記念号

平成 27 年 11 月

イ ン ド 論 理 学 研 究 会

インド論理学研究

平成 27 年度（第Ⅷ号）

目次

松田和信教授を讃える（松本史朗） 1

クマーリラにおける個体と普遍の非別異—アリストテレスとの比較—（吉水清孝） 5

Nyāyakalikā 著者問題再考（片岡啓） 31

『般若心経』の「空性」—サンスクリット文法学の観点から—（畝部俊也） 49

ツォンカパ中観思想における二つの自性（福田洋一） 75

瑜伽行中観派における『解深密経』（四津谷孝道） 103

『瑜伽師地論』「摂決択分」におけるアーラヤ識の第一論証の解釈について（山部能宜） 123

梵文『雑阿含』道品「偈頌・要句集」(1) —TT VIII A, lines 1-7—（細田典明） 145

Saṃyuktāgama の新出梵文写本断簡（生野昌範） 161

梵文和訳『讃法界頌』1–51 偈（加納和雄） 177

アシュヴァゴーシャの失われた荘厳経論（上野牧生） 203

大般涅槃経の St. Petersburg 所蔵梵文新断片について（幅田裕美） 235

維摩の文殊に対する最初の挨拶—梵文『維摩経』第４章第４節覚書—（米澤嘉康） 247

華厳経「普賢菩薩行品」第78-121偈の梵文テキスト（松田和信） 255

松田和信著作リスト 269

Toward a Critical Edition of the *Laṅkāvatārasūtra*: The Significance of the Palm-leaf Manuscript（HORIUCHI Toshio） 275

A Preliminary Report on the Newly Found Sanskrit Manuscript Fragments of the *Bhaiṣajyavastu* of the Mūlasarvāstivāda *Vinaya*（YAO Fumi） 289

A Brief Survey on the Sanskrit Fragments of the *Viniścayasaṃgrahaṇī*（CHOI, Jinkyoung） 305

インド古典修辞学におけるutprekṣāについて—ダンディン著『美文体の鏡』を中心として—（和田悠元） 319

ダルマキールティの恋歌（金沢篤） 335

欧文目次 365

編集後記（金沢篤） 367

松田和信教授を讃える

松本　史朗

私は、これまで松田和信教授に、一方ならぬ御世話になってきた。それも、一方的に御世話になってきたのである。『インド論理学研究』の本号は、その松田教授が還暦を迎えられたことに祝意を表することを主要な趣旨として刊行されるものと思われるから、私としては当然、一定の学問的水準に達する学術論文を本号に寄稿しなければならない筈なのであるが、今の私には、それができない。それは、一つには、既に私は『駒澤大学仏教学部論集』(46,2015) に、松田教授の還暦に祝意を表するための論文を、「『五蘊論分別疏』和訳」として寄稿していたことによる。

従って、松田教授には、甚だ相済まない思いがするが、ここでは、教授と私のこれまでの交流について、かなり個人的な追想のごときものを述べて、松田教授に再度、祝意と謝意を表することにしたい。

私が初めて松田和信教授と知り合ったのは、というよりもむしろ、私が松田教授のお名前を初めてお聞きしたのは、やはり袴谷憲昭先生を通じてであったように思う。即ち、松田和信という若いが優れた研究者がいると伺ったように記憶する。もっとも、袴谷先生と私とのやりとりのことであるから、もし間違っていたら、袴谷先生にも、また松田教授にも、申し訳ないことであるが、もしかすると、“とてもよくできる男がいる”というようなかなりストレートな表現であったかもしれない。当時は、袴谷先生と私は大変親しくしていたので、様々の仏教学者の仏教理解について散々話し合ったような気がするが、その袴谷先生から他の仏教学者を高く評価する言葉は殆ど聞いたことがないように思う。しかるに、その袴谷先生が褒めるのであるから、松田というひとは、きっとすごい学者なのだろうと私は想像していた。

ところが、実際に松田教授にお眼にかかってみると、その柔和な笑顔と柔らかな物腰に驚かされた。しかし、同時に、少し学問的な会話をしただけでも、松田教授の柔和な物腰の陰に、明確に反権威主義的とでもいうべき雰囲気が、私には感じられたのである。この点を、袴谷先生は、反官学という表現で、私に述べられたかもしれない。いずれにせよ、およそ松田教授ほど、いかなる意味でも、権威主義的な姿勢から、遠く距離を置かれている方はいないであろう。松田教授が権威を笠に着て発言する姿など、とても想像することができない。

また、これも袴谷先生からの情報だと思うのだが、高崎直道先生が、松田教授の論文を極めて高く評価したということも、伺ったような気がする。それは、『仏教学セミナー』

34号(1981年)に掲載された「Nirvikalpa-praveśa-dhāraṇī について—無分別智と後得智の典拠として—」という論文のことだと思われるが、今、その論文を読み返してみても、その学問的水準の高さに驚かされるのである。即ち、松田教授は、『唯識三十頌安慧釈』等に無分別智と後得智の典拠として引用されていた *Nirvikalpapraveśadhāraṇī* とも呼ばれる経典の梵文断片をギルギット写本の中に発見し、その断片全てのローマ字転写を示すとともに、『法法性分別論』の所説との密接な関係等を論証された。これは、瑜伽行派の思想的研究に対する重大な貢献であることは、言うまでもない。

この論文は、正確には、松田教授の処女論文とは言えないようであるが、今や、梵語写本研究の世界的権威となった松田教授が、極めて初期の段階から、梵語写本研究の重要性を認識し、写本に基いて文献学的思想的研究を始められていたことを、示しているであろう。なお、松田教授は、その後15年を経て、サンクト・ペテルブルグ写本をも用いて、「*Nirvikalpapraveśadhāraṇī* —梵文テキストと和訳—」(『佛教大学総合研究所紀要』3, 1996)を公表し、この経典に関する研究を完成されたと思われるが、この第二の論文では、第一論文を作成した時のいわば動機について、「偶然にも、グプタ書体で書かれた写本中の一連の文字が"vijñaptimātra"と読みうると確信した時の感激は忘れられない。—良くも悪くも筆者の写本研究の出発点がこれである」(p.90,n.2)と振り返っておられる。

その後も、高崎先生と袴谷先生は、一貫して、松田教授の学問を高く評価しておられたが、一度、松田教授と二人で話していたとき、教授が突然、袴谷先生の唯識研究が如何に画期的で卓越したものであるか、私に向かって熱弁を振るわれたことがあった。それは、特に、真諦訳『決定蔵論』に出る阿摩羅識の原語を、宇井伯寿博士が amala-vijñāna と見なしたことに対して、袴谷先生が、1979年に、その原語を āśraya-parivṛtti「転依」であると論証し、amala-vijñāna なる語も、そのように呼ばれるような特別な識も、原典には存在しないと解明されたこと(袴谷憲昭『唯識思想論考』大蔵出版、2001年、pp.374-378)に関してであったように記憶する。

松田教授の言を俟たずとも、私は袴谷先生が日本における唯識研究の第一人者であることを、疑ったことはない。ただ、専門的知識を欠いている私に対して、松田教授は、専門的立場から、袴谷先生の唯識研究の画期的意義を力説されたのであろう。このことに関連して、私はしばしば、松田教授を、例えば、岡部和雄先生などに、日本の唯識研究のナンバーツーの大学者ですなどと紹介したような記憶があるが、今にして思えば、松田教授には、甚だ失礼なことであった。ただし、松田教授と私とでは、ナンバーワンは袴谷先生ということで、常に意見は一致していたから、松田教授にも、お赦しは頂けるのではないかと思う。

松田教授の学問を早くから高く評価されていた先生としては、勿論、櫻部建先生をはずすわけにはいかない。櫻部先生が、松田教授にとって、恩師と呼ぶべき先生であるのかどうか、他人の私は言うべき立場にはないが、しかし、櫻部先生が、松田教授を学者として極めて高く評価しておられたことは、私もよく知っている。それには、私なりの理由があるのだ。

櫻部先生といえば、私にとっては、仏教を学び始めた当初から、誠実な学問の鑑のように感じられていた先生である。即ち、私が駒澤の仏教学部に入ったのが、1969 年 4 月のことであるが、その直前の 3 月 30 日の日付で、櫻部先生の『倶舎論の研究　界・根品』の初版が、法蔵館から出版された。この書は、私の妻が同年 11 月に購入し、その後は私が、第一級の研究書として、大切に使用している。

ところで、私は、櫻部先生と長期にわたって文通したことがあった。私が論文等をお送りすると、先生は最近は目が悪くなって文字がよく読めないという言葉とともに、必ず貴重なコメントや指摘を含む書状を下さるのだった。そして、そのコメントに対して、私が意見を申し上げると、それに対して、また先生から返信をいただくということの繰り返しで、何時まで経っても文通が終わらないという感をもったことがあった。しかるに、この文通の中で、松田教授のことが話題になったことがある。

それは、私が松田教授に何か論文をお送りした時、その中で、原始仏典の教理について、私が無知をさらけ出したことがあったのであろう。それに対して、松田教授は、私の無知を指摘され、かつ、「阿含の世界は深いですよ」と返信で言われたのである。実は、この指摘は、私にとって、大変有難いものであった。というのも、その後、私は、膨大な原始仏典中に説かれる様々な教理について、正確な理解を持たなければならないと考えるようになったからである。それまでの私は、中観思想の研究者として、阿含や倶舎の教理をやや軽視する傾向があったかもしれない。

ところで、松田教授から、私にとって貴重なものとなるこのような指摘を頂いたとき、櫻部先生と文通中であった私は、先生への手紙に、「松田さんから、阿含の世界は深いですよ、というお叱りを受けました」と冗談半分に書いたところ、先生は、（これは、文面からはっきりとわかったのだが）、嬉しそうに微笑まれて、「松田さんが、そんなことを言われましたか。あの人は、稀有の学人です」と御手紙に書いてこられた。櫻部先生が、松田教授を本当に高く評価し、心から愛しておられたことが知られて、私まで幸せな気分になった。そして、「稀有の学人」という言葉が、松田教授の名前とともに、私の心に刻み込まれた。

なお、松田教授と私の間に、論文上における学術的交流が全くなかったわけではない。私は、「チャンドラキールティの論理学」(『駒澤大学仏教学部研究紀要』43,1986,pp.172-169）において、松田教授の指摘を全面的に認めて、『入中論』の所説に関する自らの誤解を訂正することができた。一方、松田教授は、「Vyākhyāyukti の二諦説」(『印度学仏教学研究』33-2,1985,pp.752-751）において、『倶舎論』の pūrvācārya とも関連する『釈軌論』の二諦説に関する私見を、認めてくださった。

また、これには驚かされたが、純粋に文献学的な成果とも言える松田和信『インド省図書館所蔵　中央アジア出土大乗涅槃経梵文断簡集』(東洋文庫、1988 年、p.9,n.24）において、松田教授は、如来蔵思想は仏教にあらずと論じる私の論文に言及されたのである。私は、これはやや場違いなのではないかと感じたのであるが、松田教授の意図はどのようなものだったのであろうか。いずれにせよ、高度に学術的な教授の著作に言及されたことを、私は光栄に思っている。

なお、「一闡提不成仏」が『涅槃経』本来の立場であると見る私にとっては、松田教授の「本書で取り上げた新たな断簡によっても、『涅槃経』の「北本」十一巻以降に対応する梵文写本は発見できなかった」(前掲書、p.28）という論述は、重要なものであった。その後も、松田教授からは、新出の梵文写本の研究にもとづく貴重な著書をいただいているが、私の学力不足のため、充分に活用できていないのは遺憾である。

最後に、松田教授の別の一面についても、触れておきたい。教授は、いわゆるがり勉というか、全く研究一筋というタイプの方ではない。多趣味の方であって、高校時代は、かなりのミュージシャンであったとお聞きしている。このことに関連した楽しいエピソードを一つ記しておこう。私は、2005 年、ロンドン大学で開かれた国際仏教学会(IABS)に参加した。同会の理事でもある松田教授も当然参加されていて、私達は会場で顔を合わせた。しかし、お互いの発表を聞くこともなく、会議終了後のある夕べ、ピカデリー・サーカスで落ち合った。一緒に「オペラ座の怪人」というミュージカルを観に行くためである。何でも、松田教授は、既に一度、このミュージカルを観たということだが、主役の女優の声が大変素晴らしいので気に入ったと言われ、私と私の妻の切符も入手していただき、私達は三人で、ロンドンの一夜を「オペラ座の怪人」を心ゆくまで堪能して過ごしたのだった。

松田和信教授ほど親切な人はいないであろう。同時にまた、世界的な大学者でもある。教授の今後さらなる御活躍と御健康を祈り、再び祝意と謝意を表して、この極めて個人的な拙い一文を閉じることにしよう。

クマーリラにおける個体と普遍の非別異
—アリストテレスとの比較—

吉水 清孝

ミーマーンサー学派は古代の宗教文献であるヴェーダの解釈学派として紀元前三世紀ごろ成立したが，六世紀になると思想界に台頭し，クマーリラ・バッタ（560–620 頃[1]）は，哲学的諸問題におけるミーマーンサーの立場を確立した。クマーリラを祖とする流派（バーッタ派）の代表的テーゼのひとつに，「個体と普遍との別異かつ非別異（bhedābheda）」がある。クマーリラは初期著作『詩節評釈』（*Ślokavārttika*）において，存在する個体は観点に応じて，他の同類の個体と共通する普遍の相のもとにも，また普遍とは異なる特殊な相のもとにも捉えられると説いている[2]。インドでは，普遍の単一性を否定しつつもこれと類似した普遍論上の相対主義が，哲学的諸問題について一方的断定を避けるジャイナ教において説かれている[3]。けれども文字通り虫一匹殺さない徹底した不殺生を説くジャイナ教と，「ヴェーダ祭式の中で生贄の殺生をしても何ら罪にならず，逆にそういう殺生は善行の最たるものである祭式のために必要不可欠である」と説くミーマーンサーとは，実践論において鋭く対立している。従って存在論の面においても，ミーマーンサーが言う「個体と普遍との別異かつ非別異」は，表面的にはジャイナ教の相対主義と類似していても，実は何らかのミーマーンサー独自の動機から立てられているのではないだろうか。

一方古代ギリシャでは，アリストテレスが『カテゴリー論』において，様々なカテゴリーの述語によって陳述される個体を「第一の実体」（*prōtē ousia*）であるとし，また「人」

---

* 本稿は，「クマーリラにおける個体と普遍」（吉水 forthcoming）の第 2 節・第 3 節に関し，典拠を示しつつ，対応するアリストテレス存在論の側面を述べるものである。

[1] クマーリラの年代を吉水 2012 では 570–630 頃としたが，現在筆者は 560–620 頃と想定する。吉水 2015:註 1 および註 33 参照。

[2] 吉水 2012: 1.1 及び 1.3 参照。

[3] *Āptamīmāṃsā* (ĀM) v. 34abc: satsāmānyāt tu sarvaikyaṃ pṛthag dravyādibhedataḥ / bhedābheda-vivakṣāyām「しかし全てのものは，［語り手が］別異を意図するか非別異を意図するかに応じて，存在という普遍の観点からは同一であり，実体などの相違の観点からは別々である。」；*Syādvādamañjarī* (SM) v. 4ab: svato ’nuvṛttivyativṛttibhājo bhāvā na bhāvāntaraneyarūpāḥ /「諸々の存在（個体）は自ずから［他存在との］連続と断絶に与るものであり［他学派の想定する普遍などの，個体とは］別の存在によりその本質を理解すべきものではない」；*Parīkṣāmukha* (PM) 4.1: sāmānyaviśeṣātmā tadartho viṣayaḥ「それ（知識手段 pramāṇa）が志向する対象は普遍と特殊を本質とする」（野武 2000: 73–74 参照）。Prabhācandra は，クマーリラが諸々の同種の個体に備わる普遍は同一であるとすることを批判する（*Pramāṇakamalamārtaṇḍa* [PKM] 473,19–476,8；野武 2001: 28–35 参照）。シャーンタラクシタは *Tattvasaṃgraha* (TSg)「ジャイナ教学説の考察」章の中で，ジャイナ教批判の途中（vv. 1745–1746, vv. 1776–1778）でクマーリラの bhedābheda 説を引用し批判する。若原 1996 参照。

や「動物」等の普遍（*katholou*）は「それは何であるか」という問いに対する答えとなるので，普遍はカテゴリーの一つとしての実体，「第二の実体」であるとも言う。しかし『形而上学』では感覚的な個体を第一の実体とせず，普遍のうち最も個体に近い種概念の対象であり，個体がそれ自体で何であるかを言う「本質」（*to tí ēn einai*）こそが第一の実体であると言い，さらに『形而上学』第 7 巻第 6 章では「各々の事物それ自ら（*auto hekaston*）とそれの本質とは，付帯的な意味においてではなしに，一つであり同じ（*hen kai tauto*）である」[4]と述べている。すると「この或る人」（*ho tìs anthrōpos*）という個体は，他の人個体のもたない付帯性を全て捨象して，個体に最も近い種概念「人間」の一事例とみなす限りにおいては，類概念を含む階層的な普遍の全てとではないが，種概念の対象となる本質「人間」とは非別異であるということになるだろう。ではクマーリラはどのような意味において「個体と普遍の非別異」を言うのだろうか。

I. 個体と普遍の差異化―普遍を介した個体への志向

１．アリストテレス

(1)　実体（*ousia*）というカテゴリーとしての普遍

アリストテレスは，学問的探求の基礎として，ものを認識してそれを言語表現するとはどういうことか，存在のとらえ方の枠組みはどうあるのかを『カテゴリー論』で論じた。そこには，カテゴリーという名のもとに，存在を陳述する仕方の基本的な十の類型が説かれている[5]。*kathēgoria* とは古代ギリシャにおける告訴のことを言うから，裁判には必ず，何らかの罪状でもって告訴された被告がいるのと同様，何ごとかの陳述をする場合にも，それについて陳述がなされる何らかの対象が，カテゴリーとは別に必ず存在する。そして目で見て手で触れられるような感覚的な個体は，或る時（*pote*「いつ」）に或る場所（*pou*「どこで」）で存在し，色などの何らかの性質（*poion*「どの様か」）をもち，特定の数量（*poson*「どれだけか」）のもとに量られ，他の存在と独特の関係（*pros tí*「何に対し」）を結ぶというように，カテゴリー諸部門に属するこれらの属性は何らかの個体の「うちにある」ものとして陳述される[6]。

4　出隆（訳），岩波文庫（上巻），p.245；原典 Bekker 版 1031b19–20: *hèn kaì tautò ou katà symbebekòs autò hékaston kaì tò tí ễn eĩnai* (ed. W. Jaeger, Oxford Classical Texts, p. 138)

5　『カテゴリー論』第 4 章。

6　性質（*poiotēs*）は何らかの個体のうちにある，すなわちそれから離れては存在しない。『カテゴリー論』第 2 章 1a24–25：「何かのうちに（*en tini*），それの部分としてではなく帰属し（*hyparkhon*），それがそのうちにある（*en hōi estin*）当のものから離れて（*khōris*）存在することは不可能である，というもの」（中畑 2013: 14）。ただし逆に，個体にとって性質は恒常ではなく，アリストテレスは性質のうちに，安定しより長時間持続する「性向」（*hexis*）と，すぐに変化する「状態」（*diathesis*）とを区別する（『カテゴリー論』第 8 章 8b27–9a10）。

但し個体に対して時間空間上の位置や，特定の性質や数量が「そこにある」と陳述する際，もし「太郎」などの固有名を用いての陳述でないならば，先に「人」「牛」「馬」等の普通名詞を用いて，対象となった個体が「何であるか」を限定しておくことが必要であり，その上で，「その人はしかじかの場所にいる」「その牛はしかじかの性質をもつ」「そこにいる馬はしかじかの頭数である」などと陳述することが出来る[7]。そして普通名詞による陳述は，個々の人，個々の馬に対して等しく可能であるから，「人」「馬」といった普通名詞の意味するものを「普遍」（*katholou*）という[8]。そしてアリストテレスは，普遍が「何であるか」への答えとなることから，普遍はカテゴリーとしては，「A は B である」の「である」を表すサンスクリット語動詞 asti に対応するギリシャ語 *esti* の現在分詞 *ont* に接辞 *ia* を付けて作られる「ウーシア」（*ousia*）という部類を成すとした。この *ousia* が日本ではこれまで「実体」と訳されてきた[9]。

(2) 個体—第一に「基体となるもの」としての実体

同じ個体を主語として，例えば「馬である」「哺乳類である」「動物である」というように，幾つもの普遍でもって述定することが可能である。しかし普遍どうしの間では，対象をどれほど明確に知らしめるかという点で顕著な差がある。例えば動物と馬を比べた場合，動物一般がもつあらゆる特性は全て馬にも備わっているが，馬は牛などの他の種の動物にはない固有の特性をも備えている。対象を動物として知るよりも，馬として知る方が，情報量が多いという理由で「何であるか」をより明確に知ったことになる。それ故，同じ個体に述定される数々の普遍は上下の階層を成し，上位の普遍はより広い範囲の存在に述定されるが，それに伴う情報量は乏しく，下位の普遍はより狭い範囲の存在にしか述定されないが情報量は多い。従って実体（*ousia*）が「何であるか」への答えとなるものと定義さ

---

7 『カテゴリー論』第 5 章 2b6：「それゆえ，第一の本質存在が存在するのでなければ，それ以外のいかなるものも存在することは不可能である。」（中畑 2013: 22）。「第一の本質存在」とは，これまで「第一実体」と日本語訳されてきた，種により限定され「この何々」と呼ばれたかぎりでの個体のこと。

8 『命題論』第 7 章 17a38–17b1：「私が言いたいのは，複数のものに述定されるという性格をもともともっているものが普遍的（*katholou*）であり，そうでないものが個別的（*kath' ekaston*）であるということだ。例えば人は普遍的なものの一つだが，カリアスは個別的なもののひとつである。」（早瀬 2013: 123）。インドにおける Vaiśeṣika 学派の padārtha 体系のうち「普遍」（sāmānya）と「特殊」（viśeṣa）は，名目上は『カテゴリー論』の挙げる 10 カテゴリーの中に見あたらないが，実質的には第一のカテゴリーとしての「実体」（個体に対する第二実体）に相当する。カテゴリーは述語の適用対象ではなくその内容であるから（*katēgoria* のラテン語訳 *praedicatum* の英訳が predicate），むしろ個体としての dravya が，アリストテレスの言うカテゴリーには含まれていない。

9 *ousia* は，新版『アリストテレス全集』（岩波書店）では，「本質存在」と訳される。『カテゴリー論』補注 E（中畑 2013: 95–98）参照。ただし本稿執筆時点では『形而上学』新訳が未だ刊行されていないので，『形而上学』出隆訳との整合性を図るために本稿本文では，これまで通り「実体」と訳す。

れる以上，一般に下位普遍の方が上位普遍よりもより一層実体であると言える[10]。また上下の階層を成す普遍のうち，「人間は動物である」などと，下位の普遍（種）を主語として，上位の普遍（類）でもってそれに関して述定することが出来るが，逆に「動物は人間である」などと，類を主語として種で述語づけることは出来ない。従って種は必ず類に先立って措定されているので，種は類の「基体」[11]（*hypokeimenon* 下に置かれたもの）となる[12]。

そして普遍のうちで最も個体に近い種と，その種に属する個体とを比べるならば，種がもつあらゆる特性は必ずその個体にも備わっている[13]。一般に人間は二本足で立てるが，もし太郎について「人間である」と言えるならば，太郎は，事故や病気で健全な足または背骨を失わない限り，必ず二歩足で立てるはずである[14]。しかし，逆にいかなる陳述においても，他のものが個体の基体となる，つまり個体に先立って措定され個体がそれについて陳述される，ということはない[15]。個体は，普遍のように他のものを述定することがない以上「カテゴリーとしての実体」ではないけれども，陳述の際の主語となる，言い換えれば，あらゆる部類の属性の基体となる点で，個体は性質などのみならず普遍にも勝っている。このため『カテゴリー論』では，「何であるかの答えとなること」とは別の，「他のものの基体となること」という基準から，個体が第一実体，普遍が第二実体と差異化され

10　『カテゴリー論』第 5 章 2b7–14; 中畑 2013: 20 参照。

11　新版『アリストテレス全集』（岩波書店）では，「基に措定されたもの」と訳される。『カテゴリー論』補注 B（中畑 2013: 90–91）参照。*ousia* と同じ事情で，本稿本文ではこれまで通り「基体」と訳す。

12　『カテゴリー論』第 5 章 2b19–21：「なぜなら，〈種〉は〈類〉のもとに措定されているからである（*hypokeitai*）。事実，〈類〉は〈種〉について述定される（*katēgoreitai*）が，〈種〉が〈類〉について述定されるという相互換位は成立しない。」（中畑 2013: 23）。

13　『カテゴリー論』第 5 章 2a19–25：「何かが基に措定されたものについて語られるなら，その語られるものの名称も説明規定（*logos*）も，そのもとに措定されたものについて述定されることは必然である。例えば，特定の或る人間を基に措定されたものとして，それについて人間が語られる場合には，確かにその名称「人間」もその基に措定されたものに述定されるし...，また人間の「何であるか」を示す説明規定も（*ho logos de tou anthrōpou*），特定のある人間について述定されるだろう。」（中畑 2013: 20）。

14　個体は，個体にとって自体的な普遍による「である」にせよ，皮膚の色などの性質や身長体重の数量など，付帯的なその他の属性による「にある」にせよ，あらゆる陳述の際の基体となることができる。『カテゴリー論』第 5 章 2b15–17：「さらに，第一の本質存在が最も優れた意味で本質存在と言われるのは，それ以外の全てのものの基に措定されており，そして他のすべてのものは，それについて述定されるか，あるいはそのうちにある，という理由による。」（中畑 2013: 23）。

15　『カテゴリー論』第 5 章 2a11–14：「さて，最も本来的でかつ第一義的（*prōtōs*）そして最も優れた意味で，まさにそれであるもの（本質存在）と呼ばれるのは，ある何らかの基に措定されたものについて語られる（*kath' hypokeimenou tinos legetai*）のでもなく，ある基に措定されたもののうちにある（*en hypokeimenōi tini estin*）のでもない，という条件を満たすものである。例えば，特定のある人間，あるいは特定のある馬がそうである。」（中畑 2013: 20）。

ている[16]。いずれの陳述も，もとをただせば何らかの個体に関する陳述であるとするアリストテレスの見解は，現実世界での個別事例の収集と観察を，学問にとって必要不可欠とする彼の学問観に起因するものである[17]。

２．クマーリラ

(1) 語による認識における個体と普遍

インドで最初の普遍に関する議論は，紀元前三世紀ごろサンスクリット文法学において語の意味論の一環として興った。文法学者たちは単語を，格語尾を付す広義の名詞と，人称語尾を付す動詞に大別した上で，「固有名は名付け親が自由に，恣意的につける名前であるが，それ以外の名詞を適用して対象の陳述ができるのは，対象の側に何らかの客観的な根拠があるからである」と考えた。広義の名詞には普通名詞のみならず形容詞も分詞も含まれるが，例えば「牛」などの普通名詞を適用するには牛性（gotva）などの普遍が，「白い」などの形容詞を適用するには性質が，「歩いている」などの分詞を適用するには行為（運動）が，それぞれの適用の根拠（pravṛttinimitta）として対象のうちに有る[18]。形容詞や分詞は対象の一時的なありかたを表すのみだが，普通名詞は対象が存在する限りそれに適用できるので，普通名詞は名詞の中心と考えられる。このため普通名詞の果たす機能はいかなるものかが特に議論されて，例えば語「牛」は牛性という特定の普遍と結びついていて，普遍を直接に表示するという普遍説と，個々の牛個体と結びついていて，個体（dravya）を直接に指示するという個体説が対立した[19]。普遍説は，誰もが同じ語を用いて支障なくやり取りをしている以上，語による認識の対象は個体の個別性に関わりなく同一であるはずだという立場で提起され[20]，個体説は，人は普遍そのものではなく個々の存

---

16 『カテゴリー論』第 5 章 2a14–16：「これに対して「第二の本質存在」と呼ばれるのは，第一の本質存在と呼ばれるものがそのうちに帰属する（*hyparkhousin*）〈種〉，およびそのような〈種〉を包括する〈類〉である。」(中畑 2013: 20）。

17 アリストテレスは『形而上学』第 7 巻第 3 章（1029a33–1029b12；出（上）233）において，学問においてはまず各人にとって身近な，感覚的な事物（*aisthētēs*）から出発して，「それの自然においていっそう多く可知的なもの」（*ta tēi physei gnōrima*）すなわち法則の探求へと進むべきであると述べている。

18 *Mahābhāṣya* (VMBh), pt. 1, 19,20–21: catuṣṭayī śabdānāṃ pravṛttiḥ. jātiśabdā guṇaśabdāḥ kriyāśabdā yadṛcchāśabdāś caturthāḥ.

19 VMBh on *Aṣṭādhyāyī* (A) 1.2.64; Scharf 1996: 101–149 参照。McCrea (1999)は書評で，Scharf が abhidhā を訳すのに用いた訳語 denotation の概念が曖昧であると指摘する。

20 VMBh I, 242,10–23: “ākṛtyabhidhānāt vaikam vibhaktau vājapyāyanaḥ.” ākṛtyabhidhānād vaikaṃ śabdaṃ vibhaktau vājapyāyana ācāryo nyāyyaṃ manyate, ekākṛtiḥ sā cābhidhīyata iti. kathaṃ punar jñāyata ekākṛtiḥ sā cābhidhīyata iti. “prakhyāviśeṣāt.” na hi gaur iti ukte viśeṣaḥ prakhyāyate śuklā nīlā kapilā kapotiketi. yady api tāvat prakhyāviśeṣāj jñāyate ekākṛtir iti. … “jñāyate ca ekopadiṣṭam.” jñāyate khalv apy ekopadiṣṭam. gaur asya kadācid upadiṣṭo bhavati. sa tam anyasmin deśe ’nyasmin kāle anyasyāṃ ca vayovasthāyāṃ dṛṣṭvā jānāty ayaṃ gaur iti. 「『或いは，［語は］形相を直接表示するがゆえに，格語尾の前には一つとヴァージャピャーヤナは』(Vārttika 35）。或いは，［語は］形相を直接表示するがゆえに，［複数形で

在だけを行為により扱えるのであって，語による認識も行為で扱えるものの範囲を超えないはずだという立場で提起されている[21]。

ただし文法学派での語の意味の普遍説と個体説は，普遍実在論と唯名論のように存在論において対立しているのではない。「白牛」などの複合語を両説でどう説明するかを見ると，「白」と「牛」という複合語支分が対象にどのように関わると考えるかが対照的であるに過ぎない。普遍説の場合，「白牛」は「白」が直接に表示する白色と「牛」が直接に表示する牛性とが連結（saṃsarga）することにより，複合語「白牛」が両方を併せもつ個体を対象とすることになる。個体説の場合，複合語「白牛」では，「白」は白い全個体を直接表示することにより，白以外の色の個体全てを排除（bheda）し，「牛」は牛である全個体を直接表示することにより，牛ではないもの全てを排除することによって，複合語「白牛」が対象とする個体がいずれからも排除されていないものとなる[22]。普遍説でも個体説でも，複合語の支分どうしが共通の対象をもつこと（sāmānādhikaraṇya）を，属性と個体のいずれに語が直接に関係するかという経路を異にしつつ説明している。個体説において，排除をおこなう語の働きは，一群の個体に共通する単一の普遍があるとするか，唯名論の

あっても］格語尾の前には一つの語（語幹）があるのが正しいとヴァージャピャーヤナ師は考える。『形相は一つであり，それが直接表示される』と。いかにして形相は一つであり，それが直接表示されると知られるのか。『認識に差がないから』（Vārttika 36）。『牛』と言われたときには，［聞き手に牛が］白色か青黒色か黄褐色か鳩色かという差異は認識されないから。…『また一度教示されれば知られる』（Vārttika 38）。或る人に或る時，［語『牛』と共に］牛が示されたなら，彼は他の場所で，他の時に，［対象の］他の年齢状態においても，『これは牛である』と知る。」

21 VMBh I, 244,8–16: “dravyābhidhānaṃ vyāḍiḥ.” dravyābhidhānaṃ vyāḍir ācāryo nyāyyaṃ manyate, dravyam abhidhīyata iti. “tathā ca liṅgavacanasiddhiḥ.” evam ca kṛtvā liṅgavacanāni siddhāni bhavanti, brāhmaṇī brāhmaṇaḥ, brāhmaṇau brāhmaṇāḥ iti. “codanāsu ca tasyārambhāt.” codanāsu ca tasyārambhān manyāmahe dravyam abhidhīyata iti. gaur anubandhyo ’jo ’gnīṣomīya iti. ākṛtau coditāyāṃ dravya ārambhaṇālambhanaprokṣaṇaviśasanādīni kriyante.「個体（dravya）の直接表示とヴァーディは」（Vārttika 45）。［語は］実体を直接表示するというのが正しいとヴァーディ師は考えて『個体が直接表示される』と［言う］。『そうすれば性と数が成立』。このように考えれば，『brāhmaṇī brāhmaṇaḥ』という性の区別と，『[brāhmaṇaḥ] brāhmaṇau brāhmaṇāḥ』という数の区別が成立する。『また諸教令において，それに対する行為開始のゆえに』（Vārttika 45）。また諸教令において，それ（個体）に対する掴み［等］のゆえに我々は『個体が直接表示される』と考える。『牛が［ソーマ祭本祭当日での最後の］anubandhya 犠牲獣であり，山羊が［ソーマ祭本祭前日の］agnīṣomīya 犠牲獣である』という［教令において］，形相が教令の対象となっていたとしても，個体に対して，掴む・生贄にする（本稿註 29 参照）・潅水する・切り分ける等の諸行為が為される。」

22 VMBh pt.1, 364,24–25 (on A 2.1.1): kaḥ punar bhedaḥ saṃsargo vā. iha rājña ity ukte sarvaṃ svaṃ prasaktaṃ puruṣa ity ukte sarvaḥ svāmī prasaktaḥ. ihedānīṃ rājapuruṣa ity ukte rajā puruṣaṃ nivartayaty anyebhyaḥ svāmibhyaḥ puruṣo ’pi rājānam anyebhyaḥ svebhyaḥ.「しかし bheda とは何であり，saṃsarga とは何であるか。［bheda について：］ここ（『王の僕』rājapuruṣa/ “rājñaḥ puruṣaḥ”）において，『王の』と言われると全ての［王の］所有対象が［関係項として］仮想生起し，『僕』と言われると全ての主人が仮想生起する。そこで今度は『王の僕』と言われると，『王』が僕を他の諸々の主人から退かしめ，『僕』も王を他の諸々の所有対象から退かしめる。」Joshi-Roodbergen 1968: 80; Matilal 1971: 118–119; 川上 1994: 61–62 参照。文法学の語形派生説明において，prasaṅga「仮想生起」（小川 2014: 57 による訳語）は，何らかの規則に依る限り或る辞の生起が仮想されること。

ように個別の個体しか存在しないとするかには関わらない。牛の個体が牛性をもつことは否定されていないのであるから，文法学派での語の意味の個体説は，唯名論とは言えない。

(2) 文におけるトピック提示とコメント陳述

ミーマーンサー学派は，ヴェーダの言葉のみならず全ての語の本体は物理的音声の生滅を超えて恒常であり，語が恒常である以上，その意味も恒常な存在であるはずだとし，更にヴェーダの祭式規定は時代を超えて人が順守すべき規範であるとの信念から，個体説を斥けて普遍説を採用した[23]。しかし語の意味を習得済みの人にその語だけを提示しても，普遍以外に何ら新規の情報を提供できない。ミーマーンサーでは，ヴェーダは経験的には知り得ない宗教的認識をもたらすという立場から，正しい認識の根拠となる知識手段（pramāṇa）一般が人に新しい情報をもたらすものでなければならないとするので[24]，語自体は知識手段とは言えない[25]。しかし単語を組み合わせた文は，聞き手にとって有意義な，新しい知識をもたらすことが出来る。文に組み込まれた単語のうち一つが，その文で取り上げる主題を提示し，もう一つの単語が，その取り上げられた主題に関して，聞き手が知らなかった新しい情報を陳述するからである。ミーマーンサーでは，文が提示する主題を uddeśa，主題に関して陳述された新しい情報を文の側から見て「規定されるべきもの」（vidheya）ないし聞き手の側から見て「取り込まれるべきもの」（upādeya）と呼んでいる[26]。文がこのような二重の働きをするという考え方は，文を単位とした現代の語用論にお

---

23 *Śābarabhāṣya* (ŚBh) on *Mīmāṃsāsūtra* (MmS) 1.3.30–35; Scharf 1996: 273–288 参照。

24 Steinkellner と Krasser (1989: 3, n.2)が指摘したように，クマーリラは apūrvārthavijñāna が pramāṇa の必要条件であることを Ratnakīrti が引用する *Bṛhaṭṭīkā* 断片（RNA 113,10–12）で明確化している。

25 普遍は恒常に存在するはずのものであるから，普遍そのものを主語として，それが「有る」と言えば蛇足になり，「無い」と言えば自己矛盾になってしまう。これに対し，普遍ではなく個体を主語とした文であれば，個体は生じ滅するから，その個体について「有る」とか「無い」という陳述ができる。ŚV, Vākyādhikaraṇa v.311: jāter astitvanāsitve na ca kaś cid vivakṣati / nityatvāl lakṣyamāṇāyā vyaktes te hi viśeṣaṇe //「種の本質が有ること・無いことを誰も意図することはない。［種の本質は］恒常だから。何故なら［有ること・無いことは］間接的に理解されてくる個体の限定要素だから。」

26 vidheya と upādeya は共に，一つの規定文の中に現れる新情報を言うが，前者は行為遂行を命ずる言明の側から，後者は言明を聞き取り行為に携わる人間の意識の側から言い表した表現である。*Jaiminīyanyāyamālāvistara* (JNMV) の著者マーダヴァは，anuvādya と vidheya の一組を「言葉に条件づけられたもの」（śabdopādhika），uddeśya と upādeya の一組を「意識と身体に条件づけられたもの」（manaḥśarīropādhika）と呼んで区別する（JNMV 56,16–21; Yoshimizu 2003: n.10）。

"upādeya"を成す動詞 upa-ā-√dā は，人間が何らかの目的達成のために対象をもちいて儀礼をおこない，対象を祭式の中に取り込むことである。これに対し，或る儀礼をするのに必要な前提となるものは，その儀礼自体によっては取扱いの対象とならないので，それを「取り込まれ得ないもの」（anupādeya）と言う。anupādeya には，まず，祭式を行う場所（deśa），定期祭（nitya）および臨時祭（naimittika）それぞれの場合の祭式すべき時（kāla）と機会（nimitta）がある。また果報（phala）は祭主がそれの獲得を願って祭式を行うところのものであるが，祭主は果報獲得への願いをヴェーダに強制されてではなく，自発的に抱くのであるから，果報獲得を願望することは，ヴェーダの規定に則って祭式を行うための前提であり，anupādeya に含まれる。更に浄化儀礼（saṃskāra）はいず

いて，文をトピックとコメントに分けるのと一致する[27]。祭式テキストは，煎じ詰めれば料理のレシピのようなものであり，その各部分は，儀礼の段取りを或る段階まで進めた人に，次に何をすべきかを知らせるものである。米をといだ料理人に対し「米を炊け」という規定が発動したとき，この規定は，既にといで洗った米を主題（トピック）として，それを炊く，即ち水を加えて加熱することを，次に為すべき行為として陳述（コメント）している。

(3) 文における新情報としての個体を志向した認識

れも，何らかの物資（dravya）が祭具や供物として祭式で用いるのに相応しくなるよう，それを浄化する行為であり，それぞれの儀礼において，物資の方が「浄化さるべきもの」（saṃskārya）という anupādeya であることになる。

（1）一般に祭式の中で行われる各儀礼は，これら 5 種の祭式構成要素のいずれかに関係づけられて，規定文での規定対象（vidheya）となっている。祭式文献の読者は，それら 5 種のいずれかを志向（ud√diś）しつつ，つまり儀礼の対象ではなくその前提となっていることを意識しつつ（anupādeya かつ uddeśa），規定対象とされた儀礼を実行する。（2）しかしながら例外的に（MmS 第 2 巻第 3 章第 13 論題の例文），5 種の anupādeya に関しても，それを規定対象（vidheya）とする規定文がありうる。先にそれらを明記せずに祭式行為を命ずる教令があって，さらにその祭式行為を指示する代名詞と共に，それら何れかを明記した規定文があれば，後者はそれを，先行する教令での規定対象だった祭式行為を為すべき時や場所や機会，ないし得られる果報であると定めた配属規定文（viniyogavidhi）であることになる（anupādeya かつ vidheya）。（3）配属規定文自体は，祭式行為への督促を自ら起こすことがなく，その督促をする働きのある別の規定文，起動規定文（utpattividhi）を前提する。これによって，祭式テキストにおいて督促されていると考えられる祭式行為の数を，最小限に合理化することが出来る。起動規定文の規定対象であった祭式行為は，配属規定文において，祭式行為以外の祭式構成要素をそれと関連付けるために再言及（anuvāda）される。するとこれを認識した読者の意識においては，配属規定文に従って儀礼を行う際に，再言及されたものが志向対象（uddeśa）となる（upādeya かつ uddeśa：先行規定文で vidheya であったものが anuvādya に転換）。(4) 祭式行為への督促を自ら起こす起動規定文は，人がその祭式をすべき場所・時・機会に臨んでいる，ないしその祭式により得られる果報を望んでいるという，祭式にとって外的な条件のもとで，祭式行為をするよう督促する。また配属規定文のうち一次的なものは，起動規定文により督促された祭式行為を行うために何が必要な物資であるかを定め，二次的なものは，その物資を祭式で用いるに相応しくなるように浄化する儀礼を定める。いずれの規定文も，或る条件のもとで（uddeśa），何を祭式の中に取り込むべきかを規定の対象として定めている（upādeya かつ vidheya）。以上四つの場合分けを，クマーリラは TV 619,25–27 で要約している。Yoshimizu 2003: 24–25 参照。

一般に祭式儀礼の規定文は，読者が自らの行為により祭式の中に取り込むべきもの（upādeya）は何であるかを規定対象（vidheya）として陳述するが，あわせて，いかなる条件のもとで，規定に従い行為すべきなのかをも提示（uddeśa）する。規定文の中には，果報への願望など，祭式の中に取り込み得ない（anupādeya），祭式とって外的な要因を対象（vidheya）として陳述するものもあるが，それは祭式行為すべきことを督促する起動規定文にその要因が明記されていなかったという例外的な場合に起きるに過ぎない。この場合を度外視するならば，一般的には，規定文対象（vidheya）は人が祭式の現場で取り込むべきもの（upādeya）であると言えるので，語用論の用語を用いて，uddeśa を規定文において提示されたトピック， upādeya を規定文において陳述されたコメントとみなすことが出来る。

[27] Brown-Yule 2003: 29–30; 80; 189; 193; 234 参照。

しかしながら「米を炊く」という行為で言えば，加熱することができるのは米の普遍，米性ではなく，その場にある何合かの米粒という個体のみである。そしてミーマーンサーでは，いかなる普通名詞も単独では何らかの普遍を表示するのみだとする。すると，普通名詞でもって個体について陳述することは如何にしてできるのだろうか。

この問いに対してミーマーンサーでは，名詞としては普通名詞しか含んでいない文であっても，語幹に付加された語尾の文法的な数表記によって，つまり語尾が単数形・両数形・複数形のいずれであるかによって，個体についての陳述ができると考える。ただしミーマーンサーでは，「個体」を表わすのに dravya ではなく，専ら vyakti という語を用いる（dravya と vyakti の差異については後述）。

例えば，覚醒作用のあるソーマの液を祭火にくべ，神々を讃える大規模祭式があるが，ソーマ祭には必ず副祭式として生贄の献供もあり，その最初のものがソーマ献供をする最終日の前日に行われる。この日を迎えると，ソーマ祭を開始した祭主に対して，「家畜を掴むべし」（paśum ālabheta）という，ヴェーダのテキストの中では初めて犠牲祭について定めた規定文が発動する[28]。まず動詞が「掴むこと」，即ち「祭式用に立てた柱に繋いだのち生贄にすること」[29]を命じ，更にそれをトピックとして提示した上で，「それでは何を生贄の手段とすべきか」[30]という問いに対し，名詞「家畜を」（paśum）がコメントして答え

---

[28] “paśum ālabheta”はヴェーダからの引用そのものではない。シャバラは paśvekatvanyāya を扱う論題で，*Taittirīyasaṃhitā* (TS) 6.1.11.6 の一部“yó dīkṣitó. yád agnīṣomī́yam paśúm ālábhate”を引用する。この引用は，“purā́ khálu vā́vaíṣá médhāyātmā́nam ārábhya carati yó dīkṣitó.”「さて実にこの者は，潔斎をして，長きにわたり祭式のために自分自身を掴んだままでいる。」の末尾と，それに続く“yád agnīṣomī́yam paśúm ālábhata ātmaniṣkráyaṇa evā́sya sá.”「彼がアグニとソーマへの家畜を掴むなら，それは彼にとって自身を買い戻すことに他ならない。」の冒頭より成る。ミーマーンサーでは規定文“paśum ālabheta”が，この“yó dīkṣitó. yád agnīṣomī́yam paśúm ālábhate”に含意されているとみなされており，シャバラは grahaikatva 論題註の末尾（ŚBh 724,7）で“paśum ālabheta”を例文としている。

Agnīṣomīya の家畜犠牲祭実行を督促する教令として，TS 6.1.11.6 から“yó dīkṣitó. yád agnīṣomī́yam paśúm ālábhate”が，そのままでは規定文の体を成していないにも拘わらず引用されるのは，最も頻繁にミーマーンサーの例文典拠となる（Garge 1952: 99）TS のブラーフマナ部の中で，これが家畜犠牲祭に言及する最初の箇所だからであろう。TS 6.1 は祭場への入場と祭主の潔斎，さらにソーマの購入と祭場への搬入を定めており，家畜犠牲祭の次第を定めるのは TS 6.3 であるが，それに先立ち TS 6.1.11 末尾で，Agnīṣomīya の家畜犠牲祭を，祭主が潔斎により自分を生贄となした後でおこなう，自分自身を買い戻すための祭式として意義付けしている。

[29] Cf. ĀpŚS 7.13.8: “sāvitreṇa raśanām ādāya paśor dakṣiṇe bāhau parivīryordhvam utkṛṣya ‘ṛtasya tvā devahaviḥ pāśenārabhe’ iti dakṣiṇe ’rdhaśirasi pāśenākṣṇyā pratimucya ‘dharṣā mānuṣān’ ity uttarato yūpasya niyunakti. ”「サヴィトリの祭詞（yajus）を唱えつつ紐を手に取り，家畜の右の前足に巻きつけ，上に引いて，『天則の縄により，私はお前を，神の供物として掴む（ārabhe）』(TS 1.3.8b)と唱えて，縄でもって斜めに［首の左を通して］頭の右側に結び付け，『君は人間たちに対して毅然としてあるがよい』(TS 1.3.8c)と唱えて，祭柱の北側に繋ぐ」 W. Caland (1921: 244)は，このスートラへの訳註の中で，“Fasse ich dich an”は“Binde ich dich an”と同値であり，paśvālambha は paśubandha と同義であると言い，「[「掴む」ārabhe は，犠牲祭という］祭式全体を暗示して，主要行為のうちの一つ［即ち祭柱への縛りつけ］に言及する」と解する。TS 6.3.5.1–2 も参照。

[30] “paśum ālabheta”で paśum には対格語尾が使われているが，祭主にとって家畜は祭式行為により

ている。この名詞は，語幹が家畜性を表示して「行為の対象は家畜であること」を陳述するのみならず，語尾の単数形が「意図されたもの」（vivakṣita）であることによって，「行為の対象は一つであること」をも陳述している[31]。体を使って行う儀礼行為は個々の物体

得ようとする目的ではないので，その対格語尾は「行為者にとり最も望ましいもの」（A 1.4.49: kartur īpsitatamaṃ karma）と定義される客体（karman）を表すのではなく，むしろ祭式行為の手段（karaṇa）となるものを表す。このような場合の対格語尾は kāraka 一般を表すことが，“saktūñ juhoti”において対格名詞は献供の目的を表してはいないと解釈する「挽き割り麦（saktu）の定理」（MmS 2.1.11–12）より導かれる。Cf. TV 410,27–411,12: dvitīyā tāvat karmatvaṃ pradhānarūpam ātmaśaktyā vadati, tat tv iha balavatā kāraṇāntareṇa virudhyamānatvān nāśrīyate. tena tu kārakaviśeṣātmakatvād yat kārakasāmānyam avinābhūtaṃ lakṣyate tad aviruddhatvād vivakṣyate. tatraitāvān artho vijñāyate homasya kārakaṃ saktava iti. na ca sāmāmyaṃ nirviśeṣaṃ vyavahārakṣamam iti viśeṣāpekṣāyāṃ karaṇatvaṃ bhaviṣyati. “dravyāṇāṃ karmasaṃyoge” iti bhūtabhavyasamuccāraṇanyāyāt.「[“saktūn juhoti”での］対格語尾は，まずはじめに，［挽き割り麦は献供行為に対し］主要素となる客体であることを，自身の表示能力によって語る。しかし今の場合このことは，より強力な別の理由と矛盾するから，依拠されない。しかしそれ（対格語尾）は，［客体が］特殊な kāraka であることにもとづいて，それと不可離である kāraka の普遍を間接表示するのであり，それ（kāraka の普遍）は［より強力な理由と］矛盾しないから，意図されている。それ（対格語尾）において『挽き割り麦は献供の kāraka である』というだけの意味がある。そして特殊を欠いた普遍は言語慣用に堪えないのであるから特殊に対する期待がおこり，［その特殊な kāraka は］手段であることになるであろう。『諸々の物体が行為と結合するとき』(MmS 6.1.1)云々という，既に生じたものを表わす語とこれから生ずべきものを表わす語が共に発話されるときの定理（本稿次註参照）に基づいて。」

31　ここでは「何を生贄にすべきか」と問う者に伝えるべき新情報が二つに分裂してしまったのではなく，特定の普遍と特定の数とが共同して，一つの問いへの答えを形成している。このことをクマーリラは，一つの目的を実現するために幾つもの要因が手段として共同することが一般に見られるから，こう解釈できると説明している。TV 724,22□26: paśau punar dravyasya niṣprayojanatvāt saktuvad avivakṣitepsitārthayā dvitīyayā kārakasāmānyaṃ lakṣayitvā tadviśeṣākāṅkṣāyāṃ satyāṃ bhūtabhavyasamuccāraṇadravyakarmasaṃyoganyāyena karaṇatvena guṇabhāve ’vagamite sarveṣām eva jātidravyasaṃkhyāliṅgānāṃ bhāvanāṃ yāgaṃ ca pratyupādīyamānatvād avairūpyeṇa viśiṣṭaikabhāvanā-vidhānād arthāpattilabhyaviśeṣaṇavidhyantarāvirbhāvāc caikavākyatvasiddhiḥ.「しかし『家畜［を掴むべし］』においては，物体（家畜自体）は［生贄行為の］の目的にならないから，『ひき割り麦を［献供する］』の場合と同様，［対格語尾が使われていても］『［行為主体に］最も望まれていること』が意図されてはいないので，［ここでの］対格語尾は kāraka 一般を間接表示した上で，それの限定要素への期待が起きる。すると，既に生じたものと生ずるべきものとが共に［規定文で］発話されている場合の物体と行為との結合に関する定理により，［家畜は生贄行為の］手段であることにより従属要素となると理解されるので，［家畜の］種の本質と物体と数と性別の全てが，bhāvanā および祭式行為に対して取り込まれることとになるから，［この規定文は，これらによって］統一的に限定を受けた bhāvanā を規定していることになるから，更に，［祭式行為の規定とは別に，祭式行為の］限定要素を定めた別の規定が，arthāpatti により，必要なものとして顕現するから，［規定対象が幾つもあっても］構文的統一があることが成り立つ。」

「生じたものと生ずるべきものとが共に［規定文で］発話されている場合の物体と行為との結合に関する定理」について，クマーリラが dravyakarmasaṃyoga と表現していることから，Someśvara は MmS 6.1.1 “dravyāṇāṃ karmasaṃyoge guṇatvenābhisaṃbandhaḥ”を指すものと解する（NSu 1044,6–7）。MmS 6.1.1 は svargakāma 論題の反論者説であり，「天界を望む者は祭式すべし」の「天界」を dravya と見なすことによって，それが祭式行為に従属すると主張する。しかしながら，それを定理として前提したうえで，「［家畜の］種の本質と物体と数と性別の全てが，bhāvanā および祭式行為に対して陳述される」と言うのは，直前の aruṇā 論題（MmS 3.1.12）に基づくものである。それによれば，規定文「曙色で，黄色目の一歳牝でもって，ソーマを購入する」（aruṇayā piṅgākṣyā^ekahāyanyā

のみを取り扱うことが出来る。また数量をもつものは普遍ではなく個体である。ここで普遍は，数量と共同して，扱うべき個体がいかなるものかを認識するように働く手段とされており，個体が主，普遍が従として差異化されている。名詞「家畜」によって家畜個体が表示されているわけではないが，まず語幹によって対象が「何であるか」を，即ちいかなる普遍をもつかを限定した上で，数表記によって「どれ程の量であるのか」とその数量の見当をつけさせるのだから[32]，普遍と数量を介して家畜個体が志向されているのである。

II. 個体と普遍の非別異—個体に内在する普遍への志向

1．アリストテレス

(1) 本質—「それ自体で何であるか」としての実体

アリストテレスは，実体とはいかなるものかの考察を『形而上学』において更に深めていく。『カテゴリー論』では「他のものの基体となる」という実体の基準により，「個体はあらゆる他のものの基体として陳述の対象となるが，それ自身は他のものに関する陳述の内容とならない」という理由で，個体が「第一実体」とされた。そこでこの実体の基準を更に徹底して，個体に関して陳述される内容を次々と捨象していくならば，究極の基体としての実体を個体の中に見出せるように思われる。例えば木で作った一つの箱は，特定の色・堅さなどの性質や，大きさ・重さなどの分量をもつ。これらは全て，そこにある木材の集積に備わった属性として陳述されているとみて捨象できよう。するとどのようなとも形容できない，ただの木材の集積という質料（素材 *hylē*）だけが残る[33]。しかしそれはま

---

somaṃ krīṇāti）において，一歳の牝牛は，ソーマ購入のための手段であるからそれに従属し，曙色と黄色目と一歳牝性の三者が共同して，ソーマ購入のための手段となる物体がいかなるものかを陳述している（吉水 2005 参照）。grahaikatva 論題においても，クマーリラは次のように言う。TV 720,13–15: “upādeyanānātve punaḥ sarvaviśiṣṭabhāvanāprayojanatvād ekakāryatve saty āñjasyenaivaikavākyatvaṃ syāt.”「しかし upādeya が別々である場合には，［それらは］すべてによって限定を受けた bhāvanā を目的（使役者）とするから，為すべきことが一つであることが成り立つ。したがって直ちに，文の統一が成立する。」

32 クマーリラは，家畜が犠牲祭式行為のための手段（karaṇa = sādhana）であることと，行為は物質的な個体のみを対象とすることを前提したうえで，“paśum ālabheta”においては，家畜性という普遍が行為の達成手段（sādhana）となる個体を家畜のみに限定し，更に単一性と雄性がその個体を数量と性別の観点から明確化（pariccheda）していることを次のように述べている。ṬṬ (on MmS 4.1.15) 1205,24–26: vibhaktir hi liṅgasaṃkhyāprātipadikārthānāṃ śrutyaiva kriyārthatām āha. kriyā sādhyā sādhanaṃ tatparicchedakāni ca liṅgasaṃkhyādīn apekṣate. ataḥ sarvaviśeṣaṇaviśiṣṭā kriyaiva vidhīyate.「実に［“paśum”の］格語尾は，［それ自身の］言葉の働きのみによって，性と数量と語幹の意味（普遍）が行為を目的とするものであることを表す。達成さるべき行為は，達成手段［となる個体］と，それを明確化する性や数量などを期待する。それゆえ，［“paśum ālabheta”においては，期待された］全ての限定要素によって限定された，行為のみが規定されている。」

33 『形而上学』第 7 巻第 3 章 1029a10–12：「もし質料が実体でないとすれば［この定義を守るかぎり］そのほかには何の実体の存するをも認め得ないことになろうからである。なぜなら，［それに

だ「木材である」と普通名詞で述定できるから，そこから木材という普遍を捨象できる[34]。さらにアリストテレスが『自然学』で立てる，土水火風の四元素説に立って木材は土元素より成るとみて，土元素という上位普遍を捨象し，さらに元素一般の普遍をも捨象すると，もはやどのようであるかを形容できないばかりか，何であるともいえない，全く無限定の質料が究極の基体として残ると想定できるだろう[35]。

けれども，そのような全く無限定の質料は全ての存在に共通してしまうので，それでもって対象を全ての他の種類のものから「離れて存するもの」（*khōriston*）として，すなわち否定的に区別した上で，「この何々」（*tode ti*）と，対象を何らかのものとして特定化した主語で指示することができない[36]。そしてアリストテレスは，「この何々」と肯定的に指示して陳述できないものを，第一義的な存在として認めることを拒否する。そして優先すべき実体の基準を「他のものの基体となるもの」から「個体がそれ自体で（*kath' hauto*）何であるかに答えるもの」に転換し，それにあてはまるものとは，具体的であるが他の個体にも共通する一般的な姿かたち（*morphē*）を言う形相（*eidos*）であるという[37]。例えば，馬個体の体を構成する物質が新陳代謝して入れ替わっても，それがもつ形相が一定である（顎の上下に歯があり，角が生えてこない等）ことにより，その個体は牛などの馬以外の動物種から区別されつつ自己同一性を保って，「同じこの馬」と指し示され続ける。ただしこの形相は，プラトンの言うイデアのように個体から離れて存在するものではなく，個体が誕生する際に，個体を作り出した原因（馬であればその親馬）から受け継いだ属性であり[38]，個体の方もそれなしにはその個体として存在し得ないような属性である[39]。これ

述語されうる］他のすべて［の属性］の抜き去られたあとには，明らかに［質料より以外には］何ものも残らないと考えられるからである。」（出（上）: 231）。

34 『形而上学』第 7 巻第 3 章 1029a23–24：「実体以外の述語は実体の述語となり（*kathēgoreitai*），これ［述語としての実体］はさらに質料の述語となるからである。」（出（上）: 232）。

35 『形而上学』第 7 巻第 3 章 1029a24–25：「この究極的（*eskhaton*）のもの［最後の基体とし主語としての質料］は，それ自体では，特定の何ものでもなく，どれだけの大きさのあるものでもなく，その他いかなる［肯定的な規定を有する］ものでもない。」（出（上）: 232）。

36 『形而上学』第 7 巻第 3 章 1029a26–28：「さてこのように考察すると，質料が即ち実体であるという結論になる。しかしこれは不可能である。なぜなら，離れて存するものであること（*to khōriston*）と，これと指示しうるものであること（*to tode ti*）とが，最も主として実体に属する（*hyparkhein*）と認められているからであり」（出（上）: 232）。

37 『形而上学』第 5 巻第 8 章 1017b23–26「実体というのには二つの意味があることになる。即ち，その一つは，もはや他のいかなる基体の述語ともなり得ない究極の基体であり，他の一つは，これと指示されうる存在（*tode ti*）であり且つ離れて存しうるもの（*khōriston*）である，—すなわち各々のものの型式（*morphē*）または形相（*eidos*）がこのようなものである。」（出（上）: 176）。

38 『形而上学』第 7 巻第 8 章 1034a4–7:「かえってただ，生むものがありさえすれば，生産するにはそれで十分である。すなわち，その質料のうちに形相を原因するものがあればそれだけで十分である。そして，すでにそこに［この両者の結合された］全一的なものの存するとき，すなわちこのような形相がこれなる肉や骨のうちに存するとき，これがカリアスでありソクラテスである。」（出（上）: 256）。

をアリストテレスは，「何であるか」という疑問文に定冠詞をつけて名詞化した「*to tí ēn einai*」ないし「*to tí esti*」という造語でもって表した。このアリストテレス独自の造語が日本では「本質」と訳されている。この本質は，「それ自体で」という限定により，同じく個体に備わる属性であっても，外的な条件次第で変化しうる性質などの付帯性を排除している[40]。それは，同種の個体全てについて程度差なしに等しく述定できる種々の普遍のうち，最も具体的な種概念が対象とするものでもある（形相と種の原語は同じ *eidos* である）[41]。

(2) 形相の定義に当てはまる限りでの個体

アリストテレスは『形而上学』において，「事物にとって，それ自体で何であるかに答える本質とは，その形相である」と言いっぱなしで終わるのではなく，その形相には必ず，学問的探究の結果，定義（*horismos*）が下されねばならない[42]，つまり人間についてであれば，或る存在が他の全ての動物種から，最も近い動物種からも区別されて，人間という特定種であるために必要かつ十分な条件が提示されねばならないことを注意書きしている[43]。アリストテレスは，学問は定義や論証によって，事物に必然的に備わるものの探求を目指すべきであり，生じては滅しゆく個体そのものは，感覚の対象でしかなく，それ自体は定義し得ないので，探求の出発点ではあるが決して探求の目標ではないことに注意を促している[44]。

---

39 『形而上学』第 7 巻第 4 章 1029b13–14「各々の事物の（*hekastou*）なにであるか（*to tí ēn einai*）というのは，その各々がそれ自体で［なにであると］言われる（*ho legetai kath' hauto*）そのなにかのことである。」（出（上）: 234）。

40 『形而上学』第 7 巻第 4 章 1029b16–18「例えば「表面がそれ自体において白色である」といわれるような...そのなにか［白色性］はその事物の本質ではない。なぜなら表面の表面であることとその白色であることとは同一ではないから 」（出（上）: 234）

41 『形而上学』第 7 巻第 4 章 1030a11–12「類の種より（*tōn genous eidōn*）以外のいかなるエイドスにも本質なるものは存しない（*mē hyparkhon*）」（出（上）: 236）。

42 『形而上学』第 7 巻第 5 章 1031a11–14「ものの定義はそのものの本質の説明方式（*logos*）であると言うこと，そして本質はただ...実体にのみ属するものであるということ，これらのことは明白である。」（出（上）: 242）。

43 『形而上学』第 7 巻第 12 章 1038a15–16「ところで［種差からその種差へと分割してゆく過程は］このようにしてどこまでも進んでついにはそれ以下には種差のないもの（*adiaphora*）［最低の種］にまで到達せねばやまない。」（出（上） : 274–275）；『形而上学』第 7 巻第 12 章 1038a28–30「それゆえ明らかに，定義は種差（*diaphora*）を含む説明方式であり，しかもそのうちでも正しい仕方で（*kata ge to orthon*）得られた最低の（*teleutaios*）種差を含む説明方式である。」（出（上） : 275）；『形而上学』第 8 巻第 2 章 1043a2–4「いやしくも実体が各々の事物のそうある所以の原因（*aitia tou einai hekaston*）であるからには，明らかに我々は，これらの差別相［種差 (1042b31, etc.)］のうちに（*en toutois*），何がこれら各々の事物のそうあるゆえんの原因であるかを問い求むべきである」（出（上） : 299）。

44 『形而上学』第 7 巻第 15 章 1039b27–1040a7; 出（上） : 283–284.

このため『形而上学』においては，『カテゴリー論』で第一実体と呼ばれていた個体ではなく，第二実体と呼ばれていた普遍の方が，ただし類概念ではなく種概念に対応し，個体それ自体のうちに内在する本質としての形相のみが，「第一の実体」と呼ばれている[45]。そもそもアリストテレスは，個体を言い表すのに『カテゴリー論』以来，名詞に定冠詞と不特定代名詞(サンスクリット語の kaścit に相当)を付した「この或る人」(*ho tìs anthrōpos*)，「この或る馬」（*ho tìs hippos*）という人工的な言い方をしていた。これにより個体は，数量の陳述であれ性質の陳述であれ，いかなる陳述文で主語となるときにも，予め「人間」「馬」といった種の普遍により既に制約されていることになる。現実に存在する個体には，個体ごとに同種の他の個体と相違する特質（付帯性）があるけれども，『形而上学』ではそれを問題としない。個体はあくまで，学問的探求により定義されるべき形相，即ち種という具体的普遍の基体としてのみ捉えられている。何が本質をもつのかといえば，それは個々の個体である。アリストテレスは『形而上学』の中で，読者に向けて「君は，君自体で或る何かなのであり，この何かがまさに君の本質なのである。」と言っている[46]。けれども太郎などの個人を「この或る人」という表現で指すとき，太郎は人間の一実例として言及されたのであり，他の人と同様に人間である限りにおいて初めて太郎となっている。人間であることを失ったならば，太郎はもはや太郎でなくなるのである[47]。

２．クマーリラ

(1)　規定された行為の対象となるもの

クマーリラは，単語それ自体が意味するものは個体ではなく普遍のみであり，その普遍

45　『形而上学』第 7 巻第 7 章 1032b1「ここに形相というのは，各々の事物の（*hekastou*）本質のことであり第一の実体（*prōtē ousia*）のことである。」（出（上）：249）；『形而上学』第 7 巻第 11 章 1037a28–30「しかし第一の実体としてのそれには説明方式がありうる。…ものの第一の実体は，そのものに内在する（*enon*）形相であって，これと質料とからここに言わゆる結合体（*synolos*）としての実体が生じる」（出（上）：271）。

種の上位普遍である類は，複数の種に共通するものとして想定されたに過ぎない。いずれかの種に限定される以前の，可能的にしか存在しない類も現実に実体であるとすると，現実に存在するものが個別種以外にもう一つ増えてしまうからである。『形而上学』第 7 巻第 13 章 1039a3–7; 出(上)：279 参照。

46　『形而上学』第 7 巻第 4 章 1029b14–16「君の君であること（*to soi einai*）は，君が教養的であることではない … 君は，君自体で或る何か（*ho kata sauton*）なのであり，この何かがまさに君の本質（*to soi einai*）なのである。」（出（上）：234）。

47　以上のような「普遍としての形相は個別事物の成立に先行する（ante rem）」とするアリストテレス解釈の他に，「アリストテレスは個体一つ一つに個別的な，個体形相があると認めている」という解釈もあるとのことである。中畑 2008: 611–613; 山口 2001: 113–116 参照。ダルマキールティは普遍の実在を否定するが，svabhāvapratibandha を説いて存在が本質をもつこと（tādātmya）を認める以上，その存在論を唯名論と言えるのかどうか，筆者は疑問に思う。ドゥンス・スコトゥス（Duns Scotus）の言う *haecceitas*「このもの性」による「普遍の個体化」説は，svalakṣaṇa によるダルマキールティの存在論と比較できるだろうか？

とは形相に他ならないと言う。しかし他方では中期著作『原理評釈』（*Tantravārttika*）において「個体と形相とには絶対的な別異性（atyantabheda / atyantavyatireka）は無い」とも繰り返している[48]。そして，個体と普遍の非別異を主張する理由は，さもないとヴェーダの祭式規定によって何が「儀礼行為の規定対象」（dharmavidhiviṣaya）となるのか定まらなくなるということにあるという[49]。普通名詞の意味表示については普遍説を採用しつつも，個体説の根拠となっていた「普遍ではなく個体のみが行為の対象たり得る」という観点をも尊重するのである。

祭式は生身の人間が物資を用いて行うものであるから，仮に個体から全く離れた恒常な普遍が対象となっているとすると，普遍は非物質的なものであるから身体的行為では扱えず，規定文に従って身体を動かして祭式を行うことが不可能になってしまう[50]。しかしながら，規定文が個体を直接に対象とするならば，家畜である個体だけでも無数にあるから，ヴェーダは，無数の個体を全て取り扱うなどという無理な行為を命じていることになる[51]。これに対し，言説のやり取りには普遍と個体の両方が寄与するとすれば，例えば「牛を連れてこい」（gām ānaya）と主人から命じられた使用人は，眼前の家畜小屋にいる動物たちの中で，まず語「牛」が意味する牛性により，それを備えた動物たちと備えていない動物たちとを弁別し，その上で，前者のうちから任意の一頭を連れてくることができよう[52]。しかしながらこれだけの説明では，個体と普遍とは「絶対的に別異ではない」とする理由にならないのではないか。というのも，個体と普遍を全く別異であるとするヴァイシェー

---

48 TV 304,23: anatyantabhedāt; 304,28: anatyantavyatirekāt; 305,9: atyantavyatireke tu na; 312,14: atyantabhinnā na; 312,19: nātyantavyatiriktā; 319,25&28: atyantabhedābhāvāt.

49 TV 305,9&15; 針貝 1994: 13–15 参照。

50 TV 300,24–28（反論者の基本主張）: “vrīhīn avahanti, “paśum saṃjñapayati,” “somam abhiṣuṇoti,” “[somaṃ] pāvayati,” “somena paśunā vrīhibhiś ca yajate” iti yāvantaḥ evamādayo vināśimūrtimadviṣayāḥ saṃskārāḥ prayojanasiddhyarthā vā teṣāṃ prayogacodanāyāḥ ākṛtāv abhāvād vyaktau tu bhāvāt kāryapradhānatvāc ca padārthapratīter vidhyadhīnatvāc ca sarvapuruṣaceṣṭānām avaśyaṃ vidhiviṣayatvayogyavākyārthapūraṇasamarthapadārthakalpanam aṅgīkartavyam.「『米を脱穀する』『家畜を窒息死させる』『ソーマを圧搾する』『［ソーマを］清める』『ソーマにより，家畜により，そして米でもって祭式する』といった，これら浄化行為ないし目的成就を目的とした［諸行為］は可滅的で物質的なものを対象としており，それらの執行教令は，形相に対してあるのではなく，個体に対してあるのだから，また語の意味の認識は為されるべきことを主とするのだから，また全ての人の行為は規定に基づいているのだから，必ずや，規定文の対象となるのに相応しい文の意味を満たすことのできるような，単語の意味の想定が依拠されるべきである。」

51 TV 315,9–10: “paśunā yajeta” iti ca paśuśabdopāttābhiḥ sarvavyaktibhir yāgasya kartum aśakyatvāt tataś ca vedāprāmāṇyaprasaktiḥ.「また『家畜でもって祭式すべし』において，『家畜』という語で陳述された全ての個体により祭式を行うことは不可能であるので，［個体説の下では］ヴェーダは知識手段ではないことになってしまう。」

52 TV 314,29–315,1: gām ānaya iti codite ’rthaprakaraṇābhāve yāṃ kāṃcit sāmānyayuktāṃ vyaktim ānayati na sarvāṃ na viśiṣṭām.「『牛を連れてこい』と命じられて，目的についての文脈がないのであれば，［使用人は，牛性という］普遍を備えた，任意の一個体を連れてくるのであり，全てを連れてくるのでも，特定の一個体を連れてくるのでもない。」

シカ学派でも，一頭の牛という個体の認識が成立するには，それに先立ち牛性という普遍が，個体を限定するもの（viśeṣaṇa）として認識されねばならないとされているからである[53]。

(2) 名詞語尾の数表記が「意図されていない」場合

「牛を連れてこい」(gām ānaya) の場合も，「家畜を掴むべし」(paśum ālabheta) と同様，目的語が単数形であり，連れてくるべき牛は一頭のみである。名詞は語尾が単数形であれば一つのものを，複数形であれば多数のものを表すのは，当たり前ではないかと思われるかもしれない。しかし単数形の名詞が使われていながら，対象が一個であることが意図されていないという場合がある。ソーマ祭の最終日には，神々を称える讃歌を朗詠し，ソーマを祭火に献供し，残りを飲むというセッションの繰り返しが主要儀礼として行われる。それに先立ち一連の準備儀礼がある。まず木で作った献供用の杯（graha）を祭壇の上に置く。そして水に浸してあったソーマを，赤牛皮を敷いた板に載せて圧搾石で叩き，絞り出したソーマのエキスを布製のフィルターで濾して桶に貯め，杯に汲む[54]。ソーマを満たした杯を祭壇の上に戻す際に，「［ソーマ液濾過用の］布でもって杯を拭う」（grahaṃ saṃmārṣṭi）という規定文が発動する[55]。この文で動詞「拭う」（saṃmārṣṭi）の目的語となっている「杯を」（graham）は，「家畜を掴むべし」での目的語と同様，単数形である。しかし拭うべき杯が一つだけであることが意図されているとは考えられない。というのも，祭壇に並べる杯は実際には複数あるので，この「杯を拭う」という規定文は，それらすべての杯を浄化 (saṃskāra) するために，拭うという儀礼を命じているはずだからである[56]。

---

53 VS 8.9; PDhS [235] & [243]; 宮本 1982 参照。

54 Caland-Henry 1906: 135–168 参照。

55 Yoshimizu 2006: 22–23 参照。

56 TV 705,15–21: vyaktīr uddiśya yat karma svajātyādyupalakṣitāḥ / vihitaṃ guṇabhāvena tatsarvārthaṃ pratīyate // iha tāvat “tulyaśrutitvād vetaraiḥ sadharmaḥ syāt” ityevaṃ dvitīyānirdeśāt prayojanavattvāc ca grahaprādhānyaṃ saṃmārgasya ca guṇabhāvo vijñāyate. tatrāpi grahatvasya saṃmārgānarhatvād vyaktayaḥ saṃskāryatvenāvatiṣṭhante. tāsāṃ sākṣāt pratyāyanābhāvād grahatvaṃ lakṣaṇatvenāśritam. eṣa codanārtho 'vagamyate. yad grahakāryaṃ tat saṃmārgeṇa saguṇaṃ bhavati. tatra ya eva na saṃmṛjyeta tasyaiva kāryaṃ viguṇaṃ bhavet. ataḥ sarve saṃmārjanīyāḥ.「自身の種の本質などにより特徴づけられた諸々の個体を主題として規定された行為は，それら（個体）全てを目的とした従属要素として認識される。この場合，まず，『[「柄杓を拭う」等には］同じ［格語尾が］記載されているから，［その規定対象は］他のものたち（「米を脱穀する」等）と共通の義務行為（従属的儀礼）であることになる。』(MmS 2.1.10）に基づき，［『杯を』(graham）に］対格が表示されているから，また［そう見なすことが］合目的的だから，杯が主要素であり，また拭うことは従属要素であると知られる。その場合でも，杯性を拭うことは不可能であるから，諸々の個体が浄化さるべきものとして確立する。それらを直接に理解せしめることは不可能であるから，杯性が［それらの］特徴として依拠される。教令の意味は次のように理解される。『杯で為されることは，拭うことにより優れたものとなる。それら（諸々の杯）のうち或る（杯）が拭われなければ，それで為されることが劣ったものになってしまうだろう。それゆえ全て［の杯たち］が拭われるべきである。』と。」

(3) 普遍のもつ二つの機能

名詞の語尾の数表記と，実際に扱う対象の個体数との不一致が起きる理由は，普遍が，物理的な存在には両立できない二つの機能を兼ね備えていることにある[57]。普遍がもつ一つの働きは，或る一群の個体全てに行き渡り，しかもそこに含まれない他種の個体いずれにも備わらないことでもって，当該の個体を他の種から区別することである。この働きを例えるなら，首にかける花輪には一本の紐が沢山の花を，そして花だけを貫いており，そこに数珠玉などが一個も紛れ込んでいないようなものである。ただし花輪を成す一つ一つの花に接するのは長い紐のごく僅かな一部ずつである。これに対して普遍の場合，個体はその種の普遍の一部ずつを分かち受けるのではなく，各々で（pratyekam）その普遍を余すことなく完全に備えている。これは例えば，一本の首輪が隅から隅まで同じ一頭の家畜の首に巻きついているようなものである。しかし首輪は短いので，花輪の糸のように，同じその首輪を隣の家畜の首にまで巻きつけることはできない。そうするには別の首輪を用意しなければならない。これに対し，牛性という普遍は牛個体ごとに全く同じものであって，いかなる点でも区別はできない。どの牛個体も，個体ごとに色などの性質や体重などの量は異なるけれども，牛の特質をすべて等しく，優劣なく備えている。いかなる動物も牛であるか牛でないかのいずれかであり，個体によって牛であることの程度差に違いが出ることはあり得ない。

(4) 旧情報における個体の概念化—所与の各個体

ソーマ献供の準備段階で「杯を拭う」という文が発動するとき，拭うべき対象としていかなる杯があるのかは，それに先立つ別の規定によって陳述され，聞き手には既に周知されている[58]。従ってここで問われているのは「杯をどうすべきか」ということであり，そ

---

[57] ŚV, Vanavāda, vv.35-36ab : yā cāvayavaśo vṛttiḥ sraksūtrādiṣu dṛśyate / bhūtakaṇṭhaguṇādeś ca prati-piṇḍaṃ samāptitaḥ // tatrāvayavayogitvam avibhutvaṃ ca kāraṇam /「［全体の］一部分ずつが備わることが，花輪の糸などには見られる。また獣の首輪などは，個体ごとに完全に備わって［見られる］。それぞれに対しては，［一本の糸が］部分を持つこと，［首輪が］遍在しないことが原因である。」; ŚV, Ākṛtivāda, vv. 17–18: bhinnā viśeṣaśaktibhyaḥ sarvatrānugatāpi ca / pratyekaṃ samavetā ca tasmāj jātir apīṣyatām //「諸々の特殊な可能力とは異なる（可能力）が全ての（個体）に連続し，かつ［個体］一つ一つに内属している。それ故［その可能力を］種の本質と認めるべきである。」Yoshimizu 2011: 579–581; 吉水 2012: 18–19 参照。

[58] TV 723,16–19: sā copādīyamāneṣv ākāṅkṣopajāyate noddiśyamāneṣu. uddiśyamāne hi prātipādikā-rthasaṃbandhimātrāpekṣitvān na saṃkhyākāṅkṣā. pramāṇāntarād eva vijñātasaṃkhyatvāt. ato yādṛśaṃ grahādi pramāṇāntare 'vadhṛtaṃ tādṛśasya saṃmārgādaya iti niścīyate.「そういう［数に対する］期待は，［『家畜を掴むべし』における家畜のように］陳述されているものに対して起きてくるが，提示されているものに対しては起きてこない。なぜなら，提示されているものに対しては，［文の聞き手は］語幹の意味（普遍）と結びつくもの一般（mātra）を期待するので，数への期待は起きてこない。他の知識根拠によって，既に数は知られているから。それ故，［『杯を擦る』等においては］他の知識

れに答えるのが「拭う」という動詞の部分である。「何を拭うべきか」という問いに「杯を」と答えているのではない。これら所与の杯の全てを「杯を拭う」の目的語「杯を」（graham）が単数形のままトピックとして提示できるのは，普遍のもつ上記の二つの機能のうち，「各個体に（pratyeka）完全に備わっている」という第二の機能による。これによって，予め選ばれていた有限数量の個体が，皆一人前のものとして，同じ取扱いを更に受ける資格をもつことになる。そして先行する規定文によって新情報として取り込まれていたもの（upādeya）が読者の意識に回復してくる（vipari-vṛt）[59]。但し今度は，次なる新たな儀礼行為を適用すべき主題（uddeśa）として，後の規定文において再言及（anuvāda）される[60]。こうして新たな規定文の主題となった個体について，聞き手は，その個体は「何であるか」だけを再確認した上で，それをどのように取り扱うべきかについて，新情報となる陳述を規定文に求める。その際，その個体がどれほどの数量かは周知のこととして問わない。拭うべき杯が一つであることが「杯を拭う」という文の意味に含まれていないの

根拠において確定されている限りの杯等に対して，拭うこと等が［規定されている］と知られる，と決定される。」

[59] TV p.619,18□22: bhinne hi vidhisāmarthye utpattiviniyogayoḥ / tatra satyāṃ gatāv ekam asatyāṃ tad dvayaṃ bhavet // agatyā hi tenaivotpattis tenaiva ca viniyogaḥ kriyate. satyāṃ tu gatau viniyojakasyotpattividhyarthāpattyanutpādād anyenaivotpāditānāṃ ca viparivartamānānāṃ viniyogasāmarthyamātram eva jñāyate.「生起と配属とで，規定の能力は別々である。両者のうち，もし可能であれば，［規定文には］一方だけがあると見なすべきだが，それが可能でないなら，両方があると見なすべし。［その場合］他に道がないので，同一の規定文により，生起と配属の両方が為されることになる。しかし可能であるなら，配属する（規定文）が生起の規定文であるはずだという論理的要請（arthāpatti）が成り立たないから，別の規定文により生起せしめられていたものが［読者の意識内で］回復しつつ，［当該の規定文には］それに対する配属の能力のみがあると知られる。」

[60] 読者意識における viparivṛtti が必ずしも規定文における再言及（anuvāda）の原因となるわけではない（TV 470,1–2）。例えば前祭（prayāja）は５回の液状バター献供であり，テキストでは神格を別にしつつ同じ「献供する」（juhoti）という動詞が繰り返されているけれども（TS 2.6.1 参照），それぞれが別々の祭式行為の教令となっている（MmS 第 2 巻第 2 章 2 論題）。或る規定文において或る要素の再言及が起きているのは，当該規定文において読者がそれの再言及を期待していることと，先行する別の規定文によってそれが規定されていることという，二つの条件を満たす必要があるが，prayāja の場合には「再言及への期待」が欠けている。TV 470,11–15: tasmān na yat prāptaṃ tad anūdyata (IO : ihānūdyate) iti lakṣaṇam. kiṃ tarhi, yad anūdyatām ity apekṣitam, tat prāptau satyām anūdyate. naikāṅgavikalam anuvādatvāpekṣaṇena prāptibuddhimātreṇa vā. tatra yathaivānuvādāpekṣaṇe saty api prāptyabhāvād viśiṣṭavidhānarūpeṇa vidhir bhavaty evaṃ prāptibuddhau satyām apy anuvādatvānapekṣaṇād vidheḥ karmāntaratvaṃ saty api dhātupratyayaikatvapratyabhijñāne.「それゆえ再言及の定義は，『既にもたらされていたことが［IO: ここ（当該規定文）で］再言及される』ではなく，『再言及されるべきだと期待されていたものが，既にもたらされていた場合に，再言及される』というものである。再言及への期待［だけ］ないし既にもたらされていたとの確認だけでもって，一方が欠けていては［定義を満たさ］ない。この［2 条件の］うち，再言及への期待はあっても，既にもたらされていることがないために，限定要素付き規定の型式での規定文がある。同様に，既に［同形の動詞でもって］もたらされているとの認識があっても，再言及を期待することがないために，［prayāja の場合のように］語根と語尾が［前の場合と］同じだということを思い出したとしても，規定文が別の祭式行為を対象としていることになる場合もある。」

で，ここで杯性という普遍は特定の一個体を限定していない[61]。ただし名詞「杯」が特定儀礼の文脈の中に組み込まれており，現場にある杯は各々が完全に杯であるので，杯性は世界中の無数の杯に共通しているけれども，現場にない杯までも拭う必要はない。この場面での「杯を拭う」（graham saṃmārṣṭi）を英語に訳すなら，“He wipes a goblet”と直訳するよりも，“He wipes each goblet”と each を補った方が適切である[62]。特定の数量をもたない個体は現実に存在するものではないので[63]，ここでクマーリラは，テキスト理解を進めて人が知識を拡張していく際には，その前提として，個体の概念化が起きていると言ったことになる[64]。

これまで「個体」をどう捉えるかを明確にしないまま個体と普遍の関係を論じてきたが，ミーマーンサーでは，個体を表わすのに専ら vyakti という語を用いる。しかし個体と普遍を別の存在と見なすヴァイシェーシカでは，個体を専ら dravya と言う。個体としての dravya は，普遍のみならず，数量を含めた[65]性質（guṇa）と運動（kriyā）という付帯性をも兼ね備えたものを意味する。またパタンジャリは *Mahābhāṣya* において「dravya とは諸 guṇa の集結（saṃdrāva）である」と述べており，しかもここで言う guṇa は，ヴァイシェーシカ体系で言う性質としての guṇa ではなく，根本物質（prakṛti）からの諸現象の派生を

---

[61] TV 548,22–23: grahādiṣu kārakamātrapratipattyartham uccāryamāṇanāntarīyakatvād avivakṣitām api saṃkhyāṃ pratyāyayatīti vakṣyate.「『杯』などの場合，kāraka 一般の理解のために，［語尾は］発話されたもの（語幹）の直後にくるから，意図されてはいないけれども数の語尾表記をしているのである，と［grahaikatva 論題で］説かれるであろう。」

[62] TV 721,4–5: vīpsārthaś ca kalpyetaikaikaṃ saṃmārṣṭīti.「また『一つ一つを拭う』というように，［文法的］配分（distributive）を意味すると想定されるべし。」同じ語を二度繰り返すことで，常時（nitya）または配分（vīpsā）を表せる。Cf. A 8.1.1: sarvasya dve; 4: nityavīpsayoḥ.

[63] クマーリラは，単一性が現実に拭うべき杯の属性になっていないことを，単数性（ekatva）は拭う行為（saṃmārga）に対し主要要素にもならないし，従属要素にもならないと論ずることでもって論証している。杯を拭う行為は杯の浄化を目的としているから，杯性によって限定された物体すなわち個体としての杯は，拭う行為に対して主要要素である。しかし単一性までもが主要要素であるとすると，“grahaṃ saṃmārṣṭi”という規定文は，「杯であるものを拭う」と「一つのものを拭う」という二つの規定に分裂してしまうことになる。規定文「曙色で，黄色目の一歳牝でもって，ソーマを購入する」（aruṇayā piṅgākṣyā^ekahāyanyā somaṃ krīṇāti）の場合には，一歳牝牛はソーマ購入に対する従属要素であるから，曙色と黄色目と一歳牝性の三者が共同して従属することが出来たが（本稿註 31 参照），「主要素が多，従属要素が一」という対応は有り得ない。かといって単一性は従属要素であるとすると，“graham”の対格語尾は，単一性に関しては行為により行為者が目的とするものを表さないことになるが，それは単一性の基体となる杯個体が「浄化さるべきもの」として拭う行為にとっての主要要素であることと矛盾してしまう。Cf. TV 720,9–724,21 ; Yoshimizu 2006: 26–29.

[64] TV 723,20–21: tatra yāvatā vinānuṣṭhānaṃ na sidhyati tāvad upādātavyam iti grahādimātraṃ parigṛhyate.「これ（規定文『杯を擦る』等）においては，それがなければ［ソーマ祭の］遂行が成立しないだけの全ての［杯］が［擦るべき対象として］用いられるべきであると，杯などの一般（mātra）が理解されるのである。」

[65] ヴァイシェーシカ体系において，数量を性質とは別個のカテゴリーとせず性質の一種と見なすことは，アリストテレス思想との大きな相違点の一つである。ヴァイシェーシカは現代の学者によって「自然哲学」と呼ばれることもあるが，計量的観察による外界自然の研究には向わなかった。

説くサーンキヤにおいてprakṛtiの構成要素とされるguṇaである[66]。さらに*Mahābhāṣya*の冒頭論題Paspaśāhnikaにおいては，語の意味となる恒常（nitya）な存在は何かという問いに対して，それは個体（dravya）ではなく形相（ākṛti）であるとする説に対抗して，形相ではなくdravyaであるとする説が挙げられており，そのdravyaとは形態が変化しても同一性を保つ物質の意味で言われている[67]。従って語の意味論として普遍説と個体説が対立していた文法学においては，個体としてのdravyaは，ヴァイシェーシカ体系における以上に，「形相」（ākṛti）よりも「質料」（素材）と強く結びついた用語であったことになる。

これに対しvyaktiは，もとは「塗る・飾る」という意味の動詞vi-√añjから派生した「顕わになること」であり，それを「普遍の現れ・具現」という意味で個体を言う名称としたものであるので，性質などの付帯的属性と比べ，特に普遍との結びつきが強い。従ってvyaktiは，個体とは言っても実際は，付帯性を捨象し得る，普遍の一事例である。クマーリラも，牛性という普遍をもつ個体vyaktiを，固有名ではなく専ら「斑牛」（śābaleya）など，種の下位にある亜種の名称で表している[68]。また，他の存在と全く共通しない（asādhāraṇa）個体それ自体は，語で表せないから，祭式のような，習得するには言葉による教示と学習が必要となる営為においては，問題にならないと述べて[69]，vyaktiと区別している。クマーリラは『詩節評釈』においてディグナーガのアポーハ説を批判したが，『原理評釈』では，アポーハ説を敢えて語の意味の個体説の一亜種とみなして[70]，普遍を認めずに〈他の排除〉によって語が個体を指示するのであれば，実際の言語使用において

---

66 *Mahābhāṣya*に“guṇasaṃdrāvo dravyam”というdravyaの定義があり（VMBh II, 366,26 on A 1.1.119），これがジャイナ教徒Siṃhasūriによる Mallavādinの著*Nayacakra*への註釈で，物質の構成要素として三種のguṇaを説くサーンキヤ説として引用されている（NĀA 268,11）。また*Mahābhāṣya*にはguṇasaṃdrāvaと同義とみられるguṇasamudāyaでもってdravyaを定義する箇所がある（VMBh II, 200,13–14 [on A 4.1.1]: guṇasamudāyo dravyam）。Wezler 1985: 4–14参照。

67 VMBh I, 7,11–14: dravyam hi nityam ākṛtiḥ anityā. katham jñāyate. evam hi dṛśyate loke. mṛt kayā cit ākṛtyā yuktā piṇḍaḥ bhavati. piṇḍākṛtim upamṛdya ghaṭikāḥ kriyante. ghaṭikākṛtim upamṛdya kuṇḍikāḥ kriyante.「なぜなら質料（dravya）は恒常であり，形相は無常だから。如何にして知られるか。そのように世間で見られるから。粘土は何らかの形相をそなえて団子となる。団子の形相を潰して水瓶が作られる。水瓶の形相を潰して壺が作られる。」Joshi-Roodbergen 1986: 106参照。

68 吉水2012: 6–7参照。

69 TV 303,26–304,16: asādhāraṇe śabdapravṛttyasaṃbhavāt avyapadeśyatvena ca sarvatrāviśeṣāt, sāmānyākāreṇa ca nirūpaṇe vikalpāt.「［他と全く］共通しないものに対しては，語の表示はありえないから。［一個体の全面的な］表示が不可能であることは［あらゆる個体において］無差別［に当てはまるの］だから。また一般的に［個体の全面的な表示が不可能であると］認めた上で［語が特定の個体を指示すると］確定する場合には，任意選択が起きることになるから。」; TV 305,14–15: asādhāraṇena tu naiva vyavahāras tasmād anirūpyo dharmavidhiviṣayaḥ.「［他と全く］共通しないものに関しては言語慣用が全くできない。それゆえ，理法の規範の対象は何であるか分析できないことになる。」

70 ただし文法学派でのVyāḍiによる語の意味の個体説は，語を適用する個体における普遍の存在を否定してはいないので，これをアポーハ説の起源とすることは出来ない。このためMatilal（1971: 118, n. 24）は，Vyāḍi説をアポーハ説と結びつけるRaja（1969: 193）の解釈に反対する。

適用範囲を適切に確定できないことになると論じている[71]。

結語

アリストテレスもクマーリラも，同種の諸々の個体には同一の普遍があると考えるが，両者ともに「一なる普遍は個体を離れて存在し，個体は個体として存在するのに加えて，それを何らかの意味で分かち持つ」ということではないとする。両者にとって，個体は何らかの原因によって作り出され，作り出されたそのとき既に，自らを作り出す原因から普遍を必然的に埋め込まれている。そして個体には，自らを作り出す原因となる別の個体以外に，普遍を備えるために必要なものは何もない[72]。従って個体は普遍と不可離であり，

---

[71] TV 315,27–316,7: pūrvapakṣavādy āha naivaṃ mayocyate sāmānyaviśeṣavinirmuktatvād vyaktau śabdo vartate vyaktyantare ceti(IO; Ānandāśrama ed.: veti), kiṃ tu sāmānyaviśeṣavyatirekeṇānyāpohavadvyaktiḥ kathyate. tatra kathaṃ sāmānyam eva tarhi vācyam ity ucyate yo hy arthaḥ sāmānyasya viśeṣāṇāṃ cāśrayaḥ sā vyaktir na sāmānyaviśeṣau. tataś ca yathaivaikasyāṃ sāmānyaviśeṣavyatiriktāyāṃ vyaktau śabdasya vṛttiḥ tathānyasyām api bhaviṣyati. siddhāntavādy āha—yadi tāvat sāmānyaviśeṣavinirmuktatvāc chabdo vartate tataḥ sāmānyam eva vācyam . atha samānaṃ nimittaṃ nāsti tadā vyaktyantare vṛttir na prāpnoti. tad-abhāve 'api ced varteta tato 'śvavyaktāv api vṛttiprasakter atiprasaṅgaḥ syād iti. naivam. sāmānya-nirapekṣāyām eva śabdapravṛttau prayogakṛtavyavasthāśrayaṇān nātiprasaṅgo bhaviṣyati. yady evaṃ prayogavaśena śabdo varteta tato 'dyajātāyāṃ gavi na dṛṣṭa iti śabdo na pravarteta tena prayogakṛtā ced vyavasthā kvacid aprasaṅgo na ced atiprasaṅgaḥ iti. 「反論者は言う。私は『[個体が］普遍や特殊を離れているから，語は或る個体を指示し，更に別の個体をも指示する。』と言うのではない。普遍や特殊とは異なる〈他の排除〉をもつ個体が［語により］指示される［と言っている］のだ。その場合どうして『[語の］表示対象は普遍に他ならない』と言われることになろうか。何故なら［その場合の語の］対象は普遍と諸々の特殊の基体であり，それは個体であって普遍や特殊ではないから。それゆえ語は，普遍や特殊とは異なった[〈他の排除〉をもつ]或る個体を指示し，それと同様に[〈他の排除〉をもつ］他の個体をも指示することになるだろう。［以上の反論に対し］定説者は言う。もし［牛の個体が］普遍や特殊を離れているから［『牛』という］語は［〈非牛の排除〉をもつ或る牛]個体を指示するのであれば[〈非牛の排除〉という語の]表示対象は普遍に他ならない。或いは，普遍という［語の］適用根拠が存在しないのであれば，［〈他の排除〉をもつ或る個体を指示する］語が他の個体を指示することはないことになる。それ（牛性という適用根拠）が存在しないのに[語『牛』が或る牛個体を］指示するなら，［語『牛』は］馬の個体をも指示することが仮想生起してしまい，過大適用となるだろう。［反論者が言う。］そうではない。普遍に依存せずに語が［対象指示の］働きをする場合，［世間での］慣用により作られた［適用］区分に基づくから，過大適用とはならないだろう。［定説者が言う。］もしそのように［普遍によらず］慣用の力によって語は対象を指示するのであれば，今日生まれたばかりの牛に対しては［語『牛』を適用する慣用は未だ］見られないから，語は［その牛を］指示しないことになろう。それ故，もし［語の適用の］区分は慣用により作られるとするなら過少適用となり，もしそうでなければ過大適用となる。」

[72]吉水 2012 第 2 節および第 3 節参照。吉水 2012: 14 で和訳した *Vākyapadīya* (VP) 3.7.108: vibhaktayoni yat kāryaṃ kāraṇebhyaḥ pravartate / svā jātir vyaktirūpeṇa tasyāpi vyavatiṣṭhate //は，「個体の成立とは，親個体から継承した種（しゅ）の本質（jāti）の顕現である」と説いているが，ここで話題となっている「種（たね）からの発芽」に即して，次のように和訳を修正する。「[親となる木とは］母体（yoni 即ち一粒の種）を異にする結果（即ち芽）が［土や水や光などの］諸原因に基づいて発生してくるとき、自身の種の本質（jāti）が、［親となる木にと同様］それ（即ち芽）にもまた、個体（vyakti 具現）として個別化する。」

普遍は個体の本質に他ならない。但しこのようにアリストテレスとクマーリラとでは，個体と普遍の関係をどう考えるかという点では立場が極めて近いけれども，個体の本質としての普遍の概念を体系内に取り込みながら，どのような学問の方法論を説いているのかという点では，大きな相違があり対照的である。

アリストテレスは，『カテゴリー論』では「個体が第一の実体である」と述べて，個別事例の収集と観察が学問にとって必要不可欠であるとし，『形而上学』では「本質が第一の実体である」と述べて，経験的観察はあくまで学問の出発点であり，学問では事物に必然的に備わる本質が何であるかを探究しなければならないとした。そして陳述を構成する主語と述語を，対象の側で陳述に先立ち措定される基体（*hypokeimenon*）と，陳述により述べられる属性に対応させ，また基体にとって付帯的な属性すなわち性質などと，必然的な属性すなわち本質とを区別する。しかしここに，個人が或る特定の状況の下で認識をするという視点を持ち込む語用論的発想は無い。

一方ミーマーンサーは，ヴェーダを天啓聖典として絶対視するばかりでなく，個人が祭式をする中で，その都度ヴェーダの文をいかにして理解していくかという語用論的考察を学派の成立当初より行っており，クマーリラは，儀礼で扱う対象を個体として認識する段階から，同じ対象を普遍の相で再確認した上で更なる儀礼に進むという認識の転換が起きると論じた。身体による個別行為をヴェーダ聖典における普遍的な規範と合致させるという自らの目的が先にまずあって，そのために複眼的な視点で以て存在を見ようとして「個体と普遍の別異かつ非別異」を説いたのである。従ってジャイナ教のように，究極的に存在するものは普遍のみであるとする説と個体のみであるとする説とを，所与の別体系として前提した上で，中立的な立場からそれぞれの落としどころを見出して調停しようとしたのでないと言えるだろう。

略号と参照文献

A　*Aṣṭādhyāyī*.

ĀpŚS　*Āpastambaśrautasūtra*, ed. R. Garbe, 2nd ed. by C. G. Kashikar, 3vols., New Delhi 1983, [1st ed., Calcutta 1882-1902].

ĀM　*Āptamīmāṃsā*, ed. and transl. Nagin J. Shah, Ahmedabad, 1999.

IO　Manuscript of the *Tantravārttika*, the British Library, India Office Library, Eggeling no. 2151 (TV 1.3); no. 2154 (TV 2.2).

JNMV　*Jaiminīyanyāyamālāvistara*, ed. M. Ramanatha Dikshithar, reprint, Bombay, 1983, [1st ed., Calcutta 1883].

ṬṬ　*Ṭupṭīkā*, see TV.

TV *Tantravārttika*, in: *Mīmāṃsādarśanam*, ed. Subbāśāstrī, 6 parts, Ānandāśrama Sanskrit Series 97, 1st ed., Poona 1929-53.

TS *Taittirīyasaṃhitā*, ed. A. Weber, *Indische Studien* 11–12, reprint, Hildesheim: Georg Olms, 1973, [1st ed., Leipzig, 1871–1872].

TSg *Tattvasaṃgraha*, vol. 2, ed. D. Sastri, Bauddha Bharati Series 1, Varanasi,1968.

NĀA *Nyāyāgamānusāriṇī*, in: Jambivijaya 1966.

NSu *Nyāyasudhā*, ed. by Mukunda Sastri, Chowkhamba Sanskrit Series 14, reprint, Varanasi 2000, [1st ed. 1901-1902].

PDhS *Padārthadharmasaṃgraha* (Praśastapādabhāṣya), in Bronkhorst-Ramseier 1994.

PKM *Prameyakamalamārtaṇḍa*, ed. Mahendra Kumar Shastri, 3rd ed., Delhi: Sri Satguru publications, 1990.

PM *Parīkṣāmukha,* see PKM.

MmS *Mīmāṃsāsūtra*, in: *Mīmāṃsādarśanam*, see TV.

RNA *Ratnakīrtinibandhāvaliḥ*, ed. Anantalal Thakur, Patna: Kashi Prasad Jayaswal Research.

VP *Vākyapadīya*, ed. W. Rau, Abhandlungen für die Kunde des Morgenlandes, 42,4, Wiesbaden 1977.

VMBh *Vyākaraṇamahābhāṣya*, ed. F. Kielhorn, 3 vols., 3rd ed., Poona 1972, [1st ed., 1880].

VS *Vaiśeṣikasūtra*, ed. Muni Jambuvijayaji, Gaekwad's Oriental Series 136, 2nd ed., Oriental Institute, Barodha, 1982.

ŚBh *Śābarabhāṣya*. See TV.

ŚV *Ślokavārttika*, ed. Dvarikadasa Sastri, Prāchyabhārati Series 10, Varanasi 1978.

SM *Syādvādamañjarī*, ed. A. B. Dhruva, reprint, Delhi: Akshaya Prakashan, 2005, [1st. ed., Poona, 1933].

『カテゴリー論』 *Categoriae*, ed. L. Minio-Paluello, Oxford Classical Texts, reprint, Oxford: Clarendon Press, 1980, [1st ed. 1949]

『形而上学』 *Metaphysica*, ed. W. Jaeger, Oxford Classical Texts, Oxford: Clarendon Press, 1963.

Bronkhorst, Johannes and Ramseier, Yves

1994 *Word Index to the Praśastapādabhāṣya*. Delhi: Motilal Banarsidass.

Brown, G. and Yule, G.

2003 *Discourse Analysis*, Cambridge Textbooks in Linguistics, Cambridge University Press [1st ed.: 1983].

Caland, Willem

1921 *Das Śrautasūtra des Āpastamba, 1–7 Buch*, Göttingen-Leipzig.

Caland, W. et Henry, V.

1906 *L'Agniṣṭoma. Description complète de la forme normale du sacrifice de soma dans le culte védique*, tome 1, Paris.

Garge, Damodar Vishnu

1952 *Citations in Śabara-bhāṣya: A Study*, Deccan College Dissertation Series 8, Poona: Deccan College.

Harikai, Kunio（針貝邦生）

1994 「クマーリラの語意（śabdārtha）論（4）―kriyārtha としての ākṛti」『佐賀医科大学一般教育紀要』13: 1-28.

Hayase, Atsushi（早瀬篤）

2013 （訳）『命題論』新版 アリストテレス全集 第1巻，岩波書店.

Ide, Takashi（出 隆）

1959 （訳）『アリストテレス　形而上学』上・下，岩波文庫 33-604-3，岩波書店.

Jambuvijaya, Muni

1966 *Dvādaśāraṃ nayacakram*, part 1, Bhavnagar: Sri Jain Atmanand Sabha.

Joshi, S. D. and Roodbergen, J. A. F.

1968 *Patañjali's Vyākaraṇa-Mahābhāṣya: Samarthāhnika (P. 2.1.1)*, Publications of the CASS Class C, no. 3, Poona.

1986 *Patañjali's Vyākaraṇa-Mahābhāṣya: Paspaśāhnika*, Publications of the CASS Class C, no. 15, Poona.

Kawakami, Shin'ichi（川上真一）

1994 「クマーリラの文章論」『南都仏教』69: 57-82.

Matilal, Bimal Krishna

1971 *Epistemology, Logic and Grammar in Indian Philosophical Analysis,* The Hague: Mouton.

McCrea, Lawrence

1999 Scharf 1996 書評. *Journal of the Royal Asiatic Society of Great Britain & Ireland* 9(2): 308 -311.

Miyamoto, Keiichi（宮元啓一）

1982 「svarūpa と viśeṣaṇa」『仏教教理の研究』田村芳朗博士還暦記念論集，春秋社，513-526.

Nakahata, Masashi（中畑正志）

2008　「アリストテレス」内山勝利（編）『哲学の歴史〈第 1 巻〉哲学誕生—古代 1』中央公論新社: 517-639.

2013　（訳）『カテゴリー論』新版 アリストテレス全集 第 1 巻，岩波書店.

Notake, Miyako（野武美弥子）

2000　「ミーマーンサー学派及びニヤーヤ学派の普遍説に対するプラバーチャンドラの批判（上）」『ジャイナ教研究』6: 69-98.

2001　「ミーマーンサー学派及びニヤーヤ学派の普遍説に対するプラバーチャンドラの批判（下）」『ジャイナ教研究』7: 23-54.

Ogawa, Hideyo（小川英世）

2014.　「パーニニ文法学〈言葉の領域外不使用の原則〉について—ディグナーガ「アポーハ論」の文法学的解釈」『インド論理学研究』7: 53–78.

Raja, K. Kunjunni

1969　*Indian Theories of Meaning*, Madras: Adyar Library and Research Centre.

Scharf, Peter M.

1996　*The Denotation of Generic Terms in Ancient Indian Philosophy: Grammar, Nyāya and Mīmāṃsā,* Transactions of the American Philosophical Society, vol. 86, pt. 3.

Steinkellner, Ernst und Krasser, Helmut

1989　*Dharmottaras Exkurs zur Definition gültiger Erkenntnis im Pramāṇaviniścaya*, Wien: Verlag der Österreichischen Akademie der Wissenschaften.

Wakahara, Yūshō（若原雄昭）

1996　「仏教徒のジャイナ教批判(2)」『インド学チベット学研究』1: 57-85.

Wezler, Albrecht

1985　“A note on *Mahābhāṣya* II 366.26: guṇasaṃdrāvo dravyam (Studies on Mallavādin’s *Dvādaśāranayacakra* II,” 雲井昭善博士古稀記念『仏教と異宗教』平楽寺書店, 1–33.

Yamaguchi, Yoshihisa（山口義久）

2001　『アリストテレス入門』ちくま新書，筑摩書房.

Yoshimizu, Kiyotaka（吉水清孝）

2003　“Kumārila on the Dual Aspects of the Reader's Consciousness: Textual Comprehension and Actual Performance,”『インド思想史研究』15: 5-33.

2005　「「曙色」をめぐるミーマーンサー的考察」『印度哲学仏教学』20: 336-363.

2006　“The Theorem of the Singleness of a Goblet (*graha-ekatva-nyāya*) : A Mīmāṃsā Analysis of Meaning and Context,” M. Hattori (ed.) : *Word and Meaning in Indian Philosophy, Acta Asiatica* 90: 5-38.

2011　“How to Refer to a Thing by a Word: Another Difference between Dignāga’s and Kumārila’s Theories of Denotation,” *Journal of Indian Philosophy,* 39: 571-587.

2012　「クマーリラにおける個体中心の存在論—アリストテレスとの比較による試論—」『インド論理学研究』5: 1–46.

2015　『クマーリラによる「宗教としての仏教」批判—法源論の見地から—』RINDAS ワーキングペーパーシリーズ 25, 龍谷大学現代インド研究センター.

forthcoming　「クマーリラにおける個体と普遍」『東西哲学対話の再出発』(仮題), 平成 23–26 年度科学研究費補助金基盤研究(A)「インド哲学諸派における〈存在〉をめぐる議論の解明」公開シンポジウム紀要, 印刷中.

Nyāyakalikā 著者問題再考*

片岡　啓

1. 序

本稿で取り上げるのは，小品『ニヤーヤ・カリカー』の著者問題である．ここでの著者問題とは，『ニヤーヤ・マンジャリー』や『アーガマ・ダンバラ』の著者として知られるジャヤンタが，はたして『ニヤーヤ・カリカー』の著者かどうかという問題である．筆者の見解は簡潔である．著者自身が最終詩節においてジャヤンタが著者であることを明確に宣言しているのだから，ジャヤンタが著者であることは常識的に明らかであるというものである．しかし研究史を見ると話は単純ではない．Marui 2000:94 は，結部（1–4 行目）を，ジャーのエディションから引用する．

> ***ity etad + + + + +***
> ***ṣodaśapadārthatattvaṃ bālavyutpattaye/***
> ***ajātarasaniṣyandam anabhivyaktasaurabham/***
> ***nyāyasya kalikāmātraṃ jayantaḥ paryadīdṛśat//***
> **(It is not clear what the series of the symbols '+' stands for.)**

後に Dezső 2004 が指摘するように，2 行目末の kathitam が Marui 2000 の引用では抜け落ちている．ここで Marui 2004 は，3–4 行目のシュローカを決定的な証拠として採用することはない．シュローカを引用した後，肝心の 4 行目には何も触れることなく直ちに彼は Gupta 1963 の議論の検討に移り，*Syādvādaratnākara* に引用される平行句の検討に入っている．そして，グプタの議論が決定的でないことを指摘した後[1]，現在の状況では決定的な結論を導くことは難しいと結論する[2]．そして結論において，『ニヤーヤ・カリカー』の著者に関して最終的な結論を導くのに十分な証拠を我々はいまだ手にしていないとしながらも，ジャヤンタが三つのニヤーヤ著作（*Nyāyamañjarī, Nyāyapallava, Nyāyakalikā*）をものした可能性は高いとする．原文は次の通りである．

---

* 助言を受けた Somdev Vasudeva に感謝する．

[1] Marui 2000:997: "But his arguments for Jayanta's authorship of *NKali* are far from conclusive. They invite new questions instead."

[2] Marui 2000:97: "Can we now give a definite answer to our question? In the present circumstances that may be difficult, but I think it is possible for us to take a further step by preparing a foundation for a future decision."

Marui 2000:100: Although we do not yet have sufficient evidence to form a final decision about the authorship of *NKali*, we may safely conclude for the time being as follows. There is a good probability that Jayanta wrote the *NKali* as one of his trilogy of Nyāya system. The author of *SyādVR* knew the trilogy from which he freely quoted.

このように，Marui 2000 は，結部については何のコメントも残していない．1 行目の欠落（Marui 2000 にとっては不明部）が悪印象を残したのであろうか．次のような思考過程は一つの可能性として考えられる．すなわち，この欠落（不明部）によりテクストの信頼性が下がったため，この部分を根拠に著者問題を論じることは，慎重かつ確実な議論構成のためには回避したほうが安全である，と．つまり，この欠落部以降について，はたして，著作自体に帰属するジャヤンタのオリジナルの文章なのか，あるいは，写本に帰属するコロフォン（奥書）なのか，自信が持てない状態にあったということが考えられる．このことは，著者問題を論じるにあたって大きな損失をもたらす．というのも，4 行目には，『ニヤーヤ・カリカー』という論理の蕾をジャヤンタが示したということが，nyāyasya kalikāmātraṃ jayantaḥ paryadīdṛśat という表現で簡裁かつ明瞭に記されているからである．つまり，『ニヤーヤ・カリカー』の校訂状態が必ずしも十分なものではなかったため，文献証拠を有効に活用できなかった可能性があるのである．確かに，このジャーの校訂本のみを手にした場合，このシュローカがはたしてジャヤンタ自身のものなのか，あるいは，写本の書写生によるものなのか判断を下すのに躊躇を覚えることは筆者も分からないではない．ただし，ジャーの校訂本序（Introduction）を見ると，“The following pages embody the text of a Nyāya work, called Nyāyakalikā, attributed to Jayanta, the author of Nyāyamañjarī, ...”とあり，ジャーがこの結部をもってジャヤンタを著者と同定していたことがうかがえる．このことは同じ序において彼がアーリヤー詩節後半部の bālavyutpattaye という表現に言及していることからも十分に推測できる．つまりジャーにとっては，そもそも著者がジャヤンタであること，そして，そのジャヤンタがあの有名な『ニヤーヤ・マンジャリー』の著者であることは疑問にはなっていなかったのである．本稿では，この結部を中心に著者問題を再考する．

2. 結部のテクストの確定

著者問題に直接に関わる結部のテクスト問題については，前稿で，筆者自身の解決方法を示した[3]．前稿において筆者は，ジャー校訂本の 1–4 行目にあたる結部の二詩節を次のように確定した．

ity etad aprabhāvitanijadarśanam akṛtaparamatākṣepam/
ṣoḍaśapadārthatattvaṃ bālavyutpattaye kathitam// (āryā)
ajātarasaniṣyandam anabhivyaktasaurabham/
nyāyasya kalikāmātraṃ jayantaḥ paryadīdṛśat// (anuṣṭubh)

3. シュローカを捉える視角

以下では，最新の研究である丸井 2014 の問題点を指摘し，筆者との相違点を明確にしたい．丸井 2014:60 は，次のように結部を引用し，若干のコメントをしているが，肝心の「ジャヤンタが示した」という部分には言及しない．

> NKali(B), p. 27.17–20:
> ity etad +++++ ṣoḍaśapadārthatattvaṃ bālavyutpattaye kathitam |
> ajātarasaniṣyandam anabhivyaktasaurabham |
> nyāyasya kalikāmātraṃ jayantaḥ paryadīdṛśat ||*79
>
> 以上、+++++ 初学者の習得のために、[ニヤーヤの学体系の骨子をなす] 十六項目の本質が述べられた。
> 液汁がいまだ流れ落ちることなく、芳しさあらわに漂うこともない、ニヤーヤ [という大樹] の芽にすぎない部分を、ジャヤンタが説明した。
>
> 文字どおり、「初学者のために最重要なニヤーヤの定説を要約した」*80小作品である。版本全体で 27 頁弱にすぎない。

そして，脚注 79 において次のように述べる．

> 79 記号 "++" は版本の元となった写本に脱落があったことを示していると思われる。ただし版本にはその記号説明はなく、そもそも使用写本についての説明が全くない。また "ṣoḍaśa°" で始まる行が詩節の 1 行であるかのような改行を行っているが、これが脱落部分に続く散文部分であることが、筆者の参照した諸写本から明らかになることは、第 4 章第 1 節 2.3 で詳述する。実際には "ajāta°" で始まる行と次行が 1 詩節をなしている。

ここで丸井 2014 は，ジャーによる改行に異を唱える．そして，ジャーの 1–2 行を 1 行に改めて引用し，散文であることを強調する．しかし，前稿で論じたように，この部分はアーリヤー詩節の後半部であり，ジャーの改行が正しい．「実際には……1 詩節をなして

[3] 片岡（forthcoming）.

いる」というコメントからすると，最後のシュローカ詩節のアヌシュトゥブ韻律ばかりに目が行って，アーリヤーの韻律に気がつかなかったのであろう．さて，肝心のシュローカ後半の記述であるが，それについて，丸井 2014:65 は Jayanta という名称を議論する文脈で言及する．

> [95] J. V. Bhattacharya [1977: 394]: "We cannot advance proof positive to establish the identity of its author Jayanta and Jayanta Bhaṭṭa." Bhattacharya は NM の著者を "Jayanta Bhaṭṭa"、NKali の著者を "Jayanta" と呼んで区別しているが、特にそのように区別する根拠を示しているわけではない。なお NM と NKali は共に作品の末尾で、著者自ら自分の名前が "Jayanta" であることを明らかにしている。
>
> NM II, p. 718.5–6: vādeṣv āptajayo[i] **jayanta** iti yaḥ khyātas satām agraṇīḥ anvartho navavṛttikāra iti yaṃ śaṃsanti nāmnā budhāḥ |
> [i] āptajayo NM(K)] āttajayo NM II
>
> NKali(B), p. 27.19–20:
> ajātarasaniṣyandam anabhivyaktasaurabham |
> nyāyasya kalikāmātraṃ **jayantaḥ** paryadīdṛśat ||

筆者に言わせれば，これこそまさに『ニヤーヤ・カリカー』が『ニヤーヤ・マンジャリー』の著者ジャヤンタと同一である証拠に他ならない．丸井 2014 がコメントするように，ここでは「著者自ら自分の名前が "Jayanta"であることを明らかにしている」のである．これ以上に明白な証拠はない．しかも，自らの名前を刻印する習慣が『ニヤーヤ・マンジャリー』にも確認されるのであるから，『ニヤーヤ・カリカー』の最終詩節を後代の挿入と疑う特段の根拠は存在しない．ジャヤンタ自身がこの詩節を著したと考えるのが最も自然である．にもかかわらず丸井 2014 は，この両最終詩節を著作の証拠として採用することはない．では，丸井 2014 は著者問題（彼は「真贋問題」と呼ぶ）に関して，この詩節をどのように評価していたのであろうか．それは，丸井 2014:91 以下の「3.3 *Nyāyakalikā* のマンガラ詩節と最終詩節」で議論される．

> 他方、NKali の最終詩節には、著者問題を考えるうえで興味深い表現上の特徴が見られる。最終詩節は以下のようであった。
>
> > NKali(B), p. 27.19–20:
> > ajātarasaniṣyandam anabhivyaktasaurabham |
> > nyāyasya kalikāmātraṃ jayantaḥ paryadīdṛśat ||
> >
> > 液汁がいまだ流れ落ちることなく、芳しさあらわに漂うこともない、ニヤーヤ［という大樹］の芽にすぎない部分を、ジャヤンタが説明した。
>
> ここには、植物表現を好み、ニヤーヤ哲学の体系全体を大樹にたとえるジャヤンタの筆致を思い起こさせるものがある。Raghavan［1964］には彼の比喩表現に言及しているところがあるが、きわめて示唆的な叙述である。

丸井 2014 はここでも「ジャヤンタが示した」という部分には言及することなく，「ニヤーヤの木」という比喩の検討（すなわち「表現上の特徴」）に直ちに入っている．なぜ，丸井 2014 は「ジャヤンタが示した」という箇所を証拠として採用しないのであろうか．

3.1. 丸井 2014 の想定する反論

既に見たように，丸井 2014 は「Bhattacharya がまとめた真贋問題に関するメモ」について次のように記すとともに，括弧内にコメントを加えている（丸井 2014:65-66）．

> A. 偽作説（著者別人説）を支持する論拠
>
> ①NKali の著者は“Jayanta”である。この“Jayanta”が NM の著者ジャヤンタと同一であることを積極的に証明するような証拠を示すことはできない。（*特に理由は示さないが、このように Bhattacharya は両書の著者の名称を区別している。）（*いずれにせよ）NKali は NM の概要（synopsis）ではない。（*なぜ概要ではないと言えるのか、その論拠は示していない。）

ここからうかがえるように，Bhattacharya 1977 は，『ニヤーヤ・カリカー』の著者がジャヤンタと称す人物であることを前提とした上で——そしてそれは当然ジャーのエディションの結部を参照しての上であろう——，そのジャヤンタなる人物が，『ニヤーヤ・マンジャリー』のあのジャヤンタ・バッタと同一人物であるかどうかを疑問視する視座を提供する．ここでの Bhattacharya の想定は，『ニヤーヤ・カリカー』の著者がジャヤンタと称す人物であることに疑問を挟んではいない．彼が立てる想定は，同定に疑問を呈している．すなわち「同一であることを積極的に証明するような証拠を示すことはできない」と考えている[4].

Nyāyakalikā		*Nyāyamañjarī*
Jayanta	=?=	Jayanta Bhaṭṭa

いっぽう丸井 2014 の議論は微妙に異なる．彼は，「ニヤーヤの木」という比喩について，『ニヤーヤ・マンジャリー』冒頭部の詩節を引用した後，次のように述べている．

> 前述の NKali の最終詩節と読み合わせたとき、同一人物の手になるものではないかとの印象を受けるのは、筆者一人であろうか。またもし仮にこの NKali の詩節が、NKali をジャヤンタの作品であるかのように装うために別人が創作したものであるとするならば、入念な作為が働いたと評すべきであろう。（丸井 2014:94）

丸井 2014 の第 1 章第 3 節「*Nyāyakalikā* は真作か、偽作か？」の論考の中で「ジャヤンタが示した」という部分を著者問題に関連して直接に評価するのは，実は，この箇所だけである[5]．彼はここで『ニヤーヤ・カリカー』偽作の可能性を想定している．これは Bhattacharya の想定とは異なる．すなわち，丸井 2014 が考える可能性とは，このシュローカ自体がジャヤンタならざる人物の創作であり，あの有名な『ニヤーヤ・マンジャリー』の著者ジャヤンタに帰するために，すなわち木の比喩まで織り交ぜながら「ジャヤンタの作品であるかのように装うために別人が創作したもの」なのである．

3.2. 偽作説・贋作問題という問題設定

ここで気になっていたことが表面化することになる．すなわち「偽作説」や「真贋問題」という丸井 2014 による問題設定の仕方である．実は，丸井以前においてこのような問題設定自体がなされていなかったのである．まず，問題設定の違いを明確にするため，次の

---

[4] 筆者に言わせれば，カシミールのニヤーヤ学者にもう一人の Jayanta が知られていない以上， Jayanta という名前が同一であることから常識的に同一性が導かれる．そして，同一であることを積極的に否定する証拠がない以上，それ以上に，同一性の根拠を積極的に示す必要はないはずである．

[5] 「*Nyāyamañjarī* と *Nyāyakalikā* の対応関係」を論じる丸井 2014 の第 4 章第 1 節において，丸井は欠落箇所のある終結部について議論する（「2.3 終結部」）が，「ジャヤンタが示した」という言明については，シュローカを引用・和訳するのみでコメントすることはない．そこでの議論は欠落部の異読検討に当てられている．

三つの説を区別する．

1. 同名別人説：Jayanta I とは異なる Jayanta II が著した著作
2. 後代編集説：Jayanta の *Nyāyamañjarī* の文章を後代抜粋編集したもの
3. 偽作説：Jayanta に擬して別人が作った贋物

3.2.1. 同名別人説

まず，1 は次のように言い換えられる．

1'. このジャヤンタはあのジャヤンタと同一であるか疑わしい

この疑問は Bhattacharya 1977 が提示したものである．たまたま同一名だったという立場である．この立場で重要なのは，『ニヤーヤ・カリカー』の著者が Jayanta と称す人物であることは疑われていないということである．つまり，あの有名な Jayanta I と，このマイナーな Jayanta II とを区別する立場ということになる．このような場合，我々は『ニヤーヤ・カリカー』を偽作とは呼ばない．また贋物と呼ぶこともない．単に我々が同一名から同一人物と誤って判断してしまっただけのことである．つまり，この場合の問題は「真贋問題」ではなく「同定問題」ということになる．つまり，「真作か偽作か」や「真贋問題」という問題設定は適切ではない．実際，Bhattacharya 1977:394 の文章においては identity が問題とされている．したがって丸井 2014:33 による次の発言は不適切である．

> 丸井 2014:33: なお Potter [1977]には NKali の内容要旨の代わりに、その真贋問題に関して Janakivallabha Bhattacharya がまとめたメモ（J. V. Bhattacharya [1977] = Potter [1977: 394-395]）が含まれているが……

Bhattacharya 1977 の議論は『ニヤーヤ・カリカー』の真贋を問題としているのではなく二人の Jayanta の同定を問題としているのである．また丸井 2014 は次のように Potter による Bhattacharya の議論の紹介部分を紹介している．

> 丸井 2014:64: しかし Potter [1977:394-395]ではその後、NKali の作品紹介の箇所で、NKali の真贋問題に関するかなり詳しい記述が掲載されている。……
>
> ……このような状況のもとでは、要約を提示するよりも、むしろここではカル

カッタ大学の Janakivallabha Bhattacharya が本巻のために書いてくれた小論を掲げて、NKali の真作説・偽作説それぞれの根拠と氏が考える論点を紹介する……

ここで丸井 2014 が「偽作説」と訳した語を含むはずの Potter 1977 の原文は次の通りである．

Potter 1977:394: ... in which he considers the evidence for and against Jayanta's authorship of the work.

Potter 1977 には，どこにも「偽作説」という語はない．あるのは，「ジャヤンタが作者であることに反する証拠」という語だけである．つまり，「あのジャヤンタの作品ではない」ということしか言ってない．それが丸井 2014 においては「偽作説」と変換されてしまっているのである．再度確認するが，Bhattacharya 1977 も Potter 1977 も，『ニヤーヤ・カリカー』がジャヤンタを擬した何者かによる偽作・贋作だとはどこにも言っていないのである．

3.2.2. 後代編集説

次の 2 は，Steinkellner 1961 の見解であり，Gupta 1963 が取り上げたところの問題である．ここでも丸井 2014 は，原文から内容を勝手に変換してしまっている．

丸井 2014:30: NKali がジャヤンタの作品ではなく後代の編纂であるとする、Steinkellner [1961]が提示した偽作説に疑問を投げかけ……

丸井自身が示しているように，Steinkellner 1961 が言っているのは「後代の編纂である」ということである．それが丸井によれば「偽作説」ということにすり替わっている．同じことは次の記述からも確認できる．

丸井 2014:61: Steinkellner [1961]は、「出版されている *Nyāyakalikā* はジャヤンタの作品ではなく、ジャヤンタの文章を後代編集したもの」と述べる。しかしそれは Steinkellner 自らの主張ではなく、しかもその主張は「マドラスの V. Raghavan の申し立てによる」と注記されているのみであり、なぜそのように主張しうるのかの根拠も示されていない。しかしその Raghavan が NKali 偽作説を表明しているような論文は見当たらず、

> Raghavan [1964]は明らかに、NKali がジャヤンタの著作であるという前提に立って議論を進めている。したがって、「Raghavan の申し立てによる」とされる偽作説は、全く宙に浮いたかたちになってしまう。
>
> NKali の真贋問題を議論の対象として最初に取り上げたのは Gupta [1963]である。……すなわち、NKali には NM と表現上ないし意味上、対応・一致する文章が数多く含まれているから、NKali はジャヤンタ自身の著作ではなく後代の編纂であると考えなければならない、というのが偽作説の根拠であると Gupta [1963]は理解している。

いかがであろうか．Steinkellner 1961 も Gupta 1963 も真贋問題や偽作説を議論していたわけではない．そのことは，「後代編集」「後代の編纂」という丸井 2014 の引用からも明らかである．しかし，それが丸井自身の議論の中では「NKali 偽作説」や「NKali の真贋問題」へと変換されてしまっているのである．しかし，言うまでもないが，「後代の編纂」と「偽作」とは意味を異にする．

3.2.3. 偽作説

丸井 2014 における以上の自動変換を念頭に置くとき，上で見た丸井 2014:94 の仮定が決して単なる一つの仮定ではなく，ある必然性をもって問われたことを我々はよく理解できるようになる．

> またもし仮にこの NKali の詩節が、NKali をジャヤンタの作品であるかのように装うために別人が創作したものであるとするならば、入念な作為が働いたと評すべきであろう。（丸井 2014:94）

最終的にジャヤンタ真作説をとる丸井 2014 が念頭に置く最も強力な想定反論は，実は，1 でも 2 でもない，3 なのである．つまり，Jayanta II というたまたま同名の別人物が著したニヤーヤの小品だという可能性や，また，後代の誰かが『ニヤーヤ・マンジャリー』の文章をつなぎ合わせて編纂し直した要約だという可能性ではなく，ジャヤンタの名を騙った誰かが，ジャヤンタの著作として『ニヤーヤ・カリカー』を著したという想定反論を第一に念頭に置いているのである．例えば丸井 2014 の第 1 章第 3 節のタイトルは「*Nyāyakalikā* は真作か、偽作か？」となっている．

しかし，このような反論を完全に斥けるのは難しい．なぜならば，このような想定は，時代考証のための手がかりが少ない小品の場合，ほぼ反証不可能な想定だからである．巧妙に作られた贋作を結果のみから見破る手立てはほぼない．大作と同じモチーフで，同じサインの入った小さなスケッチが出身地から見つかった場合，普通，それが偽作であると考えたりはしない．小さいスケッチを贋作する金銭的動機は薄いからである．にもかかわらず，その贋作説を考える人がいる場合，その人を説得することは難しい．モチーフやスタイルの共通性をいくらもってきても，贋作を疑う人にとっては決定打とならないからである．なるとすれば，その時代にはなかったはずの画材や技法がスケッチに用いられているなどの時代考証が考えられる．しかし既に述べたように，ニヤーヤの一般的な学説をまとめただけの小品に，そのような決定的な手がかりを期待するのは無理である．両著者の同一名を証拠として採用せず，むしろ偽作説の証左とさえ捉える反論者であればなおさらである．そのような疑い深い人を説得する材料は簡単には得られない．したがって，丸井 2014 の次の結論は，ある種，予想された通りのものである．

> 以上、主として外形上の基準から NKali の真贋問題に迫った。決定的な証拠・論拠を得たとは必ずしもいえないが、おおむね真作説に傾斜した分析結果となった。
>
> しかし同時に新たな問題が浮上した。いみじくも Dezső [2004]が指摘したように、NKali の唯一の版本である NKali(B)には看過しえないテキスト上の問題点が存在する。特に NM との表現上の対比を行う場合、テキスト上の問題は致命的にもなりうる。冒頭のマンガラ詩節の問題がまさにそのような事例であることは、すでに見たとおりである。本節 2.1 で提示した終結部の欠落箇所も、あるいは重大なメッセージがそこに隠されている可能性がある。
>
> また外形上の比較だけではなく、概念内容や思想内容にまで立ち入って検証しなければ、両書の関係は充分に見えてこない。NKali の真贋問題に対して、J. V. Bhattacharya [1977]は両書の内容の対応関係にまで踏み込もうとはしているものの、論旨が曖昧であったり、実証的な論拠が欠如したりしており、むしろ問題を混乱させている感がある。彼がメモ書きで残した幾つもの論点に対しては、改めて綿密な検討を加えなければならない。（丸井 2014:95）

筆者に言わせれば，外形・内容の相似をいくら調べても，贋作説を疑う人に対して決定的な証拠を示すことは不可能である．

4. 著者問題の解決方法

先行研究における微妙なかみ合わせの悪さはさておき，『ニヤーヤ・カリカー』の著者問題は，どのように解決すべきなのだろうか．まず動かせない証拠として次を挙げることができる．

A. カシミールのシャーラダー文字写本で伝わる *Nyāyakalikā* の著者は，「Jayanta が示した」ということを（コロフォンではなく本文の）結部で明らかにしている．つまり，自称 Jayanta なる人物がこのニヤーヤ学綱要書の著者であることを自ら宣言している．

この点については既に写本から確認した．このシュローカは本文に属すものである．また，丸井 2014 が気にしていた欠落部についての問題は解決した．「重大なメッセージがそこに隠されている可能性」は著者問題に関してはない．それ以外で丸井 2014 が見逃していた重大なメッセージがあるとすれば，欠落を含む部分がアーリヤー詩節であるということである．次に平行現象として次の点が重要である．

B. *Nyāyamañjarī* の著者も，著作の（コロフォンではなく本文の）結部において Jayanta（そして Candra の息子にして「新註釈者」としても有名だった人）が著者であることを自ら明記している[6]．

---

[6] NM(M) II 718.5–8:

vādeṣv *āttajayo **jayanta** iti yaḥ khyātaḥ satām agraṇīr
anvartho navavṛttikāra iti yaṃ śaṃsanti nāmnā budhāḥ/
sūnur vyāptadigantarasya yaśasā candrasya candratviṣā
cakre candra*kalāvataṃsacaraṇadhyāyī sa dhanyāṃ kṛtim// (śārdūlavikrīḍita)

*ātta-] M; āpta- V　　-kalāvataṃsa-] *emend.*; -kalārdhacūḍa- M; -kalāvacūla- V

「数々の討論において勝利（jaya）を収め（ātta），文字通り Jayanta として有名な者，［良俗を守る］良き者達の先導者，「新注釈者」という名前でもって賢者達が称賛するところの者，月光という［白き］誉れで四方を満たしたチャンドラ（月）の息子，三日月を冠とする［シヴァ］の足を念想する彼が吉祥なる作品を作った．」

読みに関しては，candrakalāvataṃsa から candrakalācūḍa や candrārdhacūḍa という読みが生まれ，そこから，candrakalārdhacūḍa という韻律に合わせた読みが出現したと考えた．candrakalāvacūla という読みは，avataṃsa と cūḍa の二つを混合した結果でてきたものであろう．なおジャヤンタの詩の表現としては Bhartṛhari の *Śṛṅgāraśataka* 64 を参照したことが考えられる．

そして現在の研究状況として次のことが挙げられる.

C. カシミールのニヤーヤの学匠で他に Jayanta なる人物がいたことは確実な証拠をもっては知られていない[7].

筆者にとっては，これで十分である．ここから常識的に「*Nyāyakalikā* の著者である Jayanta は，*Nyāyamañjarī* の著者である Jayanta と同一人物である」という結論が導かれるはずである．この ABC 以外の別の論拠から両著作の著者の同一性をさらに論証する必要は認められない．例えば九大文学部に「インド哲学史・片岡先生」という年賀状が送られてきた場合，事務は，内容も見ずに私の所にこの年賀状を回してくるであろう．それが常識的な判断というものである．あるいは慎重な事務ならば，いちおう裏面の記載内容（しかし年賀状なので極めて簡潔である）をチェックするであろう．その場合の点検作業とは，「同じ人とは考えられない」とする証拠を潰す作業である．つまり，ノイズを取り除く作業である．

D. 著者を別人とする積極的な証拠は見つからない.

ここで想定されている反論は，別人だとする立場である．つまり「この Jayanta II は，(*Nyāyamañjarī* の著者として) 有名なあの Jayanta I とは異なる」という主張である．当然，この別人説は，ABC の結論を覆す積極的な根拠を問われることになる．しかし，実際には，Jayanta II を立てる特段の根拠をこの反論者は持たない．根拠としては内容の相違を挙げることになるだろう．つまり，「Jayanta II は Jayanta I ではありえない．学説が違うから」という主張が考えられる．しかし Bhattacharya 1977 が挙げた論点については，既に丸井

---

kiṃ kandarpa karaṃ kadarthayasi re kodaṇḍaṭaṅkāritaṃ
re re kokila komalaṃ kalaravaṃ kiṃ vā vṛthā jalpasi/
mugdhe snigdhavidagdhacārumadhurair lolaiḥ kaṭākṣair alaṃ
cetaś **cumbitacandracūḍacaraṇadhyānāmṛtaṃ** vartate//

上村 1998:92 は第 4 パーダを「わが心は今、シヴァ神の御足を念想して 甘露を味わっているのだ」と訳出する.

[7] なお *Gautamīyasūtrapakāśa* に Jayanta の名前が見られることについては，丸井 2014:113, n.193 を参照.

2014:66, 400–415 がいちいち潰している．では，同一とする積極的な証拠についてはどうか．

E. 著者が同一だとする積極的な証拠がある．

しかし，両著作の内容や文章の相似点をいくら挙げても，ABC よりも有力な独立した同一性の証拠になるとは思えない[8]．例えば『ニヤーヤ・カリカー』には，『ニヤーヤ・マンジャリー』の著者のジャヤンタの説として特徴的と考えられている「全ての聖典は正しい認識の手段である」(sarvāgamaprāmāṇya) という説が明記されている．そしてここから「特徴的な同一学説を保持する二人は同一人物だ」という主張が導かれるかもしれない．しかしこれも，「ジャヤンタと称する二人は同一人物だ」という ABC から導かれる結論を補強こそすれ，決して独立かつより強力に同一説を導くわけではない．或る学説Ｐの保持者Ｘと，それと同一の学説Ｐの保持者Ｙについて，ＸとＹとが同一であるかどうかは，同一名の場合と同様に疑いうるからである．

学説Ｐの保持者Ｘ　　=?=　　学説Ｐの保持者Ｙ

しかも，同一名よりも同一学説保持は同一性を確証する証拠能力は低い．同一学説よりも同一名のほうがより特徴的で独自のものだからである．

あるいは，ジャヤンタより後の学匠が，ジャヤンタのあずかり知らぬ所でジャヤンタの文章を勝手に編纂したと仮定しよう．言うなれば『ニヤーヤ・マンジャリーの枢要』(**Nyāyamañjarīsāra*) とでも呼ぶべき教科書を後代の人が編纂したという想定である．しかしその仮定は「論理のほんの蕾（ニヤーヤ・カリカー）だけをジャヤンタが示した」という結語に反する．この言明は，『ニヤーヤ・カリカー』の著者がジャヤンタであることを宣言しているからである．したがって「Jayanta が *Nyāyamañjarī* において示したニヤーヤ学の枢要だけを［某著者Ｘが］まとめた」という含意は持ち得ない．

この難点を回避するために偽作説を取ってみよう．『ニヤーヤ・カリカー』全体が，『ニヤーヤ・マンジャリー』の著者であるジャヤンタの作として意図をもって偽作されたとい

[8]丸井 2014:62:「この中で（1）は真作か偽作かの決定基準、方法論の問題であるが、多数の平行句の存在自体は真作か偽作かのいずれか一方に結論づける決定打とはなりえないことも事実である。また（2）は「多数の平行句の存在→偽作」という偽作説の論法に対する反証を示すことを意図したものであり、そのかぎりにおいては正しい議論であるが、だからといって「多数の平行句の存在→真作」という論法を支持することにはならない。」

う想定である．この場合，コロフォンではなく作品それ自体に属している結部のシュローカは，「NKali をジャヤンタの作品であるかのように装うために別人が創作したもの」であり「入念な作為が働いたと評すべき」ことになる．

これはまさに「真贋問題」という問題設定に当てはまる想定反論である．丸井 2014 は，あくまでも想定反論としてこのような疑問を提示しているが，彼が「真贋問題」として問題を設定したとき，すでに，このような仮定を深く内にはらんでいたのである．『ニヤーヤ・カリカー』はあの有名なジャヤンタに帰せられた偽作・贋作であるというのが「真贋問題」という問題の設定視座である．つまり『ニヤーヤ・カリカー』はジャヤンタならざる人物があのジャヤンタを装った贋作の可能性があるというのである．その場合，その動機が問題となる．しかしながら，初代シャンカラのような宗教指導者や，あるいは，有力な王に著作を帰属させる場合と違い，ニヤーヤの一学匠に過ぎないジャヤンタに著作を帰するメリットはない．後代の編纂であれば，それをわざわざジャヤンタ作と擬する意味はないのである．

また，入念な偽作を疑う場合，その可能性はどのようにしても消えることはない．なぜならば，ジャヤンタの名前・内容・文体まで，そっくりの贋作を作ったと想定するならば，その嘘を見破ることは，内容の比較検討からは不可能となるからである．真作説が証拠として提示する『ニヤーヤ・マンジャリー』との相似点については「贋作者がそっくり真似たのだ」と言えば良いことになる．つまり，贋作を考える場合，いくら内容の比較検討をしても，真作説を立てる全ての議論は無力となってしまう．可能とすれば，後代の学匠が *Nyāyamañjarī* の Jayanta の著作として *Nyāyakalikā* を挙げているという議論となる．つまり，「*Nyāyamañjarī* の作者である Jayanta は，*Nyāyakalikā* において次のように述べている」などの文句があればよい．しかし，そのような便利な証拠は丸井 2014 が詳細に論じるヴァーディデーヴァスーリの *Syādvādaratnākara* の中にも見つからない．そこには，両著作からの平行句が見られるが，両著作の著者を同一とする言明は見つからないのである．丸井 2014 は次のように記している．

> しかしより慎重に議論を進めるなら、以上の考察から確実に言えることは、ヴァーディデーヴァが NM と NKalil を同一の著者による作品である、すなわち NM の著者ジャヤンタが NKali も著した、と受け止めていた可能性が非常に高い、というところまでであり、NKali がジャヤンタの真作であることを確実に保証するような論拠にまで達しているとは言い切れないことも事実である。（丸井 2014:90）

また，後代の学匠もまんまとだまされていたという可能性をも贋作論者は反論として提示できる．つまり，贋作説は，反論することが恐らく不可能な議論なのである．言い換えれば，それは，常識的に考えて立ててはならない反論なのである．

筆者から見ると，ボタンの掛け違いは，A を第一の証拠として重視しないことから始まったように思われる[9]．そしてそれは，ジャーのエディションにあった欠落部が残した悪印象の結果ではないかと愚考する．慎重であるのは結構だが，我々は，人々の常識を越えて疑いすぎてはならない．同定の証拠としては ABC で十分であり，あとは，ノイズを除去する作業 D が残るだけである．E は ABC から導かれる結論を補強するが，単独で証拠となるものではない．「ジャヤンタが示した」とわざわざ自作であることを末尾のシュローカで明言したにもかかわらず，自作かどうかをここまで疑われるとはジャヤンタも夢想だにしなかったであろう．

5. 結論

1. 「*Nyāyakalikā* は Jayanta の真作か偽作か」については，丸井以前の先行研究では問題になっていなかった．また常識的に考えて，そのような問いは立てるべきではない過剰な想定である．つまり「真贋問題」という問題設定は常識を越えて不必要に疑いすぎである．
2. Bhattacharya の問いを整理すると「*Nyāyakalikā* の著者である Jayanta は，*Nyāyamañjarī* の著者である Jayanta と同一かどうか」という同定問題となる．
3. 常識的には ABC の証拠から同一性が導かれる．特に，A を第一の証拠として取り上げるべきである．A の証拠能力を高めるための浄化作業（結部のテクスト確定作業）を前稿では行った．
4. もし必要であれば，D をもって，非同一説を封じればよい．その作業は丸井 2014 によって行われている．
5. 同一性に関して E は ABC 以上の独立証拠となることはない．
6. 証拠 E は，真贋問題に関しては証拠能力を欠くので，決定打となることは理論上ありえない．
7. *Nyāyakalikā* を後代の編纂とする根拠薄弱な想定は，はるかに確実な根拠 ABC から導かれる結論と矛盾するので考慮する必要はない．特に本文末尾のシュローカにおける「論

[9] 丸井 2014:453–454 は「NKali が真作であろうという結論」に関して，多くの論拠ないし検証を最後にまとめているが，その中で「ジャヤンタが示した」という言明は取り上げられていない．

理の蕾（ニヤーヤ・カリカー）をジャヤンタが示した」という言明は，ジャヤンタなる人物が『ニヤーヤ・カリカー』の著者であることを明示しており，後代編纂説を斥けるものである．

略号表および参照文献

Āgamaḍambara

ĀḌ *Much Ado About Religion by Bhaṭṭa Jayanta.* Ed. Csaba Dezső. New York University Press and the JJC Foundation, 2005.

Nyāyakalikā

NK *The Nyāyakalikā of Jayanta.* Ed. Ganganath Jha. Princess of Wales Sarasvati Bhavana Texts, No. 17. Benares, 1925.

Nyāyamañjarī (=NM)

M *Nyāyamañjarī of Jayantabhaṭṭa with Ṭippaṇi — Nyāyasaurabha by the Editor.* Ed. K.S. Varadācārya. 2 vols. Mysore: Oriental Research Institute, 1969, 1983.

V *The Nyāyamañjarī of Jayanta Bhaṭṭa.* 2 parts. Ed. Gaṅgādhara Śāstrī Tailaṅga. Vizianagaram Sanskrit Series, No. 10. Benares: E.J. Lazarus & Co., 1895, 1896.

Vādanyāya

VN *Dharmakirtis Vādanyāya*. Teil I. Ed. M.T. MUCH. Wien, 1991.

Vākyapadīya

VP *Bhartṛharis Vākyapadīya.* Ed. Wilhelm Rau. Wiesbaden: Komissionsverlag Franz Steiner GMBH, 1977.

Śṛṅgāraśataka

ŚŚ *The epigrams attributed to Bhartrihari*. Ed. D.D. Kosambi. Bombay, 1948.

Syādvādaratnākara

SVR *Śrīmadvādidevasūriviracitaḥ Pramāṇanayatattvālokālaṅkāraḥ Tadvyākhyā ca Syādvādaratnākaraḥ*. 2 parts. Delhi: Bharatiya Vidya Prakashan, 1988.

Bhattacharya, Janaki Vallabha

1977 "Nyāyakalikā" in Potter 1977.

Dezső, Csaba

2004 An extra Introduction to *Much Ado About Religion by Bhatta Jayanta*, New York University Press JJC Foundation. Download from www.claysanskritlibrary.org/excerpts/CSLMuchAdoIntro.pdf.zip. (A part of PhD diss. submitted to Oxford University in 2004.)

Gupta, Brahmananda

1963 *Die Wahrnehmungslehre in der Nyāyamañjarī.* Walldorf: Verlag für Orientkunde Dr. H. Vorndran.

Kamimura, Katsuhiko（上村 勝彦）

1998 『インド詩集　夢幻の愛』, 東京：春秋社.

Kataoka, Kei（片岡　啓）

2003 "Critical Edition of the *Vijñānādvaitavāda* Section of Bhaṭṭa Jayanta's *Nyāyamañjarī.*" 『東洋文化研究所紀要』144, 318(115)–278(155).

2013 "A Critical Edition of Bhaṭṭa Jayanta's *Nyāyakalikā* (Part 1)." 『東洋文化研究所紀要』163, 236(1) –184(53).

forthcoming 「*Nyāyakalikā* 結語再考」『インド論理学研究』8 号（掲載予定）.

Marui, Hiroshi（丸井　浩）

1996 「Jayanta Bhaṭṭa の著作をめぐる諸問題」『印度哲学仏教学』11:1-20.

2000 "Some Remarks on Jayanta's Writings: Is *Nyāyakalikā* his Authentic Work?" In: *The Way to Liberation. Indological Studies in Japan,* ed. Sengaku Mayeda, Delhi: Manohar Publishers, 91–106.

2008 "On the Authorship of the *Nyāyakalikā* Again." *Journal of Indian and Buddhist Studies*, 56-3, 1063(27)–1071(35).

2014 『ジャヤンタ研究』, 東京：山喜房佛書林.

Potter, Karl H.

1977 *Encyclopedia of Indian Philosophies.* Vol. 2. Delhi: Motilal Banarsidass.

Raghavan, V.

1964 Introduction to *Āgamaḍambara Otherwise Called Ṣaṇmatanāṭaka of Jayanta Bhaṭṭa.* Darbhanga: Mithila Institute.

Steinkellner, Ernst

1961 "Die Literatur des älteren Nyāya." Wiener Zeitschrift für die Kunde Süd- und Ostasiens 5:149–162.

『般若心経』の「空性」
—サンスクリット文法学の観点から—*

畝部　俊也

1．はじめに

数多ある仏典の中でも最も日本人に親しまれてきた『般若心経』[1]。漢訳にして僅か300字足らずの『般若心経』はその短さゆえにかえって多くの解釈を受け入れる余地があり、そこが最大の魅力である。本稿もまた、その短く難解な『般若心経』に登場する「空」、「空性」という語について、一つの考察を加えようとするものである。宗教的な意味においての「空」や「空性」の意味・意義について正面から論じるだけの力は現在の筆者にはない。ここではサンスクリット文法学（パーニニ文法学）の知見を利用して、『般若心経』を言語論として読んだ場合、「空性」(śūnyatā)という語が言及しようとしているのは、いったい何のことであるのか、という問題を扱ってみたいと思うのである。

本誌への寄稿を慫慂いただいた編集の金沢篤先生に「梵文『般若心経』(小本）の「空」」（金沢 2010）という論文がある。本稿は直接にはその論文と同じく、『般若心経』中の「「空」の理解に関わるサンスクリット表現にのみ限定して」考察を進めてみることとしたい。具体的に言うならば、『般若心経』中の最も有名な句である「色即是空」の原文“rūpaṃ śūnyatā”という表現について扱うものである。

「色は（すなわち）空である」と訳し得る漢訳『般若心経』中の「色即是空」に対して、梵本では“rūpaṃ śūnyam”（色は空である）ではなく、“rūpaṃ śūnyatā”（色は空性である）という表現が見られる。そして、金沢（2010, (77)-(79)）には批判されるものの、「色は空性である」というこの表現には、立川（2001, 137）に指摘される不可解さ、例えば英語に

---

* 本稿は科研費研究プロジェクト「インド哲学諸派における〈存在〉をめぐる議論の解明」の2014年度合同研究会における発表原稿（2014年9月13-15日）の一部を発展させたものである。研究代表者の東京大学丸井弘先生他、研究会参加者およびスタッフの皆様に感謝申し上げます。本稿執筆中には、名古屋大学和田壽弘先生はじめ、多くの方々から貴重なコメントをいただきました。ここにそのすべてを記すことはできませんが、ご助言下さった皆様に心より感謝申し上げる次第です。

[1] 参考までに『般若心経』に対する本稿筆者の別の研究プロジェクトの事例を挙げておくなら、文人大名として有名な平戸藩主松浦静山によって作成された『般若心経・仏頂尊勝陀羅尼』の法隆寺貝葉のレプリカ『大倭國法隆寺所蔵貝多羅梵経』（平戸松浦史料博物館蔵）を、2014年の調査（科研費基盤研究(C) 24520052によるもの）で新たに同定することができた。畝部(2015b)参照。なお、このたび本誌が献じられる仏教大学教授松田和信先生には、この平戸写本の元本である法隆寺貝葉に関する情報を含め、折に触れて貴重な資料、情報を提供いただいている。ここに記して謝意を表します。

おいて、"The book is important."という通常の表現には感じられないが、"The book is importance."という表現に感じられる奇妙さと同様の引っかかりを確かに覚える。なぜ「色は空である」ではなく、「色は空性である」なのであろうか？

『般若心経』に対する諸学者の和訳への批判を手がかりに論考を進める金沢（2010, (76)）は、この"rūpaṃ śūnyatā"という表現におけるrūpaを、五蘊の一つとしてではなく、蓮の青色など、単純に属性としての「色・形・美・容色」のことであり、それ故にこそ、空性 śūnyatāと存在論上同一のレベルにあるものだと考える。これによって、諸学者が整合的に解釈することができずにいる、「色は、空性である」(rūpaṃ śūnyatā)と書かれているという事実を説明しようとするのである。

金沢の諸学者に対する批判の中で、本稿で取り上げなければならないのは、上述の立川(2001)に対するものである。金沢（2010, (79)）は「rūpaṃ śūnyatā の rūpa を「色（いろ・かたちあるもの）と理解し、その場合には、śūnyatā とあるよりは、むしろ śūnyam とあるべきだとの（中略）考えに同調する者は、śūnyatā を何とか「処理する」必要に迫られることになる」として、rūpaṃ śūnyatā という表現を不自然なものと見る、立川(2001)の見解に疑問を投げかけている。

本稿筆者自身は『般若心経』の「色即是空」に対応するこの表現は、"rūpaṃ śūnyam"ではなく、"rūpaṃ śūnyatā" でなければならない[2]と考えるし、金沢（2010, (76)-(77)）が述べるように"rūpaṃ śūnyatā"には単純に「色は、空性である」という訳文を与えることもできると考えている。しかし、それは金沢説のようにこの表現における rūpa を、五蘊の一つとしてではなく、単純に「色・形」のことであると考えるからではない[3]。rūpa ではなく、まさに śūnyatā という語の方を、サンスクリット文法学の知見に基づいて「処理する」ことができると考えるからこそ、「色は、空性である」と訳し得ると考えるのである。加えて、本稿筆者がかつて立川の学生であり、今回の議論もその淵源を探るなら、立川が提起している問題に由来しているという個人的な事情もある。問題は、「空性」(śūnyatā)という語が、いったいどのような意味を表す語であるか、ということであり、それについては「抽象名詞を派生させる接尾辞」などとして、かなり乱暴に処理されてきた -tā （～性）という接辞の意味を検討することによってもっと明確にできるのではないかと考えてい

---

[2] 立川(2001, 136-137)は、チベット訳の考察やロペツの報告するダライ・ラマの見解を踏まえて"rūpaṃ śūnyam"という読みも歴史的に存在してきたと考えているようであるが、たとえそうであるとしても、さしあたりそれは法隆寺に伝わる写本の読みよりも後代に成立したものであると見ておきたい。

[3] この金沢説の一番の難点は、ここでの色（しき）が、単なる属性(guṇa)の一つとしての色のことであるとは理解しがたいという点にある。『般若心経』では引き続く箇所に「受・想・行・識」という四蘊が言及される以上、この「色」を五蘊の一つと解釈しないでおくのは難しいであろう。

る。本稿では、「空性」(śūnyatā)という語を、主にサンスクリット文法学の議論に基づいて考察することによって、改めて「色は、空性である」（色即是空）はどのようなことを述べようとしているのかについて、問うてみることとしたい。

２．tva, tā（bhāva 接辞）の意味

金沢（2010, (64)-(67)）に「家は、空である」という訳文とともに挙げられている gṛhaṃ śūnyam. という例文からも明らかなように、「空」(śūnya)という語の意味は、宗教的な文脈を考慮する場合にはその意味は複雑になるかもしれないが、例に挙げられたような単純な文では、「からっぽの～」「空虚な～」を表す形容詞として理解できる。なお、ここで確認しておくならば、サンスクリットにおける形容詞は、文法的性が決定しておらず、３つの性をとり得るもの(triliṅga)であることを除いては、基本的には名詞と変わらない。「家は、空である」という上の例のような文で使われる場合には、“śūnyam”は、“gṛham”という語の持つ文法的な性である中性をとり、名詞のように扱われる。形容詞は性が確定された時点で名詞と同様に扱われるのである。そして、gṛhaṃ śūnyam という文中においては、このように同じ性、数、格をとっている gṛham という語（パダ）[4]と、śūnyam という語には、「同一の基体を有していること」(sāmānādhikaraṇya)、つまり、同じ対象に対して使用されている語であることが認められる。同一の対象に対して使用されている語をつなぐ繋辞（√as など）は省略できるので、この文には明示的な動詞は必要ではない。この文に日本語訳を与えるのであれば、「家は、空である」よりもむしろ「家は、空虚なものである」の方が正確であって、つまり、これは「家」と「空虚なもの」という２つのパダが、同じ対象に対して使用されていることを示すものである。「家は、空である」と訳す場合も、厳密にはそのようなことを意味していると考えるべきであろう。

このように、“śūnyam”という語に対する最初に示した「『からっぽの～』『空虚な～』を表す形容詞」という説明は、サンスクリット語の場合、厳密にはあまり正確であるとはいえない。この点、英文 The house is empty. という文中にある“empty”とはかなり事情は異なっている。英文法においては、「『からっぽの～』『空虚な～』を表す形容詞」である“empty”は、“house”と同一の対象に対して使用されている、などとは通常考えたりしないであろう。なお、“śūnyam”という語は、辞書には中性として文法的性の固定した「名詞」としても収録されており、その場合は、真空、からっぽの空間、ゼロ等を意味することになる。

---

[4] P 1.4.14: suptiṅantaṃ padam により、サンスクリットにおいては、格変化語尾(suP)、人称変化語尾(tiṄ)で終わるものがパダ（語）であると規定される。つまり、名詞の語幹や動詞の語根ではなく、格変化や人称変化の完了したものが、語とみなされるのである。

さて、このような形容詞“śūnya”（あるいは名詞“śūnyam”。上述のように、実際に使用されている局面においては形容詞の性は一つに定まっているのでこれらは区別されない）から、問題となる「空性」śūnyatā を派生させるわけであるが、これは、-tā（パーニニ文法学上では文法項目を区別する IT と呼ばれるマーカーが付加されて taL と表記される）という接辞を付加することによるものである。同様の語を派生させる接辞に -tvaがあり、-tva, -tā (tva, taL) は、パーニニ文法学上は以下に検討する同一の規則によって規定される。本稿で問題にしたいのは、「空」の意味よりもむしろこの接辞の意味である。

-tva, -tā についての、「抽象名詞を派生させる接尾辞」であるという我々が一般に考えている理解は、伝統的なサンスクリット文法学の外側から、近現代の研究者がサンスクリット文献を研究して、その文法を帰納的に抽出する中で産まれてきたものであろう。したがってこの理解は、必ずしもまったくの的外れというわけでもないとは思われるのであるが、一方で、このような理解を大乗仏典に何の疑いもなくそのまま適用してよしとすることは、サンスクリット文法の理論の成立年代を考慮しないアナクロニズムに陥ってしまっていることになるはずである。インドの場合、文法学の体系は大乗仏典が著されるに先だって完成されていたのであり、大乗仏典をサンスクリットで著していった人々にとって、サンスクリット文法学の体系が（たとえパーニニ文法そのものでなかったとしても[5]）基礎学となっていたことは、否定できないと考えるからである。したがって、「空性」śūnyatā を問題とするのであれば、現代の研究者にとって-tā という接辞が何を意味するかよりも、伝統的なサンスクリットの文法家にとって-tā という接辞が何を意味するかを考慮しておく必要があるはずである。

古典語としてのサンスクリットは、およそ紀元前 4 世紀頃にパーニニによって文法規則がまとめられ、その後カーティヤーヤナ（紀元前 3 世紀頃）の『評釈』（*Vārttika*）およびパタンジャリ（紀元前 2 世紀頃）の『大注釈書』(*Mahābhāṣya*)によって、その文法学の体系が完成されたと考えられている[6]。「抽象名詞を派生させる接尾辞」とされることの多い、

[5] 例えば、仏教徒で文法家として知られるチャンドラゴーミンの文法書はパーニニの体系に依存したものであり、以下で言及する P 5.1.119 を *Cāndravyākaraṇa* 4.1.136 (Chatterji 1961, 27) としてそのまま採用している。チャンドラゴーミンの年代は早く見ても 5 世紀辺りになるのであろうが、仏教徒が彼以前からパーニニ文法を依用していたことはまず間違いないであろう。注 28 も参照されたい。

[6] 一方の『般若心経』の成立時期について、本稿筆者は何ら確定的な見解は持ち合わせていないが、宮元(2004, 35)が「紀元後すぐぐらい」とするのに対し、立川(2001, 75)は紀元後 300 年から 350 年と考えている。ただし、野口(n.d., 第 2 回)が指摘するように、前者には空思想や心呪への信仰を含む『般若心経』を最も早い大乗経典と同じくらいの時期におくことができるのか、という問題、後者には『般若心経』の最も古い漢訳が（現存しないものの）西暦 223 年の支謙訳と伝えられている事実をどのように考えるか、という問題がそれぞれ付随し、決め手には欠ける。ただし、パーニニ文

-tva, -tā についても、すでにパーニニのまとめた 4000 あまりのスートラの中の１つに明確に規定されている。これについては、文法学的な詳しい解説はすでに別稿[7]に記したので、ここでは詳述しないが、以下にその梗概を簡単に解説しておこう。

パーニニ文法学の体系では、-tva, -tā という接辞は、まず、スートラ中に次のように規定されている。

P 5.1.119: tasya bhāvas tvatalau

［意味的に結びついた］第６格語尾で終わる［最初の］パダの［名詞語幹の後に］、bhāva を表示して（taddhita 接辞である）tva と taL が［任意に使用される］。

パーニニの文法規則はいわば数学の公式のように働く。その点、上の訳文はあまり正確とは言えないかもしれない。このスートラは、任意の第６格（属格）語尾で終わるパダ（語）の後に"bhāvaḥ"が来る場合、その句は -tva, tā で終わる一つのパダに任意に置き換えることができるということを述べるものである。最初の単語、"tasya"は、公式中の変数のように用いられており、ここに-tva, -tā を付加したい任意のパダを代入することになる。-tva, tā は、taddhita 接辞と呼ばれる接辞類の一種であり、bhāva-pratyaya（bhāva 接辞）と呼ばれる。参考までに記しておくと、動詞語根に直接付加されることによって名詞などを派生させる接辞は kṛt 接辞（第一次接辞）と呼ばれるが、その派生された名詞などにさらに付加されることによって別の語を派生される接辞が taddhita 接辞（第二次接辞）である。

「空」"śūnyam"という語では文法説明の例としてはわかりにくいので、ひとまずここではこの規則を、文法学の議論でたびたび登場する「牛」"gauḥ"という語を例として確認してみることとしよう。この語は、第６格語尾で終わる場合、"goḥ" という形をとる。上のスートラの前半が問題にしているのは、その後ろに"bhāvaḥ"が来る場合、つまり、"gor bhāvaḥ"（「牛の bhāva」）という句が成立している場合のことである。上の規定によればこの句は -tva, -tā で終わる一つのパダに任意に置き換えることができる。そして、その -tva, tā という接辞は、tasya に代入された第６格語尾で終わるパダ、"goḥ"から、第６格接尾辞を除いた名詞語幹(prātipadika)の後ろに導入されると規定されているので、結果は、"gotvam" あるいは "gotā" という一つのパダとなる。

結局のところ、このスートラが規定しているのは、例えば"gor bhāvaḥ"という表現が、任意に"gotvam"あるいは"gotā"という表現に置き換えることができるということである。

法の体系の完成よりも遥かに後代の成立であることは間違いないものと思われる。

[7] 畝部(2015a)参照。

そして、これは逆に言えば、gotvam あるいは gotā というパダが表すのは gor bhāvaḥ（牛の bhāva）であるということになる。「牛性」、「空性」といった語において「～性」と訳されてきた-tva, tā という接辞の部分は、bhāva という概念を表示するものであるとされるのである。

ここまでの議論で、「～性」とは何かという問題を考察するためには、サンスクリット文法学で問題になるところのbhāvaという概念を検討する必要があることが明らかになる。この bhāva が、何らかの抽象性に関わるものであってはじめて「牛性」「空性」が、抽象名詞であるという解説は有効なものと見なされるはずである。

この bhāva という語が表す概念は、非常に多義に渡り、文法学上でも様々な意味・役割を担っているのであるが、別稿で詳しく検討しているので、議論を省略して結果のみを述べるならば、ここでの bhāva は、すでにカーティヤーヤナの『評釈』（Vt.6 on P 5.1.119）によって、sarve bhāvāḥ svena <u>bhāvena</u> bhavati（すべての言葉は固有の<u>根拠</u>によって起こる）と解説され、パタンジャリの『大註釈書』の解説を経て、後代 pravṛtti-nimitta という術語で呼ばれるようになった概念のことである[8]。言葉の発働(pravṛtti)の根拠(nimitta)を意味するこの bhāva という術語が意味するところは、話者が何らかの語を発する際にその根拠としているもののことである。文法家の仕事は、まずは、この根拠がどのようなものであるかを分類することであって、『大註釈書』には普遍(jāti)、属性(guṇa)、行為(kriyā)の３種（ないし話者の恣意(yadṛcchā)を加えた４種）への分類が見られるし、後代の註釈書類には、普遍、属性、行為、さらに、実体(dravya)、関係(saṃbandha)、そして固有の語形(svarūpa)という６種を挙げる見解が現れる。パーニニ文法学における bhāva すなわち pravṛtti-nimitta の議論は、基本的には様々な語の使用の根拠・原因となっているものを分類するものであって、得られる結果としては、現在の英語や国語の文法で我々が、名詞、形容詞、動詞などと品詞を分類するのに似て、それらの根拠に基づいて、語が jātiśabda, guṇaśabda, kriyāśabda といったいくつかのカテゴリーに分類されるのである。

言葉がいかなる意味を持ち得るかについての考察は、辞書などに記録されるところであって、文法家の仕事ではない。言葉の発働の根拠(nimitta)[9]の問題は、しばしば言葉の意味

---

8 前注の拙稿に加え、5 世紀の文法家バルトリハリの見解を中心に紹介している畝部(1999)も参照のこと。Vt. 6 は難解で、『大註釈書』や後続の註釈類に従わずに解釈することはできない。註釈類では、上の引用中、最初の“bhāvāḥ”は諸々の言葉のことで、次の“bhāvena”は、後代 pravṛtti-nimitta のことであると解釈されている。

9 本稿では nimitta という語に「根拠」という訳語をあたえているが、あまり適切でない面もある。日本語の「根拠」という語は、なぜそうなるのかという「理由」をも意味してしまう可能性があるからである。しかし、nimitta は、いかなる「理由」で語が発話されるのかという問題と関係するものではない。何について、何を基盤として語が発されるのかという問題と関連するものである。

(artha)の問題と誤解されてきたが、そうではない。この発働の根拠(pravṛtti-nimitta)という概念は、意味論ではなく、話者の発話から始まるコミュニケーション論の中で捉えられるべきものなのである。nimitta が問題になる時は、文法家の関心は、対象から言葉へという方向に向いており、artha が問題になる時は、言葉から対象へという方向に関心が向いている。さらに言うならば、前者は話し手の発話行為に主に関わるものであり、後者は聞き手の言語認識に主に関わるものである。話し手はある対象に関して特定の言葉を発する。ここで問題になるのがその言葉の nimitta である。次に、話し手の発したその言葉に対する音声認識が聞き手に生じると、それを通して意味・対象の理解も生じてくる。こちらの局面で問題になるのは artha である。言葉の発働の根拠(nimitta)の議論全体の背景にあるのは、むしろ言語によるコミュニケーション行為がいかに成立するかという問題であって、語が何を意味しているかを考察する「意味論」とは全く別のものである。

ここで、以上のことを問題となっている議論に当てはめるならば、牛性 gotva、空性 śūnyatā とは、ある話者によって「牛」とか「空」といった語が発話され、その語が聴者によって聞き取られ何らかの意味が伝達される、といったコミュニケーションの最初に位置するもの、それら「牛」とか「空」といった語の発話の根拠となっているもののことであることになる。

では、「牛」という語が使用される根拠は何であろうか。一般的にいってそれは個物としての牛そのものではない。例えば日本語話者にとって「牛」という語は、今目の前にいる白黒柄のホルスタインにも、喉肉の垂れたインドの牛にも適用可能である。もしも眼前の個物ホルスタインが「牛」という語の発働の根拠であって、「牛」という語がそれに対して起こるものであるならば、インド牛に「牛」を適用することは不可能になってしまうだろう。こういうわけで、「牛」という語は、インド牛にもホルスタインにもジャージー牛にもあって、牛以外のものにはない牛の普遍(jāti)、ないし牛の共通性(sāmānya)を根拠にして発話されると考えられる。そして、先のパーニニのスートラは、それが「牛性」(gotva)というように表現されうるということを規定するものなのである。

文法家たちは、例えば「料理する」(pacati)などの動詞や「料理人」(pācaka)などの名詞であれば調理という kriyā（行為）を根拠にしている、「白い〜」(śukla-)といういわゆる形容詞であれば、白さという guṇa（属性）を根拠にしている、「有杖者（警棒を持った警備員）」(daṇḍī)などの所有関係が含意された名詞であれば、警棒と人との sambandha（関係）を根拠にしている、などという形で語を様々に分類していく。これらはすべて、語の意味についての話ではない。話し手と聞き手のコミュニケーションの中で、「牛」「料理する」「白い〜」「警備員」などといった言葉が発される場合に、その出発点にあって、発話の根拠となっているものについての考察なのである。料理という行為をしなければ「料理人」とは呼べないことから、料理人性(pācakatva)とは料理行為(pākakriyā)のことであることになるし、警棒を持っていなければ有杖者（警備員）とは呼べないことから、有杖者性(daṇḍitva)とはある人と警棒(daṇḍa)との関係(sambandha)、あるいは別の見解によれば、警棒という実体(dravya)のことになる。

さらに付け加えるなら、この発話の根拠となるものについての考察は、抽象的なものを分け出すこと自体とは直接何も関係していない。普遍(jāti)がこの世界に実在するか否かに関わらず、我々が現にホルスタインも黒毛和牛もインドの牛も「牛」と呼んでいる以上、それら牛の持つ「牛」という語の根拠となり得るような、共通する何らかのものを我々が認識していることは否定しようがない。また、子牛と大きく成長した牛とは、時間の流れの中にあって決して同一ものとは言えないであろうが、ここにも同様に我々は共通点を見いだし、両者に対して「牛」という語を使用する。この文脈においてはそれら様々な牛の持つ共通する何らかのものが「牛の bhāva」であって、それが「牛性」と呼ばれるのである。

そのような普遍の抽出は人間が通常の言語活動において自然に行っていることであり、普遍を抽出すること自体や、それがこの世界に実在するか否かの検討は文法家の仕事ではない。人間は現に、様々な白いものに対して「白い」という語を使用したり、様々な料理行為をする者に対して「料理人」という語を使用しているが、それらの根拠としての白という属性や料理という行為が、一般にこの世界に存在すると認められているのと同じように、普遍の存在も認められるということに過ぎない。我々の言語使用の事実を説明するためには、いずれにせよ、何か根拠になるものを措定する必要があるのである。それゆえ、文法家は、「牛」という語の場合には、その語の発働の根拠である牛性という普遍の存在(bhāva)を認めているのである[10]。

---

10 宮元(2004)が取り上げる、仏典やミーマーンサー学派の文献においてしばしば用いられる“devatā”という語も、-tā で終わる以上、P.5.1.119 によって派生される。この語の実際の用例を「神性」という普遍を表す抽象名詞として理解することは難しいため、宮元(2004, 106-109)はこの語について「抽象名詞であるがために具体的でかつ臨在的」という解説を与えているが、金沢(2009, (80)-(82))が批判するようにこの説明は理解が困難である。ただし、もしも“devatā”をこれまで通り抽象名詞としての「神性・神格」と理解してよしとするのであれば、宮元が取り扱おうとした問題は解決されないまま残ってしまう。具体的な神を想定すべき文脈でこの語が使われるという宮元の指摘する事実を説明できないからである。試みにこの問題を言語論的に見た場合、ここで devatā を、“deva”「神」という語が発働する根拠、すなわち「神」という語をそれに対して適用しうる何ものか、ということで捉えるならば、総論として大きな問題はないように思われる。アグニであれ、インドラであれ、「神」と呼びうる。特定の儀礼で特定の役割を果たす特定の神々がそれぞれ挙げられるのではなく、それらが＜「神」と名指しうるなにものか＞として、ここでまとめて“devatā”と表現されているものと思われる。なお、思想史的には金沢も言及する吉水(2008)を

このように、発話の根拠として想定されるものとしての牛性(gotva)、それに対して、話し手は「牛」という語を発する。音声であるその語は聞き手の聴覚に捕らえられ、何らかの意味を伝達する。この際、聞き手が理解する意味は、「牛とは喉の垂れ肉を有する哺乳類の動物です」とか、「あそこを歩いているのは牛です」とか、比喩的な「あの荷役夫は牛だな」といった形の様々な文の中にあってはじめて決定されるものである以上、牛の普遍、牛という実体、鈍重な人など、使用状況に応じて無限に多様になり得るが、これに対し、発話の根拠の方を「牛性」と見なすことにさしあたって異議はないであろう。文法家が考察するのはそれなのである。

さて、以上のように、牛性とは「牛」という語の発働の根拠(pravṛtti-nimitta)であり、それは「牛」という語を発話する話者がその根拠とする何ものか（通常は gotva という普遍(jāti)とされる）のことである。この考えを背景として、「空性」(śūnyatā)という語について考察してみると、どのようなことがわかってくるであろうか、節をあらためてこの問題を検討してみよう。

３．「空」という語の発働の根拠としての空性(śūnyatā)

前節に見てきたように、-tva, tā という bhāva 接辞によって形成される語は、それが付されている語基の部分に格変化語尾が付されてパダとして文中に実際に使用される場合、その根拠となっている bhāva をあらわすものである。そしてこの bhāva は、後代主に使われるようになる別の術語では、言葉の発働の根拠(pravṛtti-nimitta)とよばれる。『般若心経』の rūpaṃ śūnyatā という有名な句における śūnyatā も、サンスクリット語で著されている以上、この P 5.1.119 の規定を適用して解釈することに大きな問題はないであろう。すると、śūnyatā という語は śūnyasya bhāvaḥ と置き換え可能であり、これは“śūnyam”という言語表現が使用される場合のその根拠になっているもののことを表現していることになる。「空」という語が使用される場合の、その語の根拠が「空性」と表現されるのである。

さて、このように考えると、「空性」という語が表す概念を考察する場合、前提として読み込まれなければならない文脈があることに気づかされる。それは、空性が問題となるのは、「空」という言語表現が使用される局面においてである、ということである。サンスクリット語の使用者が前提としている文法学の議論を背景として空性を考察する場合、そこには「空」という語を、なんらかの聞き手に対して発話する話し手の存在を想定するべきであるし、話し手・聞き手間のコミュニケーションの場面が読み込まれるべきなので

参照されたい。

ある。

和訳上は形容詞として働くこの「空」という語は、「～は空である」(「～はからっぽである」、「～は空虚である」) というように、翻訳文の中では、述部に現れることが多いであろう。仏典から例を取ってみると

“sarvaṃ traidhātukaṃ śūnyam”「三界の一切は空である」

“śūnyam idaṃ sarvam”「この一切は空である」

というような句が想定できる[11]。

このような教説の話し手は誰であろうか。前節の最初に挙げた例、「家は、空である」ならば、話し手は誰であっても構わない。しかし、仏典においては、上記のような言葉を真の意味で説きうるのは仏・如来のみであろう。凡夫の説く「この一切は空である」は虚無論に他ならないであろうからである。覚者たる如来が説くことによって、はじめてそこに宗教的な意味が現れるのである。

これまでの『般若心経』における空、空性に対する考察の中で抜け落ちてきたのは、この視点だと思われる。『般若心経』には、「三界の一切は空である」という形の教説は現れない。したがって、『般若心経』は「三界の一切は空である」というような仏説を説くものというよりも、むしろ、上掲のようなかたちで想定される「～は空である」という形の仏説に関して、言語論的に見て一歩退いた位置から、あるいは一つメタのレベルから、そのような仏の言葉が現に発される場合、いったい何がその仏説の根拠(nimitta)となっているのかについて、言明するものであると思われる。

『般若心経』(小本) の場合、語り手は明示されていないが、大本を参考にするならば、五蘊が空性であること (「空であること」ではない) を説く本文部分は、仏・如来ではなく、仏の力(buddhānubhāva)を承けた観自在菩薩がシャーリプトラに語っていることになる。これも『般若心経』が、「～は空である」という仏の言葉そのものでなく、仏の言葉 (の根拠) について説くものであることと関連しているように考えられる。

文法学での議論を背景に想定するなら、上記の如来の教説中の「空」“śūnyam”という語の発働の根拠は、śūnyatā であると名指しうる。それでは、これはいったい何であろうか。

---

[11] これらの例は、それぞれ便宜的に『八千頌般若経』11 章 (AP, p.121)、『中論』25 章第 1 偈 (Siderits and Katsura 2013, 290)から引用したものであるが、「～は空である」という言明の用例は、意外なことに大乗経典等においてもそれほどありふれたものではないように見受けられる。典型的な用例について、専門家のご教授を乞う次第である。引用した例は、両文献における議論の中途で、結論を留保する形で出てくるものである。

「牛」という語の場合は、先述のようにそれを発話する根拠として、人は諸々の牛にのみ存在する何らかの共通のもの（普遍）を措定しており、これを「牛性」と表現している。仏教以外の実在論に立つ学派にとっては、この牛性は実在する常住なものである。では、「空」という教説の根拠は空性というなんらかの普遍であろうか。仏教においてはこれはあり得ないであろう。そもそも仏教では普遍なるものは認められていないからである。

普遍でないとすると、空性とは、現象世界を産み出す何らかの神秘的な宗教的真理や真実在のことであって、それを根拠として仏・如来は「空」を説くというのであろうか。このような解釈は、通俗的には、いや研究者によっても、もしかしたら最も一般的に提示されるものであるだろう。しかし、本稿はこの立場は取らない[12]。それは、実のところまさにこのような疑問、つまり、いったい仏・如来は何を根拠にして「空」を説くのか、という、この疑問そのものが明確に問題にされ、それに直截に答えようとするのが、『般若心経』なのであると思われるからである。そして、そこで用意されたこの問題に対する解答こそが、「色即是空」(rūpaṃ śūnyatā)なのであると思われる。

最初に述べたように、この句は「色は空である」ではなく、「色は空性である」と説いている。これはつまり、五蘊の一つである色が、仏・如来が「空」を説く根拠であると述べているものであると考えることができる。そして『般若心経』は、五蘊の他の四つ、つまり、受・想・行・識も「まさに同様に」(evam eva)如来が「空」を説く根拠であると述べている。つまりは、如来が「空」を説くとき、その根拠となっているのは色(rūpa)および他の諸蘊である、ということをまずは明言しているのである。

言葉の発働の根拠が何であるのかという問題は、話し手と聞き手の間のコミュニケーションの一番最初の段階において、話者が何について言葉を発するかということを捉えようとするものに他ならない。仏・如来は、対告衆に向かって「空」について説くのであるが、それは空性(śūnyatā)という何らかの神秘的な存在について語ったものではない。「空」という言葉の根拠である空性とは五蘊のことなのである、ということを『般若心経』は主張していることになる。仏・如来はまさに色などの五蘊を根拠として、「この一切は空である」と説くのである。

4．パーリ経典との関係から

前節に見たように『般若心経』によれば、「この一切は空である」と説く如来が対峙し

12 神秘主義的な空理解に対する批判については松本(1988)参照。この論文で取り上げられている資料中の bhāva や svabhāva についても、本稿の視点から検討することは有意義であると思われるが、紙幅の都合もあり、今後の課題としておきたい。

ているのは、「空性」とよばれる得体の知れない何か神秘的なものではなく、この現象世界を構成する五蘊なのであるということになる。このような教説は、初期仏教以来の伝統的な教説の再確認なのではないであろうか。

五蘊を元にして「空」を説く般若経類は、同じく五蘊を元にして無我を説く『無我相経』に記録される釈尊の初転法輪のイメージと重ね合わせることができるように思われる。

> 「比丘たちよ、＜色＞は自己ではない。というのも、比丘たちよ。もしもこの＜色＞が自己であるならば、この＜色＞は病をもたらさないであろうし、また＜色＞について『私の＜色＞はこのようであれ』とか、『私の＜色＞はこのようであってはならない』と言うことができるであろう。しかし、比丘たちよ、＜色＞は自己でないから、＜色＞は病をもたらすし、＜色＞について、『私の＜色＞はこのようであれ』とか、『私の＜色＞はこのようであってはならない』と言うことはできないのである。」（以下、＜受＞＜想＞＜行＞＜識＞についても同様に述べる）[13]

この教説では所与の世界の構成要素としての五蘊の存在は前提とされている。五蘊についての検討は本稿の任ではないが、議論を思い切って単純化して、便宜上、五蘊とは経験主体としての「私」に与えられているこの世界を分析したものと見ておこう。この五蘊説では、人間にとって経験の対象として存在するこの世界を、感覚器官に与えられる情報（センス・データ）としての＜色＞[14]、その感受と反射としての＜受＞、名称との照合である＜想＞、経験との照合である＜行＞、それらが総合されて成立する＜識＞という５つそれぞれの集合体(skandha)によって構成されていると分析しているものと思われる。

上の引用に述べられるのは、このような五蘊の存在を前提として、もし自己があるとするならば、世界を構成する五蘊のいずれか（ないしそれらより構成される何らかのもの）

---

[13] *Vinaya,* Mahāvagga 1.6.38-47 (Vin I, p.13): rūpaṃ bhikkhave anattā, rūpañ ca h’ idaṃ bhikkhave attā abhavissa, na yidaṃ rūpaṃ ābādhāya saṃvatteyya, labbhetha ca rūpe evaṃ me rūpaṃ hotu, evaṃ me rūpaṃ mā ahosīti. yasmā ca kho bhikkhave rūpaṃ anattā, tasmā rūpaṃ ābādhāya saṃvattati, na ca labbhati rūpe evaṃ me rūpaṃ hotu, evaṃ me rūpaṃ mā ahosīti. 綴り字に関しては現在一般的な形に修正した。経典全体の和訳は畝部(1985, 79-83)にあるので参照されたい。単行のいわゆる『無我相経』としては、*Saṃyuttanikāya,* Khandavagga 22.59 (7) *Pañca (Anattalakkhana-sutta)* (SN III, pp.66-8) に収録されており、新しい和訳が羽矢・平木(2012, 112-116)にある。

[14] 以降、五蘊については、＜色＞＜受＞＜想＞＜行＞＜識＞とカッコを付けて表記することとしておく。なお、本稿における＜色＞の理解は、金沢（2010, (91): 注 18）では批判的に取り上げられている上田（1977, 59: 注 3）の理解に近い。上田は＜色＞を「物質」「物質的存在」という近代語で置きかえることを「明らかに誤り」であるとし、『「視覚によって捉えられたもの」を意味する』としている。本稿では＜色＞には視覚（眼）以外の感覚（耳鼻舌身意）によって捉えられるものも含意されていると見ておく。

であろうが、そのいずれもが自己ではない、ということである。そして、世界を構成する五蘊がいずれも自己でない以上、自己は存在しないことになる、という形で最終的には非我から無我が導き出されるのである[15]。

ここでは、確かに＜色＞は空であるとは述べられていない。ここで述べられているのは単純に＜色＞は、「自己」あるいは「自分のもの」ではなく、それゆえ、自分の思い通りになるものではないということに過ぎない。

しかし、この＜色＞を、六処（六外処：色・声・香・味・触・法）に開き、六内処（眼・耳・鼻・舌・身・意）やその相互の関係から生じる認識（眼識・耳識・鼻識・舌識・身識・意識）他の認識作用を絡めて論じる『サンユッタ・ニカーヤ』の「六処相応」2.4 では、「世界は空である」(suñño loko)という認識について、次のように述べられている。

> アーナンダよ、実に、自己あるいは自分のものとしては空であるから、それゆえに、「世界は空である」といわれる。アーナンダよ、自己あるいは自分のものとしては空である、とは何のことであるか。眼は、アーナンダよ、自己あるいは自分のものとしては空である。諸色は自己あるいは自分のものとしては空である(rūpā suññā attena vā attaniyena vā)。眼識は自己あるいは自分のものとしては空である。眼触は自己あるいは自分のものとしては空である。およそ眼触を縁として生ずる楽・苦・不苦不楽の受なるものも、自己あるいは自分のものとしては空である。（以下、耳・鼻・舌・身・意および声・香・味・触・法についても同様に述べる。）[16]

眼識の対象としてのさまざまな色（いろ・かたち）が、自己あるいは自分のものでないのは明らかであろう。人間は自分の好みの色や形だけを認識するのではなく、所与のものとして与えられる外からの情報を受けとるほかないからである。では、「自分の」身体の一部としての眼を思い通りにできるかといえば、こちらもそうではない。自分の見たい快い

[15] このように anattan は、まずは「非我」であるが、五蘊のいずれもが「我に非ず」である以上、結論としてはこの経典が説くのは伝統的解釈の通り「どこにも我は無い」すなわち「無我である」ということであると考える。この問題は、浪花(2005)に詳しい。

[16] Saḷāyatana-vagga 35.85 (2) *Suñña* (SN IV, p.54): yasmā ca kho ānanda suññam attena vā attaniyena vā, tasmā suñño loko ti vuccati. kiñca ānanda suññam attena vā attaniyena vā. cakkhuṃ kho ānanda suññaṃ attena vā attaniyena vā. rūpā suññā attena vā attaniyena vā. cakkhuviññāṇaṃ suññam attena vā attaniyena vā. cakkhusamphasso suñño attena vā attaniyena vā. （＊） yam p' idam cakkhusamphassapaccayā uppajjati vedayitaṃ sukhaṃ vā dukkhaṃ vā adukkham asukhaṃ vā, tam pi suññam attena vā attaniyena vā. （＊PTS のテキストにはここで大きな省略があり、意触を縁として生ずるものの項までスキップしてしまうが、以下色に関する項のみ文脈により補っておく。）綴り字や大文字の使用、句読点などについては適宜改めている。なお、この経全体の新しい和訳が服部・新田(2013, 182-183)にある。

ものだけを見る都合のいい眼は存在しない。この結果、感覚器官を通して得られた情報によって成立する認識も自己あるいは自分のものでないことになる。このような状況が、ここで「世界は空である」と表現されている。「世界は空である」という教説は、ここでは明らかに、この世界として「自分が」認識している対象も、その認識のために用いている「自分の」感覚器官も、決して自分の思い通りになるものではない、したがって自己ではないし、自己はどこにも存在しない、というという形で、非我を通して無我説へと接続されているのである。

『サンユッタ・ニカーヤ』によれば、ブッダ釈尊が述べる「世界は空である」は、このように無我説から導かれるものであり、この場合、六処（内外の六処：十二処）を包含する広い意味での認識の対象、感官、認識作用を含むものが空である、ということを含意していることが明示されている。上の「六処相応」の引用中には、五蘊は直接言及されていない。確かにここでは「色」は、五蘊の一つとしての＜色＞というよりも、六外処のうちの眼識の対象としての色、いろ・かたちのことである。しかしながら、六処に渡る議論を総合させるなら、少なくとも五蘊のうちの、＜色＞、＜受＞、＜識＞の空はここに含意されていると見ることができるものと考える。そして、それを『無我相経』の記述と関連させることにより、五蘊のすべてが空であることが含意されていると見ても大過はないものと思われる。

上記二つのパーリ経典から見て、「＜色＞は（自己あるいは自分のものとしては）空である」という句、すなわち文字通りの「色即是空」は、ブッダ釈尊の言葉として取り出すことが可能であると思われる。そして、そのとき、「空」を説くブッダが対峙しているものは、空性などというものではあり得ず、眼前に認識しているいろ・かたちでしかなく、そのいろ・かたちが、それを認識する自分の思いのままになることはないという、ごく当たり前の事実である。この眼前に認識しているいろ・かたちは、仏教教義上は、認識する者にその対象として与えられるもの、すなわち「色蘊」という語によって表現される。「＜色＞は空である」とはこのようなことなのであるとみておきたい。

このような意味で、前節に見た『般若心経』の「＜色＞は空性である」は、「＜色＞は空である」という初期経典から帰結するブッダの教説そのものを再現するのではなく、このブッダの教説について語っているものであることになる。「色即是空」（＜色＞は空性である）は、仏・如来は「空」を説くが、それは空性というもの（空性という普遍）を根拠とするのではなく、五蘊を根拠にしてのことである、ということを述べるものなのである。

５．『金剛般若経』の言語論との関係

『般若心経』が、仏・如来の教説そのものを再現するものではなく、このように教主としての仏・如来の空の教説とその根拠について説示するものであると考えるならば、これは『金剛般若経』に繰り返し現れる、鈴木大拙によって言われるところのいわゆる「即非の論理」について谷口(1999)が投げかけている問題とも関連していることになるであろう。『金剛般若経』に説かれている「即非の論理」とは、「AはAでない」というかたちの否定であるが、これは、実際にはほぼ谷口(1999)が示すように、

> 如来によって説かれたA（仏の極に属するもの、対象）は、A（より凡夫に近い者の側に属するもの、対象）でない、と如来によって説かれた。それ故、Aと（その両者をともに表す言葉、名前で）呼ばれる。

という形式で登場している。つまり、ここで「仏によって説かれる〜」が問題になっている以上、『金剛般若経』においても、扱われているのはある種の言語論的な問題である。例えば、第13c節に次のような一節がある。

> 「世尊よ、かの如来がお説きになった土の塵というもの、それは塵ではないのだ、と如来は仰せられました。だから、土の塵といわれるのです。また、如来の仰せられるこの世界なるもの、それは界ではない、と如来は仰せられました。だからこそ、世界といわれるのです。」[17]

谷口(1999)が指摘するように、ここで問題になっているのは「如来がお説きになった」ダルマ（この節では「土の塵」と「世界」が例となっている）と、凡夫、ないし修行に入ったばかりの新発意の菩薩が、如来のその言葉の指し示す対象として理解してしまうそれとの隔絶についてであろう。『金剛般若経』はこの問題を繰り返し提示するものであり、つまりは、如来が言葉を用いて説く何らかのものと、それによって仏道へと入った凡夫の認

---

[17] VP. §13c, p.38: yat tad bhagavan pṛthivīrajas tathāgatena bhāṣitam arajas tad bhagavaṃs tathāgatena bhāṣitam. tenocyate pṛthivīraja iti. yo ’py asau lokadhātus tathāgatena bhāṣito ’dhātuḥ sa tathāgatena bhāṣitaḥ. tenocyate lokadhātur iti.（以下、大文字の使用は避けておく。）訳文は長尾(2001, 33)によるものであるが、「それは世界ではない」と訳されている “adhātuḥ sa” という句のみ、ここでは「それは界ではない」と訂正しておく。比較のために、岩波文庫の中村・紀野 (1960, 73)の訳をあげておくなら、「如来によって説かれた、大地の塵は、大地の塵ではない」、「如来によって説かれたこの世界は、世界ではない」となっている。厳密には、「大地の塵は塵ではない」と、「この世界は界ではない」と訳出すべきだと思われるが、原語の差異には注意は払われていないようである。以下の議論を参照されたい。

識するそのものとが大きく隔たっているゆえに、まさに「だからこそ」それが目指すべき目標として設定される、ということである。

さらに、従来あまり注意されていないようであるが、この引用文をよく見ると「如来がお説きになった土の塵というもの」は「土の塵ではない」ではなく「塵ではない」と、そして、「如来の仰せられるこの世界なるもの」は「世界ではない」ではなく「界ではない」と述べられている。つまり、この文は厳密にはそもそも「A は A でない」という形の否定とはなってはいないのである。

このような表現が採られるのは、個々の単語のレベルでは対象一般を表示してしまう言語というものの特性を踏まえた上で、「塵」や「界」という語が指し示す塵一般や界一般と、如来が説く具体的な事実としての土の塵（pṛthivī の rajas）や世界（loka という dhātu）とを峻別する意図があったからであると思われる。上記引用文は、如来が説こうとしている土の塵や世界を、「塵」や「界」という単語が表示する塵一般や界一般なるものとして理解してしまうこと、あるいは、概念としての塵や界として理解してしまうことに付随する誤謬を、言語論的に指摘するためのものと捉えることもできるのである[18]。

さて、上の引用は、実のところ、その直前（第 13b 節）に置かれた次のやりとりの具体例として挙げられているはずである。

> 「どう思うか、スブーティよ、如来によって説かれた法（ダルマ）が、そもそも何かあるのであろうか」
> スブーティがお答えした。「世尊よ、そうではありません。如来によって説かれた法（ダルマ）は、なにもありません」[19]

---

[18] 言語論的に単純に考えて、塵一般と「土の塵」という語によって表示される対象、界一般と「loka という界」という語によって表示される対象とは同一ではありえない。「土の塵」「loka という界」という訳語でそうせざるを得ないように、これらの表現は特定の塵や特定の界を表現するものだからである。このような『金剛般若経』の論述は、直接的にではないにせよ、サンスクリット文法学上古くから議論されてきた、文における単語間の「関連づけ／差異化」(saṃsarga/bheda)の議論を背景にしていると思われる。言葉は単語レベルではその対象一般を表示してしまうが、文構造を取ることによってそういった対象の関連づけ／差異化が起こり、特定の対象が指示される。これは、人間にとっての外的世界がどのようなものとして現れているかという大きな問題とも関連しており、ここで詳論することはできないが、先に畝部(2010, 25-27)に論じておいたので参照されたい。ここでは、文ではなく"pṛthivīrajas", "lokadhātu"という複合語（統合形）にその議論が援用されているのであるが、小川(1991, 546)に示されているように、そのような援用は文法学派の議論そのものにも見受けられるものである。

[19] VP. §13b, p.38: tat kiṃ manyase subhūte api nv asti sa kaścid dharmo yas tathāgatena bhāṣitaḥ. subhūtir āha: no hīdaṃ bhagavan, nāsti sa kaścid dharmo yas tathāgatena bhāṣitaḥ. 訳文は基本的に長尾(2001, 33)に従うが、２度出てくる"kaścid dharmo yas tathāgatena bhāṣitaḥ"の訳語が、「如来によって説かれたというような法」、「如来によって説かれたような法」と統一されていないため、中村・紀野（1960,

この訳文に示されるように、このやりとりにおいては、「法が非法であるだろうか」（ダルマがアダルマであるだろうか）、という尋ね方はなされてはいない。つまり、ここで「即非」的なことが問題になっていたとは、やはり考え難いのである。

先に示した例から推察するに、言語論的に見た場合には、ここで示されているのは、如来が説こうとしている諸々のダルマを、それぞれの語の対象としての普遍のようなものと理解することの無益さである。つまり、なんであれ如来の説くダルマは、如来によって説かれた事実として、般若波羅蜜を行ずる実践の中で感得されるべきものであって、我々の用いる通常の言語がまず表示すると考えられているところの普遍のことではない、という否定がここでなされているのであると考えられる。

この点で、“nāsti sa kaścid dharmo yas tathāgatena bhāṣitaḥ”という原文に対する訳文としては、「如来によって説かれたような法（ダルマ）は、なにもありません」、つまりダルマの「無」を説くものと見て問題ないものの、その例示のために重ねられる「塵ではない」「界ではない」という議論から見て、むしろここで説かれているのは、まずは「如来によって説かれた法（ダルマ）は、［その法（ダルマ）を表示するとされる語が指し示しているもの］ではありません」というような「非」ダルマを説く議論である、と理解すべきである。そして、前節でみた初期経典における五蘊に関する議論において、非我から無我が導き出されていたのと同じように、ダルマの「無」は、そのような「非」ダルマに関する議論の繰り返しによって導き出されていると考えることも、また可能であろう。

このような意味で、『金剛般若経』のいわゆる「即非の論理」は、まずは、やはり先に見たように、如来が言葉を用いて説く何らかのものは、仏道へと入った凡夫がその言葉によって認識する対象ではない、としてその両者の隔たりを説くものであり、その大きな隔たりが存在するゆえに、「だからこそ」、「塵」や「界」といった日常言語の対象でもあり得るものが、目指すべき目標として設定され得るのである、ということであると思われる。

---

73)に従って、「如来によって説かれた法」としておく。さらに、ここでの“dharma”を、仏法全般というよりも、直後に土の塵や世界によって例示されている諸物（もちろん仏によって教示されるものではあるが）と理解し、「法」という語に「（ダルマ）」というカタカナ表記を補っておく。比較のために中村・紀野 (1960, 73)の訳を挙げておくと、『「スブーティよ、どう思うか。如来によって説かれた法というものがなにかあるだろうか。」スブーティは答えた—「師よ、そういうものはありません。如来によって説かれた法というものは、なにもありません。」』となっている。

般若経類でも成立の早いと考えられる『金剛般若経』[20]は、周知のように、「空」を直接説くものではなく、上記引用でもそのような形式になっている。如来の言葉に対し、その対象として凡夫が理解する諸々のもの、それらの否定が上のような形で繰り返し提示されるのみである。そして、そのような否定の総体が、他の般若経類においては「空」という術語で呼ばれるようになっていくことになるのである。

しかし、この「空」という語が如来によって説かれるやいなや、そこに再び凡夫はその語が指し示す対象としての空なる何ものか、および、その語が使用される根拠としての空性なるものを措定してしまう。そこで『般若心経』はこの空性が、眼前にある五蘊（によって構成されたこの世界）に他ならないこと、つまり「空」という言葉、空の教説は、この世界のありのままの姿を見る仏・如来によって、その五蘊を根拠として発されていることを説くのである。

『般若心経』に説かれる内容を（言語論的な詳細はともかくとして）『金剛般若経』の論法に単純に当てはめるのであれば、「如来によって説かれる「空」(śūnyam)なるものとは、（＜色＞等の五蘊のことであって）空という何ものかのことではないと如来によって説かれている、それ故に「空」と説かれる」、ということになるであろう。空なる特別な何かが存在するわけではないし、「それ故に「空」と説かれる」のだから、結果として、「空」という語の根拠として、空性(śūnyatā)なるものを想定する必要は全くないという、いたって単純な主張であるということになる。そして、『般若心経』は、この『金剛般若経』のような形式の否定的な教説を採用せず、そこから一歩進んで、「如来によって説かれる「空」なるもの」が、空性なるものを根拠にした教説でもなく、空という何らかの存在について語っているのでもないのならば、いったい何について「空」であると説いているのか、という問題について、それは「＜色＞等の五蘊」なのである、と肯定的に答えるものとなっているのである。

5．『般若心経』における「空」「空性」

以上の考察をふまえ、金沢(2010, (69))に倣って、最後に『般若心経』における「空」「空性」という語の用例を４種類に分類して簡単に検討しておこう[21]。

---

[20] 中村・紀野 (1960, 197-198)。ただし、成立時期については異論もあり、近年の般若経類の写本の発見状況（松田(2010, 152) ; 加納(2015)）は、『金剛般若経』を早い時期の成立とする見解を必ずしも支持しないようにも見えるが、ここでは少なくとも『般若心経』より先行すると考えることに問題はないと考えておく。

[21] 以下、テキストは中村・紀野 (1960, 174-175)によるが、ハイフンは取り除いた。

i) pañca skandhās, tāṃś ca svabhāvaśūnyān paśyati sma.

「五つの蘊があるが、それらを svabhāva を欠くもの（自性空）と見たのであった[22]。」

『般若心経』小本の空（および空性）に関する教説においては、このように、観自在菩薩が般若波羅蜜の行において照見した五蘊の自性空ということがはじめに説かれている。

ここでは、五蘊の svabhāva が問題になっている。この『般若心経』に見られる「自性」(svabhāva)は、先に見た、すべての言葉は「固有の根拠によって起こる」(svena bhāvena bhavati)と考える文法学上の議論によって解釈できるものと思われる。そしてその場合、上の句は、仏・如来が「色」などと説く場合、その語の根拠（bhāva、あるいは pravṛtti-nimitta）としての色性(rūpatvam)などが存在しない（空である）ことを述べていることになる。上の一節で空であると説かれるのは、rūpatvam, vedanātvam など、＜色＞や＜受＞を“rūpam”, “vedanā”という形で言語表現する時の、それぞれの言葉の固有の根拠（色性、受性などの普遍と捉えられるもの）のことなのであり、仏・如来は凡夫が想定してしまっているそれら色性などを離れ、実世界に存在する色や受そのものを如実に捉え、それらを空であると説いていく、あるいはまた、観自在菩薩はその事実を般若波羅蜜の行において観じているのである、ということなのである。

ここで注目すべきは、“-śūnya”が先にみた“śūnyatā”と明確に区別されて使用されていることである。この節で俎上に載せられているのは、五蘊についての言語表現である「色」や「受」などが発働する根拠(nimitta)の方であって、「空」という言語表現の問題ではない。それ故にここでは śūnyatā（空性すなわち「空」という語の発働の根拠）は問題とされないのである。

ii) rūpaṃ śūnyatā, śūnyataiva rūpaṃ.

「＜色＞は空性（「空」という言語表現の根拠）なのであり、空性（「空」という言語表現の根拠）に他ならないものが＜色＞である。」

ひるがえって仏・如来の説く「空」という言語表現について考察するならば、それが発働する根拠となっている空性(śūnyatā)とは、先に検討したようにまずは＜色＞をはじめとする五蘊である。ここに記されているのはそのことである。

ここで付言すべきは、五蘊はいずれも「空」の教説の根拠たり得るのだから、rūpam śūnyatā ではあっても、rūpam **eva** śūnyatā（＜色＞だけが「空」の教説の根拠である）とはなっていないことである。これに対して、これを反転した表現は、śūnyatā **eva** rūpam、つ

22 さしあたり [ye] pañca skandhāḥ [santi], tāṁś ca svabhāvaśūnyān paśyati sma のように理解しておく。

まり、＜色＞（などの五蘊）は「空」を説く教説の根拠に他ならない、という形になっている。

iii) sarvadharmāḥ śūnyatālakṣaṇā anutpannā aniruddhā amalāvimalā nonā na paripūrṇāḥ.

「一切の諸法が空性（「空」という言語表現の根拠）なのであり、［それら一切諸法は］無相、不生・不滅、不垢・不浄、不欠如・不充満である」

ここでの問題は "śūnyatālakṣaṇā" をどう読むかである。これが複合語であるか否かについては、本来は詳細な検討が必要であるが、さしあたってチベット訳から読み取れること[23]に従うならば、この語は複合語ではない[24]。そして、これによって、"sarvadharmāḥ śūnyatā" という主たる文の後に、"alakṣaṇā anutpannā aniruddhā amalāvimalā nonā na paripūrṇāḥ"という句が続いていると解釈することができる。そして、このように見た場合には、この主たる文は、仏・如来にとっては、一切諸法が「空」を説く教説の根拠となりえるということを示したものであると見ることができるであろう。

その後ろに続く「無相、不生・不滅、不垢・不浄、不欠如・不充満」は、中村本では、最後の句を"na paripūrṇāḥ"と男性複数語尾で終わる（それゆえ"sarvadharmāḥ"にかかる）と見ているが、実際の法隆寺貝葉では、"na paripūrṇā"と女性単数語尾で終わっている（それゆえ"śūnyatā"にかかる）ようでもあり、読みに問題が残っているため、ここでは詳論できない[25]。さしあたって、諸法が空性なのであるから、それを根拠として仏・如来は「諸法

[23] Silk (1994, 122-123)のテキストに従えば、チベット訳文は"chos thams cad stong pa nyid de / mtshan nyid med pa /…" ないし、"chos thams cad ni stong pa nyid dang / mtshan nyid med pa nyid dang /…" であり、問題となっている箇所に関しては、この両系統とも"sarvadharmāḥ śūnyatā"という読みが想定できる。それに続く部分の読みは分かれるが、その原文として"alakṣaṇā"/"alakṣaṇatā"/"alakṣaṇā eva"などと想定できるので、チベット訳者たちが、問題の箇所の原文を"śūnyatālakṣaṇā"という複合語として理解していなかった蓋然性はかなり高い。ただし、敦煌本（原田(2010, 134)参照）では"chos thams cad stong pa nyid kyi mtshan ma"である。詳しい検討はしていないが、Lopez (1998, 92; 124; 126)による限り、チベット訳で残る『般若心経』の多くの註釈類（Atiśa, Jñānamitra, Praśāstrasena によるもの）も同様に、"śūnyatālakṣaṇā"を複合語としては理解していない。

[24] 梵文は両様に解釈できるにも関わらず、金沢(2010, (70)-(73))の紹介する17種にものぼる諸訳を見る限り、チベット訳の解釈にしたがった和訳を提示しているものはないようであって、これには若干不可解な印象を受ける。漢訳に「諸法空相」とあるのに従っているということであろうか。なお、原田(2010, 173; 167)が紹介するように、"alakṣaṇā"という語は、『般若心経』と関連する文言において、『二万五千頌般若経』においても、また『智光明荘厳経』においても"śūnyatā"との複合語としてではなく、単独に使用されており、そのような解釈を『般若心経』に適用することに大きな問題はないものと思われる。（ただし、原田(2010, 131; 172-175)では、『般若心経』本文の解釈としては複合語としての読みが維持されている。）

[25] Müller and Nanjio (1884, 6; 29) 参照。実際に法隆寺写本が示す読みは、"sarvadharmā śūnyatālakṣaṇā anutpannā yuniruddhā amalāvimalā nonā na paripūrṇā"というものであり、最初の単語"sarvadharmā"も女性形を取っていると見ることができる。したがって、この一文は女性名詞 śūnyatā を中心とし、それ

は空である」と説くことができるのであり、それゆえ、それと同じように、「諸法は無相、不生・不滅、不垢・不浄、不欠如・不充満である」ということも、仏の教説として成立しているということを述べていると、ここでは考えておきたい。いずれにせよ、本稿で問題とすべきは、それに先立つ“sarvadharmāḥ śūnyatā”という句であるだろう。

iv) śūnyatāyāṃ na rūpaṃ na vedanā na saṃjñā na saṃskārā na vijñānaṃ.

「空性においては、＜色＞、＜受＞、＜想＞、＜行＞、＜識＞はない。」

この節に述べられているのは、先の ii), iii) において、“rūpaṃ śūnyatā, śūnyataiva rūpaṃ…”, “sarvadharmāḥ śūnyatā”という形で、「＜色＞などの一切諸法が空性である」と明示してきた以上、空性と諸法との関係を「空性において／空性の中に、＜色＞などの一切諸法がある」という形で捉えてはならないという、いたってシンプルな主張である。「A は B である」という関係が成り立つのであれば、同時に「B において A がある」という形の関係は成り立たないであろう。

「空性においては／空性の中には＜色＞などはない」という句の意味自体は、もちろん広い意味では他の般若経類の所説を考慮しながら、詳細に検討する必要があるであろう。ただし、単純には『般若心経』のこの句は、空性という何らかの神秘的な実体を一切諸法が成立する場として想定してしまっている、いわば「空性論者」に対する明快な批判と理解することが可能であると思われる。

上の引用文では省略したが、経本分にはこの文に続けて、五蘊に加え、前の節では述べられなかった十二処、十八界、四諦その他が、一切諸法の例としてさらに列挙されている。ここで挙げられる五蘊、十二処、十八界等はほぼ初期経典からアビダルマの教学にかけて仏教の説くダルマとして認められてきたものであり、前の２つの節においてそれら一切諸法（一切のダルマ）が、仏、如来が「空」を説く根拠として定立されたのであった。したがって、ここではそれらが「空性において」成立する、などということはないと述べられるのである。

６．まとめ

こうして『般若心経』の空を検証してみると、非常に興味深いことに気づかされる。それは、『般若心経』に対する一般的な解説として、「大乗の教えの根幹である空を説いてアビダルマ的な仏教理解を批判した」といった解釈がしばしば見受けられるが、『般若心経』

にかかる諸々の形容詞より構成されている形になっており、ここで提示している解釈とは大きく異なる意味を提示するものであった可能性を否定することはできない。

の経文そのものは、上で検討したように、むしろ全く逆の立場に立つものと読み取ることができるということである。本稿で検討してきたように、『般若心経』は、確かに空について説く経典ではあるものの、主題は空性の問題であり、そこで論じられているのは、空そのものよりもむしろ、仏・如来が「空」を説く根拠は何であるのか、何について「空」を説くのか、という問題であるように見受けられる。そして『般若心経』はその「空」を説く根拠としてアビダルマ仏教が認める諸法（ダルマ）を認めつつ、それら諸法の成立する場、基盤としての空性を認めることは決してない。このように見るならば、『般若心経』は、当時すでに存在していたと思われる仏教内部において空性なるものを真実在と見る見方を批判するためのものであったことになるであろう。

インドの文法学でなされてきた議論を適用するならば、śūnyatā が「空」という教説の発働の根拠（bhāva ないし pravṛtti-nimitta）であるということになるのは間違いない。話し手によって何らかの bhāva を根拠(nimitta)として使用される音声としての言葉が、聞き手によって捉えられることによって意味が伝達される。仏・如来によって発される「空」という言葉が、空という意味を伝達する場合、その説法の起点にある bhāva とはいったい何であるのか。仏・如来は何について「空」と説いているのか。文法家が「空性」(śūnyatā) と分析するそれを、仏教徒が「空なるものの普遍」という実在物として認めることはありえない。普遍の実在を仏教はそもそも認めていないからである。空を説く仏・如来が対峙しているもの、それは五蘊よりなるこの世界、十二処・十八界と分析されるこの世界、四諦や縁起といったこの世界の真実の姿であるはずであり、だからこそそのことが『般若心経』においては「＜色＞は空性である」といった形式で説かれるのである。そして、それは初期仏教から一貫して説かれてきたことに他ならない。

しかしながら、それにも関わらず、歴史上『般若心経』はむしろ空性という真実在を説く経典として理解されてきたように見受けられる。実際の仏教の歴史が空性なるものに宗教的な価値を認める方向に進んできたのである以上、本稿のここまでの考察は一種の思考実験的なものに過ぎないと言えるかもしれない。

最初に述べたように、『般若心経』はその短さゆえにかえって多くの解釈を受け入れる余地があり、それがこの経典の魅力となっている。そもそも『般若心経』は"*Prajñā-pāramitā-hṛdaya*"という題目の通り、明らかに経典末尾に説かれる心真言(hṛdaya-mantra)を提示するための仏典[26]であり、本稿でその可能性を探った初期仏教から一貫する形の「空」の説示と重ね合わされる形で、文献研究のみからだけでは窺い知ることのできない密教的

---

[26] この点宮坂(2004, 17-52)、原田(2010, 22-23)の強調するところでもある。

な教説が説かれている可能性も十分考慮しておく必要があろう[27]。

本稿で提示した解釈について、他の般若経類やチベット訳で残る註釈類などとの関係の中でどのように位置づけることができるか、仏典解釈にサンスクリット文法学の概念をどこまで適用してよいのか[28]など、解決すべき問題は多いが、そういった文献史、思想史的な問題をいったん離れたところからの解釈も、これまでの『般若心経』研究の中では許されてきたと思われる。ここでは、少なくとも、サンスクリット文法学の知見に基づき、「空性」(śūnyatā)という語を構成する bhāva 接辞の意味に注目することによって、難解な『般若心経』の「色即是空」に、一つの整合的な読み方を提示できていることを願うばかりである。

文献表

略号

AP	*Aṣṭasāhasrikā Prajñāparamitā* (Vaidya 1960).
P	Pāṇini's *Aṣṭādhyāyī* (Katre 1987).
SN	*Saṃyuttanikāya* (Feer 1890, 1894).
Vin	*Vinayapiṭaka* (Oldenberg 1879).
VP	*Vajracchedikā Prajñāpāramitā* (Conze 1957).
Vt	Kātyāyana's *Vārttika* (Abhyankar 1962-72).

文献

Abhyankar, K.V. (ed.)

1962-72 *The Vyākaraṇa-mahābhāṣya of Patañjali*. Vols. 1-3, Poona: Bhandarkar Oriental Research Institute. (First edition by F. Kielhorn, 1880-1885).

---

27 本稿筆者には「梵文『般若心経』のテキストそのものが，密教の所産でないことをせつに願うばかりである」とする金沢(2010, (93): 注 26)の立場をどう理解したらよいのか判然としない。『般若心経』を神秘主義的な＜空性なるもの＞を説く経典と読む必要はないというのが本稿での筆者の主張ではあるが、それが密教を否定することになるとは全く考えてはいない。『般若心経』は、眼前に存在するこの世界を仏・如来が空を説く根拠として認めるという意味で、而二不二的な理解も可能であるし、その会得のための行が密教的なかたちで実践されるとしても、何ら矛盾はないと思われる。

28 参考までに述べておくと、少なくとも、先に注 5 で触れた仏教徒である文法家チャンドラゴーミンは、bhāva 接辞の意味を pravṛtti-nimitta であると明言している（Chatterji 1961, 27）。また、後の大乗仏教の学僧たちがサンスクリット文法学の知見を活用していたことは間違いない。畝部(2002)において詳述したように、カシミールの学僧、Jñānaśrībhadra (11c.)は pravṛtti-nimitta としての bhāva を知悉しており、『入楞伽経』の註釈において、先に引用した P 5.1.119 とそれに対する Vt.を少なくとも２度引用している。また、Unebe (2004)で扱った Vasubandhu の『唯識三十頌』も、その冒頭に、自己と世界とを表す様々な（比喩的）言語表現(upacāra)が識の転変に対して発働する (pravartate)と説くもので、本稿で扱った問題と密接に関わっている。『中論』に頻出する niḥsvabhāva 等も言語論の観点から解釈を試みてみる価値はあるであろう。

Chatterji, Kshitish Chandra (ed.)
1961 *Cāndravyākaraṇa of Candragomin*, Part II, Poona: Deccan College Postgraduate & Research Institute.
Conze, Edward (ed.)
1957 *Vajracchedikā Prajñāpāramitā, edited and translated with introduction and glossary*, Serie orientale Roma 13, Roma, Is. M.E.O.
Feer, Léon (ed.)
1890, 1894 *Saṃyutta-nikāya*, Part III, Khandha-vagga; Part IV, Saḷāyatana-vagga;, London: Pali Text Society.
Joshi, S. D. and J.A.F. Roodbergen (ed. & tr.).
1986 *Patañjali's Vyākaraṇa-Mahābhāṣya, Paspaśāhnika, Introduction, Text, Translation and Note,* Publications of the Centre of Advanced Study in Sanskrit Class C, No.15, Poona: University of Poona.
Katre, Sumitra M (ed. & tr.)
1987 *Aṣṭādhyāyī of Pāṇini,* Austin: University of Texas Press.
Lopez, Jr, Donald S.
1988 *The Heart Sutra Explained: Indian and Tibetan Commentaries*, Albany: State University of New York Press.
Müller, F. Max and Bunyiu Nanjio (ed.)
1884 *The Ancient Palm-leaves: Containing the Pragñâ-Pâramitâ-Hridaya-Sûtra and the Ushnîsha-Vigaya-Dhâranî*, Oxford: Clarendon Press.
Oldenburg, Hermann (ed.)
1879 *Vinaya Piṭakaṁ*, Vol.I, The Mahāvagga, London: Pali Text Society, reprinted London.
Siderits, Mark and Shoryu Katsura
2013 *Nāgārjuna's Middle Way: Mūlamadhyamakakārikā*, Somerville: Wisdom Publications.
Silk, Jonathan A.
1994 *The Heart Sūtra in Tibetan: A Critical Edition of the Two Recensions Contained in the Kanjur*, Wien: Arbeitskreis für Tibetische und Buddhistische Studien, Universität Wien.
Unebe, Toshiya
2004 The "Grammarians' Objection" Presented in Sthiramati's *Triṃśikābhāṣya* and Bhartṛhari's Argument on the Secondary Application of Words, in *Three Mountains and Seven Rivers: Prof. Musashi Tachikawa's Felicitation Volume*, ed. by Shoun Hino and Toshihiro Wada, Delhi: Motilal Banarsidass, pp. 133-151.
Vaidya, P.L. (ed.)
1960 *Aṣṭasāhasrikā Prajñāpāramitā*, Buddhist Sanskrit Texts 4, Darbhanga: The Mithila Institute.
1961 *Mahāyāna-sūtra-saṃgrahaḥ*, Part 1, Buddhist Sanskrit Texts 17, Darbhanga: The Mithila Institute.

上田義文
1977 『大乗仏教の思想』レグルス文庫 75、第三文明社。
畝部俊英（訳）
1985 「成道から伝道へ（律蔵・大品 1~24）」、原始仏典 1『ブッダの生涯』、講談社。
畝部俊也
1999 「バルトリハリの sattā 論」『南都仏教』76: 1-25。
2000 「『入楞伽経註』に引用されるバルトリハリの偈について」『仏教文化』8: 23-42。
2010 「言語表象から見た環境生成のメカニズム —インド思想の視座より—」『交響するコスモス』［下巻］脳科学・社会科学編：ミクロコスモスから環境へ（中村靖子編）、松籟社、pp.15-35。

2015a　「言葉の使用の根拠としての「存在」　—文法家にとっての「世界認識の枠組み」としての bhāva—」『インド哲学仏教学研究』22: 271-187。
2015b　「『仏頂尊勝陀羅尼』関連の新資料について」*HERITEX*（名古屋大学文学研究科付属人類文化遺産テクスト学研究センター編）、pp.180-192。
小川英世
1991　「パーニニ文法学派における文の意味」『仏教文化学論集：前田恵学博士頌寿記念』pp.238-249。
金沢篤
2010　「梵文『般若心経』（小本）の「空」」『駒沢大学仏教学部研究紀要』68: (63)-(94).
加納和雄
2015　「写本と挿絵入装飾経」: 小峰他(2015, 409-424)。
小峰彌彦・勝崎裕彦・渡辺章悟（編著）
2015　『般若経大全』春秋社。
立川武蔵
2001　『般若心経の新しい読み方』春秋社。
谷口 富士夫
1999　「『金剛般若経』における言語と対象」『金剛般若経の思想的研究』（阿部慈園編）、春秋社、pp.139-158。（初出『仏教学』 30: 29-46, 1991。）
長尾雅人（訳）
2001 (1973)　「金剛般若経」『大乗仏典１、般若部経典：金剛般若経／善勇猛般若経』、中公文庫。
中村元・紀野一義（訳）
1960　『般若心経・金剛般若経』岩波書店。
浪花宣明
2005　「原始仏教の無我説」『仏教とジャイナ教：長崎法潤博士古稀記念論集 』、平楽寺書店、pp.149-164。
野口圭也
n.d.　『般若心経について』（全 12 回）<http://www.kongohin.or.jp/hannya.html>
服部育郎・新田智通（訳）
2013　「第１編 六処についての集成、第２部第４章第２節 空」、原始仏典 II『相応部経典』第４巻（前田專學編）春秋社、pp. 182-183。
原田和宗
2010　『「般若心経」成立史観』大蔵出版。
羽矢辰夫・平木光二（訳）
2012　「第１編 存在の構成要素についての集成、第２部第１章第７節 五人の修行者」、原始仏典 II『相応部経典』第３巻（前田專學編）春秋社、pp. 112-116。
松田和信
2010　「中央アジアの仏教写本」、奈良康明・石井公成編『新アジア仏教史５　中央アジア　文明・文化の交差点』、佼成出版社、pp.119-158。
松本史朗
1988　「空」、岩波講座東洋思想第９巻『インド仏教』２、岩波書店、pp.217-242。
宮坂宥洪
2004　『真釈般若心経』角川書店。
宮元啓一
2004　『般若心経とは何か　—ブッダから大乗へ』春秋社。
吉水清孝
2008　「祭式の中の神々—ミーマーンサー学派の立場から—」『論集』35: 72-51。

ツォンカパ中観思想における二つの自性

福田　洋一

はじめに

中観思想は、一切法に自性がないこと、すなわち一切法の空性を論証することが根本テーマである。それを論証するために、「自性」とは何か、自性が存在しないというのはどのようなことか、何を根拠にして無自性を論証するのか、など無自性をめぐって様々なテーマが立てられる。特に「否定されるべき自性とは何か」という問題は「否定対象の確認（dgag bya ngos 'dzin）」という術語で呼ばれ、『菩提道次第大論』の毘鉢舎那章でも主要な部分を占めている。今否定対象として「自性」を挙げたが、それは必ずしも自明のことではない。否定対象の確認が重要な課題になるのは、否定対象である「自性」という概念自体を明確にする必要があるからである。

実際には、否定対象は「自性」のみではない。ツォンカパの立場、すなわち帰謬派の見解において否定対象とみなされる概念は、「自性によって成立しているもの（rang bzhin gyis grub pa）」、「それ自身の特質によって成立しているもの（rang gi mtshan nyid kyis grub pa）」、「それ自体で成立しているもの（rang gi ngo bos grub pa）」、これらがさらに自性や自相の修飾語となっているもの（たとえば、「それ自体で成立している自性（rang gi ngo bos grub pa'i rang bzhin）」）、grub paの修飾語が処格のもの「勝義において成立しているもの（don dam par grub pa）」、「真実なるものとして成立しているもの（bden par grub pa）」、「真に成立しているもの（yang dag par grub pa）」、grub paの代わりにyod paが使われるもの[1]（たとえば「自性によって存在するもの（rang bzhin gyis yod pa）」）などがある。これらは、言葉は多様なわりに、ツォンカパ自身はあまり区別をしていないように見えるが、「成立・存在する」という動詞に対する修飾語の格助詞が具格か処格かの違いには意識的である[2]。

---

[1] ここに挙げた否定対象におけるgrub paはyod paとほぼ同じ意味である。一般的には存在するもの（yod pa）とは、量によってその存在が確認されるもの（tshad mas dmigs pa）を意味するが、しかし、帰謬派の理解では、これら否定対象のいずれも「存在しない」もの、すなわち量によって確認されないものである。ただし、これら否定対象は帰謬派にとって存在しないものではあっても、対論者である実在論者にとっては存在していると見なされているので、実在論者の立場で「量によってその存在が確認されている」という意味で「成立・存在している」と言われている。このような仮説的な仕方での設定をチベット語では "brtag pa mtha' gzung gi tshul" と言う。

[2] 以下の例は、松本（1997-4, 166–167）にツォンカパを始めとするゲルク派教学を批判したサキャ派のコラムパ・ソナムセンゲ（go rams pa bsod nams seng+ge, 1429-1489）による要約とそれに対応する『入中論釈：密意解明』の引用に基づいて指摘されている。ただし、これは原則であって、通常具格で用いられる自性やそれ自身の特質が処格で用いられる例

処　格	具　格
1. don dam par grub pa	1. rang gi mtshan nyid kyis grub pa
2. bden par grub pa	2. rang bzhin gyis grub pa
3. yang dag par grub pa	3. rang gi ngo bos grub pa

これらは、単に具格か処格かという違いだけではなく、格助詞の付されている名詞の意味が、処格のグループでは「真実、勝義」など存在の仕方の様態を示す言葉であるのに対し、具格のグループでは「自性（rang bzhin）、自体（rang gi ngo bo）、それ自身の特質（rang gi mtshan nyid）[3]」など、そのものの実体や本質、すなわちそのものの存在根拠を指す言葉である点に大きな相違が見られる。

ツォンカパの思想において、これら二つのグループの違いは自立派と対比して帰謬派の存在論を規定する際に大きな意味を持っている。自立派は、真実などの様態のグループに属する存在を否定するが、自性などによって成立しているものは世俗において承認する。それに対して帰謬派は、自性などによって成立しているものであるならば、必ず真実なものとして成立しているはずであるので、これら二つのグループはいずれも否定対象であると主張する。この二つのグループを異なったものと見るにせよ、必然的な関係にあると考えるにせよ、これら二つの存在様態が異なっていることが前提となっていることには変わりはない。

ただし、自立派と帰謬派の立場の違いをこのように設定しているのはツォンカパの独創であり、もともとのインドにおいてそのような対立があったわけではない。あるいは少なくともそのような対比が意識されていたわけではない。これら両派の存在論的な位置づけと、これらの二つのグループの存在論的な位相の区別は、ツォンカパの中で同時に形成されたものであろう。言い換えれば、これらの二つのグループの存在論的なグループ分けは、自立派と帰謬派の違いを明確に措定するために都合のいいように設定されているように見える。それが妥当であるか否かは、今は問題ではなく、ツォンカパがそれらを異なった

（rang bzhin du grub pa、rang gi mtshan nyid du grub pa）も散見される。これをどのように解釈するかについては、改めて文脈の分析による考察が必要である。

[3] rang gi mtshan nyid は通常 svalakṣaṇa の訳語で「自相」と訳される。しかしチベットの文脈では自相は rang mtshan と略称されるのに対して、この否定対象としての自相は rang gi mtshan nyid と冗長な形で言及されることが多い。従って、ここでは rang gi mtshan nyid を「自相」とは訳さず、文字通り「それ自身の特質」と訳すことにする。また rang gi mtshan nyid kyis という具格も、「として」という同一性の意味ではなく「によって」という手段や根拠の意味で訳す。それについては、福田（2000）および福田（2006）を参照。

ものとして設定することによって帰謬派の存在論的な優位性をどのように打ち立てているかを理解することが、本稿での関心事である。

とは言え、帰謬派の立場は、形式的にであれ既に「中観派の不共の勝法」として解明した[4]。その枠組みの中で、自性という概念が何を意味しているかという個別的な問題を以下で論じることにしたい。特に本稿においては、「自性」に二つの意味・用法があるとするツォンカパの記述を検討し、それらの違いについて考察することにより、それが「中観派の不共の勝法」および二諦説の枠組みの中にどのように位置付けられるかを論じる。自性に二つの意味があるという主張については、根本（2014）において指摘、検討されているが[5]、それとはやや異なった視点から筆者の解釈を示すことにしたい。

1. 『中論』第 15 章第 2 偈の解釈

1.1 『菩提道次第大論』における二つの自性の議論

根本（2014）は、ツォンカパがチャンドラキールティの用法に基づいて「法性と同義のものとされる自性（chos nyid la rang bzhin du byas pa'i rang bzhin）」と「それ自体で成立している自性（rang gi ngo bos grub pa'i rang bzhin）」という二つの自性を区別していることを指摘した。前者は空性や勝義諦と同義であり肯定されるものであるが、後者は正理によって否定されるべきものである。確かにツォンカパは、これら二つの自性の用法の違いに言及している。しかし、一般的に「自性が存在しない」あるいは「自性に関して空である」と言われるときは、後者の否定対象としての自性が意図されている。ツォンカパが法性と同義の自性に言及するのは、以下に検討するように、ごく限られた文脈においてのみである。本章では、その限られた文脈を検討し、法性と同義の自性に言及するとしても、基本的な枠組みは「中観派の不共の勝法」に立脚するものである場合と、逆にチャンドラキールティの註釈に従っているために「中観派の不共の勝法」と齟齬を来していると思われる場合とがあることを指摘したい。筆者は、ツォンカパの思想自体としては、法性と同義の自性を設定する必要はなく（それは法性や真実性、勝義諦、空性など別の用語で十分に表現できる）、二つの自性があるとするのはチャンドラキールティの言葉を祖述する必要から導入された解釈であると考えている。

まず『菩提道次第大論』において、初めて二つの自性について言及される箇所のコンテ

---

[4] 福田（1999）参照。以下、本稿における「中観派の不共の勝法」についての言及は、全て同拙稿を前提としている。

[5] この根本氏の研究は、チャンドラキールティの二つの自性についての研究である田村（2009）を受けたものである。筆者はチャンドラキールティの主張を批判するものではなく、またチャンドラキールティに従っているツォンカパの記述を批判するものでもない。ただ、チャンドラキールティに従ったツォンカパの解釈は、ツォンカパ自身の思想体系における必然性に乏しいと考えている。

キストを理解するために、その毘鉢舎那章における「否定対象の確認」の科段の大まかな構成を挙げておこう。

R1 否定対象を正しく確認する必要性（374b6）
R2 否定対象を〔正しく〕確認せずに否定する説を批判する（375a5）
　S1 否定対象の範囲が広すぎる説の批判（375a6）
　S2 否定対象の範囲が狭すぎる説の批判（414b4）
R3 自説の否定対象の確認の仕方（419b1-433a1）

この中で R2S1「否定対象の範囲が広すぎる説の批判」は、下位の科段も設けられ質・量ともに毘鉢舎那章の中心的な部分をなしている。「中観派の不共の勝法」もそこで取り上げられる。それに対して R2S2「否定対象の範囲が狭すぎる説の批判」は、下位の科段も設けられず、分量も少ない。「法性と同義とされる自性」はこの箇所で言及される。否定対象の範囲が広すぎる説とは、正理によってあらゆる存在が否定されるという主張であり、それに対してツォンカパは、言説有は正理によって否定されず、無自性と縁起が同時に成り立つという「中観派の不共の勝法」を主張する。一方、否定対象の範囲が狭すぎる説とは、限られた存在しか否定せず、凡夫を輪廻に縛り付ける根本原因である倶生の無明を退けることのできない説である。

この科段の最初に批判対象となる説が次のように提示される。

> kha cig na re / dgag bya ni rang bzhin yin la de yang khyad par gsum dang ldan pa ste ngo bo rgyu dang rkyen gyis ma bskyed pa dang gnas skabs gzhan du mi 'gyur ba dang rnam 'jog gzhan la mi ltos pa'o //
>
> de yang dbu ma'i rtsa ba las
>
> rang bzhin rgyu dang rkyen las ni //
> 'byung bar rigs pa ma yin no //
> rgyu dang rkyen las byung na ni //
> rang bzhin byas pa can du 'gyur //
> rang bzhin byas pa can zhes byar //
> ji lta bur na rung bar 'gyur //
> rang bzhin dag ni bcos min dang //
> gzhan la ltos pa med pa yin //（MMK, XV, 1-2[6]）

---

6 na saṃbhavaḥ svabhāvasya yuktaḥ pratyaya-hetubhiḥ / hetu-pratyaya-saṃbhūtaḥ svabhāvaḥ kṛtako bhavet // svabhāvaḥ kṛtako nāma bhaviṣyati punaḥ kathaṃ / akṛtrimaḥ svabhāvo hi nirapekṣaḥ paratra ca //

zhes gsungs pa'i phyir ro zhes zer ro //（LMCM, 414b5–415a1）

ある人曰く、否定対象は自性であり、またその〔自性〕は、三つの条件（khyad par gsum）を備えているものである。すなわち、

1. その存在（ngo bo）〔については、〕因や縁によって生じられたものではなく、
2. 状態（gnas skabs）〔については、〕他に変移することはなく、
3. 設定するもの（rnam 'jog）〔については、〕他に依存していない[7]

ものである。それについて、『根本中頌』〔第 15 章「自性の考察」〕においても

自性が因と縁から生じることは不合理である。
因と縁から生じたならば、自性は作れたものとなってしまうであろう。［k.1］
自性が作られたものであるということがどうしてあり得ようか。
諸々の自性は作為されたものではなく、他に依存していないものである。［k.2］

とおっしゃっているからである、と言う。

否定対象が自性であるとする点では、帰謬派の自説と少なくとも表現の上では異ならない。ここで問題になるのは、その自性が三つの条件を備えていものとして規定されることである。ツォンカパは、それらの条件が中観派にとっての正理の否定対象に相応しくないと批判する。ここに引用される『中論』第 15 章第 2 偈後半は、後に「法性と同義とされる自性」として取り上げられることになる。

ツォンカパによれば[8]、もし「因と縁から生じないもの」あるいは「作為されたものでないもの」という条件を備えた自性を認める人がいるとすれば、そのような自性は中観派の正理の否定対象になるが、これらの条件は否定対象固有の特質ではない。これらを否定しても、必ずしも中観派にとっての否定対象を否定したことにはならないからである。たとえば、仏教徒であれば、有為は全て因と縁によって生じ、変化するものであると認めているが、だからといってかれらが中観の見解を得ているわけではない。その他、哲学者が

---

[7] 「設定するもの」とは、それの何であるか、すなわちその本質を設定するものが、それ自身であって、他のものによって本質が規定されることはない、という意味であろう。第一の条件である、因や縁に依存しないというのは、そのものの存在（ここでは質料と言ってもいい。）についての条件であるのに対し、この第三条件は、そのものの本質（すなわち形相）を規定するものの条件であると考えられる。

[8]以下は、LMCM（415a1–416a6）の要約である。煩雑になるので訳文は挙げない。

構想するような、部分のない実体や極微、常一主宰なる我（rtag gcig rang dbang can gyi bdag）などを否定しても、そのことによって倶生の無明を退けることはできない。これらはみな、凡夫を輪廻に束縛する倶生の無明の把握対象よりも外延が狭いからである。それでは、倶生の無明を退けることのできる適切な否定対象は何か。それは既に「否定対象が広すぎる説の批判」において論じられた「それ自体で成立している自性（rang gi ngo bos grub pa'i rang bzhin）」である。

以上の議論のあと、ツォンカパは対論者の引用した『中論』第 15 章第 1、2 偈の解釈の問題に移る。まず対論者は次のように反問する。ナーガールジュナは自性は作為されたのではなく、他（＝因・縁）に依存するものでもないという自性の二つの特質（mtshan nyid）を述べているが、それは考察上の仮説として（brtag pa mtha' gzung gi sgo nas）否定対象を述べたものであるのか、それともそのような自性は存在するのか。それに対してツォンカパは、

> 'di ni chos rnams kyi chos nyid ces gsungs pa de la rang bzhin zhes bzhag pa yin te bcos ma min pa dang gzhan la rag las pa min pa'o // de ni yod de / 'jug 'grel[9] las / ...（LMCM, 416a6）
>
> それは、諸法の「法性」と〔仏陀が〕お説きになったものを「自性」と設定したものである。それは作為されたものではなく、他に依存するものでもない。そ〔の自性〕は存在する。すなわち、『入中論釈』に・・・

と答える。『中論』第 15 章第 2 偈後半で述べられた「自性」の二つの特質――作為されたものでないもの（bcos ma min pa, akṛtrima）、および他に依存しないもの（gzhan la rag las pa min pa, nirapekṣa）――を満たす「自性」とは、諸法の「法性」のことに他ならない。これはチャンドラキールティの『プラサンナパダー』の註釈に基づくものである[10]。ツォンカパは、ここで初めて、否定対象の自性とは異なった「法性と同義とされる自性（chos nyid la rang bzhin du byas pa'i rang bzhin）」に言及する。最初ツォンカパは、「作為されたもの（変移するもの）ではないもの」と「他の〔因や縁〕に依存しないもの」は否定対象の範囲と

---

9 MVBh, 305.20–306.12.

10 PSPD, 264.11–12 ad MMK, XV, 2cd: yadi khalu tad adhyāpopād bhavadbhir asti^ity ucyate kīdṛśaṃ tat / yāsā dharmāṇāṃ dharmatā nāma sā^eva tat-svarūpaṃ / atha kā^iyaṃ dharmāṇāṃ dharmatā / dharmāṇāṃ svabhāvaḥ /「もし、それは、増益によって存在しているとあなたが言うならば、それはどのようなものか。諸法の法性と呼ばれるところのもの、それこそが、それの実体（tat-svarūpa）である。それでは、その諸法の法性とは何か。諸法の自性〔がそれ〕である。」以下、本性（prakṛti）、空性、無自性、如性などが同義語として挙げられていく。

しては狭すぎると批判していた。したがって、「作為されたものでないもの」と「他に依存しないもの」という自性の特質（mtshan nyid）は、否定対象としての自性の特質を指しているのではなく、その特質を満たす法性（や、本性、空性、如性など）を指していると理解しなければならない、というのがツォンカパの論理であろう。『菩提道次第大論』での文脈では、「作為されたものでないもの」および「他に依存しないもの」は、正理の否定対象（すなわち「それ自体で成立している自性）の定義的特質としては適さないので、ナーガールジュナがこれらを自性の定義的特質として挙げているとすれば、それは否定対象としての自性ではなく、別の自性のことでなければならないことになる。

1.2 法性と同義の自性の言説有としての存在

このように法性と同義の自性の定義的特質を挙げたあと、ツォンカパは反問者の問いに対して「それは存在している」と短く答えている。根本（2014, 291）はこの箇所の "de ni yod de" に関連して、

> 彼によれば法性はまさしく存在する。先の引用箇所で述べられたように、法性は「存在することはするのだが、自性に基づいて存在するのでない」。つまり、「法性」というのは仮の名称であって、それと正確に対応する事物は現実には見出されないが、そうした不完全な言葉でしか表現しようのない究極の真実が確かに存在するのである。

と述べるが、この解釈は、ツォンカパの主張の意図からはずれていると思われる。ツォンカパは、法性は存在する、ただし、それは自性に基づいた存在ではないと述べられているが、ここで法性が「存在する」と言われるときの「存在」は、壺が「存在する」のと同じように言説有として存在することを意味しているのであり、「不完全な言葉でしか表現しえないような究極の真実が存在する」と言っているわけではない。そのことは、「存在している」という主張を裏付けるためにツォンカパが引き続き引用している『入中論釈』の言葉からも窺える。その長い引用の中で、ツォンカパが一番重要だと考えている部分は、引用の最後に述べられる次の言葉であろう。

> gal te med na ni ci'i don du byang chub sems dpa' rnams pha rol tu phyin pa'i lam sgom par 'gyur te / gang gi phyir chos nyid rtogs par bya ba'i phyir byang chub sems dpa' rnams de ltar dka' ba brgya phrag rtsom pa yin no //（MABh, 306.9–12）
>
> もし〔自性としての法性が〕存在しないならば、諸菩薩は何のために波羅蜜の道を修習するのか。なぜならば、法性を悟るために諸菩薩はそのような百の苦行に取り組んだの〔だから〕である。

諸菩薩が波羅蜜道の苦行に取り組んだのは、法性を悟るためなので、それは「存在していなくてはならない」とチャンドラキールティは主張しているのであり、それがツォンカパの言いたいことでもある。このことは、『中論註・正理大海』でより明解に述べられる。

> ci me'i rang gi ngo bo de lta bur gyur pa yod dam zhe na / de ni rang gi ngo bos yod pa yang min la med pa yang min zhes gsungs te yod mod kyi rang gi ngo bos yod pa min zhes pa'i don yin te 'jug 'grel las / de la don dam pa ni yang dag pa gzigs pa rnams kyi ye shes kyi khyad par gyi yul nyid kyis bdag gi rang gi ngo bo rnyed pa yin gyi rang gi bdag nyid kyis grub pa ni ma yin te zhes gsungs pa ltar ro //（RG, 158a6–b2）
>
> 〔『プラサンナパダー』で〕「火にとって、以上のような〔二つの特質を満たしている〕自性（svarūpa, rang gi ngo bo）は存在するのか、と問うならば、それはそれ自体で（svarūpataḥ, rang gi ngo bos）存在しているのではないが、存在していないわけでもない。」[11]とおっしゃっている。すなわち存在してはいるけれども、それ自体で存在しているのではないという意味である。たとえば『入中論釈』に「そのうち、勝義とは、正しいものをご覧になっている方達の特別の智慧（ye shes kyi khyad par）の対象であることによって自らの存在（bdag gi rang gi ngo bo）を得ているのであって、自らの本質によって（rang gi bdag nyid kyis）成立しているものではない。」[12]とおっしゃっている通りである。

ここでもチャンドラキールティからの引用が主でツォンカパの言葉は短いが、意図は十分に理解できる。「自性が存在する」と言われるときの自性は法性と同義の自性であり、言い換えれば法性ないしは空性、あるいは『入中論釈』からの引用にあるように勝義諦である。それは「存在するが、しかし、それ自体で存在するわけではない」というのがツォンカパの簡潔な要約である。

その典拠とされる『プラサンナパダー』からの短い引用文のチベット語訳“de ni rang gi ngo bos yod pa yang min la med pa yang min”の部分は、サンスクリット語原文では“na tad asti na ca^api na^asti svarūpataḥ”となっていて、「それ自体としては（svarūpataḥ）」は「存在するのでもなく、存在しないのでもない」の全体にかかり、法性は、それ自体としては、存在するとも存在しないとも言えない「不可言説」のものであるという意味になる。ところがチベット語では、“rang gi ngo bos”は“yod pa”にしかかからず、「それ自体で存在す

---

11 『プラサンナパダー』からの引用だが、チベット語はやや簡略化されている。PSPD, 264.2–3: kiṃ khalu [agneḥ] tad itthaṃ svarūpam asti // na tad asti na ca^api na^astisvarūpataḥ /.

12 この引用は、『入中論』の二諦説の最初に勝義諦を規定している箇所からのものである。MABh, 102.16–18.

るものではなく、〔だからといって〕存在しないわけでもない」と読むことが可能であり、先のツォンカパの言い換えに示されているように、少なくともツォンカパはそのように解している。この理解は明らかに「中観派の不共の勝法」における存在と非存在の四つの様態を踏まえたものである。「存在している」は「単なる存在（yod pa tsam）」にあたり、縁起している言説有である。「それ自体で存在しているものでない」は、「自性に関して存在しないもの（rang bzhin gyis med pa）」であり、無自性空のことである。ツォンカパが“rang gi ngo bos”を“yod pa”のみにかける解釈をしたのは、チベット語としてそのように読めるからだけではなく、「中観派の不共の勝法」がツォンカパの念頭にあったからなのである。

ツォンカパにとって、「存在するのでもなく、存在しないまでもない」というような非論理的な言明は認められるものではなかった。インドの原典の中には（この箇所のチャンドラキールティの表現もそうであるうように）、存在・非存在の両方を否定するような記述が見られるが、そのような矛盾した場合にもツォンカパ（および後代のゲルク派の学僧たち）は、それを「自性によって存在することはないが、全く存在しないわけではない（すなわち、言説としては、あるいは単に存在する）」と注釈する。同じものに対する否定と肯定は二律背反であり、第三の可能性はあり得ない。従って、この表現は「存在」に対する否定と肯定を述べているのではなく、存在に対する様態の限定の仕方の否定と肯定と考えなければならない。そこに一切の言葉を越えた「不可言説」な存在は意図されていない。もちろん、ここで言明されているのは、あくまで言説の存在であり、法性や無自性も言説有として存在しているのである。

> nang gi blos btags pa min pa'i chos rnams la rang gi ngo bos grub pa'i rang bzhin ni rdul tsam yang med do zhes kho bo cag gis lan du mar ma smras sam / des na de 'dra ba'i rang bzhin du ni chos gzhan rnams lta ci smos / chos nyid don dam pa'i bden pa de yang grub pa cung zad kyang med de / tshig gsal las / ... / zhes rang bzhin de yang rang gi ngo bos grub pa bkag nas tha snyad du yod par gsungs so //（LRCM, 414b4–417a2）

> 内的な知によって仮設されたものではなく、諸法においてそれ自体で成立している自性なるものは微塵も存在しないと我々は何度も述べなかったか。従ってそのような〔それ自体で成立している〕自性として、〔法性以外の〕他の諸法は言うまでもなく、法性という勝義諦もまた〔それ自体で成立している自性としては〕成立しているものは何もないけれども、『プラサンナパダー』に・・・[13]と〔言って、法性と同義とされ

---

[13] PSPD, 263.5–264.4 ad MMK, XV-2。内容は火の変移することなく他に依存しない自性はそれ自体で成立するものとしては存在しないが、人々の恐怖を除くために、増益して世俗として火の自性があると説かれるというもので、法性のような勝義諦について言及されて

た〕その自性もまた、それ自体で成立していることは否定され、言説有であるとお説きになっているのである。

『プラサンナパダー』からの引用文の内容は、「火の自性」という世俗の存在についての自性が言説において認められるという主張であるが、ツォンカパはそれと同様に法性についても、自性としての存在は言説における存在として増益されたものであると主張しているのである。この点では、世俗の存在も勝義諦も、言説において存在しているだけのものであることに変わりはない。

1.3 二諦と二つの自性

しかし、これら世俗に属する諸法と、勝義諦である法性・空性などとには違いがあることも事実である。

mig la sogs pa'i 'dus byas 'di dag ni rang gi ngo bos grub pa'i rang bzhin du'ang ma grub la / chos nyid la rang bzhin du bzhag pa der yang ma grub pas rang bzhin gang du'ang ma grub pa dang don dam pa'i bden pa ni chos nyid la rang bzhin du bzhag pa der grub kyang rang bzhin der 'jog byed bcos ma min pa dang / gzhan la mi ltos pa ni rang gi ngo bos grub pa'i rang bzhin der cung zad kyang med pas tha snyad du grub pa tsam mo //

bcos ma ni sngar med gsar du 'byung ba'i byas pa dang gzhan la ltos pa ni rgyu rkyen la ltos pa'o // gzugs sogs rnams rang bzhin gnyis gang du'ang ma grub pas chos nyid la rang bzhin du byas pa'i rang bzhin de blta ba'i phyir du lam sgom pas na tshangs spyod kyang don med du mi 'gyur bar gsungs shing / chos rnams la rang gi ngo bos grub pa'i rang bzhin gtan mi 'dod pa dang glo bur du rang bzhin khas blangs pa gnyis mi 'gal bar bshad de /（LMCM, 417b1–5）

眼などの諸々の有為は、それ自体で成立している自性としても成立していないし、法性〔と同義のもの〕と設定された自性としても成立していないので、いずれの自性としても成立していないが、勝義諦は、法性〔と同義のもの〕と設定された自性としては成立しているけれども、そのような〔法性と同義の自性〕として設定する根拠〔である二つの定義的特質、すなわち〕「作為されたものでないもの」と「他に依存しないもの」〔によって設定されたもの[14]であり〕、それ自体で成立している自性として存在することは決してないので、単に言説として成立しているものにすぎない（tha snyad du grub pa tsam）。

いるわけではない。

[14] LMC4（200a1–2）に "de gnyis kyis bzhg pas ni don dam de rang gi ngo bos grub par ma song bas don dam de nyid" と割註が挿入されていることに基づいて訳した。

「作為されたもの」とは前に存在せずに〔後に〕新たに生じるという作られたもの（byas pa）であり、「他に依存するもの」とは因や縁に依存するものである。色などは、その二つの自性のいずれとしても成立しているものではないので〔、色などの世俗の法に留まっているだけでは法性の自性は見られない。それゆえ[15]〕法性〔と同義のもの〕とされる自性を認識するためには、道を修習する〔ことが必要である〕ので、梵行もまた無意味とはならないとおっしゃっている。また諸法においてそれ自体で成立している自性は全く認めないことと、後天的なものとして（glo bur du）[16]自性を承認することの二つは矛盾しないと〔『入中論釈』で〕説明されている[17]。

勝義諦以外の諸法は、二つの自性のいずれにおいても成立していないのに対し、勝義諦は、それ自体で成立している自性としては成立していないが、法性と同義とされる自性としては成立している。ここでは、二つの自性の設定が世俗の存在と勝義諦との違いとしてうまく使い分けられている。世俗の存在と勝義諦は、いずれも言説有である点では等しいが、世俗の存在は法性としての条件を備えていないのに対し、勝義諦はそれを備えている

[15] LMC4, 200a4: gzugs sogs la gnas pa tsam gyischos nyid kyi rang bzhin ma mthong la de ltar ma mthong bas na.

[16] LMC4（200a5--6）によれば、“rang rang gi tha snyad kyi” と注釈されるので「それぞれの言説として」自性を承認するという意味で解されている。ただし、LMC4（200a3）では “sngar med gsar du 'byung ba'i byas pa” を “**sngar med** pa la phyis **gsar du 'byung ba**'am phyis glo bur du skye ba**'i byas pa**” と注釈しているので、前になかったものが後になって glo bur du に生じるという意味で、ここでも「後天的に」と訳した。言説として設定された自性は、最初からそのものに備わっているものではなく、後に命名する意識に依存して後天的に名付けられた存在であるので、いずれの意味で解しても内容的には齟齬しないと思われる。

[17] MABh, 307.9–308.5。この引用の最後に “gang zhig byis pa'i skye bos blta bar bya ba ma yin pa de nyid ni rang bzhin yin par rigs lade tsam gyis don dam pa dngos po ma yin zhing dngos po med pa'ang ma yin te de ni rang bzhin gyis zhi ba nyid yin ba'i phyir ro //”「愚者によって見られる得ないところのものが自性であるのは理に適っており、その限りにおいて、勝義のものは存在するものではなく存在しないものでもない。なぜならば、それは自性に関して寂滅しているもの（自性を欠いたもの）に他ならないからである」とある。この “dngos po ma yin zhing dngos po med pa'ang ma yin” をツォンカパは注釈して、“'dir dngos po yod med ni sngar gnyis su smra ba'i skabs su bshad pa ltar rang gi ngo bos yod pa dang ye med yin no //”（LMCM, 418a4）「ここで「存在する、存在しない〔と言っている〕のは、前に〔実在論と虚無論の〕二つの論者〔への批判を述べた〕箇所（すなわち、中観派の不共の勝法を提示した箇所）で説明したように、それ自体で存在することと、全く存在しないこと〔を指す〕。」と述べている。これは存在と非存在の四つの様態のうちの、実在論的立場である、一切法がそれ自体で存在しているとする見方と、虚無論の一切法が全く存在しない（ないしは単に存在しない）とする見方を指している。このことからも、ここでのツォンカパの立場は「中観派の不共の勝法」の圏内にあると言うことができるであろう。

ので、世俗の存在である我々は、それを越えて勝義諦を目指して修行しなければならないのである。しかも、勝義諦は「存在している」と言えるので、それを目指す修行道もまた「存在している」と言え、その間に因果関係、すなわち縁起も成り立つのである。

1.4 『中論』第15章についての『正理大海』の解釈

このツォンカパの主張には、「中観派の不共の勝法」の根本的な意義、すなわち無自性でありながら、修行を因として仏陀の境地を実現するという因果関係（＝縁起）が有意義に成り立つことを保証するという目的が明確に見て取れる。それ故、『菩提道次第大論』の上記の引用で「それは存在する」と言った後に、その教証として、法性が存在することが菩薩の修行にとって不可欠であることを述べる『入中論釈』が引用されているのである。

法性と同義の自性の定義が述べらているとされる『中論』第15章についても、ツォンカパは総論においてブッダパーリタの言葉を引用したのち、次のように章の趣旨をまとめている。

> dngos po rnams la ngo bo nyid kyis grub pa'i ngo bo nyid cung zad kyang mi rung ba dang / 'on kyang rgyu rkyen la brten nas dngos po 'byung bar 'dod pa gnyis 'gal bar 'dzin pa mi 'gal bar rab byed 'dis 'chad par mtshams sbyor te / de gnyis 'dres pa 'byed pa 'di nyid rigs pa rnams kyi gnad che shos so //（RG, 156a3–4）
>
> 諸実在（dngos po = 'dus byas）において、自性（ngo bo nyid）によって成立している自性が少しもあり得ないことと、しかしながら因と縁によって実在が生起すると主張することの二つが矛盾すると考える〔者に対して、その二つは〕矛盾しないとこの章で説かれていると〔ブッダパーリタが〕導入を述べている（mtshams sbyor）。その二つが混同されているのを区別するというこのことこそが、諸々の正理の最も重要な点である。

無自性でありながら、縁起するということが同時に矛盾せずに同じ一つの主題（ここでは dngos po「実在」）において成り立つというのは、「中観派の不共の勝法」の最初の命題に他ならない。それを説明することがこの章の主要な主題であるとツォンカパは述べているのである。「諸々の正理の最も重要な点」という表現も、それこそが中観派の「不共の勝法」だということと同じ意味であろう。

しかし、このような趣旨と、「法性と同義とされる自性」および「否定対象の自性」という二つの自性を設けることとの関連はそれほど緊密なものではない。法性と同義の自性を設けなかったとしても、空性、如性など、存在の実相のみを表す言葉があれば、「中観派の不共の勝法」にとっては十分である。自性に二つの意味を持たせなければならなかったのは、基本的にはチャンドラキールティの解釈を祖述する必要があったためであろう。よく知られているようにチャンドラキールティには「自性」に肯定的な意味を持たせる用法がある[18]。『中論』の第 15 章の偈のみを素直に読むならば、必ずしもナーガールジュナが法性と同義の自性を主張していると解釈する必要はない。実際、ナーガールジュナはこの箇所で法性などについて言及しているわけではなく、自性と、「作為されたものであること、他に依存するものであること」とは両立しない、逆に言えば自性は作為されたものではなく、他に依存しないものであると述べているだけである。有為は全て他のものに依存し、従って作為されたものであるので、自性とは相容れず、従って無自性である、というのがナーガールジュナの元々の意図であったと思われる。この限りにおいては、縁起するが故に無自性であり、無自性であって初めて縁起が可能であるという「中観派の不共の勝法」を述べているだけであり、第 2 偈 cd で「法性と同義の自性」が定義されていると考える必要はないのである。

以上、確かにツォンカパはチャンドラキールティに倣って二つの自性を区別しているが、ツォンカパ自身の思想として、法性と同義のものとして肯定される自性という概念を導入する必要はなかったこと、さらにその場合の法性にしても勝義諦にしても、他の世俗の存在と同様言説有であり、不可言説な真実は想定されていないこと、従ってその解釈も「中観派の不共の勝法」の思想圏内にあることを確認した。

次に、チャンドラキールティの註釈に従ったために、同じような齟齬が見られる例を、『正理大海』の帰敬偈の解釈と、本文の総論部分の註釈において見ていくことにしよう。

2. 『正理大海』における帰敬偈の解釈

『中論』の帰敬偈[19]は有名な八つの項目の否定によって修飾された縁起を説いた仏陀への讃歎文である。チャンドラキールティは、その八つの項目は単に「存在しない」のではなく、聖者の三昧に入った智慧の対象の自性として見たときには「存在しない」という意

[18] その詳細な研究である田村 (2009) で取り上げられているのは、ここで検討している『中論』第 15 章の第 2 偈 cd、すなわち自性の定義が述べられているとされる箇所に対する『プラサンナパダー』の二つの注釈文（PSPD, 264.3–4; 265.7–8）である。そのうち前者は、先ほどツォンカパも引用した "na tad asti na ca^api na^asti svarūpataḥ" を含む。

[19] MMK, 帰敬偈: anirodham anutpādam anucchedam aśāśvatam /aneka-artham anānā-artham anāgamam anirgamam // yaḥ pratītya-samutpādam prapañca-upaśamaṃ śivam / deśayāmāsa saṃbuddhas taṃ vande vadatāṃ varam //（gang gis rten cing 'brel par 'byung / 'gag pa med pa skye med pa // chad pa med pa rtag med pa / 'ong ba med pa 'gro med pa // tha dad don min don gcig min / spros pa nyer shi shi bstan pa // rdzogs pa'i sangs rgyas smra rnams kyi / dam pa de la phyag 'tshal lo //）「縁起は、滅することなく生じることなく、断滅なく常住ではなく、来ることなく行くことなく、異なったものでもなく同一のものでもなく、戯論が寂滅し、吉祥なものであると説いた仏陀、教師のうちの最高のものに帰命します。」

味であると注釈し、ツォンカパもその解釈を踏襲する。この場合の自性は、法性と同義とされる自性に他ならない。一方、『中論』本文に対する総論で、ツォンカパは、否定対象に対する限定辞について論じ、否定されるべきものには「それ自身の特質（rang gi mtshan nyid）によって成立しているものとして」という限定が加えられるべきであると述べている。「それ自身の特質」は「自性」と言い換えてもよく、それは否定対象としての自性に他ならない。この総論において、帰敬偈における八つの項目の否定に対する限定とは異なった説明がなされていることになる。これも、ツォンカパの中観派の不共の勝法の思想と、チャンドラキールティに従った祖述的註釈の間の乖離を示していると言えよう。以下、ツォンカパの註釈を辿って、その二つの違いを具体的に示していこう。

2.1 『正理大海』の構造

まず最初に、『中論註・正理大海』の科段のうち、テキストの解釈の部分から主要な科段を抜粋して挙げる（科段, 1996, 45）。

B2 テキストの意味
- C1 縁起するものが〔有無の二〕辺を離れているとお説きになった点から教主を讃嘆する
  - D1 総論（spyi'i don）
    - E1 この〔帰敬偈の〕言葉に中論の所説内容などが〔示されて〕いること
    - E2 限定対象（khyad gzhi）〔である縁起するもの〕に八つの限定属性（khyad chos）が備わっていること
    - E3 それに対する他者の批判を退ける
      - F1 滅など〔の八つの項目〕が自性として成立していない（rang bzhin du ma grub pa）〔という自説〕に対する批判を退ける
      - F2 滅など〔の八つの項目〕の数と順序についての批判を退ける
  - D2 各論（yan lag gi don）
- C2 縁起するものが八辺を離れていると解釈する仕方
  - D1 〔各〕章のテキストを実践の順序に配列する
    - E1 正理の否定対象〔である二我〕を把握する知を確認する
      - F1 本論
      - F2 否定対象に対してどのように限定が加えられるか
    - E2 それを否定するための要素としてテキスト〔の各章〕がどのように説かれているか
  - D2 各章の意味の説明

『中論』のテキストの註釈は、帰敬偈の註釈（C1）とそれ以降の本文偈の註釈（C2）とに分かれる。C1 はさらに総論（D1）と語釈（D2）とに分かれる。『中論』本文の註釈（C2）は、帰敬偈に述べられた、縁起するものが八つの辺を離れていることの詳説であり、その趣旨は帰敬偈と同じでないといけない。それはさらに、総論に当たる D1 と、各章の注釈に当たる D2 に分かれる。D1 の見出しは、E2 の各章の配列の説明となっているが、実質的な内容である E1 は、『菩提道次第大論』から一貫して重視される「否定対象の確認」であるので[20]、この部分が『中論』全体の総論であると言える。

2.2 帰敬偈の解釈における非存在の限定

中論の帰敬偈は、縁起をお説きになった釈尊に帰命する偈である。縁起するものは、そこにおいて滅・生、断・常、来・去、異・一という八つのものが存在せず、戯論が寂滅した吉祥るものであるとされる[21]。特に最初の八つの項目の非存在が「八不」として有名であり、ツォンカパの注釈でも、この点が説明の中心になっている。すなわち、帰敬偈の一般論（C1D1）の E2 および E3 がその議論である。

> 'gag sogs brgyad ni tha snyad du yod pas khyad par ma sbyar bar dgag mi nus so // khyad par ni tshig gsal las skabs 'dir 'phags pa'i ye shes la ltos nas 'gag pa sogs med pa zhes gsungs la skabs 'og mar ma rig pa'i rab rib dang bral pa'i ye shes zag pa med pa'i yul gyi rang bzhin la ltos nas ni ma yin no zhes gnyis snang gi 'khrul ba'i zag pa med pa'i ye shes la gsungs pas rten 'byung gang la 'gag sogs gang yod pa'i rten 'byung de khyad par gyi gzhir bzung nas mnyam

---

[20] 実際の科段は、否定対象そのものの確認ではなく、否定対象である二我を把握している知、すなわち我執の確認（E1）と否定対象への限定の仕方の確認（E2）である。

[21] 八不が縁起を修飾していることは語順からしても問題はないが、「戯論が寂滅した吉祥なもの」が縁起を修飾していると単純には言えない。チャンドラキールティは
“yathā-avastitha-pratītya-
samutpāda-darśane ca saty āryāṇām (Macdonald, 2015, 133.6; rten cing 'brel bar 'byung ba ji ltar gnas pa bzhin du 'phags pa rnams kyis gzigs na, 4b3)”「聖者たちが縁起をありのままにご覧になるならば」と限定した上で戯論が寂滅すると注釈し、ツォンカパは少し言葉を換えて、“rten 'byung gi de kho na nyid gnas tshul bzhin 'phags pas gzigs pa'i ngo na”（RG, 15b5）「縁起するものの真実性を、存在している通りに聖者がご覧になる〔その知〕にとって」と注記している。縁起の真実性とは、空性あるいは法性、あるいは勝義諦に他ならない。一方、八不において否定される滅・生などは、真実性においては存在しないが、言説においては存在する。戯論が寂滅するのは、言説有としての滅などを見るときではなく、それらが存在しないと見る勝義の知にとってであり、従って、縁起それ自体において戯論が寂滅しているわけではない。このような解釈は、ツォンカパ後期の二諦説（それはまた『入中論』における二諦説でもある）において勝義諦が、聖者の三昧知の対象として定義され、そこにおいては言説有の現れもなくなることと符合している。

bzhag zag med ye shes kyi yul gyi rang bzhin la ltos nas 'gag sogs brgyad med pa de'i khyad par gyi chos su sbyar ro //（RG,11b6–12a3）

滅などの八〔項目〕は、言説において存在しているので、〔「真実としては」などの〕限定を加えずに否定することはできない。限定は『プラサンナパダー』の、この箇所では「聖者の智慧の点から見たとき（'phags pa'i ye shes la ltos nas[22]）滅などが存在しない」とおっしゃっているが、後の箇所では、「無明という眼病を離れた無漏の智慧の対象の自性として見たとき (ye shes zag pa med pa'i yul gyi rang bzhin la ltos nas[23])〔存在しているわけ〕ではない」と〔言って、所取・能取の〕二つの現れという錯誤の〔ない〕無漏の智慧を意図されているので、その縁起するものにおいて滅などが存在している〔と言われる、〕その縁起するものを限定対象（khyad par gyi gzhi）とし、無漏の三昧に入った智慧の対象の自性として見たとき（yul gyi rang bzhin la ltos nas）滅などの八つが存在しないことが、それを限定する属性（khyad par gyi chos）と解釈されているのである。

基体である縁起するものにおいて、滅・生などの八項目は、言説としては存在しているので、それらの存在を否定するときには、その存在の様態を限定しなければならない。ツォンカパは、『プラサンナパダー』におけるチャンドラキールティの註釈に基づいて「三昧に入った聖者の無漏知の対象の自性として見たときに」それらは「存在していない」と限定する必要があると説く。この場合の自性とは、聖者の無漏知の対象となっている自性、すなわち空性あるいは法性と同義の自性に当たる。ここでは、滅などの八項目を初めとする世俗の存在が法性と同義の自性として成立していないことが、それらの非存在の意味とされるのである。

さらにその自性は縁起するものの実相（yin lugs）と言い換えられる。

khyad gzhi rten 'byung gang la 'gag sogs gang yod pa'i khyad gzhi de 'gag sogs de dang der yod pa khyad gzhi de'i rang bzhin nam gshis yin min dpyad nas yin pa 'gog pa de rten 'byung la 'gag sogs de kho nar grub pa 'gog pa'i don no // rten 'byung gi 'gag sogs gshis kyi 'gag sogs su song na zag med kyi ye shes kyi yul gyi rang bzhin du grub pa'i 'gag sogs su 'gro shing /

---

[22] ārya-jñāna-apekṣayā（PSPD, 11.1）。否定対象に対する限定は、ここでも、また直後に言及される箇所でも、チベット語で“la ltos nas (apekṣayā)”という様態表現になっている。通常、否定対象に対する限定では、“don dam par, bden par, rang bzhin gyis, rang gi ngo bos”など、処格か具格が用いられる。特に自性はほとんどの場合、“rang bzhin gyis”と具格で用いられ、「自性によって成立しているもの」が否定されるのである。ここでの自性が様態として述べられいるということは、ここでの自性の意味が否定対象としての自性でないことを示している。

[23] vigata-avidyā-timira-anāsrava-viṣaya-svabhāva-apekṣayā（PSPD, 41.2）.

zag med kyi shes pa'i yul gyi rang bzhin zhes pa yang rten 'byung gi yin lugs la zer bas 'gags sogs rang rang gi khyad gzhi'i rten 'bung gi yin lugs su ma grub ces pa'i don to //（RG, 12b4–13a1）

限定対象である縁起するものにおいて滅などが存在する〔と言うときの、〕その限定対象〔たる縁起するもの〕が、滅などとして存在していること〔、それ〕が、限定対象〔たる縁起するもの〕の自性あるいは本性（gshis）であるか否かを考察し、〔自性あるいは本性〕であることを否定することが、縁起するものにおいて滅などが真実に（de kho nar）成立していることを否定するということの意味である。縁起するもの〔における〕滅などが〔縁起するものの〕本性〔として〕の滅などであることになったならば、無漏知の対象の自性として成立している滅などであることになり、〔またそのときの〕無漏知の対象の自性というのも縁起するものの真のあり方（yin lugs）を指しているので、〔滅などが存在しないということは、〕滅などがそれぞれの限定対象である縁起するものの真のあり方としては成立していない、という意味〔になるの〕である。

「聖者の三昧知の対象の自性」は認識する側からの規定であるが、その存在論上の規定が「縁起するものの本性」あるいは「縁起するものの真のあり方」である。滅や生など、あるいは世俗の諸存在は、縁起するものの真のあり方としては、存在するものではない。これが、滅などが存在しないと言われていることの意味であるというのが、ここでのツォンカパの説明である。

以上のように、帰敬偈における否定対象に対する限定は、世俗の諸存在が、縁起するものの真のあり方である真実——三昧に入った聖者の無漏智の対象である法性——としては存在しない、と解釈される。これは諸法が勝義において、あるいは真実において存在しない、と言われていたものとは少々意味が異なっている。というのも、真実において存在しない、すなわち真実無（bden med）というときの真実は、まさに真実執着（bden 'dzin）によって増益される否定されるべきものであり、否定対象としての自性と同類のものだからである。真実執着の対象である真実なるものは、言説においても存在しないものである。したがって、もしツォンカパの真意がそうであるとすれば、「中観派の不共の勝法」について繰り返し言及するのと同様、勝義についても、聖者の三昧知の対象である縁起の真のあり方を指すと繰り返し言及したはずである。実際には、チャンドラキールティの言葉を祖述する箇所でしかそのような言及がないとすれば、真実無あるいは勝義無というときの真実や勝義は、凡夫がそのように増益している否定対象としての自性を念頭に置いていると考えるのが自然であろう[24]。

しかし、同じ『中論』の帰敬偈について、同年に書かれた『善説心髄』では、滅などが「存在しない」というのは、「それ自身の特質によって成立するものとしては存在しない」という意味であると解釈されている。

> de ltar rgyu dang rkyen la brten nas 'byung ba'i gtan tshigs nyid kyis chos rnams la rang gi mtshan nyid kyis grub pa'i rang bzhin med do // zhes rang bzhin gyis stong pa'i don rten 'byung gi don du gsungs pa 'di nyid rang gi ston pa smra ba gzhan las khyad par du 'phags pa'i 'phags chos bla na med par gzigs nas slob dpon gyis gzhung mang por bcom ldan 'das la rtan 'byung gsungs pa'i sgo nas bstod de / rtsa ba shes rab las / ... (LN, 46a3–46a4)

> 以上のように、「因と縁によって生じるもの〔だから〕」という論証因によって、諸法にそれ自身の特質によって成立している自性がないと、自性〔がないという意味〕で空であるものが縁起しているものであるとお説きになっているこのことこそが、他の主張者よりも特に優れた我が教主の無上の聖なる教えであるとご理解なさって、〔ナーガールジュナ〕師は多くの著作で世尊のことを、縁起をお説きになったものとして讃歎した。すなわち、『中論』〔の帰敬偈〕に・・・

因と縁によって生じるという縁起を論証因にして諸法に自性がないと論証するということ、および空であるものが同時に縁起しているものであるということ、これらは「中観派の不共の勝法」の表現形態に属するものであり、それを説いたものとして世尊を讃歎する偈として『中論』の帰敬偈が引用されるのである。ここで縁起するものにおいて滅などがないというのは、滅などにそれ自身の特質によって成立する自性がないという意味で理解されている。言い換えれば、ツォンカパは『善説心髄』でこの帰敬偈に言及するときに、チャンドラキールティの註釈を念頭に置いていなかったとも言える。それよりも、『菩提道次第大論』から『善説心髄』に至るまで一貫している「中観派の不共の勝法」の理解がツォンカパの中観理解の中心を占めていたことを示している。それが、『正理大海』の本文でも同様であることを、次に『中論』全体の総論を述べる箇所で見てみよう。

3. 『正理大海』の総論における否定対象の解釈

3.1 否定対象を増益する無明とそれを退ける明知

『正理大海』の『中論』本文の総論（C2D1）の『中論』全体の趣旨が述べられている箇所では、『中論』自体の議論を踏まえつつ、正理によって否定されるもの（正理の否定対象）の確認が行われる（C2D1E1）。まずは否定対象となるものを把握する知が特定され

---

[24] ただし、晩年の『入中論註：密意解明』では、法性と同義の自性への言及は増える。

る（C2D1E1F1）。輪廻と涅槃とが存在するのは、真実性（de kho na nyid）に対する無明（ma rig pa）と真実性に対する明知（rig pa）があるからである。無明は、真実性の明知によって断じられ、そのことによって輪廻が退けられ涅槃が得られる。有染汚の無明（nyon mongs can gyi ma rig pa）こそが輪廻の根本原因であり断じられるべきものであるというのは、ツォンカパの考える帰謬論証派の特徴的見解のひとつである[25]。無明とは真実性に対する無知であるが、その執着の仕方（'dzin stangs）は真実性を認識している明知とは逆のもの、すなわち、対象が真に存在すると執着するもの（yul yang dag par yod par 'dzin pa）である。この対象の執着の仕方（'dzin stangs）の議論から、話題は否定対象の方へと移る。まず、明知とは聖者の無漏の三昧知であり、その対象である真実性は、法性・空性としての自性である。それと逆の無明は、その空性という縁起の真のあり方に関する無知であり、それは真実、すなわち「法性と同義の自性」を認識することによって退けられる。しかし、無明は、真実に関する無知であるばかりではなく、対象が真に存在するものであると執着するものであり、それこそが正理の否定対象となるのである。このとき、無明によって思い込まれている「真に存在するもの」が対象の側における否定対象である。これは法性と同義の自性ではなく、「否定対象としての自性」に他ならない。これを否定するのが、『中論』本文の課題となるのである。

この真実執着である無明には目や耳を対象として、それが自らの特質によって成立している（rang gi mtshan nyid kyis grub pa）と執着する法我執と、人を対象として、それがそれ自身の特質によって成立していると執着する人我執の二つがあるが、それらは対象の違いであって、それぞれの対象がそれ自身の特質によって成立していると執着する執着の仕方（'dzin stangs）に違いはない[26]。

ここでの正理による否定対象は、勝義において存在するもの、あるいはそれ自身の特質によって成立しているものであり、これらは既に『菩提道次第大論』や『善説心髄』においても詳しく論じられたものであるので、ここでは簡略な説明がなされるのみである。

3.2 否定対象に対する限定

次の科段 F2「否定対象に対してどのような限定が加えられるべきか」は、F1「否定対象を把握する知の確認の本論」に対する附論であるが、本論である F1 よりも多くの分量

[25] この見解は、ツォンカパの中観関係のほとんどの著作で言及されるが、本稿のテーマとは直接関係しないので、特に典拠を挙げることはしない。

[26] 他の立場では、人我執は声聞乗で退けられ、法我執は大乗に入ってから断じられるとして、人と法とで我執の把握の仕方が異なると説くが、帰謬派ではチャンドラキールティの説に従って、我執そのものの把握の仕方に違いはなく、声聞乗でも法無我を理解しなければ人我執を断じることはできないと主張する。この点についても本稿のテーマとは直接関係しないので、典拠を挙げて論じることはしない。

が割かれている。否定対象をどのように限定するのかを論じることは、帰謬派にとっての独自の否定対象の規定を明らかにすることになるので、ツォンカパにとってより重要なテーマであったと考えられる。

> dgag bya 'dzin pa'i rtog pa ni yod par 'dzin pa'i rtog pa gang yin thams cad min gyi don dam par ram rang gi mtshan nyid kyis yod par 'dzin pa'o // de yang sangs rgyas rnams kyis chos bstan pa // bden pa gnyis la yang dag brten // zhes skye 'jig sogs yod pa kun rdzob dang med pa don dam par yin pa'i bden gnyis kyi rnam dbye shes dgos par gsungs shing rin chen phreng ba las kyang / de bzhin srgyu 'dra'i 'jig rten la // skye dang 'jig pa nyid snang yang // dam pa'i don du skye ba dang // 'jig pa nyid ni yod ma yin // zhes gsungs pas skye 'jig la sogs pa yod tsam mi 'gog cing don dam par yod pa dgag bya dang de ltar 'dzin pa'i blo dgag bya 'dzin pa'i blor shes so // （RG,17b5–18a2）
>
> 否定対象を執着する分別知とは、存在していると執着する分別知全て〔を指すの〕ではなく、勝義において〔存在している〕、あるいは自らの特質によって存在していると執着するもの〔を指すの〕である。それについても、「諸仏は、二諦に基づいて[27]法を説いた[28]。」と、生・滅などが存在しているのは世俗〔においてであり〕、存在していないのは勝義においてであるという二諦の区別を知る必要があるとお説きになり、また『ラトナーヴァリー』においても、「同様に幻の如き世間において生・滅は現れるが、勝義においては生・滅は存在しない[29]。」とお説きになっているので、生滅などが単に存在していることは否定されず、勝義において存在していることが否定対象であり、またそのように（＝勝義において存在していると）執着する知は否定対象を執着する知（＝無明）であると知られる。

繰り返し説かれることであるが、言説ないしは世俗における存在は否定されることはなく、勝義における存在は否定される。これらを区別することが二諦の区別を知ることであるというのも、初期から一貫してツォンカパが強調する「中観派の不共の勝法」としての二諦説である[30]。これは、否定対象には「勝義において」ないしは「それ自身の特質によって」という限定を加える必要があり、その限定の加えられない、単なる存在、言説・世

---

[27] チベット語では “yang dag brten” とあり「正しく基づいて」と訳せる。サンスクリット語では “samupāśritya” で、“yang dag” が sam-という接頭辞を訳したものであることが分かる。この場合、「正しく」というよりも、「二諦の双方に」というニュアンスであろうか。

[28] MKK, XXIV, k.8: dve satye samupāśritya buddhānāṃ dharma-deśanā / loka-saṃvṛti-satyaṃ ca satyaṃ ca paramārthataḥ //.

[29] RA, II, k.11: māyā-upamasya lokasya tathā janma-anta eva ca / dṛśyate paramārthena na ca janma-anta eva ca //.

[30] 中期までは二諦説と言えば「中観派の不共の勝法」を指したことについては、福田（2004）参照。

俗における存在は否定対象にはならないという主張である。「勝義において」という限定と「自らの特質によって」という限定は、最初に述べたように、処格グループの限定と具格グループの限定の違いはあるが、ここでは特に区別は見られない。このことは、この「勝義」が否定されるべきあり方を指していると考えられる傍証になるであろう。少なくともここで「勝義において」を「聖者の三昧に入った無漏知の対象として」と理解することは困難である。

次に否定対象に加えられる限定の同義の例が挙げられる。『中論』や『ラトナーヴァリー』の引用を典拠としながら、「自性に基づいて（rang bzhin las）」「真に（yang dag par）」「真実なものとして（bden par）」「本性に基づいて（ngo bo nyid las）」「自らの特質に基づいて（rang gimtshan nyid las）」「自らの本性によって（rang gi ngo bo nyid kyis）」あるいは「自らに基づいて（rang las）」が、否定対象に対する限定として言及される。

> de bzhin du de dag rang bzhin las med de / de phyir nyon mongs yang dag med // ces rang bzhin las yod pa dang yang dag par yod pa zhes khyad par sbyar ba dang / rin chen phreng ba las / gang gi sa bon rdzun pa de'i // skye ba bden pa ga la zhig // zhes bden pa'i khyad par sbyar zhing nges don gyi mdo sde las kyang khyad par sbyar ba du ma zhig yod do // ngo bo nyid dang rang bzhin dang rang gi mtshan nyid las yod pa dang rang gi ngo bo nyid kyis yod pa sogs ni 'dra ste rang las grub pa zhes kyang mang du 'byung ngo //（RG, 18a2–4）
>
> 同様に「それらは自性に基づいて（svabhāvāt, rang bzhin las）存在するものではない。それ故、煩悩は真〔に〕は存在するものではない[31]。」と、自性に基づいて存在するもの、および真に（tattvataḥ, yang dag par）存在するもの〔というように〕限定される。また『ラトナーヴァリー』においては「あるもの（＝芽）の種子が虚偽なものであるとき、それ（＝芽）の生起がどうして真実なものであろうか[32]。」と真実（bden pa）と限定され、また了義の経典でも〔同様に〕限定されている〔例〕が多くある。本性（ngo bo nyid）・自性・それ自身の特質に基づいて（rang gi mtshan nyid las）存在することと、自らの本性によって（rang gi ngo bo nyid kyis）存在することなどは同じであり、自らに基づいて（rang las）成立しているという〔表現〕もたくさん見られる。

ここでのツォンカパの文章の特徴は、『中論』の原典を念頭に、自性や本性、自らの特質などが具格ではなく従格で用いられていることである。ただし、一部では具格も用いられており、その間に意味の違いがあるようには思えない。この従格の意味は「～に基づいて」という起源や根拠の意味であろう。従格と具格が同じように用いられているというこ

---

31 MKK, XXIII, k.2cd: te svabhāvān navidyante tasmāt kleśā na tattvataḥ //.

32 RA, I, k.29cd: bījaṃ yasya^anṛtaṃ tasya prarohaḥ satyataḥ kutaḥ //.

とは、rang bzhin gyis などの具格もまた、存在が成立する起源・根拠の意味であることの傍証となる[33]。一方、「真に（yang dag par）」は他の箇所と同様処格か、「真なる（bden pa）」という同格形容詞が用いられている。引用されている『中論』第 23 章第 2 偈は、自性に基づいて（svabhāvāt）存在していないことから、真に（tattvataḥ）存在するものではないことを導き出している[34]。このことは、ナーガールジュナも、チベット語で具格（あるいは従格）で表される限定と、処格で表される限定が異なったものであると考えていたことを示している。

以上のように、否定対象に対する限定は、勝義・真実・真実性・真などの語に処格が用いられるグループと、自性・自体・本性・自らの特質に具格（あるいは従格）が用いられるグループとに分けられる。そして帰謬派は、後者であるものは全て前者であると主張するが[35]、自立派はそれらを等価のものとは見なさない、という初期からの一貫した自立派批判が展開される。

3.3 『正理大海』における中観派の不共の勝法

この批判は、『菩提道次第大論』では、チャンドラキールティの教証によるところが大きいが、『善説心髄』では、言語論的転回を経て、より明確な構図で批判されるようになった[36]。この『正理大海』でも、詳論はされないが、「自性によって成立している存在」は「それ自身の特質（rang gi mtshan nyid）によって成立している存在」に集約され、自立派を含む実在論者は、それを「名付けられたものの実物を探して得られた場合に、それ自身の特質によって成立しているもの」と考えるのに対し、帰謬派は全ての存在を言語的営為の中にのみ位置付ける存在論に立って、そのような言語外の実物である「それ自身の特質」は存在し得ないと批判する。これも「中観派の不共の勝法」に他ならない。

実際、ツォンカパは続いて「中観派の不共の勝法」の根本的主張である存在と無に関する四つの様態の区別を、典拠と共に説明する。

> de yang 'jug 'grel las / ... // zhes yod pa tsam dang rang bzhin gyis yod pa gnyis kyi khyad par phye'o // de dag ma phyed na dngos po yod phyin chad rang gi ngo bos yod pa dang rang

---

33 否定対象における限定要素のうち具格グループの表現における具格の意味については、特に “rang gi mtshan nyid kyis grub pa” についての福田（2000）および福田（2006）を参照。
34 ただし、サンスクリット語ではいずれも ablative であるが、チベット語では、“de rang bzhin las med de / de phyir nyon mongs yang dag med” と後者については格助詞が省かれているが、ツォンカパの註釈では、“yang dag par med”（RG, 223a4–5）と処格助詞が補われている。
35 もちろん、それはそれらが等しいとされることとは別であり、遍充関係の問題である。
36 福田（2014）参照。

gi ngo bos med phyin chad ye med du song nas sgro 'dogs dang skur 'debs kyi mtha' gnyis las mi 'da' ste brgya pa'i 'grel pa las / ... / zhes so // des na rang gi ngo bos med pas yod mtha' thams cad dang de nyid la rang bzhin med pa'i rgyu 'bras 'jog nus pas med mtha' thams cad las grol ba ni slob dpon 'di gnyis kyis 'phags pa'i dgongs pa bkral ba'i khyad chos su snang bas yod pa gnyis dang med pa gnyis phyed pa shin tu gal che'o //（RG, 18a6–b6）

それについても『入中論釈』に・・・[37]と、単に存在することと自性によって存在することの二つが区別されているのである。それらを区別しないならば、物が存在するならば全てそれ自体で（rang gi ngo bos）存在する〔ことになり〕、またそれ自体で存在するものでない（rang gi ngo bos med pa）ならば全て、全く存在しない（ye med）ことになる〔。こうして〕増益と損減の二辺に陥ることになる。すなわち『四百論釈』に・・・[38]とある。それ故、それ自体で存在しないこと（＝自性を欠いていること、空であること）によって全ての有辺を離れ、その同じもの（＝それ自体が存在しないもの、空であるもの）において、自性を欠いた因果（＝縁起）を設定することができることによって全ての無辺を離れるというのが[39]、この二人の論師（ブッダパーリタおよびチャンドラキールティ）が聖者（ナーガールジュナおよびアーリヤデーヴァ）のお考えを解釈する勝法（khyad chos）であると思われるので、二〔種類〕の存在および二〔種類〕の無を区別することは極めて重要である。

実在論者は、単に存在することと自性によって存在すること、および自性が存在しないことと全く存在しないこと[40]とをそれぞれ区別しない。自性が存在しなければ全く存在し

---

[37] MABh, 123.18–124.3: gzugsbrnyan rang bzhin med pa'i rgyu dang 'bras bu'i rnam par bzhag pa yang zhes bzhin du mkhas pa su zhig gzugs dang tshor ba la sogs pa rgyu dang 'bras bu las tha dad med par gnas pa rnams yod pa tsam zhig tu dmigs pas / rang bzhin dang bcas par nges par byed / de'i phyir yod par dmigs kyang rang bzhin gyis skye ba med do //.

[38] CŚṬ, 175b2–3: dngos po dngos po yod par smra ba'i ltar na ni ji srid du dngos po de'i yod pa nyid yin pa de srid du de ltar rang gi ngo bo yang yin pa nyid la / gang gi tshe rang gi ngo bo dang bral ba de'i tshe de la dngos po de rnam pa thams cad du med pa'i phyir bong bu'i rwa dang 'dra bas gnyis su smra ba las ma 'das pa'i phyir 'di'i mngon par 'dod pa thams cad 'grigs dka' bar 'gyur ro //.

[39] これは空性によって有辺を離れ、縁起によって無辺を離れるという主張であるが、これはツォンカパが聖文殊によって教えられ内容を師のレンダワに報告した書簡（RDMN）およびその後に初期の弟子ツァコ・ポンポへの教誡として書かれた偈『道の根本三要素 *lam gyi gtso bo rnam gsum*』（LTNS）における「空性によって無辺を離れ、現れ（＝縁起）によって有辺を離れる」という主張とは逆になっている。RDMN（1a4–5）では、空性によって有辺を離れ、縁起によって無辺を離れるという主張は、チャールヴァーカに至るまで皆が等しく承認することであるとされ、この『正理大海』の内容と大きく異なる。レンダワへの書簡と『道の根本三要素』がツォンカパの中観思想確立時期の過渡的なものであることが伺える。以上については福田（2002）参照。詳しくは別稿に譲る。

[40] ここでは本文は rang gi ngo bos med pa「それ自体で存在するものでないこと」および ye

ないことになるというのは虚無論になるが、そのように考える根拠は、存在するとすれば自性によって存在していなければならないという理解にあるので、虚無論に陥るのも実在論者に他ならない。これらは全て『菩提道次第大論』から一貫している「中観派の不共の勝法」の主張である。

以下、「名付けられたものの実物を探して得られるときに、自らの特質によって成立していると言える」という実在論的思考の判定基準についての説明が続く。これは『正理大海』と同年に書かれた『善説心髄』において導入された言語論的思想であり[41]、ここはその要約となっている。

この科段の最後にツォンカパ自身、自分の他の著作の参照を求めているが、それが『善説心髄』を指していることは明らかである。

> 'jig rten pa dang grub mtha'i dpyod lugs dang grub mtha' la yang de kho na nyid du grub ma grub dpyod pa'i khyad par rnams ma shes na / dpyad pa'i don khas len pa tha snyad du yang mi 'dod do zhes dbu ma pa gnyis kas mang du bshad pa la 'khrul pa chen po skye zhing tha snyad du yod med kyi khyad par 'byed pa yang shin tu dka' bas gzhan du zhib tu bshad pa las shes par bya'o //（RG, 20a4–5）
>
> 世間の者と哲学（grub mtha'）での考察の仕方や、哲学においても、真実なるものとして成立しているか否かを考察する〔仕方の〕違いなどを知らないならば、考察し〔て得られた〕実物を承認することは、言説においても認めないと中観〔自立派と帰謬派の〕両派が何度も説いていた〔としても、それらの違い〕について大きな誤解が生じ、また言説において存在するものと〔言説においてさえ〕存在しないものの違いを区別することも非常に難しいことなので、〔私が〕他〔の著作〕で詳しく説明したことに基づいて理解すべきである。

ここに挙げられる、世間の者と哲学者の考察の違い、あるいは哲学者同士の真実なるものとして成立しているものの考察の仕方の違い、それらに基づく言説有の設定の仕方の違いは、『善説心髄』の帰謬派の章の冒頭で議論されている内容であり、それは初期の『菩提道次第大論』にはほとんど見られない中期中観思想の特徴的な議論である。それゆえ、ここで「他の著作」と言っているのは、同年に執筆された『善説心髄』を指している。ただし、本節で検討したように、否定対象に対する限定の仕方の根本的な立脚点は「中観派

---

med pa「永遠に存在しないこと」となっているが、『菩提道次第大論』ではそれぞれ rang bzhin gyis med pa「自性によって存在するものでないこと」および med pa tsam「限定なく存在しないこと」である。もちろん、意味は同じである。

[41] 福田（2014）参照。

の不共の勝法」と同じものであったので、この総論自身の立場は、「中観派の不共の勝法」と、それに加えて「自らの特質によって成立するもの（rang gi mtshan nyid kyis grub pa）についての言語論的な解釈とを踏まえていると言える。

「中観派の不共の勝法」に言語論的な自性理解が加わっていることについては、本科段の末尾のまとめにおいても言及されている。

> sngar bstan pa'i dpyod tshul de ltar byas na mi rnyed pa'i rang bzhin gyis stong pa'i rgyu 'bras 'jog pa ni thal 'gyur ba min pa sus kyang mi shes pas de ltar dpyad nas ma rnyed pa la dpyod byed kyi rigs pas rgyu 'bras sogs thams cad bkag pa 'di yi lugs su 'dzin pa ni shin tu mi rigs so //（RG, 20b1–2）
>
> 前に示した〔名付けられたものの実物を探し求める〕考察方法の通りにしたならば自性を得ることはできないが、そのように自性を欠いた因果を設定すること〔ができるという理解〕は、帰謬派以外の誰にもできないので、そのように考察して得られないものについて考察する正理によって、因果など一切を否定することをこの〔帰謬派の〕説であると考えるのは、全く理に適わないのである。

以上のように、『中論』本論の総論において、言語論的な検証方法によって自性が否定されたものに因果関係が設定できるというように、「中観派の不共の勝法」に『善説心髄』で指摘された言語論的な検証方法が追加されたものが、『中論』本文全体の解釈の基本的な視点として提示されている。これが、帰敬偈の滅などが縁起において存在しないのは、聖者の無漏の三昧知の対象の自性として見たとき、それらが縁起の真のあり方として存在しないことであるとする解釈と大きく様相を異にしていることが分かるであろう。

おわりに

根本（2014）に述べられるツォンカパにおける二つの自性の理解は、これまで曖昧に使われていた自性という用語の異なった意味を明確にした点で評価できるものである。実際、ツォンカパはチャンドラキールティの説明に従って、法性と同義とされる自性と、否定対象である自性という二つの用法があることに言及している。

しかし、ツォンカパの中観思想における必然性という点から考えると、二つの自性を設定することは必ずしも本質的なものとは言えない。自性に二つの意味を持たせなくても、同じことは法性や勝義、空性など明確に一義的な用語で記述することが可能である。

この二つの自性の解釈について、独立の著作である『菩提道次第大論』と註釈文献である『正理大海』とでは、異なった面が見られる。ツォンカパの初期中観思想を代表する『菩提道次第大論』では、二つの自性が言及されるが、説明自体は「中観派の不共の勝法」に準拠したものとなっている。したがって、法性と同義とされる自性は法性に還元され、それは他の世俗の諸法と同じように縁起する言説有として存在することになり、修行の因果関係の中に組み込まれる。その点は『正理大海』の第15章の註釈箇所でも同じである。

しかし、縁起するものに滅などが「存在しない（med pa)」という帰敬偈の注釈においては、チャンドラキールティに従って、それらは聖者の無漏の三昧知の対象の「自性」としては「存在しない」と限定される。このときの自性は「法性と同義の自性」である。「中観派の不共の勝法」の枠組みで考えるならば、滅などは「自性によって存在するものではない（rang bzhin gyis med pa)」[42]、あるいは「自性に関して空である（rang bzhin gyis stong pa)」と否定されるはずである。このときの自性は否定対象としての自性である。

この「聖者の三昧知の対象」とは、ツォンカパ後期の二諦説における勝義諦の規定に見られるものである。ツォンカパの二諦説は、前期においては「中観派の不共の勝法」と同一視され、勝義諦と世俗諦が同一の事態の不即不離の両面であることが強調されていたが、後期になると勝義諦と世俗諦を峻別する記述へと転換していく。その転換点となったのが、まさに『正理大海』なのである[43]。そのことを考え合わせると、帰敬偈の解釈において後期の二諦説の勝義諦が「存在しないこと」の限定として言及されるのも、ツォンカパにおける二諦説の転回と密接に関わっているのかもしれない。

しかし、「勝義において存在しない」というときの「勝義において」を、真実把握すなわち無明によって増益された真実のあり方では存在しない」という意味ではなく「聖者の三昧知にとっての真実なるあり方としては存在しない。」という意味で統一して理解できる可能性も全くないわけではない。あるいは、勝義無の意味をそのような二重の意味で理解することにより、ツォンカパの中観思想をより深く理解できるのかもしれない。勝義諦について言えば、「勝義無」というときの勝義は否定対象として想定される勝義であるのに対し、「勝義諦」というときの勝義は法性と同義の、諸法の真なるあり方を指しているので、「勝義」にも自性と同様の二つの意味があると言えるであろう。後期の二諦説では、世俗についても、無明と同義の否定対象としての世俗と、否定されることのない、縁起している言説有が成り立つときの世俗という二つの意味が区別されることとも符合する。しかし、世俗や勝義の二義とは異なり、自性については圧倒的に否定対象としての側面が強い。最初に挙げた、否定に対する限定のうち、自性を初めとして具格によって表されるものは、全て否定対象であり、肯定的に述べられるものはないからである。

---

42 “rang bzhin gyis med pa” と “rang bzhin gyis stong pa” の表現の類似性から、med pa は stong pa の意味であると考えて「自性に関して存在しない」さらには「自性が存在しない」と訳すことも可能であると思われる。このことは、「無自性（rang bzhin med pa)」という表現が頻繁に使われることからも確認できるであろう。

43 福田（2004, 6ff）参照。

ツォンカパが二つの自性について言及している文脈を検討することによって、ツォンカパの記述が必ずしも整合的ではないことを見てきたが、同時に中期中観思想においても繰り返し「中観派の不共の勝法」に立ち戻っていたことも確認できた。これが後期においては大きく様変わりするが、そのことについてはまた別の機会に検討したいと思う。

略号表・文献表

CŚṬ *bodhisattva-yogacaryā-catuḥśataka-ṭīkā* / Candrakīrti. *byang chub sems dpa'i rnal 'byor spyod pa bzhi brgya pa'i rgya cher 'grel pa*. Tohoku No.3865. dbu ma, ya, 30b6–239a7.

LMC4 *mnyam med rje btsun tsong kha pa chen pos mdzad pa'i byang chub lam rim chen mo'i dka' ba'i gnad rnams mchan bu bzhi'i sgo nas legs par bshad pa theg chen lam gyi gsal sgron* / ba so chos kyi rgyal mtshan, sde drug mkhan chen ngag dbang rab brtan, 'jam dbyangs bzhad pa'i rdo rje, bra sti dge bshes rin chen don grub. zhol, kha. 1946.

LMCM *lam rim chen mo* / tsong kha pa blo bzang grags pa'i dpal. gsung 'bum, zhol par ma, pha. Tohoku No.5392.

LTNS *lam gyi gtso bo rnam gsum* / tsong kha pa blo bzang grags pa'i dpal. gsung 'bum, zhol par ma, kha, bka' 'bum thor bu: 193b5–194b5.

MMK *mūla-madhyamaka-kārikā* / Nāgārjuna. In『中論頌 ：梵藏漢合校・導読・訳注』叶少勇. 北京: 中華書局, 2011. 梵藏漢佛典叢書 / 段晴, 釈了意主編, 1

MVBh *madhyamaka-avatāra* / Candrakīrti. In *Madhyamakāvatāra par Candrakīrti: traduction tibétaine publie par Louis de La Valleée Poussin*. St.-Pétersbourg: Impr. de l'Académie impériale des sciences, 1912. Bibliotheca Buddhica, 9.

PSPD *prasanna-padā* / Candrakīrti. In *Mūlamadhyamakakārikās de Nāgārjuna avec la Prasannapadā: Commentaire de Candrakīrti*. Ed L. de la Vallée Poussin. St. Petersburg, 1903–1913. Bibliotheca Buddhica, 4.

RA *ratna-āvalī* / Nāgārjuna. In *Nāgārjuna's Ratnāvalī: Vol.1, The Basic Texts (Sanskrit, Tibetan, Chinese)*. Ed. Michael Hahn. Bonn: Indica et Tibetica Verlag, 1982. Indica et Tibetica: Monographien zu den Sprachen und Literaturen des indo-tibetischen Kulturraumes, 1.

RDMN *rje btsun 'jam dbyangs kyi gsung rje btsun tsong kha pas yi ger mdzad nas rje red mda' ba la phul ba'i man ngag thun mong ma yin pa* / tsong kha pa blo bzang grags pa'i dpal. gsung 'bum, zhol par ma, na. Tohoku No.5377.

RG *dbu ma rtsa ba'i tshig le'ur byas pa shes rab ces bya ba'i rnam bshad rigs pa'i rgya mtsho* / tsong kha pa blo bzang grags pa'i dpal. gsung 'bum, zhol par ma, ba. Tohoku No.5401.

科段（1996）『西藏仏教基本文献: The Collected Sa-bcad of rJe yab sras gsung 'bum』(1), 福田洋一編, 東洋文庫. Studia Tibetica, 33.

Macdonald, Anne（2015） *In Clear Words: The Prsasannapadā, Chapter One*. Vol.1, Introduction, Manuscript Description, Sanskrit Text. Wien: Verlag der Österreichschen Akademie der Wissenschaften, 2015. Österreichische Akademie der Wissenschaften Philosophisch-Historiche Klasse Sitzungsberichte, 863.

田村昌己（2009）「チャンドラキールティの自性理解: 不可言なる自性」『比較論理学研究』6: 73–83.

根本 裕史（2014）「チベット中観思想における自性の概念」『インド論理学研究』7: 283–299.

福田洋一（1999）「ツォンカパにおける縁起と空の存在論―中観派の不共の勝法について―」『とんぼ』3: 43–67.

福田 洋一（2000）「自相と rang gi mtshan nyid」『空と実在：江島恵教博士追悼論集』春秋社: 173–189.

福田 洋一（2002）「ツォンカパが文殊の啓示から得た中観の理解について」『印度学仏教学研究』50-2: 834–828.

福田 洋一（2004）「ツォンカパの中観思想における二つの二諦説」『大谷学報』83-1: 1–22.

福田 洋一（2006）「rang gi mtshan nyid kyis grub pa 再論」『印度学仏教学研究』54-2: 1112–1105.

福田 洋一（2014）「ツォンカパ中期中観思想における言語論的転回について」『インド論理学研究』7: 177–199.

松本史朗（1997-4）「ツォンカパの中観思想について」『チベット仏教哲学』大蔵出版. 第4章: 159–194.（初出:『東洋学報』62-3, 1981: 221–231.）

瑜伽行中観派における『解深密経』

四津谷　孝道

序　論

インドの大乗仏教は、思想という観点からみれば、部派仏教とりわけ説一切有部の法の哲学に顕著に見られるように、法を実体視することによって有に傾いた仏教思想が、『般若経』（*Prajñāpāramitāsūtra*）系の諸々の経典（以下、『般若経』）において説かれた「空」（śūnya）という概念によって相対化されたことを淵源とするものと考えられる。ナーガールジュナ（Nāgārjuna, 150-250 年頃）は、そうした空を仏教の根本教義である縁起（pratītyasamutpāda）と同置し、さらにその空という考え方を論理的に基礎づけることをとおして、すべての事物は空すなわち無自性であるという世界観を提示した。周知のように、大乗仏教の思想的な潮流のひとつである中観派は、このナーガールジュナを開祖として形成されたものである。それに対して、大乗仏教のもう一つの大きな流れである瑜伽行派は、ナーガールジュナなどによって提示された中観派の世界観は無（虚無）に傾斜したものととらえ、それと相対立する世界観を提示した。彼らは、その思想が「唯識思想」と呼称されることからもわかるように、あらゆる現象的な存在は心が作り出したものととらえ、それらを空すなわち無とみなす一方で、その心の深層に真如、法界、法性などと呼ばれる本質的に清浄な心が不空なものとして絶対的に存在することを積極的に認めたのであった。

このように同じ大乗仏教に属しながらも思想的には対峙した中観派と瑜伽行派にはそれぞれ所依の経典がある。前者にとっての主たる所依の経典は、上でも言及した『般若経』であり、後者にとってのそれは『解深密経』（*Saṃdhinirmocanasūtra*）である。

とくに瑜伽行派が『解深密経』を所依の経典としたことについては、同経が唯識思想をはじめとする彼らの特徴的な様々な教義を内容とするものであることは勿論のこと、そこには、中観思想ではなく、瑜伽行派の思想こそが正統な大乗仏教であること、換言すれば仏陀の正伝の仏教であることの典拠となるいわゆる「三転法輪の教え」を説いていることも、その一つの要因であると考えられる。そもそも『解深密経』という経名の「解深密」というのは、「未だに説き尽くされていない真意（密意）を説き明かすこと」を意味し、具体的には中観派が所依とする『般若経』によって説き尽くされていない密意を明らかにすることと一般に理解されるのである。[1]

ともかく、そのように瑜伽行派にとって自らの伝統を正統化してくれる『解深密経』は、三転法輪の教説において用いられている用語で表現すれば、もちろん了義（nītārtha, nges pa'i don）すなわち究極的な教えを説く経典である。だが、このことを反対に中観派の立場から眺めた場合、彼らにとって『解深密経』は了義ではなく未了義（neyārtha, drang ba'i don）な経典と見なされるべきものなのであった。[2]

しかし、時代が下って、インドにおいては、中観派が瑜伽行派の唯識思想を取り込み、正確には世俗（言説）の領域でそれを便宜上認めた、シャーンタラクシタ（Śāntarakṣita, 8世紀）やカマラシーラ（Kamalaśīla , 8 世紀）によって代表される瑜伽行中観派（Yogācāra-Madhyamaka）という新しい思想的な流れが出現した。[3] では、たとえ世俗の領域においてであっても瑜伽行派の思想を自らの思想体系の中に明確に位置づけたこれら瑜伽行中観派の人々によって、『解深密経』という経典は、従来の中観派と同様に、やはり未了義の経典とされたのであろうか。本稿においては、この問題について、チベット仏教のゲルク派（dGe lugs pa）の開祖ツォンカパ・ローサンタクパ（Tsong kha pa Blo bzang grags pa, 1357-1419, 以下 ツォンカパ）の理解を基にして、少しばかり考察を巡らしてみたい。

I

具体的な議論に進む前に、『解深密経』の「無自性相品」に示されている三転法輪の教えを、まず簡単に紹介しておくことにしよう。[4]

---

[1] 『解深密経』と『般若経』の関係については、服部 [1970] pp.12-13、袴谷 [1994] pp.12-19 を参照。

[2] プトゥン・リンチェン・ドゥプ（Bu ston Rin chen grub, 1290-1364）は、『大仏教史』*Chos 'byung chen mo* において、以下に示すように、『解深密経』の三転法輪の教えに関する記述を引用した後に、中観派はまず第一転法輪と『解深密経』が属する第三転法輪を密意を有するものすなわち未了義とし、さらにその『解深密経』の三転法輪の教えに関する記述を密意を有するものと説明する、と述べている。

dbu ma pa rnams bka' dang po dang tha ma gnyis dgongs can [/] bar pa rnams nges don du 'dod do // sngar gyi lung ni dgongs pa can du 'chad do // (BCh.ya.72a-4)

［訳］諸々の中観派は第一と最後のおことば（第一転法輪と第三転法輪）を密意を有するもの（未了義経）と認めるのである。［彼らは］前の聖教（『解深密経』の三転法輪の教えに関する記述）を密意を有するものと説明するのである。

とりわけ中観帰謬派が『解深密経』に説かれている種々な教義を未了義と見なすことについては、四津谷 [2010] を参照。

[3] 「瑜伽行中観派」の思想の問題点、つまり瑜伽行派が本来は勝義として主張する唯識思想が世俗において容認され勝義においては中観思想が標榜されるということの不整合性については、松本 [1997] 第三章「瑜伽行中観派について」pp.117-158 を参照。

[4] SNS. pp.85 大正蔵 16 巻, p.697 : 「無自性相品」のとくに了義と未了義に関しては、袴谷 [1994] pp.174-225 を参照。

仏陀は、成道の後にベナレスにおいて声聞たちのためにまず第一法輪を転じた。そこで説かれた主な内容は「四諦説」であった。しかし、この教えは有に偏ったものであり、暫定的に説かれたもの、つまり未了義なものであった。次に、仏陀は、第二転法輪として、大乗に進む人々のために、「一切法無自性」（すべての事物は無自性である）という教えを説いたが、これは無に偏ったものであり、第一転法輪と同様に未了義なものであった。そこで、仏陀は、最後の第三転法輪において、すべての乗に進む人々のために、有にも無にも偏向することのない、換言すれば有と無を精緻に区別した究極的な教えを説いた。そして、この第三転法輪のみが了義の教えとされたのであった。以上のように、『解深密経』に説かれているのである。

瑜伽行派は、第二転法輪に中観派の思想を、そして第三転法輪には彼ら自身の思想を配当し、この『解深密経』をはじめとする諸経典に説かれた瑜伽行派の思想が—とりわけ、三性説とそれを裏づける三無自性説（「三性説とそれを裏づける三無自性説」を、以下においては略して「三性説」と呼称する）によって有と無を精緻に区別して説かれた唯識の教え—が、『般若経』に説かれた中観派の思想よりも優れたものであることを示そうとしたのであった。

［三転法輪の教え］

第一転法輪	小乗に進む人々の為	四 諦 説	未 了 義
第二転法輪	大乗に進む人々の為	無 自 性 説（中 観）	未 了 義
第三転法輪	一切乗に進む人々の為	有・無を精緻に区別して説かれた教え（唯 識）	了 義

II

ツォンカパには主著と呼びうるいくつかの著作があるが、『未了義と了義を峻別する論書・善説心髄』(*Drang ba dang nges pa'i don rnam par phye ba'i bstan bcos legs bshad snying po*, 以下『善説心髄』）はその一つである。[5] この書の冒頭部分においてツォンカパはその著作の目的について述べているが、[6] その要点は次のとおりである。慈悲を有する仏陀は衆生が諸法の真実を理解していないことによって輪廻の世界を彷徨っていると御覧になっ

[5] ツォンカパは、この『善説心髄』において、『解深密経』の三転法輪の教えの記述に対して比較的詳細な註釈的説明を加えている（LNy.pha.12b3-15a4)。

[6] LNy.pha.2a5-3a2.『善説心髄』の当該箇所に関しては、Thurman [1984] pp.277-81、御牧 [1996] pp.51-7、片野 [1998] pp.57-65 を参照。

て、様々な教えを説かれたのである。したがって、衆生はその仏陀の教説を理解することによって輪廻から解放されることとなるのである。しかし、仏陀の教説すなわち経典には了義と未了義のものがあることより、そこにおいてはそれらを峻別することが求められる。そうした経典の了義性と未了義性の峻別は、大学匠（shing rta chen po）たち―大乗の偉大な論者たちのことであろう―が仏陀の教説の真の意味（密意）を解説し明らかにするために提示した正理に基いてなされなければならない。もう少し詳しく言えば、それは、了義の経典が誤って理解されること―「未了義の経典が了義の経典と誤って理解されること」が含意されていると考えられる―が否定され、そして了義の経典が曲解されることなくそのままに理解される論拠となる正理によって大学匠たちが仏陀の密意を決択していることに従うべきなのである。要するに、究極的には大学匠たちの無垢なる正理（dri ma med pa'i rigs pa）のみによって了義の教説と未了義の教説が峻別されるべきである、というのである。[7]

ツォンカパは、そうした正理を提示した大学匠たちをアサンガ（Asaṅga, 4 或は 5 世紀）とナーガールジュナの体系に収斂させている。[8] そして、それら両者の各々の体系において経典に関する了義性と未了義性の峻別がなされているのであるが、ツォンカパによれば、究極的には、後者すなわちナーガールジュナの体系―厳密には、中観帰謬派（Prāsaṅgika-Madhyamaka）の体系―における正理によって確定された了義の教説によって

---

[7] たとえば、『プラサンナパダー』（*Prasannapadā*）においては、経典の了義性と未了義性を峻別することを意図して、ナーガールジュナは『根本中偈』（*Mūlamadhyamakakārikā*）を著したと述べられている（PPMV.p.40-41）。

一般的に論書は（yukti, rigs [pa]）並びに聖教（āgama, lung）によって構成されている。つまり、論書の著者は、根本テキストや特定なテーマについて自らが論理的に思考したものを論述し、それが仏陀の教えに遡りえることを「仏陀のことば」（聖教）をとおして証明する必要がある。このことからすれば、正理は了義とされる経典のことばによって裏づけられなければならないととらえられる。しかし、ツォンカパによっては、経典の了義性は正理に基づいて確定されるべきものとされている。ところが、そのように語るツォンカパは、奇妙なことに、自らが主張する経典の了義性はなによりも正理に基づいて確定されるべきことを、以下の聖教をとおして再度裏づけているのである。

dge slong dag gam mkhas rnams kyis //
bsregs bcad brdar ba'i gser bzhin du //
legs par brtags la nga yi bka' //
blang bar bya yi gus phyir min /[/] （LNy.pha.3a2）

［訳］僧侶たち或は賢者たちによって
焼かれたり、切断されたり、磨かれたりする金と同様に
よく観察されて、私のことばは
受け入れられるべきであって、［私に対する］敬意によるのではない。

尚、上記の聖教については、服部 [1968] p.73, note1-1 を参照。

[8] ツォンカパは大乗仏教の思想をアサンガとナーガールジュナの二つの体系に大別しているが、そうした理解に対してシャーキャーチョクデン（*Śākya mchog ldan*, 1428-1507）は、彼の『中観決択』（*dBu ma rnam par nges*）の第一章において批判を加えている（BNg.ka1a-36b）。

衆生は諸法の真実を理解し、そして輪廻から解放されるように努めるべきであるというのである。

このような経典の了義性と未了義性に関する議論において自らが設定した大乗仏教の枠組みにそって、ツォンカパは、この書の前半部において瑜伽行派の思想をアサンガを中心に据えて論じ、後半部においては中観思想をナーガールジュナを中心に据えて論じているのである。

この『善説心髄』という著作は、そのように瑜伽行派の立場と中観派の立場から、大乗仏教―但し、密教を除く―を包括的に論じているということからすれば、大乗仏教概論のようなものととらえることができよう。また、この書においては、まず瑜伽行派の思想、次に中観自立派（Svātantrika-Madhyamka）、そして最後にツォンカパ自身の立場で究極的なものと理解される中観帰謬派の思想という順序で、教義上の個々のテーマに基づくものではなく、学派ごとに、それも低い立場から高い立場へと段階的に論じられている点において、この書はある意味で大乗仏教の宗義書（grub mtha'）ともとらえることができるのである。

III

本稿の当該のテーマである、瑜伽行中観派において『解深密経』はどのようにとらえられたかは、中観自立派の思想が「経量行中観派」（Sautrāntika-Madhyamaka?）そして瑜伽行中観派の順で扱われている中の後者の文脈、正確には「[瑜伽行中観派は］契経である『解深密経』の意味をどのように説明するか」（*mdo sde dGongs 'grel* gyi don ji ltar bshad pa）いう表題が付されている議論の中で扱われている。[9]

まず、結論を先取りして言えば、『解深密経』は、中観自立派の二つの支派、すなわち瑜伽行中観派ばかりでなく経量行中観派によっても、つまり中観自立派によって了義ととらえられている、というのがツォンカパの見解である。それについては、『善説心髄』の当該の議論の末尾で、ツォンカパによって以下のように述べられている。

> 『解深密経』において三性［説］が説かれている意味が、瑜伽行派の人々によって解釈されるとおりのものが経典（『解深密経』）の意味でなく、[『解深密経』の三相説を］中観の意味として解釈するこの伝統がバーヴィヴェーカ（Bhāviveka, 490-570 年頃）によって顕示されたことは詳細に『中観光明論』（*Madhyamakāloka*）において説明されており、.....[10]

---

[9] LNy.pha.57a2-60b1.

[10] *dGongs 'grel* las mtshan nyid gsum gsungs pa'i don rNal 'byor spyod pa pa dag gis ji ltar bkral ba mdo'i

このように、『解深密経』に説かれている三性説に関しては、実は経量行中観派に属するとされるバーヴィヴェーカが指摘しているように、中観派の解釈に基づいて理解されるべきであって、瑜伽行派のそれに基づいて理解されるべきではないことが、瑜伽行中観派のカマラシーラの『中観光明論』に詳しく説明されている、というのである。要するに、中観派の三性説の解釈に基づいて理解される範囲においては、おしなべて中観自立派にとって『解深密経』は了義の経典であるということなのである。しかし、ここで注意を喚起しておきたいのは、バーヴィヴェーカまでもが『解深密経』を了義経と認める、とされていることである。何故ならば、カマラシーラ自身が明確に三性説を認めているのとは異なり、[11] バーヴィヴェーカは、自著である『中観心論』(*Madhyamakahṛdaya*) の註釈書である『思択炎』(*Tarkajivālā*) はもとより『根本中頌』に対する彼の註釈書である『般若灯論』(*Prajñāpradīpa*) の二十五章においても、筆者が管見する限り、瑜伽行派の三性説に対して厳しい批判を加えてはいるが、それを彼自身の立場で認める様相を明確に示していないからである。[12] 但し、本稿はあくまで「瑜伽行中観派によって『解深密経』はどのようにとらえられるか」ということをテーマとするものであることより、今はこの問題を指摘しておくだけに留めて、瑜伽行中観派と『解深密経』の問題についての考察を進めていくことにしたい。

IV

当該の議論において主に考察の対象とされるのは三性説であるが、それを巡る『解深密経』と『般若経』の関係について、『中観光明論』の一節を典拠として、以下のような言及がなされている。

> 『中観光明論』において「その為に、[1] 世尊によって [『般若経』において] 無生などが説かれたことはただ勝義に関してのみ語られ、[2] [『解深密経』において] 三種の無自性の密意 (ngo bo nyid med pa rnam pa gsum kyi dgongs pa) が説かれたこと [これら二つ] によっては離二辺の中道が明確に説かれているのに他ならないから、[後者は、「『般若経』は] 了義に他ならない」という教義を確立するものである (gzhung 'dzugs pa)」[と説かれている]。このように、『解深密経』によって三無自性の密意が説かれていること

---

don min par dbu ma'i don du 'grel ba'i lam srol 'di ni Legs ldan 'byed kyis phye ba zhib tu ni *dBu ma snang ba* las bshad de / ….. (LNy.pha.60a5-6)

[11] dBu ma pa rnams kyang ngo bo nyid gsum rnam par gzhag pa khas mi len pa ni ma yin te / …. (MĀ.sa.150a3)

[訳] 諸々の中観派も三自性を設定することを認めないのではないのである。何故ならば、…..

[12] バーヴィヴェーカの三性説批判については、大谷光義氏より貴重な助言を得たので、ここに同氏に対する謝意を記しておきたい。

それは「『[仏] 母経』(『般若経』) などが了義である」という教義を確立するものである、とその二人 (シャーンタラクシタとカマラシーラ) によって説明されている。[13]

『中観光明論』において、[1]『般若経』が「事物が生じないこと」などを勝義のみとして説くこと、そして[2]『解深密経』が三性説の密意を説き明かすこと、これら二つを通しては離辺中道が示され、とくに後者を通して「『般若経』は了義経である」という教義が確立されるのである、と説かれていることは、前節の引用で示されているツォンカパの理解を念頭において説明すると、以下のようになる。[1]『般若経』で説かれている「事物が生じないこと」などはあくまで勝義のみに関わるものであるということ、[2]『解深密経』説かれている三性説は瑜伽行派ではなく中観派が提示する理解こそがその密意であり、これら二つをとおして、有辺と無辺すなわち増益 (samāropa) と損減 (apavāda) が排除された離辺の中道つまり中観思想が説き明かされている。別な言い方をすれば、『般若経』の無生などの所説と『解深密経』の三性説は、離辺の中観思想を説くという点において同じものであることより、『解深密経』が三性説の密意を説くことすなわち三性説の了義性を明らかにすることによって『般若経』の了義性も明らかになるというのである。

それでは、まず最初に、それらが排除されることによって離辺中道が明確に説かれるとされる「増益」並びに「損減」とはどのようなものであるかを見ておくことにしよう。

それはまた、[1] 世俗的なものを自性とするものを損減することと [2] 言説として無い常住なものなどの事物と「色などが顕現するその通りに有る」と増益すること、すなわちそれらの勝義に悟入していない人々の増益と損減の執着を排除するために説かれたのである。[14]

この記述のみからは当該箇所における増益と損減を十全に把握することは難しいが、一応この引用を手掛かりとしてそれらを略説すれば、次のようになる。正理による考察がなされることなく、障害のない感官知によって有ると認められるような世俗的な存在 (世俗有或は言説有) を誤って否定することが損減である。一方、常住なもののように言説としても存在すると認められえないようなもの或は感官知に実体的な存在として顕現する色

---

[13] *dBu ma snang ba* las de'i don du bcom ldan 'das kyis skye ba med pa la sogs pa bstan pa don dam pa'i dbang du mdzad pa kho nar brjod cing / ngo bo nyid med pa rnam pa gsum kyi dgongs pa bstan pas dbu ma'i lam mtha' gnyis dang bral ba rab tu bstan pa'i phyir nges pa'i don kho na gzhung 'dzhugs par mdzad pa yin no /[/]* zhes *dGongs 'grel* gyis ngo bo nyid med pa gsum gyi dgongs pa bstan pa de gnyis kyis *Yum gyi mdo* la sogs pa nges pa'i don yin pa'i gzhung btsugs par 'chad do // (LNy.pha.57a3-5)

*MĀ.sa.150b2-3.

[14] de yang kun rdzob pa'i ngo bo nyid la skur pa 'debs pa dang / tha snyad du med pa rtag pa la sogs pa'i dngos po dang gzugs la sogs pa ji ltar snang ba de bzhin du yod par 'dogs pa / don dam pa la mi 'jug pa de dag gi sgro skur gyi 'dzin pa bsal ba'i don du gsungs te / (LNy. pha.57a5-b1)

のようなものを誤って措定することが増益であると考えられる。つまり、実在しないものをあたかも実在するかのように誤って措定することが増益なのである。

そして、こうした増益と損減を排除することによって離辺中道が示されるのであるが、そのために『般若経』において説かれた「事物が生じないこと」などはあくまで勝義のみに関わるものであるという第一の点については、以下のように述べられている。

> そして、生が無いこと（無生）などが説かれていることはことばどおりであることが否定されるから、［正確には］生・滅が無いこと（無生・無滅）などが説かれたことは勝義［のみ］に関して説かれたのであって、それによっては「言説において生・滅が有る」と認めるべきであるから、［世俗的なものを自性とするものの］損減が排除されるのである。[15]

ここでは、後に言及するように、事物が生じること（或は滅すること）を否定する際に「勝義」（don dam pa）或は「諦」（bden pa）などの限定句が付されている『般若経』とそうではない『般若経』があることが前提とされていると考えられる。そうした限定句が付されるのは、事物が生じることなどが否定されるのはあくまで勝義においてであることを示すためなのであ。そして、そうした限定句が付されている『般若経』はことばどおりであることが認められ、そうでない『般若経』はことばどおりであることが否定されて、それには限定句が付されるべきものと理解されるのである。

いずれにしろ、『般若経』における事物が生じることの否定が勝義のみに関するということによっては、世俗において生じることなどが否定されないことが含意され、それによっては世俗において認められるはずの生じることなどを誤って否定する「損減」が排除されることとなる。また、ここにおいては明示されていないが、このように勝義においてのみ生じることなどが否定されることによっては、実体的な生じることなどを誤って措定する「増益」が排除されていることは言うまでもない。

次に、離辺中道を示すために説かれたとされる第二の点、すなわち『解深密経』に説かれている三性説が、瑜伽行派のようではなく、中観派のように理解されることによって増益と損減がどのように排除されるかが述べられるのである。以下においては、主に依他起性と遍計所執性に関連して語られた増益と損減の排除について、その要点を明らかにしてみることにしよう。

依他起性については、それが生無自性であることとの関わりの中で、次のように述べら

---

[15] skye ba med pa la sogs pa gsungs pa sgra ji bzhin pa bkag pas mi skye ’gag med pa la sogs pa bstan pa don dam pa’i dbang du mdzad par bstan la des ni tha snyad du skye ’gag sogs yod par ’dod dgos pas skur ’debs sel lo // (LNy.pha.57b1-2)

れている。

「依他起は他の縁によって生じるのであって、ほかならぬ自分自身として生じないことより、生無自性[である]」と説明することを、諸々の賢者は「依って生じるものまさにそれは自性に関して空に他ならない（rang bzhin gyis stong pa nyid）」と認めている。したがって、『龍王無熱所問経』（*Anavataptanāgarājaparipṛcchā*）において、以下のように［説かれている］。

縁に基づいて生じたものそれは生じたものではない。
そこには生じるという自性が有るのではない。

このように「縁に基づいて生じたものは自性によって生じたものではない」と示されているのと同様である。[16]

依他起性は、他の縁によって生じるものであって、それ自身によって生じるものではないから生無自性であるということは、端的に言えば、それは縁生であること（rkyen las skyes pa）によって自性に関して空であるすなわち自性空であることを示し、さらに「自性によって生じない」という意味で生無自性なのである。

そして、『解深密経』においては依他起性が幻（māyā, sgyu ma）に喩えられているが、その意味については、以下のような説明がなされている。

それ故に、因と縁に基づいて生じるから、依他起は真実として（勝義として）有るはずはないのである。そうでなければ、幻などの諸々の虚偽なるものも諦なる事物となるであろう。それ故に、「諦として無いものは幻と区別が無いこと」（bden par med pa sgyu ma dang khyad par med pa）を意図して、『解深密経』において依他起が幻のようであると説かれているのである。[17]

依他起性のあり方の喩えとしてよく用いられる幻によっては、厳密には依他起性が虚無ではなく虚偽なるものとして存在すること、すなわち勝義或は諦として存在しないものであること―世俗としては存在することが含意されている―が示されているということな

[16] gzhan dbang rkyen gzhan gyi dbang gis skye'i bdag nyid kho nas mi skye bas skye ba ngo bo nyid med par bshad pa ni mkhas pa rnams brten nas 'byung ba gang yin pa de rang bzhin gyis stong pa nyid do zhes 'dod pas / *Ma dros pas zhus pa* las /

gang zhig rkyen las skyes pa de ma skyes //
de la skye ba'i rang bzhin yod ma yin /[/]*

zhes rkyen las skyes pa rang bzhin gyis ma skyes par bstan pa dang 'dra'o // (LNy.pha.57b2-4)

*尚、上記の『龍王無熱所問経』からの引用については、御牧 [1968] p.209, 註記 (160) を参照。

[17] des na rgyu rkyen las skye bas gzhan dbang yang dag par yod mi dgos te / gzhan du na sgyu ma la sogs pa'i brdzun pa rnams kyang bden pa'i dngos por 'gyur ro // de'i phyir bden par med pa sgyu ma dang khyad par med pa la dgongs nas *dGongs 'grel* las gzhan dbang sgyu ma bzhin du gsungs so // (LNy.pha.57b4-5)

のである。したがって、そのように依他起性が勝義として無いものであることによっては増益が排除され、一方虚偽なものとして存在すること、換言すればその勝義無であることに含意される「虚偽なものであっても世俗としては存在するものである」ということによっては損減が排除されると考えられるのである。さらに、ツォンカパによっては「瑜伽行中観派が属する中観自立派には言説すなわち世俗において自相などを認める」と理解されていることを考慮に入れれば、世俗において存在するとされる依他起性は自相によって成立するものと理解され、それによっても損減が排除されていると推察できるのである。

さらに、遍計所執性とその相無自性についての説明においては、増益と損減が排除される様相がより明確に示されていくのである。

> そのようであるから、そこにおいて無常なものなどが勝義として有る（don dam par yod pa）ととらえられた対象が遍計所執であり、それはまた遍計された（brtags pa）とおりには成立しないから、遍計所執は相無自性と説かれるのであって、これ（相無自性）によっては増益が排除される。[18]

このように、無常なものすなわち縁生なものに対して勝義として存在すると誤って措定（遍計）されたものが遍計所執性で、そしてそのように誤って措定されたとおりには成立しないことが相無自性であるというのであるから、遍計所執性に関しての「相無自性」とは「相が勝義として無いこと」を示すものと理解されるのである。そして、この相無自性によって増益が排除されるというのである。

次に、そのように勝義として存在すると誤って措定された対象の基体である縁生なものが依他起性であることについては、以下のように述べられている。

> 他ならぬ依他起を遍計所執性と執着するのであり、「そのように執着された相を自性とするものして[の]依他起は無い」と説かれるべきであるから、「依他起が勝義として成立しないことこそが相無自性［である]」と説かれることは矛盾しない。[19]

以上のように、その基体である依他起性の上に誤って措定（遍計）された相すなわち自相（自相によって成立するもの）が勝義として無いということによっては、依他起性も、遍計所執性と同様に、相無自性すなわち勝義として自相によって成立しないものであると

---

[18] de lta bas na de la mi rtag pa la sogs pa don dam par yod par bzung ba'i don ni kun brtags yin la / de yang ji ltar brtags pa bzhin ma grub pas kun brtags mtshan nyid ngo bo nyid med par gsungs te 'dis sgro 'dogs sel lo // (LNy.pha.57b5-6)

[19] gzhan gyi dbang nyid la kun brtags kyi ngo bor zhen pa yin zhing de ltar bzung ba'i mtshan nyid kyi ngo bo nyid du gzhan dbang med par bstan dgos pas gzhan dbang don dam par ma grub pa nyid la mtshan nyid ngo bo nyid med par gsungs pa mi 'gal lo // (LNy.pha.57b6-58a2)

理解されるのである。

では、どうして『解深密経』において依他起性―正確には、円成実性を含めて―に関して相無自性が説かれていないのであろうか。その点を瑜伽行中観派がどのようにとらえているかについては、以下のように解説されている。

> 『解深密経』において「遍計［所執性］は自相によって成立することは無いから、相無自性［である］」と説明され、他の二つの自性（依他起性と円成実性）［に］は「自相によって成立しない」という「相無自性」が説かれなかったことは、［以下のように説明される。］他の二つの性（依他起性と円成実性）が勝義として成立しないことこそが、「遍計所執性は自相によって成立する相という自性［としては］無い」（遍計所執性が相無自性である）と説明することの意味である、とこの［派（瑜伽行中観派）の］人々は認めるのであり、すなわち「勝義として自相によって成立しないこと」が相無自性の意味であることによって増益と離れ、一方「言説として『自相によって成立する』［という］相によって［成立する］自性が有ること」（rang gi mtshan nyid kyis grub pa'i mtshan nyid kyis ngo bo yod pa）によって損減を排除することは非常に明らかである。[20]

ここにおいて重要なことは、[1] 相無自性の「相」が「自相」、正確には「自相によって成立するもの」とされていること、そして、先にも言及したように、[2]「中観自立派は自相によって成立するものを勝義としては認めないが、言説においては認める」というツォンカパの中観思想の最も特徴的な要素を前提として議論が進められている、という二点である。

すでにふれたように、遍計所執性とは相すなわち自相によって成立するものが勝義において有るとされたもので、その「相無自性」というのは「勝義においては、そうした相すなわち自相によって成立することが無いこと」を意味する。つまり、遍計所執性に関しては、「相すなわち自相によって成立することが無いこと」（相無自性）が言われるのは、あくまで勝義についてであり、それによっては増益が排除されるのである。

そうした「勝義において自相によって成立しないこと」は、依他起性に関してもあては

---

[20] *dGongs 'grel* las kun brtags rang gi mtshan nyid kyis grub pa med pas mtshan nyid ngo bo nyid med par bshad cing ngo bo nyid gzhan gnyis rang gi mtshan nyid kyis ma grub pa'i mtshan nyid ngo bo nyid med par ma gsungs pa ni / ngo bo nyid gzhan gnyis don dam par ma grub pa nyid kun brtags rang gi mtshan nyid kyis grub pa'i mtshan nyid ngo bo nyid med par bshad pa'i don du 'di pa 'dod cing / don dam par rang gi mtshan nyid kyis ma grub pa msthan nyid ngo bo nyid med pa'i don yin pas sgro 'dogs dang bral la tha snyad du rang gi msthan nyid kyi grub pa'i mtshan nyid kyis ngo bo yod pas skur 'debs spong bar shin tu gsal lo // (LNy.pha.58a2-5)

まるのであるが、「自相によって成立することがないこと」（相無自性）が依他起性について言われることはない。何故ならば、とくに世俗有或は言説有とされる依他起性に関して言えば、瑜伽行中観派が属する中観自立派において、それは言説として自相によって成立するものと認められることより、「相無自性」すなわち「自相によって成立することがないこと」が説かれることはないからである。そして、「依他起性が言説として自相によって成立する」ということは、世俗的な存在（世俗有或は言説有）を誤って否定する「損減」を排除するものである。要するに、損減を排除するために、依他起性に関しては相無自性が説かれることはないのである。このようにツォンカパは理解していると考えらえる。

そして、依他起性が相無自性でありえないことについては、以下のように述べられている。

> それ故に、「依他起が自相によって成立しないならば、因果を損減することとなること」は、瑜伽行派と同じである。しかし、［瑜伽行派と］異なるのは、この派（瑜伽行中観派を含めた自立派）は「勝義として［事物は］自相によって成立しない」と語るのであるが、瑜伽行派は「［そのように］自相に成立するならば勝義として有るはずである」と語るのである。[21]

依他起性とは、縁生であり世俗有或は言説有のことである。先に言及したように、ツォンカパによれば、瑜伽行中観派が属する中観自立派は言説において自相或は自性によって成立するものを認めるというのであるから、依他起性に関して相無自性すなわち自相によって成立することがないと認めることは、彼らにおいて、自相をによって成立するもの相互における因果関係によって成立する世俗有（言説有）が不当に否定されるつまり損減されることとなるというのである。

加えて、この引用においてはもうひとつ重要なことが述べられている。それは、依他起性が相無自性でありえないことに関する瑜伽行中観派と瑜伽行派との間の見解の相違である。瑜伽行中観派において依他起性が相無自性でないことは、それが世俗において自相によって成立することを意味するものである。一方、瑜伽行派は、依他起性における因果関係が損減されることを理由にして依他起性に関して相無自性を説かないこと、換言すれば依他起性を相すなわち自相によって成立するものととらえる点においては瑜伽行中観派と同じであるが、それが勝義として或は諦として成立するととらえる点においては、瑜伽行中観派とはまったく見解を異にするのである。というのは、瑜伽行派において、自相

---

[21] des na gzhan dbang rang gi mtshan nyid kyis ma grub na rgyu 'bras la skur 'debs su 'gro ba rNal 'byor spyod pa pa dang 'dra la khyad par ni 'di pas don dam par rang gi mtshan nyid kyis ma grub par smra la rNal 'byor spyod pa pas rang gi mtshan nyid kyis grub na don dam par yod dgos zhes smra ba'o //(LNy.pha.58a5-6)

によって成立するということは勝義或は諦として成立することを意味するからである。ツォンカパは、このようにして、瑜伽行中観派と瑜伽行派の間に一線を画しているのである。

それでは、これまでの『解深密経』と『般若経』に関する議論の最も重要な点を一応確認しておくことにしよう。三性説のとくに遍計所執性並びに依他起性について、この節で言及してきた理解こそが『解深密経』で説かれていることであって、そしてそれはまた『般若経』において説かれている「増益と損減が排除された離辺中道」と同じものである、と瑜伽行中観派はとらえているのである。別な言い方をすれば、一般にとらえられているように、『解深密経』は、了義経として、『般若経』で明かされなかった密意を説き明かすことによって同経を未了義経と位置づけるのではなく、自らと同じ内容を説いているものと解説することによって、『般若経』を自らと同様な了義経として同置しているのである、と瑜伽行中観派はとらえている。これが、ツォンカパの見解と考えられるのである。

V

前節で示されたように、『解深密経』によって『般若経』が了義経とされるというのであれば、その『解深密経』の三転法輪の教説において『般若経』などの中観派の所依の経典が属するとされる第二転法輪が未了義とされていることと矛盾するのではないか、という疑問が当然生じることが予想される。そのことについて、ツォンカパは次のように述べている。

> ［対論者：］そのようであるならば、無自性そして無生などが説明される第二転法輪は未了義であるとこの経典（『解深密経』）によって説明されていることは矛盾する。何故ならば、［瑜伽行中観派にとっては］それら（＝『般若経』）をこの経典（『解深密経』）は了義と証明するものであるからである。[22]

このように設定された疑問に対して、ツォンカパは以下のような答えを提示している。

> この矛盾を排除することは『中観光明論』においてなされているのではあるが、［その］意図は［以下のようである。『解深密経』によって］未了義と説かれているもの（＝未了義経）と［その］密意が説明されて了義と証明されるもの（了義経）の二つが一つの経典であるならば矛盾であるけれども、［それら両者は］ただ第二転法輪ということのみにおいて同一なのであって、一つの経典ではないのである。[23]

---

[22] gal te de lta yin na ngo bo nyid med pa dang skye ba med pa sogs bshad pa'i 'khor lo gnyis pa drang don du mdo'i 'dis bshad pa 'gal te / de dag mdo 'dis nges don du sgrub pa yin pa'i phyir ro zhe na / (LNy.pha.59a2-3)

[23] 'di'i 'gal spong *dBu ma snang ba* las mdzad mod kyang dgongs pa ni / drang don du gsungs pa dang

つまり、『解深密経』によって同一な経典が一方で未了義とされ、もう一方で了義とされるというであれば矛盾が生じるであろうが、同経によっては第二転法輪に属するある一部の経典―ここでは、ある一部の『般若経』とされている―が未了義とされ、他の経典、すなわち他の『般若経』は了義とされるのであるから問題は無いということなのである。

では、どのような『般若経』が未了義とされ、どのような『般若経』が了義とされるというのであろうか。それについては、次のように述べられている。

> それはまた、その経典の中で「勝義」（don dam pa）そして「諦」（bden pa）という明確な限定が付されないで「色は無い」（gzugs med）云々などと説かれている『般若心経』(*Prajñāpāramitāhṛdaya*) のような経典は、説かれているとおりそれのみとしてはことばどおりにとらえられることは不適当であるから、別様に解釈されるべきである。したがって、［それら（『般若心経』など）は］未了義である。［その］解釈方法は、［以下のようである。］眼と耳などは勝義として無いが、言説としては無いのではないことより、「勝義」などの限定が付されるべきである、というものである。そのように［理解］されるならば、「『十万頌般若』（*Śatasāhasrikā Prajñāpāramitā*）のように否定対象に「勝義」などの限定が付されている諸々［の般若経］は、ことばどおりの了義として成立する」という意味であるから、「第二転法輪は未了義と説かれていることそれは、第二［転法輪の経典］すべて［に該当するもの］ではない」という意味である。[24]

一般に『般若経』は「すべての事物は空である」ということを標榜するものであり、それはすべての事物は勝義としては或は諦としては無（→非有）であるが、世俗或は言説としては何らかの非実体的な様態で有（→非無）であるという「非有非無の中道」を意味するものと考えられる。ここでとくに問題とされているのは、「非無」に関する部分である。つまり、事物が否定される場合に、世俗有或は言説有が不当に否定されないように「勝義としては」或は「諦としては」などの限定句が付されているか否かということである。第二転法輪に属する『般若経』には様々な種類のものがあり、たとえば『般若心経』などの

---

dgongs pa bstan nas nges don du sgrub pa gnyis mdo gcig yin na 'gal mod kyang 'khor lo bar pa tsam du gcig pa yin gyi mdo gcig min no // (LNy.pha.59a3-4)

[24] de yang *Shes rab snying po* lta bu mdo'i nang du don dam pa dang bden pa'i khyad par gsal bra ma sbyar bar gzugs med ces pa la sogs pa bstan pa ni ji ltar bstan pa de tsam gyis sgra ji bzhin par gzung du mi rung bas gzhan du drang dgos pas drang don no // 'dren lugs ni mig dang rna ba la sogs pa don dam par med kyi tha snyad du med pa min pas don dam pa la sogs pa'i khyad par sbyar dgos zhes pa yin no // de ltar byas na *Sher phyin 'bum pa* lta bu dgag bya la don dam pa la sogs pa'i khyad par sbyar ba rnams sgra ji bzhin pa'i nges don du grub ces pa'i don yin pas 'khor lo gnyis pa drang don du gsungs pa de gnyis pa thams cad min zhes pa'i don no // (LNy.pha.59a4-b1)

経典においてはそうした限定が付されることなく事物が否定されており、『十万頌般若』などの経典においてはそれが付されて事物が否定されている。したがって、ツォンカパが理解する瑜伽行中観派の見解によれば、前者のような経典は文字どおりに理解されてはならない未了義な経典であるが、後者はそのままに理解されるべき了義な経典なのである。以上のことより、『解深密経』は第二転法輪に配当される経典を一律に未了義経とするものではなく、より具体的に言えば、限定句が付されていない『般若心経』などの経典を未了義経とするのであり、一方限定句が付されている『十万頌般若』などの経典を了義経とするのであって、ある一つの『般若経』を取り上げて、それを一方で未了義経と認め、もう一方で了義経とするのではないということなのである。

ツォンカパによれば、中観派は一般に『無尽慧所説経』(*Akṣamatinirdeśa*) や『三昧王経』(*Samādhirājasūtra*) を典拠として、勝義諦について説くものを了義経と、世俗諦について説くものを未了義経とするという判断基準を設けているのであるが、[25] ここでは中観自立派—厳密には、瑜伽行中観派—における、経典の了義性と未了義性の判断について、若干説明を加えておこう。まず、判断の対象となる経典に関して、それがことばどおりに理解すべきか否かが検証される。カマラシーラによってそれは「量を有する (tshad ma dang bcas pa) か否か」と言い換えられているおり、ことばどおりに理解されるすなわち量を有する経典が暫定的に了義経とされる。しかし、それだけでは十分ではなく、さらにその経典が勝義諦或は世俗諦について述べているかが検証され、勝義諦に関して述べていると確認された経典が最終的に了義経とみなされるのである。[26]「勝義諦に関して述べている」ということについてもう少し正確に言えば、瑜伽行中観派においては、当該の経典が含意として (don gyis) 勝義諦について述べているだけではその経典は了義経とされず、先に見てきたように、「勝義としては」或は「諦としては」などの限定句が実際に付されてい

---

25 LNy.pha.42a5-43a6.

26 des na *dBu ma snang ba* las / nges pa'i don kyang gang la bya zhe na / tsha ma dang bcas pa dang don dam pa'i dbang du mdzad nas bshad pa gang yin pa ste / de ni de las logs shig tu gzhan gyis gang du yang drang bar mi nus pa'i phyir ro /[/]* zhes gsungs te / ji ltar bstan pa ltar gyi don yod med la drang nges su byed na tshad ma dang bcas pas chog kyang des mi chog pas don dam pa'i dbang du mdzad pa zhes gsungs so // (LNy.pha.43b4-5)

*MĀ.sa.148b7.

［訳］それ故に、『中観光明論』において「［対論者：］また、了義とは何を意味するのか。［答論者：それは］量を有するものと勝義に関して説明されたものである。何故ならば、それはそれより別［様］に他の人によってどのようにしても解釈されえないからである」と説かれている。説かれたとおりの意味が有るか否かに基づいて［経典を］未了義或は了義と［峻別］するならば、量を有することで十分であるけれども、それによっては十分ではないから、「勝義に関して」と説かれているのである。

るもののみが了義経とみなされるのである。[27]

因みに、ツォンカパによれば、中観帰謬派においては、「勝義としては」或は「諦としては」などの限定句が実際には付されていないが含意的に付されているとされる『般若心経』などのような経典も、さらにはそのように理解されない経典さえも、そうした限定句が付されているとみなされ了義経とされるのである。[28]

それでは、まとめとして、ツォンカパが否定対象に「勝義としては」などの限定句の有無に関連して『解深密経』が『般若経』を了義と設定する議論を要約している箇所を引用しておくことにしよう。

> 要約するならば、[以下のようである。] 大乗に進み入る人に対して第二転法輪が説かたことそれに関して、否定対象に「勝義」[など] の限定句が付されるものと [否定対象に「勝義」[など] の限定句が] 付されていないものの二つが述べられた中の後者の経典(「勝義」などの限定句が付されていない経典)に述べられているようなものはことばどおりにとらえられないものであり、前者において述べられているように、「生・滅などは勝義としては無く、言説としては有ると理解すべきである」と『解深密経』によって説き明かされるのであるから、『解深密経』は『十万頌 [仏] 母 (般若) 経』のような諸々の経典を了義とするという教義を確立する経典であると [シャーンタラクシタとカマ

---

[27] チャンキヤ・ルルペードルジェ(Lcang skya Rol pa'i rdo rje, 1736-46)は、『学説規定』(*Grub mtha' rnam par bzhag pa*)こうした限定句を巡って提示された瑜伽行中観派における第二(中間)転法輪の了義性・未了義性について、以下のように述べている。

'khor lo bar ba la yang dgag bya la don dam gyi khyad par dngos su sbyar ba dang don gyis sbyar ba rnams ni sgra ji bzhin pa'i nges don dang mdo de'i nang du don dam dang bden pa'i khyar par gsal bar ma sbyar bar gzugs med ces pa la sogs pas bstan pa ni sgra bzhin par gzung du mi rung ba'i drang don du bzhed do // (GNZh.kha.108a2-3)

[訳] 中間転法輪においても否定対象に「勝義」という限定句が実際に(dngos su)付されたものと含意として付された諸々 [の経典] はことばのままの了義であり、その経(中間転法輪)の中で「勝義」と「諦」という限定句が明確に(gsal bar)付されないで「色は無 [である]」などと説かれているものはことばのままにとらえられることが相応しくない未了義とお認めになるのである。

[28] *Shes rab snying po* la sogs pa dgag bya la don dam gyi tha snyad dngos su ma sbyar ba la yang phung po lnga po de dag kyang rang bzhin gyis stong par rnam par yang dag par rjes su blta'o / zhes mdor bstan du rang mtshan gyis stong par gsungs pa rgyas bshad kyi skabs su sbyar dgos pas don gyis sbyar zin la / de lta min yang *Yum 'bum pa* lta bur don dam gyi khyad par sbyar na de dag rigs mthun pa'i mdo sde thams cad la go dgos pas don gyis sbyar ba yin te / dper na ….. (LNy.pha.100a6-b2)

[訳] 否定対象に「勝義」という言説が実際に付されていない『般若心経』などに関しても「それらの五蘊も自性に関しては空であると正しく随見される」というように、略説されているものとして、広く説明されている [箇所]、すなわち「自相に関して空である」と説かれている箇所に関連させられるべきである。したがって、[それら『般若心経』などの経典には] 含意として [限定句が] 付されてしまっているのである。しかし、そのようでなくても、『十万頌般若』のように、「勝義」という限定句が付されているならば、それらと同種の経典すべてに関しても [限定句が付されていると] 理解すべきであるから、[限定句は] 含意的に付されているのである。たとえば、…..

ラシーラは］お認めになるのである。[29]

VI

このように見てくると、ツォンカパの理解によれば、中観派においては『解深密経』をどうとらえるかについて二つの異なった態度があることがわかる。ひとつは中観自立派とりわけ瑜伽行中観派のもので、それは『解深密経』を了義とするものである。そして、もう一つは中観帰謬派のもので、中観自立派とは対照的に、同経を未了義とするものである。このことを、三転法輪の教えにおいて第二転法輪が未了義とされていることと中観思想の根拠となる『般若経』との関連において眺めてみるならば、以下のように述べることができる。瑜伽行中観派は、否定対象を否定する場合に「勝義としては」或は「諦としては」などの限定句の有無に基づいて、『般若経』には了義なものと未了義なものがあるとする。そして、『解深密経』の三転法輪の教えにおいて第二転法輪が未了義とされているのは、一部の『般若経』すなわち「勝義としては」などの限定句を付することなく否定対象を否定する『般若経』のみなのであり、そうした限定句が付されている『般若経』は第三転法輪と同様に了義とされるのである。そこで重要と思われるのは、三転法輪の教えが説かれている『解深密経』自体が第三転法輪に属すものであり、したがって了義経であると理解されるということである。つまり、限定句が付されている『般若経』と『解深密経』の両者は了義経として同じ密意（仏陀の真意）を説いていると理解されるということである。具体的には、両経は「自相によって成立するものを勝義としては認めないが、言説においては認める」ということを示すことによって、「増益と損減が排除された離辺中道」を同じく説いているということである。

このように、瑜伽行中観派は『解深密経』を了義経とみなし、そこに説かれている三転法輪の枠組みを用いて中観思想の根拠となる『般若経』をなんとか了義経と設定しようとを試みているのである。一方、中観帰謬派は『解深密経』を、とりわけそこに説かれている三転法輪の教えそのものを未了義とし、別な経典（たとえば『無尽慧所説経』など）を基にして『般若経』を了義経とみなし、中観思想とくに自らの学説体系の正統性を主張しているのである。

以上が、ツォンカパの『善説心髄』に示されている瑜伽行中観派における『解深密経』

---

[29] mdor bsdu na theg chen la zhugs pa la ’khor lo gnyis pa gsungs pa de la dgag bya la don dam pa’i khyad par sbyar ba dang ma sbyar ba gnyis byung ba’i phyi ma’i mdo nas ’byung ba bzhin sgra ji bzhin par mi gzung bar snga ma nas ’byung ba bzhin skye ’gag la sogs pa don dam du med cing tha snyad du yod par shes par gyis shig ces *dGongs ’grel* gyis ’grel bas *dGongs ’grel* ni *Yum ’bum pa* lta bu rnams nges don du gzhung ’dzugs pa’i mdor bzhed do // (LNy.pha.59b4-60a1)

の位置づけを巡る議論の主な内容であるが、このように中観思想の体系において『解深密経』を了義経と見なすことに問題がないわけではない。たとえば、瑜伽行中観派は三性説などの唯識思想を世俗において暫定的にでも認めているから『解深密経』を了義とするというのであれば、以前にふれたように、中観派においては勝義に関説している経典が了義経であり、世俗について述べているそれが未了義経であると判断されることに基づけば、『解深密経』は未了義経と見なされるべきであろう。そもそも、『解深密経』には三性説以外にも瑜伽行派に特徴的な教えが説かれており、たとえばアーラヤ識や三乗の教えなどのような瑜伽行派に特徴的を教えをも、瑜伽行中観派はやはり了義の教えとみなすのであろうか。

— 以 上 —

≪略　号≫

BCh: *bDe bar gshegs pa'i bstan pa'i gsal byed: chos kyi 'byung gnas gsung rab rin po che'i mdzad* (Chos 'byung chen mo), *The Collected Works of Bu-Ston:* Part (24), *Śata-piṭaka Series Indo-Asien Literature*, vol. 64 (ya), 1971.

BNg: *Theg pa chen po dbu ma rnam par nges pa'i mdzad dang rigs pa'i rgya mtsho zhes bya ba'i le'u dang po* (dBu ma rnam nges), *The Collected Works of gSer mdog Paṅ chen Śākya mchog ldan*, vol.14 (pha), 1975.

D: sDe dge edition.

GNZh: *Buddhist Philosophical System: Grub pa'i mtha' rnam par bzhag pa'i thub bstan lhun po'i mdzes brgyan* (Grub mtha' rnam bzhag), *Śata-piṭaka Series Indo-Asien Literature*, vol. 233, 1977.

LNy: *Drang ba dang nges pa'i don rnam par phye ba'i bstan bcos legs bshad snying po* (Legs bshad snying po), *The Collected Works of rJe Tsong kha pa Blo bzang grags pa*, vol.21 (pha), 1979.

MA: *Madhyamakāvatāra*, La Vallée Poussin [1970b].

MĀ: *Madhyamakāloka*, D. No. 3887, (sa).

PPMV: *Prasannapadā mūlamadhyamakavṛtti*, La Vallée Poussin [1970b].

SNS: *Saṃdhinirmocanasūtra,* Lamotte [1935].

大正蔵: 『大正新修大蔵経』

《引 用 文 献 並 び に 参 考 文 献》

袴谷 憲昭

1994: 『唯識の解釈学 —『解深密経』を読む—』，春秋社

服部　正明

1968: *Dignāga, On Perception, being the Pratyakṣapariccheda of Dignāga's Pramāṇasamuccaya from the Sanskrit fragments and the Tibetan Versions*, Harvard University Press.

1970: 『仏教の思想 4 認識と超越〈唯識〉』（上山春平との共著）角川書店

片野 道雄

1998: 『ツォンカパ 中観哲学研究 II『レクシェーニンポ』-中観章- 和訳』（ツルティム・ケサンとの共訳）文栄堂

Lamotte, Étienne.

1935: *Saṃdhinirmocanasūtra, l'Explication des Mystéres: texte tibetain.*

La Vallée Poussin, Louis de.

1970a: *Mūlamadhyamakakārikā de Nāgārjuna avec la Prasannapadā Commentaire de Candrakīrti*. (Bibliotheca Buddhica, 4) Reprint. Biblio Verlag.

松本 史朗

1997: 『チベット仏教哲学』 大蔵出版

御牧　克己

1996: 『大乗仏典（中国・日本篇）15 ツォンカパ』（森山 清徹・苫米地等流との共著）中央公論社

Thurmann, Robert A. F.

1984: *Tsong kha pa's Speech of Gold in the Essence of True Eloquence: Reason and Entlightenment in the Central Philosophy of Tibet*, Princeton University Press.

四津谷 孝道

1996: 「ツォンカパによる了義、未了義の設定」『印度学仏教学研究』35- 1

2010: 「唯識派が典拠とする商業の未了義性について—『入中論』VI.94,95 を中心に—」『インド論理学研究』I 松本史朗教授還暦記念号

『瑜伽師地論』「摂決択分」におけるアーラヤ識の第一論証の解釈について

山部　能宜

序

1987 年にランベルト・シュミットハウゼンが、アーラヤ識の起源に関する重要かつ浩瀚な専著 *Ālayavijñāna: On the Origin and the Early Development of a Central Concept of Yogācāra Philosophy*（Lambert Schmithausen [1987]2007, 以下 *Ālayavijñāna* と略称）を発表して以来、アーラヤ識起源論は世界の瑜伽行派研究者によって改めて注目されるテーマとなってきている。*Ālayavijñāna* 以降の特に注目すべき成果として松本史郎 2004 と Hartmut Buescher 2008 があり、私自身不十分なものではあるが、この問題についての見通しを示す予備的試論を発表している（山部 2012）。

最近シュミットハウゼンは、これらの議論に対する極めて詳細な答論を公刊した（Schmithausen 2014, 以下 *Genesis*）。山部 2012 は同書刊行の準備が進められている最終段階で公になったものであるため、その内容を同書において全面的に反映させて頂くことはできなかったが、それでも幾つかの重要なコメントを頂くことができた。刊行直前の時間的に余裕のない状況のなかで、拙論の趣旨を的確に把握して有益なコメントを頂いたシュミットハウゼン教授の学恩に、深謝申し上げたい。

その後 2015 年 6 月に、ミュンヘン大学で Yogācāra Buddhism in Context と題するシンポジウムが行われ、私はシュミットハウゼン教授と直接議論を交わす機会を頂いた[1]。本稿は、そのために準備した発表原稿（英文）のうち、『瑜伽師地論』（*Yogācārabhūmi*）「摂決択分」(*Viniścayasaṃgrahaṇī*) 冒頭のアーラヤ識の八論証中の第一論証の解釈を検討した部分に加筆修正をして、和文で発表するものである[2]。

---

[1] 但し、本稿で取りあげた論点に関しては、シュミットハウゼン教授は「時間をかけて関係資料を検討したい」と述べられ、その場での回答は留保された。そのため本稿では、*Genesis* の段階までに表明された同教授の御見解を前提として議論を進めることにしたい。

[2] 和訳の下原稿は、早稲田大学非常勤講師伊藤康裕氏に御準備頂いた。御多忙のなか多大の協力を惜しまれなかった伊藤氏に、心より感謝申し上げる。また、原田和宗氏は本稿の草稿を通読されて、幾つかの有用な御指摘を頂いた。御助力に厚く御礼申し上げたい。なお、この英文拙稿のうち自説の提示を中心とした部分を和文にしたものは『東洋の思想と宗教』第 33 号に掲載予定であり、英文原稿自体についても別途発表準備中である。本稿は 2015 年度早稲田大学特定課題研究助成費（2015S-020）による成果の一部である。

1. 第一論証

『瑜伽師地論』の「摂決択分」中「五識身相応地意地」冒頭には、アーラヤ識説に関する体系的記述としては最初期のものと見なされる詳細な論述がある[3]。シュミットハウゼンは、この箇所を以下の三つの部分に大別している（*Ālayavijñāna*, n. 226）。

「論証分」 (*Proof Portion*)
「流転分」 (*Pravṛtti Portion*)
「還滅分」 (*Nivṛtti Portion*)

このうち、最初の「論証分」が上述した「アーラヤ識の八論証」であり、『阿毘達磨雑集論』(*Abhidharmasamuccayabhāṣya*, Nathmal Tatia ed., §9B) に全文が引用されることから、梵文が回収されている。シュミットハウゼンはこの八論証をさらに以下の四種に分類する（*Ālayavijñāna*, §9.2 取意）。

A1: 論証 i (upātta, 把持されたもの), vi (kāyiko 'nubhavaḥ, 身体的感受), vii (acitte samāpattī, 無心の二定), viii (cyuti, 死)
アーラヤ識の「身体的」側面、つまりアーラヤ識による身体の把持に関するもの。「本地分」で既に述べられた内容か、そこからの有機的発展である。
A2: 論証 iv (bīja, 種子)
アーラヤ識の「身体的」側面ではなく、通常の心の種子としての機能。実質的に「本地分」で述べられている内容を越えない。
B1: 論証 ii (ādi, 最初の生起), iii (spaṣṭatva, 明了性)
アーラヤ識の存在を証明するのではなく、複数識の同時生起が可能であることを論証する。『解深密経』「心意識相品」の教理を前提とするであろう。
B2: 論証 v (karman, 諸識の作用)
複数識の同時生起に加えて、アーラヤ識自体の認識機能に直接言及しているようである。新しいマナスを前提とし、「本地分」や『解深密経』「心意識相分」の内容を越え、「流転分」の内容に近い。

このうち、把持（「執受」upādāna）の主体に関する最初の論証が、本稿で問題とする「第一論証」である。その主要部分を以下に引用する。

(i) kena kāraṇenâśrayôpādānaṃ na yujyate / āha – pañcabhiḥ kāraṇaiḥ / tathāhi (a) ālaya-vijñānaṃ pūrva-saṃskāra-hetukam / cakṣur-ādi-pravṛtti-vijñānaṃ punar vartamāna-pratyaya-hetukam / yathôktam – indriya-viṣaya-manaskāra-vaśād

[3] 底本としては、袴谷[1978]2001 所収のものを使用する。関係文献に関しても、同論文を参照されたい。

vijñānānāṃ pravṛttir bhavatîti vistareṇa / idaṃ prathamaṃ kāraṇam / (b) api ca kuśalâkuśalāḥ ṣaḍ vijñāna-kāyā upalabhyante / idaṃ dvitīyaṃ kāraṇam / (c) api ca ṣaṇṇāṃ vijñāna-kāyānāṃ sā jātir nôpalabhyate yā 'vyākṛta-vipāka-saṃgṛhītā syāt / idaṃ tṛtīyaṃ kāraṇaṃ / (d) api ca pratiniyatâśrayāḥ ṣaḍ vijñāna-kāyāḥ pravartante, tatra yena yenâśrayeṇa yad vijñānaṃ pravartate tad eva tenôpāttaṃ syād avaśiṣṭasyânupāttatêti na yujyate, upāttatâpi na yujyate vijñāna-virahitatayā / idaṃ caturthaṃ kāraṇam / (e) api ca punaḥ punar āśrayasyôpādāna-doṣaḥ prasajyate / tathāhi cakṣur-vijñānam ekadā pravartate ekadā na pravartate evam avaśiṣṭāni / idaṃ pañcamaṃ kāraṇam / . . .（袴谷 [1978]2001, 328）

［問：もしアーラヤ識がなければ］どのような理由によって、身体の把持（āśrayôpādāna「依止執受」）が不適切となるのか。答えて言う：五つの理由による。すなわち、(a) アーラヤ識は前世の行為[4]（saṃskāra「行」）を原因とするが、一方眼などの表層識[5]（pravṛtti-vijñāna「転識」）は現在の条件（pratyaya「縁」）を原因とする。「諸識は感官（indriya「根」）と対象（viṣaya「境」）と注意（manaskāra「作意」）によって生起する」云々と説かれているように[6]。これが第一の理由である。(b) さらに、六識の集まりは善か不善として観察される。これが第二の理由である。(c) また六識の集まりのうち、無記なる異熟に包摂されるであろう類のものは観察されない。これが第三の理由である。(d) さらに、六識の集まりは特定の拠り所（āśraya「所依」）をもって生起するものである。その場合、ある識がそれぞれの拠り所によって生起するとき、それのみがそれによって把持されうるであろうが[7]、残りのものは把持されないということは適切ではない。［仮に残りのものが］把持されるとしても、それも適切ではない。識から離れているからである。これが第四の理由である。(e) さらに、［アーラヤ識がなければ］繰り返し身体の把持がなされるという誤謬に陥るであろう。なぜなら、眼識はあるときには生起し、あるときには生起せず、他の［識も］それと同様だからである。これが第五の理由である。（後略）[8]

シュミットハウゼンはこの第一論証を、さらに以下の三つの部分に分析している（*Ālayavijñāna*, §9.2）。

i.a-c: 受胎の時における身体の把持
i.d: 身体全体の把持
i.e: 生涯にわたっての身体の把持

つまり、本論証で言及される五つの論点（a-e）のうち、最初の三つは輪廻転生の文脈

[4] saṃskāra の文字通りの訳ではないが、この文脈では実質上「行為」を指すとみて間違いないであろう。
[5] pravṛttivijñāna の文字通りの訳ではないが、染汚意が考慮に入っていないと思われる第一論証に関する限り実質的な問題はなく、直観的には解りやすい訳であろう。
[6] 袴谷 [1978]2001, 360-61 参照。
[7] これら二つの「それ」が何を指すかについては、後述する。
[8] 和訳にあたっては、袴谷 [1978]2001, 339-40 を参照した。

における受胎（pratisaṃdhi「結生」）についてのものと理解するのである。

一方、私は前稿（山部 2012, 186-67; Yamabe 2015, 139-45）でポール・グリフィスの第一論証の理解（Paul Griffiths 1986, 97-98, 130-33）を検討した際、第一論証は受胎に関係するものではないという見解を示した。私見によれば、「前世の行為を原因とする」（pūrva-saṃskāra-hetuka）というのは、前世から今世への生まれ変わりのプロセスに関説するものではなく、それは単にアーラヤ識の基本的な性質が前世の行為によって決定されており、そのために今世の条件によって大きく変化することがないということを示すものなのである。

シュミットハウゼンは、*Genesis* においてこの点に関する私の理解を批判された。彼の見解によれば、八論証最後の第八論証が死（身体の把持の終期）に関するものである以上、第一論証は受胎（身体の把持の始期）と関係していると理解するのが自然だという[9]。また、「伝統的な識のセット」（"the traditional set of *vijñāna*s" [=転識]）が生起するための現在の条件のひとつである感官は、受胎（pratisaṃdhi「結生」）の時にはまだ存在しないので、論点(a)の議論は受胎の瞬間と完全に適合しているとするのである（*Genesis*, n. 1277[1.]）。

2. シュミットハウゼンの見解を支持する資料

加えて、シュミットハウゼンはスティラマティの『五蘊論疏』（*Pañcaskandhakavibhāṣā*, Kramer ed., 107.3-6）を引用し、そこではこの議論が受胎の文脈で理解されていると指摘する（*Genesis*, n. 1277[2.]）。シュミットハウゼンの引用箇所に後続する部分も含めて、以下の対照表で「第一論証」と比較してみたい[10]。

『瑜伽師地論』「摂決択分」の「第一論証」（上引箇所と同じ）	『五蘊論疏』（Kramer ed.）
(a) ālaya-vijñānaṃ <u>pūrva-saṃskāra-hetukam</u> / cakṣur-ādi-pravṛtti-vijñānaṃ punar <u>vartamāna-pratyaya-hetukam</u> / yathôktam – indriya-viṣaya-manaskāra-vaśād vijñānānāṃ pravṛttir bhavatîti vistareṇa / idaṃ prathamaṃ kāraṇam /	tac ca yat <u>pūrva-saṃskāra-hetukaṃ</u> <u>śukra-śoṇita-sammūrcchitâvasthāyāṃ</u> bhavam upādatte / tad evâ maraṇāt kāyôpādātṛtvenêśyate / na cakṣurādi-vijñānāni tat-pṛṣṭha-labdhaṃ vā manovijñānam, teṣāṃ tata ūrdhvaṃ <u>vartamāna-cakṣurādi-pratyaya</u>-nimittatvāt /

[9] Cf. tasmād ālayavijñānam eva pratisandhau kāyam upādatte ā maraṇāc ca samasta-kāyâśrayeṇa pravartata iti tad eva pratisandhi-bandhāt prabhṛty ā maraṇāt kāyam upādatta (text, upādātta) ity ādānavijñānam ity ucyate // （*Pañcaskandhakavibhāṣā*, Kramer ed., 107.16-108.2, *Genesis*, n. 1281 に引用される）
それ故、アーラヤ識のみが、受胎のときに身体を把持し、死に至るまで全身の拠り所としてはたらくから、その同じ［識］が、受胎に始まって死に至るまで身体を把持するからアーダーナ識と言われるのである。

[10] 下線筆者。以下同様。『五蘊論疏』に関しては、松田和信教授の紹介（松田 2010）が有益である。

	(107.3-6)
(a) アーラヤ識は前世の行為を原因とするが、一方眼などの表層識は現在の条件を原因とする。「諸識は感官と対象と注意によって生起する」云々と説かれているように。これが第一の理由である。	その、前世の行為を原因とするもの［異熟＝アーラヤ識］が、白赤［の二滴］が凝結する段階で有情存在（「有」bhava）を把持する。まさにその［アーラヤ識］が、死に至るまで身体を把持するものであると認められる。眼等の識もしくはそれに後続する意識ではない。それらは、そ［の受胎の瞬間］の後に、視覚器官などの現在の条件を因とするものであるから。
(b) api ca kuśalâkuśalāḥ ṣaḍ vijñāna-kāyā upalabhyante / idaṃ dvitīyaṃ kāraṇam /	na ca tatrânyan manovijñānaṃ saṃskāra-hetukam, tasya kuśalâkuśalatvāt / saṃskāra-hetukaṃ hy ekāntenâvyākṛtam, vipākatvāt / vipākaś ca na vicchinnaḥ sandhīyate, cakṣurādivat / (107.6-9)
(b) さらに、六識の集まりは善か不善として観察される。これが第二の理由である	この場合、［アーラヤ識とは］別の意識は、［前世の］行為を原因とするものではない。それは善・悪いずれかだからである。というのも、［前世の］行為を原因とするものは、異熟である故にもっぱら無記だからである。そして異熟は眼識などの様に中断するものではないと考えられる。(107.3-9)
(c) api ca ṣaṇṇāṃ vijñāna-kāyānāṃ sā jātir nôpalabhyate yā 'vyākṛta-vipāka-saṃgṛhītā syāt / idaṃ tṛtīyaṃ kāraṇaṃ /	na câlayavijñānād anyad ekāntenâvyākṛta-jātīyam upalabhyate yad vipāka-vijñānatvena parikalpyate // (107.9-10)
(c) また六識の集まりのうち、無記なる異熟に包摂されるだろう類のものは観察されない。これが第三の理由である。	アーラヤ識の他に、もっぱら無記の類でしかないものや、異熟の識と考えられるものは、観察されない。
(d) api ca pratiniyatâśrayāḥ ṣaḍ vijñāna-kāyāḥ pravartante, tatra yena yenâśrayeṇa yad vijñānaṃ pravartate **tad** eva tenôpātta**ṃ** syād avaśiṣṭasyânupāttatêti na yujyate, upāttatâpi na yujyate vijñāna-virahitatayā / idaṃ caturthaṃ kāraṇam /	api ca pratiniyatâśraya-pravṛttatvāt ṣaṇṇāṃ vijñāna-kāyānāṃ viccheda-pravṛttatvāc ca na sarvasyâśrayasyôpādānam prasajyate / tathā hi yena yenâśrayeṇa yad vijñānaṃ pravartate, **sa** eva tenôpātta**ḥ** syāt, avaśiṣṭasyânupāttatvaṃ vijñāna-virahitatvāt / (107.11-14)
(d) さらに、六識の集まりは特定の拠り所をもって生起するものである。そこで、ある識がそれぞれの拠り所によって生起するとき、その［識］のみがその［拠り所］によって把持されることになろうが、残り［の識］は把持されないということは適切ではない。［仮に残りの識が］把持されるとしても、それも適切ではない。識から離れているからである。これが第四の理由である。	さらに、六識の集まりはそれぞれ特定の拠り所をもって生起しているものであり、また中断しつつ生起するものなので、すべての拠り所［＝全身］を把持することはできないということになるだろう。何となれば、ある識がそれぞれの拠り所によって生起するとき、その［拠り所］のみがそ［の識］によって把持されることになろうが、残り［の拠り所］は［当該の］識から離れているので把持されないことになるからである。
(e) api ca punaḥ punar āśrayasyôpādāna-doṣaḥ	tathā cakṣurādivijñānaṃ vicchedena punaḥ

prasajyate / tathāhi cakṣur-vijñānam ekadā pravartate ekadā na pravartate evam avaśiṣṭāni / idaṃ pañcamaṃ kāraṇam /	punaḥ pravartata iti tad-āśrayasya punaḥ punar upādāna-doṣa-prasaṅgaḥ / (107.14-15)
(e) さらに、[アーラヤ識がなければ] 繰り返し身体が把持されるという誤謬に陥るであろう。なぜなら、眼識はあるときには生起し、あるときには生起せず、他の [識も] それと同様であるからである。これが第五の理由である。	同様に、眼などの識は中断しつつ繰り返し生じるので、その拠り所も繰り返し把持されるという誤謬に陥るであろう。

シュミットハウゼンが指摘する通り、『五蘊論疏』のこの箇所が [摂決択分」の第一論証を前提としていることことは確実であろう。また『五蘊論疏』の (a) 節が、第一論証と類似した議論を受胎の瞬間と関連づけているということもまた明らかである。したがって、『五蘊論疏』のこの一節は、シュミットハウゼンの見解を支持するものであると言ってよいであろう[11]。

さらにまた、袴谷憲昭により指摘された「摂決択分」(d) 節中の問題の一文が、『五蘊論疏』では別の読みを示していることも注目に値する。「摂決択分」の“tad eva tenôpāttaṃ syād”は、文法上の性の一致の観点から見ると、袴谷が指摘する通り文字通りには「識 (vijñāna [n.]) が拠り所 (āśraya [m.]) によって把持される」という意味になろう[12]。しかしながら既に指摘した通り、識が身体 (「所依」) を把持 (執受) するというのは定まった教理であって、この関係を逆転させるのは難しい[13]。 また、仮に「識が拠り所によって把持される」と理解した場合、それに続く「残りのものは把持されないということは適切ではない。[仮に残りのものが] 把持されるとしても、それも適切ではない。識から離れているからである」(avaśiṣṭasyânupāttatêti na yujyate, upāttatâpi na yujyate vijñāna-virahitatayā) でいう「残りのもの」が「残りの識」を指すことになり、そうすると「残りの識が識から離れている」という不自然な論述になってしまう。合理的な読みとは思われず、この解釈には何らかの問題があると考えざるを得ないであろう[14]。一方『五蘊論疏』では、“sa eva tenôpāttaḥ syāt”となっており、それは「拠り所 (āśraya [m.]) が識 (vijñāna [n.]) によって把持される」と理解出来る。明らかに後者の読みの方が教理上自然であり、『五蘊論疏』

[11] シュミットハウゼンはさらにツォンカパの *Yid dang kun gzhi'i dkha' 'grel* (および Ke'u tshang の註釈) も援用して自説を補強する (*Genesis*, n. 1277[3.])。このツォンカパの解釈は上引の『五蘊論疏』と同方向のものと思われるが、恐らくは同書のようなインド註釈文献の解釈を踏まえたものであろうから、今回は考察の対象をインド文献に限定したい。

[12] 袴谷 [1978]2001, pp. 355-36, n. 49, p. 359.

[13] 山部 2002, 366; Yamabe 2015, 169, nn. 9-10.

[14] 但し、「残りの識が当該の識から離れている」と解釈する余地はあるかもしれないが。

が本来の読みを維持しているのか、あるいはスティラマティが「摂決択分」の厳密さを欠く性の用法を訂正したかのいずれかであろう。いずれにしても、スティラマティの所述は重要である。

3. 山部の見解を支持する資料

一方、私自身の解釈は『成唯識論』の以下の一節に基づいている[15]。

「摂決択分」(上引箇所)	『成唯識論』(T31:11c29-12a8 [No. 1585])
(a) ālaya-vijñānaṃ pūrva-saṃskāra-hetukam / cakṣur-ādi-pravṛtti-vijñānaṃ punar vartamāna-pratyaya-hetukam / yathôktam – indriya-viṣaya-manaskāra-vaśād vijñānānāṃ pravṛttir bhavatîti vistareṇa / idaṃ prathamaṃ kāraṇam / (b) api ca kuśalâkuśalāḥ ṣaḍ vijñāna-kāyā upalabhyante / idaṃ dvitīyaṃ kāraṇam / (c) api ca ṣaṇṇāṃ vijñāna-kāyānāṃ sā jātir nôpalabhyate yā 'vyākṛta-vipāka-saṃgṛhītā syāt / idaṃ tṛtīyaṃ kāraṇaṃ /	此識行相極不明了、不能分別違順境相、微細一類相續而轉。是故唯與捨受相應。又此相應受唯是異熟。隨先引業轉不待現縁。任[16]善惡業勢力轉故、唯是捨受。苦樂二受是異熟生、非眞異熟。待現縁故、非此相應。又由此識常無轉變、有情恒執爲自内我。若與苦樂二受相應、便有轉變、寧執爲我。故此但與捨受相應。
(a) アーラヤ識は前世の行為を原因とするが、一方眼などの表層識は現在の条件を原因とする。「識は感官と対象と注意によって生起する」云々と説かれているように。これが第一の理由である。(b) さらに、六識の集まりは善か不善として観察される。これが第二の理由である。(c) また六識の集まりのうち、無記なる異熟に包摂されるだろう類のものは観察されない。これが第三の理由である。	この[アーラヤ]識の認識の様相(「行相」)は極めて不明瞭であって、好ましくない対象と好ましい対象の様相を区別することができず、微細で一様なものとして連続していく。この故に、[アーラヤ識は]中性的な感受(「捨受」)のみと相応する。この[アーラヤ識と]相応する感受はまた、異熟のみであって、前世の決定的な業(「引業」)にしたがって生起し、現世の条件にはよらない。それは[前世の]善悪の業によって生起するので、中性的感受のみである[17]。苦・楽の二種類の感受は異熟より生じたものであって、真の異熟ではない。それらは、現世の条件によるから、こ[のアーラヤ識]と相応しない。またこ[のアーラヤ]識は常に変化することがないので、有情は常にそれを、内的な自我と捉えてしまう。もし苦・楽の二種類の感受と相応するならば、

[15] 山部 2012, 214, n. 27; Yamabe 2015, 142-43 も参照されたい。

[16] 底本「住」なるも、底本脚註に示された三本・宮本および『新導成唯識論』3:4.7 に従い、「任」と改む。

[17] 以下の説明にある通り、苦・楽の感受は現世の条件によるから、前世の業のみによって決定づけられているものではなく、そのため真の異熟とは言えないとの趣旨であろう。

	変化するので、どうして自我と捉えてしまうことがあるだろうか。それ故、こ［のアーラヤ識］は常に中性的感受とのみ相応するのである。

この『成唯識論』の一節もまた、いくつかの鍵となる表現を「摂決択分」の第一論証と共有しており、それ故「摂決択分」を前提としている可能性が高いであろう。この一節において異熟と規定されているのはアーラヤ識と相応する中性的感受であるが、アーラヤ識と相応の心的作用は基本的な性質を共有するため、同じ性質がアーラヤ識自体にも該当する[18]。もちろん異熟の性質は前世の業によって決定されるのであるが、しかし、この一節の主要なポイントは前世と現世の間の因果連鎖でなく、現世におけるアーラヤ識と相応する感受(そしてアーラヤ識自体)の無変化で恒常的な性質にある。いったん決定的な業(「引業」)がそれに対応する異熟をもたらせば、その性質は生涯を通して変化しないのである。一方で表層識（pravṛttivijñāna「転識」）は現在の条件に依存し、絶えず変化していて恒常的なものではない。第一論証のポイントは、このような恒常的でない識は一生を通じて身体を維持することはできないということであろう。恒常的で安定したアーラヤ識のみがそのような機能を果たしうると、第一論証は主張するのである。

さらに『五蘊論疏』自体にも、以下の記述が見られることに注意しなくてはならない。

「摂決択分」（上引箇所）	『五蘊論疏』（Kramer, ed., 93.1-6）
(a) ālaya-vijñānaṃ pūrva-saṃskāra-hetukam / cakṣur-ādi-pravṛtti-vijñānaṃ punar vartamāna-pratyaya-hetukam / yathôktam – indriya-viṣaya-manaskāra-vaśād vijñānānāṃ pravṛttir bhavatîti vistareṇa / idaṃ prathamaṃ kāraṇam / (b) api ca kuśalâkuśalāḥ ṣaḍ vijñāna-kāyā upalabhyante / idaṃ dvitīyaṃ kāraṇam / (c) api ca ṣaṇṇāṃ vijñāna-kāyānāṃ sā jātir nôpalabhyate yā 'vyākṛta-vipāka-saṃgṛhītā syāt / idaṃ tṛtīyaṃ kāraṇaṃ /	pravṛtti-vijñānaṃ kuśala-kliṣṭâvyākṛta-jātīyam, ālayavijñānaṃ tv eka-jātīyam / tatra na tāvat kuśalâkuśala-jātīyaṃ kuśalâkuśalair asamprayogāt / tad dhi pañcabhir eva sarvatragaiś caitasaiḥ samprayujyate, manaskāra-sparśa-vedanā-sañjñā-cetanābhiḥ / ālayavijñānaṃ sasamprayogaṃ pūrva-karma-saṃskāra-hetukatvād ekāntena vipāka evêty avyākṛta-jātīyam eva //
(a) アーラヤ識は前世の行為を原因とするが、一方眼などの表層識は現在の条件を原因とする。「識は感官と対象と注意によって	表層識[19]は善・染汚・無記（avyākṛta）な類に［属する］ものであるが、アーラヤ識は一類である。ここにおいて、まず［アーラ

[18] 『成唯識論』, T31:12b1-5.

[19] ここでも pravṛttivijñāna は六識を指すようであり、「表層識」と訳すことに実質的な問題はないであろう。sā punaḥ ṣaṭ pravṛttivijñānāni, cakṣurvijñānaṃ yāvan manovijñānam /（*Pañcaskandhakavibhāṣā*, 89.3-4）「それ［認識対象の表象（ālambana-vijñāpti）］とは、眼識から意識までの六種の pravṛttivijñāna のことである」。

生起する」云々と説かれているように。これが第一の理由である。(b) さらに、六識の集まりは善か不善として観察される。これが第二の理由である。(c) また六識の集まりのうち、無記なる異熟に包摂されるであろう類のものは観察されない。これが第三の理由である。	ヤ識は］善・不善と相応しないので、善・不善の類［に属するもの］ではない。というのも、それ［アーラヤ識］は五つの遍在する心的作用（sarvatraga-caitasa「遍行心所」）、［すなわち］注意（manaskāra「作意」）・接触（sparśa「触」）・感受（vedanā「受」）・表象（sañjñā「想」）・意志（cetanā「思」）とのみ相応するからである。相応する［心的作用］を伴うアーラヤ識は前［世］の業すなわち行為を原因とするので、もっぱら異熟のみであり、無記の類［に属するもの］のみである。

ここでスティラマティは、アーラヤ識が前世の行為を原因として生起するため常に異熟のみであり、倫理的に中性的（「無記」）なものであるということを述べている。これは私の解釈に近いであろう[20]。

これまで見てきた資料の範囲内では、この点に関する後代の証言は互角であると言っていいように思われる。確かにシュミットハウゼンの解釈を支持する資料もあるが、私の解釈もまた文献により支持されているのである。それ故、これらの後代の解釈に基づいて最終判断を下すのは難しいであろう。結論は、原典自体（「摂決択分」）の内容の再検討から導かれなければならないのである。

5.「第一論証」の再検討

ここで、もう一度問題を整理してみたい。まず大前提として、『摂大乗論』§I.5 に説かれているように、瑜伽行派がいう把持（upādāna）には二種類ある。

> ci'i phyir len pa'i rnam par shes pa zhes bya zhe na / (a) dbang po gzugs can thams cad kyi rgyu yin pa dang / (b) lus thams cad nye bar len pa'i gnas su gyur pa'i phyir te / 'di ltar (a) tshe ji srid par rjes su 'jug gi bar du des dbang po gzugs can lnga po dag ma zhig par nye bar gzung ba dang / (b) nying mtshams sbyor ba sbrel ba na yang de mngon par 'grub pa nye bar 'dzin pa'i phyir lus gzung ba yin te / de lta bas na de len pa'i rnam par shes pa zhes bya'o /（*Mahāyānasaṃgraha*, §I.5, 長尾 1982, 11[21]）

> *kiṃ kāraṇam ādānavijñānam ity ucyate / – (a) sarvarūpīndriyopādānatvena (b) sarvātmabhāvopādānāśrayatvena ca / tathā hi (a) tena pañcarūpīndriyāny

20 但し、『五蘊論疏』のこれに続く箇所では受胎が言及される。この点に関しては後述する。

21 転写方式を Wylie 式に改める。以下同様。

upādīyante 'vināśāya yāvad āyur anuvartate / (b) pratisaṃdhibandhe ca tadabhinirvṛttyupādānatvenātmabhāva upādīyate / evaṃ tad ādānavijñānam ity ucyate /（荒牧典俊による還梵、長尾 1982, 11-12）

［問：］何ゆえに、［アーラヤ識はまた］アーダーナ識といわれるのか。［答：］(a) すべての物質的な感覚器官を把持することからと、(b)［輪廻における］あらゆる［有情類型の］[22]自体を把持するための拠り所であることから［アーラヤ識はそのように呼ばれる］。何となれば、(a) 五つの物質的な感覚器官は、生命が続く限り滅しないように、それ［アーラヤ識］によって把持されており、また (b) 受胎 (nying mtshams sbyor ba sbrel ba, *pratisaṃdhibandha「結生相続」) の時、その生起を把持することによって自体が把持される。かくして、それはアーダーナ識といわれる。

すなわち、(a) 一生の間、身体を把持することと、(b) 受胎の瞬間において、［新しい］生存形態を把持することである。このうちタイプ (b) の把持が、中有 (antarābhava) を経て受胎する決定的な瞬間に関係するものであろう。この時に前世の業の力によって新たな生存形態を獲得するのであるから、この瞬間は決定的重要性をもつ[23]。その意味で、受胎の瞬間に獲得された身体を維持するタイプ (a) の把持とは区別されるべきものなのである。

「摂決択分」の第一論証に関して、ポール・グリフィスは以下のように述べている。

Yet if this is true, and if a complete account of conscious experience (the 'functioning consciousnesses') can be given without reference to past events, then no place is allowed for the causal efficacy of karma, of actions performed in the past. And this in turn would mean that no account could be given of why a particular individual 'appropriates' or takes on a particular body, rather than some other, when reborn, since the event of being reborn cannot involve any of the six functioning consciousnesses and thus has to be explained by the causal efficacy of past actions. And it is here that the store-consciousness comes in as an explanatory category, for it is the store-consciousness, caused as our text says by 'prior karmic formations,' which can provide a locus for karmic effect and thus an explanation of how the rebirth process occurs. (1986, 98)

---

22 長尾 1982, 85; 佐々木 1982, 191-92 参照。

23 佐々木容道 (1982, 186, 192) は、この (b) の把持を、『阿毘達磨集論』等で後有を取るとされる「有取識」(sopādānavijñāna) と関連づけて理解している、一方、『瑜伽師地論』の「有尋有伺等三地」と「摂事分」に共通して見られる縁起説の説示のなかには、"hetuvijñānapratyayaṃ pratisandhiphalavijñānaṃ"「因識に条件づけられた受胎の［ときの］果識」という表現が見られる（原田 2004, 144 参照；この箇所に私の注意を喚起された原田氏に感謝申し上げる）。『阿毘達磨集論』等の「有取識」は、恐らくは『瑜伽師地論』の縁起説で言う「因識」に対応するのであろう。受胎の瞬間の識は既に「果識」なのである。

しかし、もしこれが真実だとすると、そしてもし意識的経験(「機能している諸識」[＝転識])が過去の出来事に関係なく完全に説明できるのだとすると、その場合業、つまり過去に行われた行為が原因としての効力をもつ余地はないことになる。そしてそれはさらに、再生するときある個人が何故ある特定の身体を「把持」、すなわち獲得して、何か他のものではないのかという説明が得られないということを意味するだろう。何故ならば再生という事象に六つの活動的な識［転識］はいずれも関与し得ず、それ故過去の業の原因としての効力によって説明されなければならないからである。そしてここで蔵識［アーラヤ識]が説明上のカテゴリーとして登場するのである。というのも、我々のテキストが言う通り「前世の業の形成力」によって引き起こされた蔵識は、業の効力[24]のための場を提供し、それ故どのようにして再生のプロセスが起こるのかの説明も提供するからである。

つまりグリフィスは明らかに、この論証の眼目は過去世から現在世に至る因果連鎖の問題だと理解している。彼の理解によれば、どのようなタイプの有情類型の身体を新に獲得するかは過去の業により決定されるのであるが、その業因・業果の因果連鎖の説明はアーラヤ識なしには不可能だというのがこの論証の趣旨だということになる。しかるに、一度受胎が完了してしまえばもはや有情類型の変更は不可能であるから、このグリフィスの見解に従うならば、この論証は中有をへて新たな有情類型を獲得する受胎の瞬間そのものを論じるものと理解しなければならないであろう。換言すれば、この論証は『摂大乗論』§I.5 のタイプ（b）の把持（受胎のときの新しい有情類型の獲得）に関係するとグリフィスは理解するのである。

しかしながら、松本説を検討する文脈でシュミットハウゼンが指摘しているように、第一論証の少なくとも（d)「全ての感官の把持」、(e)「連続的な把持」の二つの理由は明らかに『摂大乗論』§I.5 のタイプ（a）の把持（身体の維持）に関わるものであって、タイプ（b）に関するものではない（*Genesis*, §233[25]）。グリフィスがここでタイプ（a）の把持の可能性を全く考慮しないのは不可解である[26]。既に別稿で指摘した通り、この論証それ自体に「結生相続」（ないしそれに関連する表現）が一度も直接言及されない事実は、

---

[24] “Karmic effect”は、直前の“causal efficacy of past actions”と同義だと解する。

[25] “. . . what is at stake here is hence not the taking hold of a new exisgence or basis-of-existence (*ātmabhāva*) in the sense of the whole psycho-physical personality but the ‘biological’ appropriation . . .”「…それ故ここで問題となっているのは心理的・身体的な人格の全体という意味での新たな生存、即ち生存の基盤（*ātmabhāba*「自体」）をつかむことではなく、『生物学的』把持なのである…」。

[26] グリフィスは、論点（d）さえも、“appropriaiton of a new physical body at the moment of a new birth”「新たな誕生の瞬間における，新しい身体の把持」(Griffiths 1986, 132）と解している。しかし、ここで「誕生の瞬間」と言っているのは、実際には輪廻転生の文脈における受胎の瞬間を意図している筈で、そうであるならば、受胎の段階でまだ形成されていない感官を把持するということは、意味をなさないのである。

やはり注意すべきことであろう[27]。

また、グリフィスは「再生という事象に六つの活動的な識［転識］は関与し得ない」と述べるが、しかし、『瑜伽師地論』「本地分」中「意地」における生まれ変わりの過程についての詳細な記述によれば、少なくとも、意識（manovijñāna）と眼識（cakṣurvijñāna）とは中有の期間中活動しており、再生のプロセスにある程度関与しているように思われる。以下の引用文を参照されたい。

> tasya ca divyacakṣur iva cakṣur na vyāhanyate yāvad upapattyāyatanāt /（*Manobhūmi* [*Yogācārabhūmi*, Bhattacharya, ed.],19.9; Yamabe 2013, 619）
>
> その［中有の］天眼のような眼は妨げられることなく生まれる場所まで［を見通す］。
>
> sacet strī bhavitukāmo bhavati puruṣe saṃrāgaḥ saṃvāsecchotpadyate / sacet puruṣo bhavitukāmo bhavati tasya striyāṃ saṃrāgaḥ saṃvāsecchotpadyate / tatas tatsamīpaṃ ca gacchati / striyāś ca stryapagamanecchotpadyate puruṣasya ca puruṣāpagamanecchā /（*Manobhūmi* [*Yogācārabhūmi*, Bhattacharya, ed.], 23.6-9; Yamabe 2013, 641）
>
> もし、［生まれ変わろうとしている者が］女になりたいと望むなら、男に対する欲情、つまり交わりたいという願望が生起する。もし、男になりたいと望むなら、彼には、女に対する欲情、つまり交わりたいという願望が生起する。その結果として、彼ら［両親］に近づいていき、女［に生まれたいと願う者］には女を排除したいという願望が生じ、男［に生まれたいと願う者］には男を排除したいという願望が生ずる。

従って、転生のプロセスに表層識が全く関与していないとは言い切れないのである[28]。転生のプロセスにおける表層識の役割についてはさらに検討の余地があるが、いずれにしても「摂決択分」の「第一論証」全体を輪廻転生における因果連鎖の文脈で理解しようとするグリフィスの理解は、上に述べたような理由で困難であろう。

一方シュミットハウゼンの理解はグリフィスのそれとは区別すべきものであるが、やはりこの論証の前半部（a-c）を受胎直後の識と胚の関係に関するものと理解している。

---

[27] 山部 2012, 187.

[28] その一方、同じ「摂決択分」の第八論証は、死の直前に意識は活動しないと述べている可能性があり（この点に関しては、『東洋の思想と宗教』第 33 号掲載予定の拙稿「アーラヤ識説の実践的背景について」を参照されたい）、もしそうだとすると輪廻転生のプロセスにおける意識の役割については、同じ『瑜伽師地論』の中でも異なった見解が併存していたのかも知れない。この件に関してはさらなる検討を要するが、ともあれ上引「本地分」中「意地」の記述による限り、再生のプロセスに表層識が関与しないと断定することは難しいであろう。

以上見てきたように、後のインド唯識学派においてそのような解釈が存在したことは事実だが、それとは別の解釈が存したこともまた上に見た通りであり、後世の解釈に基づいて「第一論証」の解釈を決定することは難しい。そこで虚心坦懐に「第一論証」の本文そのものを読むとき、シュミットハウゼン教授のご指摘を考慮に入れても、それでもこの論証が第一義的に受胎直後の状況について述べているとは私には思えないのである。

まず第一に、繰り返しにはなるが、この論証それ自体に受胎を直接指す表現が一度も現れない事実は重視されるべきであろう。

次に「第一論証」の論点（a）について、妊娠最初期の段階で表層識がまだ活動していないこと[29]は、常識的に考えてあまりにも当然のことで，ことさらに取り上げて論ずる必要がないことのように私には感じられる。むしろこれは基本的には出生後の状況を論じるものと考えて，前世の業によって基本的性質が決定し、現世では本質的に変化することがあり得ないアーラヤ識とは異なり、六識は現世での条件に大きく依存するのだと理解するならば、そのような六識がその時その時の条件によって倫理的性質を変化させ（論点［b］）、しばしば中断する（論点［e］）ということも自然に理解され、第一論証全体としての整合性も取れるように思われる。

さらに論点（b）と（c）についても、シュミットハウゼンは受胎直後の状況に関するものと理解するのであるが、受胎直後にはまだ六識（の少なくとも大部分）は生起していないのだから、そのような存在しないものの倫理的性質を論じたり、それが異熟かどうかを議論したりすることには、あまり意味がないのではないではないだろうか。出生後の、日常的に六識が生起している状況においてこそ、六識の性質を論じる必然性があるように私には思われる。

以上のような点を考慮するならば、やはり本論証は（少なくとも第一義的には）誕生後の日常的な状況における表層識とアーラヤ識の機能や性質を比較していると理解するのが、最も無理のない読みであるように私には思われる。そのように読むことによって、全体を一つの文脈、すなわち、通常の生存中（基本的には誕生後）における身体の把持（維持）という文脈で読解することが可能となり、議論が首尾一貫したものとなるであろう。八論証の冒頭にこの論証が置かれているということは、直ちにそれが生命の最初の瞬間と関係することを意味するものではない。八つの論証がそのように組織的に系統立てられたシステムをもって配列されているようには、私には見えないのである。

しかしながら山部 2012 における私のこの件に関する主張が、第一義的にはポール・グ

[29] 但し、身識と意識は例外である可能性がある。Yamabe 2013, 650, 654 参照。

リフィスに向けられたものであったことは、付け加えておかなくてはならない。私は上述した理由でグリフィスの解釈に同意することはできないが、シュミットハウゼンの説をそれと同列に扱うことはできないのである。シュミットハウゼンは『摂大乗論』§I.5 の（b）の意味の upādāna は「新しい身体をつかむこと」（"taking hold of a new body," *Genesis*, §202）等と訳すが，本稿で検討している *Genesis*, n. 1277 では「身体の『生物学的』な把持」（'biological' appropriation of the body）という表現が用いられているため，彼が「摂決択分」の「第一論証」全体を、『摂大乗論』§I.5 のいうタイプ（a）の把持の議論として理解していることは確実である（この点は上引の *Genesis*, §233 に加えて、§235[30]でも明言されている）[31]。

もしシュミットハウゼンの説をこのように理解してよいのであれば、それは私自身の理

---

30 "Thus, this argument of the 'Proof Portion' is concerned with 'biological' appropriation only, . . ."「かくして、『論証分』のこの議論は、『生物学的』把持のみに関するものである…」。

31 ただし、シュミットハウゼンの議論に関して、私には一点理解の行き届かない点がある。一方で彼は、

> According to the first reason, this cannot be achieved by the six *pravṛttivijñāna*s – visual awarness, etc. – because they originate from present conditions, viz., from a sense faculty, an object, and an act of attention (*manaskāra*). This would seem to mean that they presuppose the 'linking up' (*pratisandhi*) of the new life and hence the 'appropriation' of its basis as having already taken place.（*Genesis*, §231，下線筆者［以下同様］）
>
> 第一の理由によれば、これ［身体の把持］は視覚等の六転識によっては達成されない、何となればそれらは現在の条件、すなわち感官、対象、そして注意の行為（*manaskāra*)から生じるからである。このことは、新しい生命の結生（*pratisandhi*）が前提にされており、それ故その拠り所の把持が既に起こっていることが前提とされているように見えよう。

と述べるのであるが、もう一方では、

> I would find it quite unnatural if this important aspect were not also taken into account, and the place where it would naturally be expected is surely at the very beginning, just as the death argument is placed at the very end. Actually, the very first reason of the first proof (i(a)) is perfectly appropriate for this purpose: the traditional set of *vijñāna*s results from present conditions, among which at least one, the sense faculty, is lacking at the moment of 'linking up', because it exists only in a living, sentient organism and hence presupposes that 'biological appropriation' has already taken place.（*Genesis*, n. 1277[1.]）
>
> もしこの［結生相続の段階でのアーラヤ識による肉体の把持という］重要な側面も考慮に入れられていないとしたら、それは相当不自然なことだろうと私には思われる。そしてそれが自然に予期されるであろう場所は、死の議論が最後におかれているのと同様、間違いなく冒頭である。実際、第一論証のまさに第一の理由(i(a))は、この目的に完全に適合している：伝統的な識のセットは現在の条件から結果するのであり、そのなかの少なくとも一つ、即ち感官、は「結生」の瞬間には欠けている、なぜならばそれは生きて有感覚な生命体にのみ存在し、それ故「生物学的把持」が既に起こっていることを前提とするからである。

と述べている。最初の引用箇所では、結生の段階で既に身体が把持されていると考えているようであり、次の箇所では、感官が結生相続の段階ではまだ存在しておらず、それは「生物学的把持」が既に行われている生命体にのみ存在するというのだから、結生相続の段階ではまだ把持が行われていないということを前提としているように私には思われる。一見したところ矛盾したことが述べられているような印象を受けるのであるが、この点に関しては、或は私の側の理解能力の問題かとも思われるので、ここでは疑問点を指摘するに止めたい。

解と本質的に矛盾するものではないように思われる。アーラヤ識が一度（まだ未発達な）身体（即ち胚）に宿ったならば、妊娠の初期の段階から死の直前まで、基本的に同じ生理的な身体維持のメカニズムが機能するだろうから、受胎直後の状況をこのメカニズムから排除する理論的根拠はないからである。

この解釈を支持するのが、『摂大乗論』§I.35 である。

> nyin mtshams sbyor ba sbrel zin pa rnams kyi dbang po gzugs can 'dzin par byed pa yang de las gzhan rnam par smin pa'i rnam par shes par mi 'thad de / de ma yin pa'i rnam par shes pa gzhan rnams ni gnas so sor nges pa dang mi brtan pa'i phyir ro // rnam par shes pa med pa'i dbang po gzugs can ni mi rung ngo //（長尾 1982, 38）
>
> *baddhapratisaṃdhīnāṃ ca rūpīndriyasaṃparigrāhakaṃ vipākavijñānād anyan nopapadyate / pratiniyatāśrayatvād adhruvatvāc ca tadanyavijñānānāṃ / na ca rūpīndriyāny avijñānāni yujyante / (ibid.)
>
> 既に受胎した者にとって、物質的な感官を把持するものは異熟識（vipākavijñāna）以外にはあり得ない。その他の諸識には特定の拠り所があり、また安定したものではないからである。そして物質的な感官に識のないことは不合理である。

ここで下線を引いた二つの理由は、それぞれ「摂決択分」の第一論証の理由（d）、（e）をふまえたものと思われ、この一節も第一論証を前提としている可能性が高い[32]。『摂大乗論』では、これに先行する§I.34 で中有から結生相続に至るプロセスが説かれ、後続する§I.36 で識名色互為縁が説かれていることや、それ自体の内容からみて、§I.35 も結生相続に関わることは明らかであろう。ただし、「既に受胎した者」[33]についての議論であるから、受胎は既に完了しているのであり、入胎する瞬間そのものを論ずるものではあり得ない。文脈上からも、直前の§I.34 で中有から入胎に至るプロセスが既に詳説されている以上、重ねて§I.35 で同じ問題を取り上げる必要はないであろう。言い換えるならば、『摂大乗論』§I.5 の（b）の把持（新たな生存形態の獲得）の意味で、§I.35 を解釈することは出来ないのである。

なおこの一節に関して、簡にして要を得たものと思われる世親釈の説明を見てみたい。

---

[32] シュミットハウゼンが、第一論証のこれらの項目は受胎の瞬間の状況を議論していないと考えるのも、もしかしたら『摂大乗論』§I.35 によるのかもしれない。

[33] 以取後身 (仏陀扇多訳, T31:99b27 [No. 1592]) ; 復次若衆生已託生(真諦訳, T31:116b19-20 [No. 1593]) ; 復次結生相續已 (玄奘訳, T31:136a13 [No. 1594])。仏陀扇多訳以外は完了した動作であることを明示する。チベット訳の zin も同様。Yamabe 2015, 170, n. 28 参照。

nying mtshams sbyor ba sbrel zin pa zhes bya ba ni bdag gi lus rab tu thob pa'o / **de las**[34] **gzhan** zhes bya ba ni kun gzhi rnam par shes pa ma yin pa ni gzhan pa ste / gzhan rnam par shes pa drug po rnams ni gnas so sor nges pa dang g.yo ba'i phyir ro / ji ltar mig gi rnam par shes pa gnas so sor nges pa yin pa[35] bzhin du rna ba'i rnam par shes pa la sogs pa lhag ma rnams kyi yang rna ba la sogs pa dbang po gzugs can rnams ni rten yin no / des na gal te rnam par shes pa de dag gi rang rang gi gnas blangs par gyur la / rnam par shes pa de rnams 'gags par gyur pa na thob pa'i mig la sogs pa rnams rul par 'gyur ro // *Mahāyānasaṃgrahabhāṣya*, §I.35 (Pek. Sems-tsam, Li 159b7-160a2; D. Sems-tsam, Ri 135b2-4)

釋曰。結生相續已者、謂已得自體。若離異熟識者、謂離阿頼耶識。其餘諸識各別依故。不堅住故者、謂餘六識各別處故、易動轉故。且如眼識眼爲別依、如是其餘耳等諸識、耳等色根爲各別依。由此道理、如是諸識但應執受自所依根。又此諸識易動轉故、或時無有。若離阿頼耶識。爾時眼等諸根無能執受、便應爛壞。（T31:332a18-25 [No. 1597]）

「受胎した者」とは、自体を得た者のことである[36]。「その他」とは、アーラヤ識以外のものが「他」なのである。他の六つの識は、固有の拠り所をもち、変化するものだからである。眼識が固有の拠り所をもっているように、耳識等の残りの識にも、耳等の物質的感官が拠り所となるのである。それ故、もしそれらの識［によって］それぞれの拠り所が把持されるならば、それらの識が滅するとき、［その識によって］保持される眼等は腐敗することであろう[37]。（チベット訳からの和訳）

つまり、「特定の拠り所」とは、眼識に対応する視覚器官、耳識に対応する聴覚器官等のことであり（無性釈が指摘する通り、意根は物質的な感官ではないので[38]、ここで実質的に問題になっているのは五識と五根の関係だと理解してよいであろう）、「安定したものでない」とは一様なものではなく中断することがあることを指すのである[39]。ここで、五根は胎内での初期段階ではまだ形成されていないから当然五識も生起することはないの

[34] D. nas.
[35] Pek. ba.
[36] 無性釈の対応箇所（*Mahāyānasaṃgrahopanibandhana*, Pek. Sems-tsam, Li 259a2; D. Sems-tsam, Ri 211a5）では単に lus とあるが、玄奘訳は世親釈（T31:332a18）・無性釈（T31:393a14）共に「自体」であり、いずれも原語は ātmabhāva であったと考えてよいであろう。「自体を得る」というのは、『摂大乗論』§I.5 で、(b)のタイプの把持の記述で受胎の定義として使われる表現であるが、§I.35 での玄奘訳は世親釈（T31:332a18）・無性釈（T31:393a14）とも「已得自体」となっており、文脈上からも受胎は既に終わっているものと理解してよいと思われる。
[37] Cf. *Abhidharmasamuccayabhāṣya*, Tatia ed., §47(1)(iv); 佐々木 1982, 183.
[38] **dbang po gzugs can** zhes bya ba ni yid ma gtogs pa'o / （*Mahāyānasaṃgrahopanibandhana*, Pek. Sems-tsam, Li 259a3; D. Sems-tsam, Ri 211a6）「『物質的な感官』とは、意に属さないもののことである」。
[39] 無性釈では、中断することがあると明言されている。

であり[40]、もとから生起していない識が滅するというのも意味をなさないから、この議論は、仮に起点が受胎直後の段階にあるとしても、主として五根が形成されて以降（基本的には出生後）の状況に関するものであると理解せざるをえないであろう。

この点で、「胎児が託胎した以後、それが胎内にあると胎外に出産したとを問わず、そこには物質的な身体があり、それは五つの感覚器官（五根）によって代表される（有根身という）」という長尾雅人の理解（長尾 1982, 199）は概ね適切なものであり[41]、シュミットハウゼンもほぼ同様の理解を示している（*Genesis*, §234）[42]。この点に関して、私に異論はない。

ただ繰り返しになるが、『摂大乗論』§I.35は前世から中有を経て受胎に至る輪廻のプロセスを問題とするものではなく、仮にこの議論が、私が理解する通り「摂決択分」の第一論証と密接に関連したものであったとしたならば、グリフィスの理解はこの点からも支持されないということは指摘しておきたい。

最後にもうひとつ、『五蘊論疏』の上引箇所に続く部分を「摂決択分」の「第四論証」と比較して検討してみたい。

「摂決択分」より「第四論証」	『五蘊論疏』(Kramer, ed.)
kena kāraṇena bījatvaṃ na saṃbhavati ṣaṇṇāṃ[43] vijñāna-kāyānām anyonyam / (袴谷 [1978]2001, 333)	**santānânuvṛtti ca** / atra hy ālayavijñānaṃ nikāya-sabhāgântareṣu pratisandhim upādāya[44] yāvac cyutiṃ tāvat kṣaṇa-prabandha-pravāhena vartate, na tv antarântarā vicchidyate, pravṛttivijñānavat / (93.7-9)
どのような理由で、六識の集まりが相互に種子となることは不適切なのか。	「また、連続して継起する」。この点に関して、アーラヤ識は別の有情類型（nikāya-sabhāga「衆同分」）において結生（受胎）を獲得してから死に至るまで刹那が連続する流れとして生起し、表層識のように途中で中断することはないからである。
--	tathā hi cakṣurvijñānânantaraṃ śrotrādivijñānāny utpadyante, śrotravijñānânantaraṃ cakṣurādivijñānāni / evam ghrāṇādivijñānânantaram iti vistareṇa

[40] 但し、上述の通り身識は例外であるかもしれない。
[41] 但し、上述の通り妊娠最初期にはまだ五根が形成されていない点には注意が必要である。
[42] "[A]ppropriation of the physical sense faculties (*dbang po gzug can*, **rūpīndriya*) after ceonception (i.e., throughout life)"「受胎のあと（即ち、生涯を通して）の身体的感官（*dbang po gzug can*, **rūpīndriya*）の把持」。
[43] 底本 saṇṇāṃ なるも、Tatia ed. §9B(iv
)は上記の通り.
[44] Cf. *Triṃśikāvijñaptibhāṣya*, Buescher ed., 48.17-19.

	vācyam / (93.9-12)
--	［表層識については］例えば、眼識の直後に耳等の諸識が生起し、耳識の直後に眼等の諸識［が生起する］。同様に、鼻等の識の直後に云々と説かれるべきである。
tathāhi kuśalânantaram akuśalam utpadyate, akuśalânantaraṃ kuśalam, tad-ubhayânantaram avyākṛtam, hīna-dhātukânantaram madhya-dhātukam, madhya-dhātukânantaraṃ praṇīta-dhātukam, evaṃ praṇīta-dhātukânantaraṃ yāvad dhīna-dhātukam, sāsravânantaram anāsravam, anāsravânantaraṃ sāsravam, laukikânantaraṃ lokottaram, lokottarânantaraṃ laukikam / na ca teṣāṃ tathā bījatvaṃ yujyate / dīrgha-kāla-samucchinâpi ca saṃtatiś cireṇa kālena pravartate, tasmād api na yujyate / (袴谷[1978]2001, 333)	tathā kuśalânantaram akuśalam utpadyate, akuśalânantaraṃ kuśalam, tad-ubhayânantaram avyākṛtam hīna-dhūtukânantaraṃ madhya-dhātukam, madhya-dhātukânantaraṃ praṇīta-dhatukam, praṇīta-dhatukânantaram apraṇīta-dhātukam, apraṇīta-dhātukânantaraṃ madhya-dhātukam iti vistareṇa vācyam / nâpy ekaṃ dravyam ā maranād anuvartata iti // (93.12-16)
というのも、善の直後に不善が生じ、不善の直後に善、その両者の直後に無記、劣界の直後に中界、中界の直後に妙界、同様に妙界の直後に劣界に至るまでのもの、有漏の直後に無漏、無漏の直後に有漏、世間の直後に出世間、出世間の直後に世間［が生じる］。そしてそれらがこのように［相互に］種子となることは適切ではない。長時間中断した相続であっても、長時間を経て［再び］生起する。それ故、適切ではないのである。	同様に、善の直後に不善が生じ、不善の直後に善、その両者の直後に無記、劣界の直後に中界、中界の直後に妙界、妙界の直後に非妙界、非妙界の直後に中界［が生じる］云々と説かれるべきである。一つの実体が死に至るまで連続する訳ではないのである。

ここの『五蘊論疏』の趣旨は、アーラヤ識が受胎から死に至るまで中断することなく連続して生起するというもので、第一論証の論点（e）によればそのことが身体を生理的に維持することの前提となるのであるから、結局我々がこれまで見てきた理解と基本的には同趣旨のものと考えてよいであろう。ただ、ここで注目すべきはむしろ最後の部分である。ここで『五蘊論疏』は明らかに「摂決択分」の第四論証の表現を踏まえていることが見て取れるが、第四論証の趣旨は表層識が相互に種子となることを否定することにあり、アーラヤ識の連続性を説示する『五蘊論疏』とは明らかに別の文脈である。スティラマティが常に『瑜伽師地論』の所説を忠実に祖述していた訳ではない点には注意が必要であろう。そうであるならば、スティラマティの所述は、『瑜伽師地論』の解釈を決定するための絶対的な基準とは必ずしもなり得ないのである。

結語

以上論じてきたことをまとめると、以下のようなことになる。私は、「摂決択分」の第一論証は、第一義的には出生以降の日常的文脈において転識とアーラヤ識の機能・性質を比較して、身体を生理的に維持しうるものはアーラヤ識以外にはないと主張するものだと理解する。ここで取り上げられているのは前世から今世に至る因果連鎖の問題ではなく、「摂決択分」自体の内容から見ても、後のインド瑜伽行派文献の解釈から見ても、グリフィスの解釈を認めることは困難であろう。

しかしながらアーラヤ識が一度身体と結合すると、仮に未発達な胚の状態ではあっても、基本的には出生後と同じ生命維持のメカニズムがはたらく筈である。従って、「第一論証」に結生直後の状況も含意されていると理解することは可能であり、だからこそ『摂大乗論』§I.35 はそのような理解を示しているのだと推測される。インド瑜伽行派における『摂大乗論』の重要性は言うまでもなく、その影響のもとに類似した解釈が『五蘊論疏』や、さらにはツォンカパにまで受け継がれていったのではないだろうか。

このように考えるならば、この件に関する私の理解とシュミットハウゼンの理解は、見かけほど大きく齟齬するものではないのかも知れない。

参考文献

一次文献

Bhattacharya, Vidhushekhara, ed.
1957 *The Yogācārabhūmi of Ācārya Asaṅga*. Calcutta: University of Calcutta.

Buescher, Hartmut, ed.
2007 *Sthiramati's Triṃśikāvijñaptibhāṣya*. Vienna: Verlag der Österreichischen Akademie der Wissenshaften.

Kramer, Jowita, ed.
2013 *Sthiramati's Pañcaskandhakavibhāṣā*. Part I: Critical Edition. Beijing: China Tibetology Publishing House, Vienna: Austrian Academy of Sciences Press.

Tatia, Nathmal, ed.
1976 *Abhidharmasamuccaya-bhāṣyam*. Patna: Kashi Prasad Jayaswal Research Institute.

二次文献

佐々木容道.
1982 「アーラヤ識成立の一要因」『東洋学術研究』21(1): 178-97.

長尾雅人.
1982　『摂大乗論 和訳と注解』上. 講談社.

袴谷憲昭.
[1978]2001　「アーラヤ識存在の八論証に関する諸文献」再掲『唯識思想論考』, 321-61. 大蔵出版.

[1979]2001　「*Viniścayasaṃgrahaṇī* におけるアーラヤ識の規定」再掲『唯識思想論考』, 362-445. 大蔵出版.

原田和宗.
2004　「『瑜伽師地論』「有尋有伺等三地」の縁起説(1) ― テキストと和訳 ―」『九州龍谷短期大学紀要』50:141-79.

松田和信.
2010　「五蘊論スティラマティ疏に見られるアーラヤ識の存在論証」『インド論理学研究』1:195-211.

松本史朗.
2004　「アーラヤ識に関する一考察―ātma-bhāva と ālaya-vijñāna―」『仏教思想論』1:219-497. 大蔵出版.

山部能宜.
2002　「書評と紹介　袴谷憲昭著『唯識思想論考』」『宗教研究』76 (2):361-69.

2012　「アーラヤ識論」『唯識と瑜伽行』(シリーズ大乗仏教　第七巻), 181-219. 春秋社.

Buescher, Hartmut.
2008　*The Inception of Yogācāra-Vijñānavāda*. Vienna: Verlag der Österreichischen Akademie der Wissenschaften.

Griffiths, Paul J.
1986　*On Being Mindless: Buddhist Meditation and the Mind-Body Problem*. La Salle, IL: Open Court.

Schmithausen, Lambert.
[1987]2007　*Ālayavijñāna: On the Origin and the Early Development of a Central Concept of Yogācāra Philosophy*, 2 parts. Tokyo: The International Institute for Buddhist Studies.

2014　*The Genesis of Yogācāra-Vijñānavāda: Responses and Reflections*. Tokyo: The International Institute for Buddhist Studies of the International College for Postgraduate Buddhist Studies.

Yamabe, Nobuyoshi.
2013 Parallel Passages between the *Manobhūmi* and the **Yogācārabhūmi* of Saṃgharakṣa. In *The Foundation for Yoga Practitioners: The Buddhist Yogācārabhūmi Treatise and Its Adaptation in India, East Asia, and Tibet*, edited by Ulrich Timme Kragh, 596-737. Cambridge, MA: The Department of South Asian Studies, Harvard University.

2015 A Reexamination of *On Being Mindless*: Possible Meditative Implications of the Eightfold Proof of *Ālayavijñāna*. In *Buddhist Meditative Praxis: Traditional Teachings & Modern Applications*, edited by KL Dhammajoti, 137-76. Hong Kong: Centre of Buddhist Studies, The University of Hong Kong.

梵文『雑阿含』道品「偈頌・要句集」(1)
—TT VIII A, lines 1-7—

細田　典明

はじめに

松田和信教授は、本誌前号掲載論文「長者サングラーマジットの物語」（松田 [2014]）で、スコイエン・コレクション中、貝葉形樺皮にギルギット・バーミヤン第1型文字を用いて書写された写本断片1葉が、梵文<ダルマパダ>の偈の一々について因縁物語を付したヴァージョンであることを明らかにされた。さらに論末で、サングラーマジットの物語に先立つ断簡最初の因縁物語は、拙稿「『雑阿含』道品念處相応」（細田 [2014]）の「油鉢の比喩」を説く第623経に対応することを追記された。松田教授が公表した、因縁譚を付す梵文<ダルマパダ>は梵文阿含の新たな資料であり、「油鉢の比喩」を説く『雑阿含』623経の偈に対応する梵文断片を見いだすことができた。

本稿は、還暦を迎えられた松田教授の新出梵文資料への多大な貢献に対する謝意を表し、従来、未比定の部分が残されている梵文資料について報告する。

写本について　—TT VIII A —

この梵文資料は、A. von Gabain [1954] が「トルコ語系トルファン文献 第8」(TT VIII) として公表したブラーフミー文字で記された断片群[A~P]の「テキスト A」を指し、梵文とウイグル語が語句毎に併記される。E. Waldschmidt [1955a] はこの断片群の A (Mz 681, Mz 683, Mz 680 の3断片)[1]の梵文について、漢訳『雑阿含経』道品の諸経と比定した。D. Maue [1996] はこの写本群全体の概要・研究史を写真とともに公表し、断片群Aは **I.** (Texte in Brāhmī), **A.** (Bilinguale Texte in Sanskrit und Uigurisch), **b. Sūtra, 5. Saṃyuktāgama** に分類される。さらに、J. Chung [2008] は Waldschmidt [1955a] の未比定部分を補う。

以上、本写本に関する研究を一瞥したが、TT VIII A~P の 16 断片群は、Maue [1996] に含まれる"*Āṭānāṭikasūtra* and *Āṭānāṭihṛdaya*"を加え、Hartmann-Maue [1996] (断片群 A~H, N) を参照すると、以下の通り整理される。「分類」は Maue [1996] のカタログ番号順に従い、「分類」の項目にその番号を付す。なお、42 番以降はウイグル語のみで（**B.** Monolinguale Texte in Uigurisch）、梵語は含まれないが、TT VIII A~P の断片群の内容を示すものとして掲載した。

---

1 国際敦煌プロジェクトのHP（http://idp.bl.uk/）に、Mz 681とMz 683のカラー写真が掲載されている。
Mz 681（http://idp.bl.uk/database/search_results.a4d?uid=12697445511）;
Mz 683（http://idp.bl.uk/database/search_results.a4d?uid=12674354510）.

VIII	分類	内容	研究	探検回・出土地
A	5	『雑阿含』道品	Waldschmidt [1955a].	1. Sängim
G	6 cf. 36	『長阿含』*Ṣaṭsūtraka* a: *Saṃgītisūtra* b: CPS 1.5-5.1 c: MAV 6a.15-6b.35 d: *Arthavistara-dharmaparyāya*	a: Waldschmidt [1955b]; Maue [1981a]. bc: Waldschmidt [1955b]. d: Hartmann [1989] p.42; Hartmann [1994]. Hartmann-Maue [1996].	3. Murtuq
C	7	『中阿含』72 「長壽王本起經」	Maue [1985c]. Chung-Fukita [2011] p.88.	2. Sängim
	8~ 12	*Āṭānāṭikasūtra* and *Āṭānāṭihṛdaya*	Maue [1985b].	2. Sängim (9,12不明)
H	13	*Agr(y)aprajñaptisūtra(?) r1-2 = Av I 329,13ff.	Pauly [1960].	3. Murtuq
B	15	*Udānavarga* 14.14-15.2c		1. Xoco
E	16	*Udānavarga* 13.4-8; 14.4-7; 15.6-17; 16.1-4.	Maue [1983].	3. Xoco
N	17	*Varṇārhavarṇa*(Mātṛceta)	Hartmann-Maue [1991].	1. Xoco
D	18	*Lehrgedicht	Stönner [1904].	1. Xoco
F	25	Sūtra (?)		3. Murtuq
O	42	Säkiz yukmäk yarok-Sūtra		3. Murtuq
K	43	**Mūlamantradharaṇī-sūtra* (?)		3. Murtuq / Xoco
I	45	医学		2. Sängim
M	46	医学		2. Yarxoto
P	48	暦	Bazin [1974] p.444f.; p.782. Bazin [1991] p.302f.	3. Murtuq
L	49	暦		1. Xoco

A写本は道品全体に及ぶ梵文の偈頌と経内容の要句 ("Merkwörter", Waldschmidt [1955]) を含むことが重要で、この断片を「梵文『雑阿含』道品偈頌・要句集」と称し、論を進める。

写本の内容

この３断片は裏面左端に葉番号 353, 354, 355 が記されており、３断片でほぼ道品全体をカバーすることから、『雑阿含』全体のみならず、阿含全体にわたる「偈頌・要句集」であった可能性がある。以下、第１列の von Gabain による３断片の通し行番号(全 48 行)に従って、Waldschmidt [1955a](Bil と略)と Chung [2008] (TT VIII [=ATH(I)]との比定はないが、他の梵文資料を参照している部分は有益であり、その部分も{ }内に Chung V(=Mārgavarga) の番号を記す) による比定箇所を第３列に示すとともに、新たに比定した箇所の相応名と経番号(**G**=偈)を第２列に示す。「ø」と記すものは、現行漢訳『雑阿含経』に欠落している箇所で、この「偈頌・要句集」は欠落部分の経の梵文を伝えている点でも重要な資料である。Waldschmidt (=**Bil**) によって「偈頌」として校訂された **Bil a), b), d), e)** は、段落番号のみを示し、「要句」**Bil c)** とともに梵文・漢訳は省略する。本論では、第 7 行目までが考察の範囲で、以降第 48 行目までの対応はさらに精査する余地があるが、この写本(TT VIII A)は「学相応」で途切れるものの、概ね「道品」全体に及び、ほぼ各相応から「偈頌・要句」が抜粋されていることが知られる。

通し行番号	相應名(経番号)参照箇所	Bil, Chung / Pāli	TT VIII A 梵文 (イタリックはGabainの注記とその訂正も含む修正箇所)	分類
1-2	念處(623**G**) 未曾至方 甚難得過 勝妙微細 諸佛所説 言教利劍 當一其心 專精護持 非彼凡人 放逸之事 能入如是 不放逸教 (p.174c14-19)		prārthayāno diśaṃ *a*gatapūrvaṃ. duratikramañ ca + + + sūkṣmaṃ ca. buddhavaca(naṃ) kṣurasya dhārā va agatir hi nyūnap*uru*ṣāṇāṃ pramattānāṃ. apramādaviṣaye (')smiṃ karm*a*ṇā saṃpādayaṃti.	I
2-3	念處(639) 我聲聞唯此二人 (p.177a20) 錢財者從世人求 (p.177a22)	SN 47.14 *Ceḷam*	viv(. ..) ta. y*ā*vac ca. śāstu*ḥ* śrāv*a*kāv abhūtāṃ. bhogāṃ pratyāśāsate.	II
3	念處(ø) 飢儉經 (『薬事』T24 p.2	MPS 13.8; 11,	yathāsaṃstutikayā. yathāsaṃpremikayā.	IIIa

	9c13-17)[2]	SN 47.9. *Gilāna*		
3-4	念處(ø) 飢儉經 Cf.『雑事』 (T24 p.387a27) Cf. 內外已訖。 (『長阿』遊行経 T1 p.15b1)	MPS14.9[3] SN 47.9. *Gilāna* MPS14.12(欠) Cf. MPP 2.25: anantaraṃ abahiraṃ karitvā	pragā*ḍ*havedanā. nirantarabāhya *i*ti kṛtvā.	IIIb
4-5	念處(ø) 飢儉經	MPS 14.19 jarjaraśakaṭaṃ dvaidhāniśrayeṇa	*(dvaidhā)n*iśrayeṇa ja*(rjara)*śakaṭa. anādhāraka. svāvarjako bhavati.	IIIc
5	念處(ø)		cama /// prajñā kṣūddhati ///	IV
5-7	正断(ø) Cf.『法蘊足論』 (T26 p.468a5-8) 初脩**正勝**時 已勝生死有 若脩**至彼岸** **能摧滅魔**軍 **離塵**垢諸德 非惡緣所退 **到彼岸**涅槃 證無餘極樂	AN 4.13. *Padhāna* **sammappadhānā** **māradheyyādhi-bhuno**, te asitā jātimaraṇa-bhayassa **pāragū**, **te tusitā** jetvā māraṃ savāhanaṃ te anejā, sabbaṃ namucibalaṃ **upātivattā** te sukhitā ti.	 saṃpannaprahāṇ*ā*. māra*[dhe]y*ābhibh*ū*to /// pāragās te (tu)ṣ*i*tā. vigatarajā /// .... /// upātivṛttā. ///	V
7-8	神足(ø)		///ā. adhipatiṃ kṛtvā. prahāṇasaṃskārā.	VI

2 散逸「飢儉經」と『薬事』については、細田 [2003] pp.1-20(L). Yao [2013] p.129-130, n.3. 参照。

3 MPS ではこの部分の定型句は欠損しているが、対応する『薬事』チベット語訳に相当する句が知られる (Yao [2013] p.130)。なお、MPSのこの定型句と" pragāḍhā vedanā "の『雑事』漢訳は以下の通り。MPS 14.2 受諸痛惱; 4 有疾; 15 有疾; 16 病苦。

8-10	神足~根(ø)		vibhrāntacittā /// llapayati. upamayatu. saṃśithilāni *ca līnat*āni. tatas tanu*tair**. avandhyatvāt. /// (*MS *reads* 'tanurai.')	VII
10-11	力(670・671) 惡名恐怖 衆中恐怖 (185b4-6)	Bil.p.240-241, Chung V[45] AN 9.5, *Bala*	hetuparyādātā. /// aślokabhayaṃ pariṣacchāradyabhayam/// āhārāha /// prajñayā na kṛtaṃ bhavati.	VIII
11-12	力(699-700) 毀呰愚人力 審諦黠慧力 機關工巧力 cf. 692・693	Bil.p.241, {Chung V[53-54]}	 avadhyaptibalo. nidhyapti. /// rtā. yantrabalā. vārddhakina.	IX
12-13	力(703) 實則知實(189a27) 上則知上(a27-28)	Bil.p.241, {Chung V[55]}, AN 10.22, *Adhimutti*	sac ca sato. sottaram ca. Cf. AKBh p.300, Hj [5021]; AKvy p.476; Śbh I 156.	X
13-17	覺支(707**G**) (189c26-190a6)	Chung V[58] SN 46.38	**Bil a) I~IV**	XI
17-18	覺支(711) 悉忘疲勞(191a3)	Bil. p.243 SN 46.56, *Abhaya*	/// ma. alpaṃ vyā(yacchāmaḥ.) kāyaklama.	XII
18	覺支(714) 微劣心生 (191c27 etc.)	Bil. p.243, {Chung V[63]} SN 46.53, *Aggi*	 līnābhiśaṃki. bahunirvṛta. āsthitaṃ.	XIII
18-30	覺支(727**G**) (195c17-196a10)	Chung V[72] SN 46.16, *Gilāna(1)*	**Bil b) 1~12.**	XIV
30-32	道支(758) (199b)	Chung V[85] AN 3.62, *Bhaya*	**Bil c)**	XV
32-37	道支(769**G**) (201a3-8)	Chung V[90] SN 45.4,*Brāhmaṇa*	**Bil d) I~IV**	XVI
38-39	道支(788) 苦果種著地中	Bil p.239, {Chung V[102]}	/// saṃskṛt*t*i. asaṃs(kṛta)/// pṛthivyāṃ. pṛthiv*ī(rasaṃ)* samādadāti.	XVII

	...彼得地味 (204b16-17)	Cf. EĀ 17.512-523 AN 10.104, *Bīja*	tiktālābūbījān ivā/// *(pi)*cūmandā. kośātaki.	
39-40	XVIII～XIXの区分は暫定。一部は安那般那(819)?		samādhiṃ bhāvayata. kālaṃ karo(ti). /// *s(. .. .)*ikāvanaṣaṇḍa. (asa)jyamānakāyena.	XVIII
40-41			chidribhūtā. bhrānta///.ū .y. vā. ///	XIX
41-42	安那般那(815) 満迦低月諸處人間(209c2); cf. T 14.771a21-22		anugṛh*n*iyāma. anugrāhyo babhūva. kārttika. /// janapadā bhikṣavo.	XX
42-43	学(816**G**・817略) 無量諸三昧... ...覺跡。第一... ...解脱。...命終。 (210a16-21)	{Chung V[114]} Hj [6048](p.753) AN 3.89, *Sikkhā*(2)	apramāṇasamādhinā. prātipadaṃ. ādau. /// jīvitasyoparodhā /// vimokṣa. Cf. AKBh p.94	XXII
44-45	学(820) 不説彼不堪能。 ... 戒堅固。 (210b24-25)	{Chung V[116]} AN 3.86, *Sekha*(3): abhabbatā vuttā ... dhuvasīlī..samādāya	śīlādhipataya. /// abhavyatā. uktā. pratikṣepaṇasāvadyi. dhruvaś*īlī* /// sāvadyi. samādhai.	XXIII
46-48	学(824**G**) (211c5-11)	Chung V[120] AN 3.84, *Sekha(1)*; *Itivuttaka*. 46	**Bil e) I~II**	XXIV
48	学(826) cf.825 (調伏)惡人 (211c27)	Chung V[122]	d*u*rmadaguṇāṃ pudgalānāṃ.	XXV

本稿では、これまでに比定されていない箇所の内、7行目迄を検討する。

第1-2行 (I)　**1.「念處相応」「剃刀の刃」の喩え**

第3-5行 (III)　**2.「念處相応」散逸「飢儉經」とMPS 13-14.**

第5-7行 (V)　**3. 散逸「正断相応」の偈と『法蘊足論』正勝品の偈**

1.「念處相応」「剃刀の刃」の喩え

この偈については、冒頭に示した通り、松田教授によって見出された偈と相互に補完し合うものであり、細田 [2014] における雑阿含623経の梵文の偈を補うことができる。偈に関して、漢訳は３偈からなるが、第２偈は６句あり最後の「當一其心。專精護持」は梵文にはないことが知られる。一方、梵文も第１句に「勝妙」に対応する３シラブル分の欠落があり、Triṣṭubhの偈前半に相当し、第３偈を異なる韻律による後半の句として、全体を１つの偈とする可能性もある。いずれにせよ、この偈は、調査の範囲内では他の仏典に知られないものであるが、『カタ・ウパニシャッド』に類似の偈がある。

はじめに、雑阿含623経の第２偈を、次に『カタ・ウパニシャッド』3.14を挙げる。

TT VIII A line 2.

duratikramañ ca + + + (sū)kṣmaṃ ca.	buddhavacanaṃ **kṣurasya dhārā va**.
超え難く（勝妙）微細なる	仏のことばは**剃刀の刃の如く**である。

***Kaṭha-Upaniṣad* 3.14.**

uttiṣṭhata jāgrata prāpya varān nibodhata |

kṣurasya dhārā[4] niśitā duratyayā | durgaṃ pathas tat kavayo vadanti ||

汝らは立ち上がれ、目覚めろ。恩恵を得て、理解せよ。

剃刀の刃は鋭く超え難い。詩人たちはそのことを路の難行と語る。

この偈は、韻律・語形・意味上問題があり[5]、付加された偈と見なされる[6]。しかし、この偈は「知恵文学」の系譜にあるものとして、翻訳では『マタイ伝』7.14を参照することがある[7]。さらに、サマセット・モームの小説『剃刀の刃』(*The Razor's Edge*)には、この『カタ・ウパニシャッド』の偈の英訳を巻頭の題辞として引用されている[8]。

『カタ・ウパニシャッド』は、しばしば仏教との関連が指摘されるウパニシャッドであるが、古ウパニシャッドの睡眠説は、覚醒位→夢眠位→熟睡位の順に意識が深化する過程

4「剃刀の刃」が用いられる用例: “tad yāvatī **kṣurasya dhārā** yāvad vā makṣikāyāḥ pattraṃ tāvān antareṇākāśaḥ” (Bṛhadāraṇyaka-Upaniṣad. 3.3.2)は、大地を囲む大海と空の間の微かな隙間の比喩として知られる。

5 Weller [1953] p.46, 63, 150 etc. W. Slaje *Upanischaden: Arkanum des Veda*. p.477.

6 Weller [1953] p.68.

7 S. Radhakrishnan, *The Principal Upanishads*. 1953, p.628.

8 https://en.wikipedia.org/wiki/The_Razor's_Edge

を説く。一方、仏教では睡眠は怠惰な状態であり、常に注意している状態（正念正知）と対比され(*Itivuttaka* 47, Jāgariyasutta 参照)、これを後半にあたる第３偈では放逸と不放逸に対比しているのである。

『カタ・ウパニシャッド』は死神ヤマとナチケータスとの対話からなるが、"kṣuradhāra"は地獄の場景を示す語として、ジャイナ教や叙事詩にも見られる[9]。『スッタニパータ』第674偈は、地獄の超え難い河を剃刀の刃に喩える。

atha vetaraṇiṃ pana **duggaṃ** tiṇhadhāraṃ **khuradhāram** upenti,
tattha mandā papatanti pāpakarā pāpāni karitvā. (Sn 674)
また次に（地獄に落ちた者どもは）、**超え難い**ヴェータラニー河を渡る。
その河の流れは鋭利な**剃刀の刃**である。
愚かな輩は、悪い事をして、罪を犯しては、そこに陥る。(中村 [1984] pp.148, 369)

『スッタニパータ』第716偈では、出家者の行儀を剃刀の刃に喩える。

Moneyyaṃ te upaññissaṃ : iti bhagavā **Khuradhārūpamo** bhave,
Jivahāya tāluṃ ābhacca udare saññato siyā. (Sn 716)
師がいわれた、あなたに聖者の道を説こう。**剃刀の刃のように**用心せよ。
舌で上口蓋を抑え、腹についてはみずから食を節すべし。(中村 [1984] pp.155, 373)

注釈に「密を塗った剃刀の刃をなめるように」と説明することから、中村訳では「食をとるには」と補うが、出家者が常に注意深くあること、後半は念想時の身体の制御を説くものといえる[10]。『清浄道論』では第三禅の「正念正知」の説明で「剃刀の刃」の比喩が用いられる。

oḷārikaṅgappahānena pana sukhumattā imassa jhānassa purisassa **khuradhārāyaṃ viya satisampajañña**kiccapariggahitā eva cittassa gati icchitabbāti idheva vuttaṃ.

Visuddhimagga IV [PTS Ed. pp.162-163]

しかし、麁なる支分の断によって、この禅定は細なる故に、人の**剃刀の刃の如く**、心の進行には**正念正知**の作用を掌握することが必要とされるのであり、ここにのみ（正念正知が）説かれる。

---

9 村上・及川 [1988] pp.398-443 (Sn 3.10 *Kokāliyasutta*).

10 "a distinctive Buddhistic strain runs through the whole poem. Yogic practices are mentioned in Sn.716, and in the above mentioned stanzas are to be seen echoes of the Brāhmanas and the Upanisads" .N. A. Jayawikrama, A Critical Analysis of the Sutta Nipāta, *Pali Buddhist Review* 3.1, 1978, p.18.

ヨーガ系の新ウパニシャッド『クシュリカー・ウパニシャッド』は、その名の通り、剃刀に喩えて、瞑想することが説かれる(cf. *Kṣurikā-Upaniṣad* 1, 11, 18)。

四念處を「油鉢」と「剃刀の刃」に喩えた２つの偈は、両方ともウパニシャッドをはじめ、広く古典文献に知られるものであるといえる。「剃刀の刃」は「超え難く」「勝妙にして微細なる」道の喩えであり、ウパニシャッドや阿含経典を参照することができる。さらに、『スッタニパータ』から阿含経典、そして『声聞地』にいたる「正念正知」の用例と解釈を検討する必要があるが、本稿では、この「偈頌・要句集」に見られる梵文が、『雑阿含』の経の順序に従って、引用・抜粋されていることを確認するにとどめる。以下に細田 [2014] 623経の偈の部分(p.60)を改訂したものを掲載する。

(623) 21**G**(1).[11]

專心正念。護持油鉢。

自心隨護。未曾至方。

【梵文訳】(満ち溢れて零れ落ちぬよう)油の鉢を運ぶ如く、未踏の地をめざす者は、自らの心を護るべきである。

21**G**(2).

甚難得過。勝妙微細。

諸佛所說。言教利劍。

當一其心。專精護持。

21**G**(3).

非彼凡人。放逸之事。

能入如是。不放逸教。

11 法護譯『修行道地經』卷三勸意品第九(T15 p.198a26-b4)「如人**擎油鉢**。不動無所棄。妙慧意如海。**專心擎油器**。若人欲學道。執心當如是。意懷諸德明。皆除一切瑕。若干之色欲。再興於怒癡。有志不放逸。寂滅而自制。人身有病疾。醫藥以除之。心疾亦如是。四意止除之」

21**G**(1). **Matsuda (MS2382/274)**[12]

(d= TT VIII A *l.* 1)　(r4) /// -ṣekaṃ

telapātraṃ yathā parihareyā

evaṃ svacittam anurakṣet

prārthayāno diśam agatapūrvam.

Cf. *Jātaka* 96 (*Telapattajātaka*)

samatittikaṃ anavasekaṃ,

telapattaṃ yathā parihareyya;

evaṃ sacittam anurakkhe,

patthayāno disaṃ agatapubbanti.[13]

21**G**(2). **TT VIII A line 1.**

duratikramañ ca /// + + + /// (sū)kṣmaṃ ca.

buddhavaca(naṃ) kṣurasya dhārā va.

21**G**(3). **T VIII A lines 1.-2**

agatir hi nyūnap*uru*ṣāṇāṃ pramattānāṃ.

apramādaviṣaye′smiṃ karmaṇā saṃpayaṃti.

12 松田和信[2014], p.173 n.17; p.176[追記].

13 Alsdorf [1967] p.260 (=p.18).

2.「念處相応」散逸「飢儉經」とMPS 13-14.

漢訳『雑阿含経』中、道品の欠落巻は「念處相応」後半「正断相応」「神足相応」「根相応前半」に及ぶ。「念處相応」の欠落部分については細田 [2003] で論じ、その後Yao [2013] (p.129-130, n.3) による検討が加えられた。「偈頌・要句集」では、これらの欠落部分にあたる梵文が含まれており、以下に検討する。

IIIa 「飢儉經」とMPS 13-14.

TT VIII A line 3	**MPS 13.8; 11**
yathāsaṃstutikayā yathāsaṃpremikayā.	**yathāsaṃstutikayā** yathāsaṃlaptikayā **yathāsaṃpremikayā**
友人を頼り、親友を頼り	友人を頼り、知人を頼り、親友を頼り
『雑事』各依善友隨處 (T24 p.387a17-18)	

この２語はMPSの３語中、最初と最後の語を抜き出したものであり、『雑阿含』の偈の一部に相当するものとは見なされない。これは、省略したⅡやⅢ・Ⅳにも当てはまり、本写本は「偈頌」とともに、このように「要句」を抜粋しているのである。

IIIb

TT VIII A line 3	**MPS 14.2, 4, (9), 15, 16**
pragāḍhavedanā.[14]	khara ābādhaḥ **pragāḍhā vedadanā** māraṇāntikā
激痛	恐ろしい病いが生じ、死ぬほどの激痛が起こった。[15] cf. SN. 47. 09. *Gilāna*
	MPS14.12(欠),
nirantarabāhya iti kṛtvā.	Cf. MPP 2.25 desito ānanda, mayā dhammo **anantaraṃ abāhiraṃ karitvā**
内外に隔てなくして。	アーナンダよ、わたしは内外の隔てなしに（ことごとく）理法を説いた。[16]
Cf. 阿難。我所説法。内外已訖。(『長阿』T1 p.15b1-2)	

---

14 MS "pragaḍha-".

15 中村元訳, 前掲書, p.285.

16 中村元訳, 前掲書, p.293.

IIIc

TT VIII A lines 4

(dvaidhā)niśrayeṇa[17] **ja(rjara)śakaṭa**.

二つの依りどころよって、古びた荷車は。

MPS14.19†=SHT(I) 618a V5 /// (ta)dyathā jarjaraśakaṭaṃ dvaidhāniśrayeṇa yāpyata evam evaitarhi tathāgatasya kāyo jīrṇo vṛddho ma(hallakaḥ prāpto)

例えば**古びた車が二つの支えによって**動いているように，まさに今，如来の身体は老い，年を取り，老齢に達して、[18]

続いて、以下の語句が続く。

anādhāraka. svāvarjako bhavati. （支えなく、よく自己を制御した者となる。）

von Gabainはウイグル語訳から"svavarjako"と読むが、そのドイツ語訳「一族を避けるべきである(er muß die Sippe meiden)」は意味不明である。"anādhārāka" については、ウイグル語訳も「支えなく(ohne Hald)」とするが、続けて、「耐えることなく(ohne einen Ertragenden)」も意味不明である。両語の用例は他の仏典に知られない。

ちなみに、R. Gombrichによって、この箇所と『ブリハッド・アーラニヤカ・ウパニシャッド』4,3,35の関連を指摘している。

tad yathānaḥ susamāhitam utsarjaṃ[19] yāyād evam evāyaṃ śārīra ātmā prājñenātmanānvārūḍha utsarjaṃ yāti.

(BṛhUp (Kāṇva) 4.3.35; Mādhyandina= Śatapatha-Brāhmaṇa 14.7.41)

たとえば車が、荷を満載して軋りながら行くように、この肉体からなるアートマンは、叡知から成るアートマンを載せて軋りながら行く。

吹田氏はこれらの解釈を精査した上で、

---

17 MS reads "-tiśrayeṇa". 校訂者は、続くウイグル語訳「２つの支えによって」から、"dviśrayeṇa ?" と読むことを注記するが（Gabain［1954］p.8 n.5）、MPSとの対比から"（dvaidha）niśrayeṇa"の一部であることが知られる。

18 MPS14.19の欠損箇所をSHT（I）618aによって補う。この箇所の校訂と和訳は、吹田 [2001] p.161-162参照。

19 Mādhyandina 派では“utsarjaṃ” を “utsarjad”と読む。

「二つの依りどころ」(dvaidhāniśraya)が示すものは, 雨期に氾濫したガンジス河の濁流に呑み込まれない洲に喩えられる「自己」と「法」という二つの「依りどころ」ātmaśaraṇaとdharmaśaraṇaに他ならない。(吹田 [2001] p.163)

と、極めて明快に「涅槃経」の遺言の部分を解釈している。

吹田 [2001] の所論は、この要句集に伝承される箇所が「「自帰依・法帰依」の説法を導きだす理由としては不十分な伝承のように思えてならない」(p.158)、「早くから混乱を来しているパーリ伝承だけで解決を図ろうとするのにも疑問を感じる」(p.160)点に端を発している。その後、Bryan [2009]は、パーリ"vedhamissakena"をhypothetical original Skt. proto-form *veṣṭaniśra- yena (or *vleṣkaniśrayena)に還元し、「革紐に支えられて(depending on straps)」と読むことが「正解」であり、パーリ"missaka"「混ざる」、サンスクリット"dvaidhā"「二つに」を誤伝と断言するが、吹田 [2001]は参照されていない。

3. 散逸「正断相応」の偈と『法蘊足論』正勝品の偈

V

TT VIII A lines 5-7	『法蘊足論』正勝品	AN IV.13 *Padhānasutta*
a: saṃpannaprahāṇā.	a: 初**脩正勝**時 已勝生死有	a: sammappadhānā
māra[dhe]yābhibhūto	b: 若脩**至彼岸** **能摧滅魔軍**	maradheyyadhibhuno ,
b: // . . . . // pāragās	c: **離塵垢**諸德 非惡緣所退	b: te asitā
	d: **到彼岸**涅槃 證無餘極樂	jātimaraṇabhayassa pāragū,
c: te (tu)ṣitā . vigatarajā. //	(T26 p.468a5-8)	c: te tusitā jetvā maraṃ
d: // upātivṛttā. //		savāhanaṃ te anejā,
		d: sabbaṃ namucibalaṃ
		upātivattā te sukhitā ti.

漢訳『雑阿含経』は「正断相応」と「神足相応」の２相応全体が欠落しているが、上記の対照によって、第5-7行が『法蘊足論』正勝品に伝えられる偈とAN IV.13 *Padhānasutta*に相当することが確認される。梵文『雑阿含』では「正断(prahāṇa)」として伝承され、『法蘊足論』では「正勝(pradhāna)」、AN IV.13も”padhāna”とする。

梵文は、一見して『法蘊足論』よりも*Padhānasutta*に対応するが、c句の"vigata-rajā"は『法蘊足論』の「離塵垢」に、d句の"upātivṛttā"は「到彼岸」に対応するものといえる。パーリでは"vigata-rajā"の用例は知られないが、以下に挙げる『スッタニパータ』Mahāvaggaの用例は、梵文の偈に近い内容と言える。なお、『マハーヴァストゥ』の並行句では"virajo"を"virato"とする。

samitāvi pahāya puññapāpaṃ, **virajo** ñatvā imaṃ parañ ca lokaṃ,

jātimaraṇaṃ **upātivatto**, samaṇo tādi pacuccate tathattā. (*Suttanipāta* 520)

安らぎに帰して、善悪を捨て去り、塵を離れ、この世とかの世を知り、

生と死とを超越した人、—このような人がまさにその故に〈道の人〉と呼ばれる。[20]

cf. samitāvi prahāya puṇyavipākaṃ, **virato** jñātva imaṃ paraṃ ca lokaṃ,

jātīmaraṇaṃ **upātivṛtto**, śramaṇo tādi pravuccati tathatvā. (*Mahāvastu* 3.396-397)

以上、「偈頌・要句集」は、梵文『雑阿含』の貴重な資料として、失われた相応部分の梵文を確認することができる。本稿では、その中で第７行目までの梵文に知見を加え、残る行についての未比定の部分は別項で考察する予定である。

参考文献・略号表

AKBh = *Abhidharmakośabhāṣyam of Vasubandhu*, ed. By P. Pradhan, (rev. 2nd ed.) Patna: K.P. Jayaswal Research Center, 1975.

AKvy = *Sphuṭārthā Abhidharmakośavyākhyā by Yasomitra*, ed. by Unrai Wogihara, Tokyo 1932-1936.

Alsdorf [1967]: Ludwig Alsdorf, *Die Arya-Strophen des Pali-Kanons: Metrisch hergestellt und textgeschichtlich untersucht*. (Akademie der Wissenschaften und der Literatur) Abhandlungen der Geistes und Sozialwissenschaftlichen Klasse Jahrgang 1967 Nr. 4.

AN = *Aṅguttara-Nikāya*, ed. by R. Morris, 5 vols., PTS, 1885-1900.

ATH(I) = See Maue [1966].

Av = *Avadānaśataka*, ed. J.S. Speyer, 2 vols., (Bibliotheca Buddhica, 3) 1906-1909.

Bazin [1974]: Louis Bazin, *Les calendriers turcs anciens et médiévaux*. (Thèse Paris III 1972).

Bazin [1991]: Louis Bazin, *Les systemes chronologiques dans le monde turc ancien*. (Bibliotheca Orientalis Hungarica, 34), Akadémiai Kiadó , Editions du CNRS.

Bil = Waldschmidt [1955a]

Bryan [2009]: Bryan Levman, Vedhamissakena: Perils of the Transmission of the Buddhadhamma, *Canadian Journal of Buddhist Studies*, Number 5, pp.21-38, 2008-2009.

20 中村 [1984] p.110.

Chung [2008]: Jin-il Chung, *A Survey of the Sanskrit fragments Corresponding to the Chinese Saṃyuktāgama* (雑阿含経相當梵文断片一覧), 山喜房佛書林.

Chung-Fukita [2011]: Jin-il Chung・吹田隆道, *A Survey of the Sanskrit Fragments Corresponding to the Chinese Madhyamāgama* (中阿含経相当梵文断片一覧), 山喜房佛書林.

CT = E. Waldschmidt, *Von Ceylon bis Turfan: Schriften zur Geschichte, Literatur, Religion und Kunst des indischen Kulturraumes*, 1967.

EĀ = *Ekottarāgama-Fragmente der Gilgit-Handschrift*, ed. by Chandra Bhal Tripathi, Reinbek (Studien zur Indologie und Iranistik, Monographie 2), 1995.

吹田 [2001]: 吹田隆道「それゆえ今, アーナンダよ―「自帰依・法帰依」の説法再考―」『香川孝雄博士古稀記念論集 佛教学浄土学研究』pp. 157-166.

Gabain [1954]: Annemarie von Gabain, *Türkische Turfan-Texte VIII: Texte in Brāhmīschrift.* Abhandlungen der deutschen akademie der Wissenschaften zu Berlin, Klasse für Sprachen, Literatur und Kunst, Jahrgang1952 Nr. 7.

Hartmann [1989]: J.-U. Hartmann, Fragmente aus dem Dīrghāgama der Sarvāstivādins, *Sanskrit-Texte aus dem buddhistischen Kanon: Neuentdeckungen und Neueditionen*, 1, Göttingen (SWTF, Beiheft 2, pp.37-67.

Hartmann [1994]: J.-U. Hartmann, Der Ṣaṭsūtraka-Abschnitt des in Ostturkistan überlieferten Dīrghāgama, *XXV. Deutscher Orientalistentag, Vorträge*, hrsg. von C. Wunsch, (*ZDMG-Suppl.* 10), pp.324-334.

Hartmann-Maue [1991]: J.-U. Hartmann-D. Maue, "Neue Spuren von Matṛcetas *Varṇārhavarṇa*", *ZDMG* 141, pp.69-82.

Hartmann-Maue [1996]: Hartmann, Jens-Uwe and Maue, Dieter: Die indisch-türkische Bilingue TT VIII G, *Turfan, Khotan und Dunhuang,* (ed.) Ronald E. Emmerick, Berlin-Brandenburgische Akademie der Wissenschaften, Berichte und Abhandlungen, Sonderband, Vol. 1, pp.147-163.

Hj: 本庄良文『倶舎論註ウパーイカーの研究 訳註篇』 上・下, 法蔵館, 2014.

細田 [2003]:「『雑阿含』道品と『根本説一切有部毘奈耶薬事』」,『仏教学』第48号, pp.1-20(L).

細田 [2014]: 「『雑阿含』道品念處相応」『インド哲学仏教学論集』第2号, pp.47-165.

中村 [1984]: 中村元訳『ブッダのことば』岩波文庫 (改訳新版).

Mv = *Mahāvastu,* ed. by Émile Senart, 3 vols., Paris, 1882-1897.

松田 [2014]:「長者サングラーマジットの物語」『インド論理学研究』VII, 165-176.

Maue [1981a]: D. Maue, Zur Nebenüberlieferung von ai. jaluka- "Blutegel", S*cholia: Beiträge zur*

Turkologie und Zentralasienkunde（Veröffentlichungen der Societas Uralo-Altaica, Bd. 14）, pp.114-117.

Maue [1983]: D. Maue, Ein verkanntes Sanskritwort, *ZDMG* 133, pp.297-299.

Maue [1985b]: D. Maue, Sanskrit-uigurische Fragmente des Āṭānāṭikasūtra und des Āṭānāṭihṛdaya. *Ural-Altaische Jahrbücher* 5, pp.98-122.

Maue [1985c]: D. Maue, Bemerkungen zur Āgama-Literatur im Brāhmī-Uigurischen, *Beşinci milletler arası türkoloji kongresi Istanbul 23-28 eylül 1985, Tebliğler, I, Türk dili*, Bd. 1, Istanbul, pp.193-196.

Maue [1996]: D. Maue, *Alttürkische Handschriften*, Teil 1: *Dokumente in Brāhmī und tibetischer Schrift*, Verzeichnis der orientalischen Handschriften in Deutschland, Bd. XIII, 9. 1996.

MPP = *Mahāparinibbānasuttanta, Dīgha Nikāya,* vol. II. ed. by T. W. Rhys Davids and J. E. Charpenter, PTS, 1903, pp. 72-168.

MPS = *Das Mahāparinirvāṇasūtra*, ed. by Ernst Waldschmidt, Teil 1-3, Berlin 1950-1951.

村上･及川 [1988]: 村上真完・及川真介『仏のことば註 (3) ―パラマッタ・ジョーティカ――』春秋社.

Pauly [1960]: B. Pauly: Fragments sanskrits de Haute Asie (Mission Pelliot), *Journal Asiatique*, 248,1960,509-538.

Śbh I = *Śrāvakabhūmi, The First Chapter, Revised Sanskrit Text and Japanese Translation*, ed. Śrāvakabhūmi Study Group（声聞地研究会編『瑜伽論　声聞地, 第一瑜伽処 ―サンスクリット語テキストと和訳』大正大学綜合佛教研究所), 山喜房佛書林, 1998.

Sn = *Suttanipāta*, ed. by D. Andersen and H. Smith, PTS, 1923.

SN = *Saṃyutta-Nikāya,* ed. by L. Feer, 5 vols., PTS, 1884-1898.

Stönner [1904]: H. Stönner, "Zentralasiatische Sanskrittexte in Brāhmī-schrift aus Idykutšari, Chinesisch-Trukestān. I. Nebst Anhang: Uigurische Fragmente in Brāhmī-schrift", *SPAW* 1904, pp.1282-1290.

TT VIII A = Gabain［1954］pp.7-22.

Uv = *Udānavarga*, ed. by Franz Bernhard, Göttingen。

Waldschmidt [1955a]: E. Waldschmidt, Zu einigen Bilinguen aus den Turfan-Funden, *Willibald Kiefel zum70. Geburstag (29. 1.1955)* pp.1-14 [= CT X. (pp.238-257); 表では Bil と略].

Waldschmidt [1955b]: Die Einleitung des Saṃgitisūtra, *ZDMG* 105, pp.298-318 [=CT XI. pp.258-278].

Weller [1953]: F. Weller, *Versuch einer Kritik der Kaṭhopaniṣad*, (Deutsche Akademie der Wissenschaften zu Berlin, Institut für Orientforschung, Veröffentlichung Nr. 12).

Yao [2013]: 八尾史『根本説一切有部律薬事』連合出版, 2013.

Saṃyuktāgama の新出梵文写本断簡

生野　昌範

0. 筆者は現在、Deutsche Forschungsgemeinschaft の一プロジェクト（Fragmente aus Werken zum buddhistischen Ordensrecht in der ‚Private Collection in Virginia'）として、アメリカ合衆国ヴァージニア州の個人コレクション内の Vinayavibhaṅga に属すると考えられる写本断簡の公表に向けた研究を行なっている。ヴァージニア州の個人コレクションは Vinayavibhaṅga 以外の他のテキストに属する写本断簡も含んでおり、その一つとして Saṃyuktāgama に属する写本断簡がある[1]。Saṃyuktāgama の写本はブラーフミー文字の一書体である Proto-Śāradā (もしくは Gilgit/Bamiyan Typ II)[2]によって両面とも 10 行で書かれている[3]。本稿では、Saṃyuktāgama に属すると考えられる二つの写本断簡（III.2 F 8.3 と III.2 F 13.1）を取り扱う。この二つの写本断簡は『雑阿含経』(No. 99) もしくは『別譯雑阿含経』(No. 100) に対応箇所を有する。『雑阿含経』、『別譯雑阿含経』とも根本説一切有部律を伝持した部派（いわゆる「根本」説一切有部）に帰属すると考えられている[4]。また、ヴァージニア州の個人コレクションは、Saṃyuktāgama 以外に Vinayavibhaṅga、Prātimokṣasūtra、Vinayavastu、Uttaragrantha のサンスクリット語写本断簡を保有しているが、これらは「根本」説一切有部の伝承に属している[5]。

---

1 ヴァージニア州の個人コレクションの来歴や全体像などに関しては、J.-U. HARTMANN and K. WILLE, "The Manuscript of the *Dīrghāgama* and the Private Collection in Virginia," in P. HARRISON and J.-U. HARTMANN (eds.), *From Birch Bark to Digital Data: Recent Advances in Buddhist Manuscript Research*, Wien 2014, pp. 137–155 を参照のこと。Cf. 松田和信「中央アジアの仏教写本」、奈良康明、石井公成（編）『新アジア仏教史 05 中央アジア 文明・文化の交差点』、佼成出版社、2010、pp. 155–156、同「アフガニスタン写本からみた大乗仏教—大乗仏教資料論に代えて」、桂紹隆ほか（編）『シリーズ大乗仏教 1 大乗仏教とは何か』、春秋社、2011、pp. 157, 181 (注 4).

2 この書体は、紀元後約 7 世紀から 10 世紀にかけて使用されたと考えられている [L. SANDER, *Paläographisches zu den Sanskrithandschriften der Berliner Turfansammlung*, Wiesbaden 1968; *idem*, "Remarks on the Formal Brāhmī of Gilgit, Bāmiyān, and Khotan with an Appendix of Selected Inscriptions from Thor North (Pakistan)," in K. JETTMAR *et al.* (eds.), *Antiquities of Northern Pakistan: Reports and Studies, Vol. 1: Rock Inscriptions in the Indus Valley*, Mainz 1989, 107–129]。また、この書体の名称に関しては、L. SANDER, "Confusion of Terms and Terms of Confusion in Indian Palaeography," in K. PREISENDANZ (ed.), *Expanding and Merging Horizons: Contributions to South Asian and Cross-Cultural Studies in Commemoration of Wilhelm Halbfass*, Wien 2007, 121–139 を参照のこと。

3 HARTMANN and WILLE, "The Manuscript of the *Dīrghāgama*," p. 147.

4 榎本文雄「Udānavarga 諸本と雑阿含経、別訳雑阿含経、中阿含経の部派帰属」『印度學佛教學研究』第 28 巻第 2 号 (1980), pp. 99–102; F. ENOMOTO, "On the Formation of the Original Texts of the Chinese Āgamas," *Buddhist Studies Review* 3.1 (1986), pp. 19–30; 榎本文雄「『雑阿含経』の訳出と原典の由来」『石上善應教授古稀記念論文集 仏教文化の基調と展開』第一巻、山喜房仏書林, 2001, pp. 31–41.

5 拙稿「Vinayavibhaṅga の新出梵文写本断簡」『印度學佛教學研究』第 61 巻第 1 号 (2012), pp. 328–324、F. YAO, "A Brief Note on the Newly Found Sanskrit Fragments of the *Bhaiṣajyavastu* of the *Mūlasarvāstivāda-vinaya*," *Journal of Indian and Buddhist Studies (Indogaku Bukkyōgaku Kenkyū)* 61.3 (2013),

1. 先ず、III.2 F 8.3 のローマ字転写テキストを以下に提示する。[6]

recto

3 /// + + + + + + + + + + + + .. .[u] .. .. + + + + + + + ///

4 /// + + + + + .. + + .. ◯ .. + ... + + ///

5 /// + + + + hapate cakṣu◯rvijñāne ca[kṣu]r[v]i .[ñ]. ///

6 /// + + + novijñānavi◯jñeye[ṣ]. + + + + ///

7 /// + + [t]p. dyate cakṣurvi◯jñāne ttra[y]. + + + ///

8 /// yo manaḥ pratītya dharmāṃś [c]ot[p]ad[y]ate manovijñānaṃ ttra[y]. + + ///

9 /// [bh]. vati ki[ya] .. [a] .[i] + + + + [va]ti cakṣurdhātā + + + ///

10 /// + + [ṣ].[o] .i + + + + + + + + + + .. n[a]n[d]ī sa[h]a .. ///

verso

1 /// + + [t]. [a] + + + + + + + + + [j]. [t]. [r] n. s[a]h[a]n[and]. + ///

2 /// + [r]. r[i]kto bh[av]. [t]. [p]. + + + + [ṇā]ẖ katame paṃca ca[k]. .[i] + ///

3 /// .. spraṣṭavyānīṣṭāni kāntān[i] pr[i]yāṇ[i] manāpāni kā[m]. .. + ///

4 /// + + .. [v]. ti kiyatā ◯ kāmai ri[kto] + + ///

5 /// + + + nuśayāḥ ce◯tasaḥ .. + + + ///

6 /// + + + + t. hi gṛhapa◯te yat tad ukt[a] bh. [g]. ///

7 /// + + + + + ... + ◯ patir ā[y]. [ṣ]. + /// .

F 8.3 は非常に零細な断片であるが、以下のように『雑阿含経』巻二十の第五五一経との対応関係が数行にわたって認められうるので、『雑阿含経』第五五一経に相当する写本断簡であると考えられる。『雑阿含経』第五五一経においてサンスクリット語写本断簡 F 8.3 に対応する箇所は、サンスクリット語写本断簡の行番号を角括弧付きで左肩に付した上で、太字にして明示する。

『雑阿含経』[大正蔵、第 2 巻 (No. 99), 144a28–c19]

---

pp. 1130–1135、八尾史『根本説根本説一切有部律「薬事」』、連合出版、2013、及び HARTMANN and WILLE, "The Manuscript of the *Dīrghāgama* and the Private Collection in Virginia," pp. 146–151, 153.

[6] 以下に使用する記号表記は次の通りである： [ ] は判読しがたいか或いは損傷した文字、( ) は欠損箇所での補い、⟨ ⟩ は欠損していない箇所での補い、{{ }} は写本自体において削除することを指示された音節、□ は別の小さな断片が覆っている箇所、.. は判読できない音節、. は判読できない音節の一部、+ は欠損して失われている音節、ẖ は jihvāmūlīya、/// はフォリオの破損、◯は 紐穴を開けるための空間を表わす。

（五五一）如是我聞。一時佛住舍衛國祇樹給孤獨園。爾時尊者摩訶迦旃延住釋氏訶梨聚落精舍。時訶梨聚落長者詣尊者摩訶迦旃延所、稽首禮足、退坐一面、白尊者摩訶迦旃延。如世尊義品答摩揵提所問偈、

斷一切諸流　　亦塞其流源
聚落相習近　　牟尼不稱歎。
虛空於五欲　　永以不還滿
世間諍言訟　　畢竟不復為。

尊者摩訶迦旃延、此偈有何義。

尊者摩訶迦旃延答長者言。眼流者、眼識起貪、依眼界貪欲流出、故名為流。耳・鼻・舌・身、意流者、謂意識起貪、依意界貪識流出、故名為流。

長者復問尊者摩訶迦旃延。云何名為不流。尊者迦旃延語長者言。謂[r5]**眼識眼識**所識色依生愛喜。彼若盡、無欲、滅、息、沒、是名不流。耳・鼻・舌・身、意、意識[r6]**意識所識**法依生貪欲。彼若盡、無欲、滅、息、沒、是名不流。

復問。云何。尊者摩訶迦旃延答言。謂緣眼及色[r7]**生眼識**、三事和合生觸、緣觸生受樂受・苦受・不苦不樂受，依此染著流。耳・鼻・舌・身、[r8]**意・意識・意識法、**三事和合生觸、緣觸生受—樂受・苦受・不苦不樂受、依此受生愛喜流、是名流源。[r9]**云何**亦塞其流源。謂**眼界**取心法境界繫著使、彼若盡、無欲、滅、息、沒、是名塞流源。耳・鼻・舌・身、意取心法境界繫著使，彼若盡、無欲、滅、息、沒、是名亦塞其流源。」

復問。云何名習近相讚歎。尊者摩訶迦旃延答言。在家・出家共相習近、同[r10]**喜、同**憂、同樂、同苦、凡所為作悉皆共同、是名習近相讚歎。

復問。云何不讚歎。在家・出家不相習近、[v1]**不同喜**、不同憂、不同苦、不同樂、凡所為作悉不相悅可、是名不相讚歎。

云何不[v2]**空**欲。謂五欲功德。**眼**識色愛樂念、長養愛欲深染著。耳聲・鼻香・舌味・身[v3]**觸愛樂**念、長養**愛欲**深染著。於此五欲不離貪、不離愛、不離念、不離渴、是名不空欲。

[v4]**云何**名**空欲**。謂於此五欲功德離貪、離欲、離愛、離念、離渴、是名空欲。

説我[v5]**繫著使**、是名**心**法還復滿。

彼阿羅漢比丘諸漏已盡、斷其根本、如截多羅樹頭、於未來世更不復生。云何當復與他諍訟。是故[v6]**世尊説**義品**答**摩犍提所問偈。

若斷一切流　　亦塞其流源
聚落相習近　　牟尼不稱歎。
虛空於諸欲　　永已不還滿
不復與世間　　共言語諍訟。

是名如來所説偈義分別也。

爾時訶梨聚落[v7]**長者**聞**尊者**摩訶迦旃延所説、歡喜隨喜、作禮而去。

以上の通り、『雑阿含経』第五五一経において F 8.3 の数行に対応する箇所が見出されうる。ただし、両者の対応には注意すべき語もあるので、それらを次に列挙する。

- r5 の ＋hapate は (gṛ)hapate であると考えられるが、漢訳において呼び掛けは用いられていない。v6 の gṛhapate も同様に漢訳において対応する語がない。
- r8 に対応する漢訳の「意・意識・意識法、三事和合生觸」は r7 に対応する漢訳の「縁眼及色生眼識、三事和合生觸」を参考にすると「[意と意識法によって意識を生じ]、意と意識と意識法という三事の和合が接触を生ずる」という意であると解せる。このことは対応するサンスクリット語断簡からも確かめられる (r8) :「思考と諸々の[思考の]対象物によって思考による認識機能が現出する。[それら]三つ……」。
- サンスクリット語写本断簡の v2 において「五つ[の kāmaguṇa-]とはどれか (katame paṃca)？」という語があるのに対して、漢訳にはこの箇所において対応する語句がない。しかし、『雑阿含経』においてそれに対応する語句（何等為五）が五つの kāmaguṇa- の導入句として「眼識」の直前において述べられている箇所もある[7]。

以上のような注意すべき点は見られるものの、F 8.3 は『雑阿含経』第五五一経[8]に相当する写本断簡であると考えられる[9]。

『雑阿含経』第五五一経と比較することによって、F 8.3 は次のように一部が復元されうる[10]。以下に復元テキストとその復元テキストに基づく和訳を提示する[11]。

7『雑阿含経』巻二十八、第七五二経:「欲、謂五欲功德。何等為五。謂眼識色、可愛可意可念、長養欲樂。」[大正蔵、第 2 巻、199a1f.].

8『雑阿含経』第五五一経は Sn 844 に対応する詩節に対して教義的な釈義を施すものであるが、Sn 844 に対応するガンダーラ語の詩節も発見されている [H. FALK, "The 'Split' Collection of Kharoṣṭhī Texts," *Annual Report of the International Research Institute for Advanced Buddhology at Soka University* 14 (2011), p. 14, Side 1, line 4, cf. H. FALK and I. STRAUCH, "The Bajaur and Split Collections of Kharoṣṭhī Manuscripts within the Context of Buddhist Gāndhārī Literature," in P. HARRISON and J.-U. HARTMANN (eds.), *From Birch Bark to Digital Data*, pp. 63, 75]。その他に、サンスクリット語による当該詩節の一部も現存している [A. F. R. HOERNLE, "The Sutta Nipata in a Sanskrit Version from Eastern Turkestan," *Journal of the Royal Asiatic Society of Great Britain and Ireland* 1916, p. 717 (Fragment IV, verso 3)]。

9 ヴァージニア州の個人コレクション及びスコイエン・コレクションにおいて Saṃyuktāgama に属するその他の写本断簡に関しては、J.-I. CHUNG, *A Survey of the Sanskrit Fragments Corresponding to the Chinese Saṃyuktāgama:* 雜阿含經相當梵文斷片一覧, Tokyo 2008, p. 33 と J.-U. HARTMANN and K. WILLE, "The Manuscript of the *Dīrghāgama* and the Private Collection in Virginia," pp. 147, 151 を参照。

10 サンスクリット語断簡の復元・校訂に際して漢訳文献が果たす重要性に関しては、榎本文雄「佛教研究における漢訳佛典の有用性 ―『雑阿含経』を中心に ―」京都大学人文科学研究所（編）『中国宗教文献研究』臨川書店, 2007, pp. 59–82 を参照のこと。

11 『雑阿含経』第五五一経に対応する南方上座部所伝のパーリ語経典は Saṃyutta-Nikāya 22.3 である [SN III, 9.11–12.27]。さらに、同一の内容が Nidd I 197.1–201.2 においても述べられている。ただし、パーリ語経典は伝持する部派が異なっているので、サンスクリット語写本断簡の復元において有用であると判断した場合にのみ参照する。

F 8.3

recto

3 /// + + + + + + + + + + + + .. .u .. .. + + + + + + + ///

4 /// + + + + + .. + + .. ○ .. + ... + + ///

5 /// + + + (gṛ)hapate cakṣu○rvijñāne[12] cakṣurvi(j)ñ(ānavijñeyeṣu)[13] ///

6 /// + +[14] (ma)novijñānavi○jñeyeṣ(u) + + + + ///

7 /// (cakṣuḥ pratītya rūpāṇi co)tp(a)dyate cakṣurvi○jñāne[15] ttray(āṇāṃ) + +[16] ///

8 /// (evaṃ śrotraṃ ghrāṇaṃ jihvā kā)yo[17] manaḥ pratītya dharmāṃś cotpadyate manovijñānaṃ ttray(āṇāṃ) +[18] ///

9 /// bh(a)vati kiya(tā) a .i + + + +[19] (bha)vati cakṣurdhātā[20] + + + ///

10 /// (saṃsṛ)ṣ(ṭ)o (v)i(harati gṛhasthapravrajitaiḥ saha)nandī saha(śokaḥ)[21] ///

verso

1 /// + + t.[22] a(saṃsṛṣṭo viharati gṛhasthapravra)j(i)t(ai)r n(a) sahanand(ī na sahaśokaḥ)[23] ///

---

[12] °vijñānaṃ の誤写である可能性が考えられる [cf. r7]。しかし、文全体が回収できていないために構造が不明であり、またサンスクリット語のパラレルも見出せないので、訂正すべきかどうか判断しかねる。

[13] r6: + novijñānavijñeye[ṣ]. を参照のこと。

[14] r5 を参考にすると、manovijñāne (もしくは manovijñānaṃ) が想定されうる [cf. 前注 12]。

[15] °vijñānaṃ の誤写である。See F 8.3r8; Abhidh-k-bh (P) 138.24, 146.11f., (465.10f.) [大正蔵、第 2 巻、72c9, (87c26f.)]、Abhidh-k-vy 174.3f.; Dhsk 8r1, v7–8, etc. なお、Abhidharmakośa が引用する聖典の帰属部派に関しては、Bhikkhu PĀSĀDIKA, "Über die Schulzugehörigkeit der Kanon-Zitate im Abhidarmakośabhāṣya," in H. BECHERT (ed.), *Zur Schulzugehörigkeit von Werken der Hīnayāna-Literatur*, Vol. I, Göttingen 1985, pp. 180–190 を参照のこと。

[16] 『雑阿含経』第五五一経の「三事和合生觸」からは、ttray(āṇāṃ saṃnipātāt sparśaḥ)「[それら]三つの集合から接触が[現出する]」が想定されうる [Dhsk 8v9,9r1, 2, 6, 7]。しかし、Abhidh-k-bh (P) 146.11f. (465.10f.) [大正蔵、第 2 巻、72c9, (87c26f.)]; Dhsk 8r1, v8, 9v7 では、trayāṇāṃ saṃnipātaḥ sparśaḥ「[それら]三つの集合が接触である」とある。なお、Dhsk, p. 43, fn. 123 も参照のこと。

[17] See Dhsk 8v(9)–10.

[18] 『雑阿含経』第五五一経「三事和合生觸」; Dhsk 8v8, 10, 9r6, v8 (saṃnipātāt) :: 8r2 (saṃnipātaḥ).

[19] a(n)i(ketasārī) と補いうると考えられる。Cf. SN III 10.25, Nidd I 198.16 (ad Sn 844a): aniketasārī.

[20] cakṣurdhātā(v) と補う可能性が考えられる。

[21] See GBM(Fac.Ed.) 976.10–977.1 (cf. GilMs III 1.49.18–50.2; GMNAI 1): yathāpīhaikaḥ saṃsṛ**(154v1)**ṣṭo viharati gṛhasthapravrajitaiḥ sahanandī sahaśokaḥ sa sukhīteṣu sukhito duḥkhiteṣu duḥkhitaḥ utpannotpanneṣu kiṃkaraṇīyeṣu samādāya paryavasānānuvarttī bhaviṣyaty.
Cf. SN III 11.5f., Nidd I 199.1f.: idha gahapati ekacco gihīhi saṃsaṭṭho viharati sahanandī sahasokī.
ただし、(v)i(harati gṛhasthapravrajitaiḥ saha)nandī という復元は、欠損していると見込まれる音節数より僅かに多い。

[22] (gṛhapa)t(e) と補いうると考えられる。Cf. r5, v6.

[23] r10. Cf. SN III 11.10f., Nidd I 199.5–7: idha gahapati bhikkhu gihīhi asaṃsaṭṭho viharati na sahanandī na sahasokī. ただし、a(saṃsṛṣṭo viharati gṛhasthapravra)j(i)t(ai)r という復元は、欠損していると見込まれる音節数より僅かに多い。

2 /// (kiyatā kāmai)r (a)rikto bhav(a)t(i) [24] p(aṃca kāmagu)ṇāḫ [25] katame paṃca cak(ṣurv)i(jñeyāni rūpāṇīṣṭāni kāntāni priyāṇi manāpāni kāmopasamhitāni rañjanīyāni)[26] ///

3 /// (kāyavijñeyāni) spraṣṭavyāṇīṣṭāni kāntāni priyāṇi manāpāni kām(opasamhitāni rañjanīyāni)[27] ///

4 /// (iyatā kāmair arikto bha)v(a)ti kiyatā ◯ kāmai rikto (bhavati)[28] ///

5 /// + + (a)nuśayāḥ ce◯tasaḥ .. + + + ///

6 /// + + + (i)t(i) hi gṛhapa◯te yat tad ukta(ṃ) bh(a)g(avatā)[29] ///

7 /// + + + + + .. (gṛha)◯patir āy(u)ṣ(mato mahākātyāyanasya bhāṣitam)[30] ///

recto

3 ……

4 ……

5 ……家長よ、眼による認識機能（が？）眼による（認識機能によって認識されうる諸々の[色形]に関して）……

6 ……思考による認識機能によって認識されうる諸々の（思考の対象物）に関して……

7 ……（眼と色形によって）眼による認識機能が現出する。[それら]三つ（の）……

8 ……（耳・鼻・舌・身体も同様である）。思考と諸々の[思考の]対象物によって思考による認識機能が現出する。[それら]三つ（の）……

9 ……なる。どれほどの限りで……なるのか？眼という構成要素……

10 ……（在家者たち・出家者たちと交わって時を過ごし、）喜びを同じくし、（悲しみを）同じくし……

---

[24] v4. Cf. SN III 11.14, Nidd I 199.11: kathaṃ ca gahapati kāmehi aritto hoti.

[25] See SWTF s.v. kāma-guṇa: “DĀ(U.H.) Hs.130 V2: (pañca) kāmaguṇāḥ ⟨|⟩ katame paṃca | c(a)[kṣu](r)-[v](i)[jñ](eyāni rūpāṇi)”.

[26] See F 8.3v3; Abhidh-k-bh (P) 30.22, Abhidh-k-vy 81.25: cakṣur-vijñeyāni rūpāṇīṣṭāni kāntānīti [大正蔵、第 2 巻、58c26f., 127b5, 199a1f.], Divy 37.20–22 : santi Pūrṇa cakṣurvijneyāni rūpāṇīṣṭakāni kāntāni priyāṇi manāpāni kāmopasamhitāni rañjanīyāni. Cf. SWTF s.v. kāmopasaṃhita.

[27] See Divy 37.29–38.1. この後の v3–4 の欠損部分に相当する『雑阿含経』第五五一経の「於此五欲不離貪、不離愛、不離念、不離渇」に関しては、SN III 11.15–17 [cf. Nidd I 199.11–13]、及び SWTF s.vv. (a-vigata-rāga), (a-vigata-cchanda), (a)-vigata-cchanda, (a-vigata-prema), (a-vigata-pipāsa), a-vigata-pi(pāsa), (a-vigata-tṛṣṇa) を参照のこと。

[28] v2. Cf. SN III 11.18, Nidd I 199.15: kathaṃ ca gahapati kāmehi ritto hoti.

[29] Cf. SN III 12.20–21, Nidd I 200.17–18: iti kho gahapati yaṃ taṃ vuttaṃ Bhagavatā aṭṭhakavaggike Māgandiya-pañhe.

[30] See F. ENOMOTO, *A Comprehensive Study of the Chinese Saṃyuktāgama*, Kyoto 1994, Nos. 95, 1147, 1178, 1226, 1323. Cf. Divy 506.28–30: atha Jīvakaḥ kumārabhūta āyuṣmata Ānandasya bhāṣitam abhinandyānumodyāyuṣmata Ānandasya pādau śirasā vanditvā prakrāntaḥ, *etc*.

verso

1 ……（在家者たち・出家者たちと交わらずに時を過ごし、）喜びを同じくせず、（悲しみを同じくせず）……

2 ……（どれほどの限りで諸々の欲望の対象から）離れてい（ない）者となるのか？（五つの欲望の対象という部分である）。五つとはどれか？（眼によって認識されるべき、望ましく、愛しく、好ましく、心地よく、欲望に結びつき、馴染みやすい諸々の色形である、）……

3 ……（身体によって認識されるべき、）望ましく、愛しく、好ましく、心地よく、（欲望に結びつき、馴染みやすい）触れられうるものである、……

4 ……（これほどの限りで諸々の欲望の対象から離れていない者と）なる。どれほどの限りで諸々の欲望の対象から離れた者と（なる）のか？……

5 ……諸々の潜在的傾向が、意識の[31]……

6 ……（この通り）家長よ、世尊（によって）言われたこと（である）……

7 ……（家）長は尊者（マハーカーティヤーヤナの語ったことに）……

2. 次に、III.2 F 13.1 のローマ字転写テキストを以下に提示する。

A

1 /// + + + + + + + + + + + + + + + + .. tv[ā] ekānte [niṣ]. [ṇ]ṇ[a]ḥ ekānta + + ///

2 /// + + + + + + .. [ṇa] g[a]cch[a]ti vāca[ṃ] ca bhāṣate upāsakaṃ māṃ dhārayeti [i] + + ///

3 /// + + + + + + + + + + [va]ti sa tasyāṃgasyāparipūrṇasya paripūraye uts[a] + ///

4 /// + + + + + + + + + + [nāṃ]ge○nāparipūrṇ[o bh]. + ///

5 /// + + + + + + + .. .ṇ. bh[a]v[a]ti śrāddh[a]○ś cāpi mahā[n]. + ///

6 /// + + + + + + [t]. kac cid ahaṃ śrāddha syāṃ ○ śīlavāṃs tyāga[v]. ///

7 /// + + + + + [nāṃ]gena pari[p]ūrṇo ○ bhavati śrāddhaś cā[pi] ///

8 /// [p]ūrṇ[a]sy[a] paripūraye utsahat[e] ghaṭate vyāyacchate kac cid ahaṃ śrāddha syāṃ [ś]ī[l]. + ///

9 /// [bh]. [k]. ṇāṃ darśanāya a[v]ahitaśrotro dharmaṃ śṛṇoti [s]a tenāṃ .[e] + + + + + ///

10 /// + + + + + .y[ā]ṃ pari[pū]rṇasya pāripūraye utsahate ghaṭat[e] + + + + + + ///

B

1 /// + .. [ya]ta[ś] ca mahānāmaṃ gṛhī avadātavasanaḥ pu[r]. + + + + + + + +

[31] あるいは「……意識の諸々の潜在的傾向が……」か？

2 /// + .. [nta u]pāsakaḥ sarvākāraparipūrṇo bhavati śrāddhaś cen ma[h]. + + +

3 /// + [ka]ḥ śrāddho bhavati śīlavāṃ sa tenāṃgena paripūrṇo bhavati śr. + +

4 /// + [d]. haṃ śrāddhaḥ syāṃ śīlavāṃ tyāgavā{{ṃ}}n yataś ca mahānāmaṃn upāsakaḥ śrā .dh.

5 /// .[ṣ]. [ṇā d]. rśanāya sa tenāṃgenāparipūrṇo bhavati sa tasyāṃgasyāparipūrṇa

6 /// + .. ś c[a] ma[h]. [nā]mann upāsakaḥ śrāddho bhavati śīlavāṃ tyāgavān a[bh]ī[k].[a]m ā[r]ā

7 /// + + + + + + .. no tv avahitaśroto <u>[dh]. [rm]</u>aṃ śṛṇoti sa tenāṃge[n]. + +

8 /// + + + + + + [hā]nāmann upāsakaḥ śrāddho bhavati śī[l]a[vā s].[ā] <u>..</u> +

9 /// + + + + + + + .[i] no tu śrutānāṃ dharmāṇ[ā]ṃ [dhā]raṇajāt[īy]. .. + +

10 /// + + + + + + + + .. [d].o [bha] .. .[i p]. .. + + + + + +ṃ .. + + + +

この写本断簡はA面には紐穴を開けるための空間があるのに対して、B面には紐穴を開けるための空間が存在しない。また、B面は4–6行から判断して写本の右端に属すると考えられる。写本断簡の両面は通常、（同一のフォリオにおける）同一の箇所の表面と裏面に相当するのであるが、この写本断簡のA面とB面は、写本断簡の外形面に関する上記の特徴から判断すると、同一の箇所の表面と裏面であるとは考えがたい。以下に示す通り、この写本断簡に対応する漢訳を考慮すると、A面とB面は同一のフォリオにおける同一の面に属すと考えられる[32]。

このサンスクリット語写本断簡は、以下のように『雑阿含経』巻三十三の第九二九経、及び『別譯雑阿含経』巻八の第一五四経との対応関係が数行にわたって認められうる。漢訳においてサンスクリット語写本断簡F 13.1に対応する箇所は、サンスクリット語写本断簡の行番号を角括弧付きで左肩に付した上で、太字にして明示する。

『雑阿含経』巻三十三 [大正蔵、第2巻 (No. 99), 236c29–237b20]

（九二九）如是我聞。一時佛住迦毘羅衛國尼拘律園中。

爾時釋氏摩訶男來詣佛所、稽首佛足、退[A1]**坐一面**、白佛言。「世尊、云何名優婆塞？」佛告摩訶男。「優婆塞者、[B1]**在家清白**、乃至盡壽、[A2]**歸依**三寶、**為優婆塞**、**證知我**。」

摩訶男白佛言[33]。「世尊、云何[B2]**為滿足一切優婆塞事**？」佛告摩訶男 :「**若**優婆塞**有信**無戒、

[32] Cf. 拙稿「Vinayavibhaṅgaの梵文写本断簡における問題点」『印度學佛教學研究』第64巻（掲載予定）において、数枚のフォリオが付着して重なっている断簡においてA面とB面がそれぞれ表面であるのか裏面であるのかを決定することが困難である場合があることに関して取り扱っている。

[33] 大正蔵は「言」を欠く。宋元明により訂正。

是則不具。[A3]**當勤**方便、[B3]**具足淨戒**。具足信戒而不施者、[A4]**是則不具**。以不具故、精勤方便、[B4]**修習布施**、令其具足滿。[A5]**信**戒施**滿**、不能隨時往[B5]**詣沙門**聽受正法、**是則不具**。**以不具故**、精勤方便、[B6]**隨時往詣塔寺**、見諸沙門。[B7]**不一心聽受正法**、是**不具**足。信戒施聞修習滿足、[B9]**聞已不持**、是不具足。[A10]**以不具足故**、**精勤**方便、隨時往詣沙門、專心聽法、聞則能持。不能觀察諸法深義、是不具足。不具足故、精勤方便、信戒施聞、聞則能持、持已觀察甚深妙義、而不隨順知法次法向、是則不具。以不具故、精勤方便、信戒施聞、受持觀察、了達深義、隨順行法次法向。摩訶男、是名滿足一切種優婆塞事。」

摩訶男白佛。「世尊、云何名優婆塞能自安慰、不安慰他？」

佛告摩訶男。「若優婆塞能自立戒、不能令他立於正戒。自持淨戒、不能令他持戒具足。自行布施、不能以施建立於他。自詣塔寺見諸沙門、不能勸他令詣塔寺往見沙門。自專聽法、不能勸人樂聽正法。聞法自持、不能令他受持正法。自能觀察甚深妙義、不能勸人令觀深義。自知深法能隨順行法次法向、不能勸人令隨順行法次法向。摩訶男、如是八法成就者、是名優婆塞能自安慰、不安慰他。」

摩訶男白佛。「世尊、優婆塞成就幾法自安安他？」

佛告摩訶男。「若優婆塞成就十六法者、是名優婆塞自安安他。何等為十六？摩訶男、若優婆塞具足正信、建立他人。自持淨戒、亦以淨戒建立他人。自行布施、教人行施。自詣塔寺見諸沙門、亦教人往見諸沙門。自專聽法、亦教人聽。自受持法、教人受持。自觀察義、教人觀察。自知深義、隨順修行法次法向、亦復教人解了深義、隨順修行法次法向。摩訶男、如是十六法成就者、是名優婆塞能自安慰、亦安慰他人。

「摩訶男、若優婆塞成就如是十六法者、彼諸大衆悉詣其所、謂婆羅門衆・刹利衆・長者衆・沙門衆、於諸衆中威德顯曜。譬如日輪、初・中及後光明顯照。如是優婆塞十六法成就者、初・中及後威德顯照。如是、摩訶男、若優婆塞十六法成就者、世間難得。」

佛説此經已、釋氏摩訶男聞佛所説、歡喜隨喜、即從坐起、作禮而去。

『別譯雜阿含経』巻八 [大正蔵、第 2 巻 (No. 100), 431c12–432b13]

（一五四）如是我聞。一時佛在迦毘羅衛國尼拘陀林。

時釋摩男往詣佛所、修敬已畢、[A1]**在一面坐**、而白佛言。「世尊、云何名優婆塞具丈夫志？」廣説如上[34]。

「復當云何[B2]**滿足諸行**？」佛告摩訶男。「優婆塞雖**具足信**、未具禁戒、是名有信、不具於戒。[A3]**欲求具足**信戒之**者**、**當勤**方便、求使具足、[B3]**是**名**信戒滿足**優婆塞。」佛復告摩訶男。「優婆塞雖具信戒、捨不具足。為具足故、勤修方便、令得具足。」時摩訶男白佛言。「世尊、

[34]『別譯雜阿含経』巻八 [大正蔵、第 2 巻、431b27f.]:
如佛所説優婆塞義、[B1]**在家白衣**具丈夫志、[A2]**歸命**三寶、**自言我是優婆塞者**、……。

[B4]**我於今者、具信戒捨**、具足三支。」佛告摩訶男。「[A5]**雖具**三事、然不數往僧坊精舍。以是因縁、[B5]**名不具足**。應勤方便、數往塔寺。」時摩訶男言：「諸優婆塞[35][A6]**我今應當具足信戒及以捨心**、詣於塔寺。」佛告摩訶男。「[B6]**若能具足信戒捨心**、**數**詣**塔寺**、親近衆僧、[A7]**是名具足**。」佛告摩訶男。「**雖**復**具足**如上四事、[B7]**若不聽法**、名不具足。」摩訶男言：「[A8]**我能**聽法。」佛復告摩訶男：「雖能聽經、[B9]**若不受持**、亦名不具。雖能受持、不解其義、亦名不具。雖解義趣、而未能得如説修行、亦名不具。若能具足信戒捨心、數往塔寺聽法、受持、解其義趣、如説修行、是則名為滿足之行。摩訶男、雖復具足信戒捨心、數詣塔寺、親近衆僧、然猶未能專心聽法、是亦名為行不具足。以斯義故、應當方便專心聽法。雖能聽法、若不受持、亦名不具、是故應當受持正法。雖能受持、若不解義、亦名不具。是故應當解其言趣。雖解義趣[36]、若復不能如説修行、亦名不具。是故應當如説修行。若能具足信心持戒及捨心等、數往僧坊、專心聽法、受持莫忘、解其義趣、信戒捨心、往詣塔寺、聽受經法、受持不忘、解其義趣。若復不能如説修行、是亦名為不具足也。摩訶男、優婆塞以信心故、則能持戒。以持戒故、能具捨心。具捨心故、能往詣僧坊。往詣僧坊故、能專心聽法。專心聽法故、則能受持。能受持故、解其義趣。解其義趣、能如説修行。能如説修行故、勤作方便、能令滿足。」

時摩訶男復白佛言。「世尊、云何優婆塞具足幾支、自利未利於他？」

佛告摩訶男：「具足八支能自利益、未利於他。何等為八？優婆塞自己有信、不能教他。自持淨戒、不能教人令持禁戒。自修於捨、不能教人令行布施。自往詣塔寺、親近比丘、不能教人往詣塔寺、親近比丘。自能聽法、不能教人令聽正法。自能受持、不能教人受持。自能解義、不能教人令解其義。自能如説修行、不教他人如説修行。是名具足八支、唯能自利不能利他。」

時摩訶男復白佛言。「具足幾法、能自利益、亦利於他？」

佛告之曰。「若能具足十六支者、如是之人能自他利。自生信心、教人令信[37]。自行受持、教人受持。自行捨心、亦復教人令行捨心。身自往詣僧坊塔寺、亦復教人往詣僧坊塔寺[38]、親近比丘。自能聽法、亦復教人令聽正法。自能受持、亦復教人令受持法。自解義趣、亦復教人解其義味。自如說行、亦復教人如説修行。若能具足十六支者[39]、此則名為自利利他。如斯之人、若在剎利衆、若婆羅門衆、若居士衆、若沙門衆、隨所至處、能為此衆作大照明、猶如日光、除諸闇冥、當知是人、甚為希有。」

佛說是已、釋摩男禮佛而退。時諸比丘聞佛所説、歡喜奉行。

---

35 この「諸優婆塞」という語は理解しがたい。
36 大正蔵は「味」とする。宋元明により訂正。
37 大正蔵は「得」とする。宋元明により訂正。
38 大正蔵は「塔寺」を欠く。宋元明により訂正。
39 大正蔵は「者」を欠く。宋元明により訂正。

以上の通り、F 13.1 の数行に対応する箇所が『雑阿含経』第九二九経と『別譯雑阿含経』第一五四経において見出されうる。ただし、注意すべき点もあるので、それらを次に列挙する。

- サンスクリット語断簡の B2 に相応する『雑阿含経』と『別譯雑阿含経』の箇所における「佛告摩訶男」という文に対応するものは、サンスクリット語断簡には見られない。さらに、A7 に相応する『別譯雑阿含経』の箇所における「佛告摩訶男」に対応する語句もサンスクリット語断簡には見られない。
- サンスクリット語断簡における B2 以降に相応する箇所において『雑阿含経』は摩訶男の質問に対する仏陀の説明が途切れなく続くという形式であるが、『別譯雑阿含経』は仏陀の説明一つ一つの後に摩（訶）男が応答するという形式である。
- サンスクリット語断簡の A6, 8 に見られる kac cid ... に相応する文は、『雑阿含経』には見られない[40]。
- 『雑阿含経』、『別譯雑阿含経』においては繰り返される表現に関して省略が行なわれている。『雑阿含経』はサンスクリット語写本断簡における A7, A8, B8, A9 に相応する箇所が省略され、『別譯雑阿含経』はサンスクリット語写本断簡における (B1, A2,) B8, A9, A10 に相応する箇所が省略されている。

以上のような注意点は見られるものの、F 13.1 は『雑阿含経』第九二九経、及び『別譯雑阿含経』第一五四経に相当する写本断簡であると考えられる。

『雑阿含経』第九二九経、及び『別譯雑阿含経』第一五四経と比較することによって、F 13.1 は次のように復元されうる。以下に復元テキストに関する一試案とそれに基づく和訳を提示する[41]。ただし、Saṃyuktāgama に属する他の写本断簡に関する Jin-il CHUNG の調査によると "There were presumably circa 90 akṣaras to a complete line... The unwritten rectangular surface around the string-hole occupies the space of approximately 10 akṣaras of line 4 to 7, and starts ... circa the 24. akṣara of the respective line"[42]であるので、F 13.1 の復元案においては 7 行目の音節数が幾分少なく、9 行目の音節数が幾分多い。また、10 行目の p(ūrvavad yāvad) による省略、及びその範囲に関しては推測にすぎない。

---

40 この点からはサンスクリット語断簡は『雑阿含経』よりも『別譯雑阿含経』とより近しい対応関係にあると考えられるが、サンスクリット語断簡では仏陀の説明の後に Mahānāman（摩訶男）が応答する形式ではなく、仏陀の説明が途切れなく続く形式であると考えられる [cf. 後注 57]。

41 『雑阿含経』第九二九経と『別譯雑阿含経』第一五四経に対応する南方上座部所伝のパーリ語経典は Aṅguttara-Nikāya 8.25 である [AN IV 220.15–222.4]。

42 Jin-il CHUNG, "A Sanskrit Fragment Corresponding to Sūtra 481 of the *Za-ahan-jing*," p. 2 (未発表).

F 13.1 A+B

/// (atha mahānāmā śākyo yena)

1 (bhagavāṃs tenopasaṃkrāntaḥ upasaṃkramya bhagavataḥ pādau śirasā vandi)tvā ekānte niṣ(a)ṇṇaḥ [43] ekānta(niṣaṇṇo mahānāmā śākyo bhagavantam idam avocat [44] kiyatā bhadanta upāsako bhavati) [45] yataś ca mahānāmaṃ gṛhī avadātavasanaḥ pur(uṣaḥ puruṣendriyeṇa samanvā-)

2 (gato buddhaṃ śaraṇaṃ gacchati dharmaṃ saṃghaṃ śara)ṇa(ṃ) gacchati vācaṃ ca bhāṣate upāsakaṃ māṃ dhārayeti i(yatā upāsako bhavati [46] atha mahānāmā śākyo bhagavantam idam avocat [47] kiyatā bhada)nta [48] upāsakaḥ sarvākāraparipūrṇo bhavati [49] śrāddhaś cen mah(ānāma-)

3 (n bhavati no tu sīlavāṃ sa tenāṃgenāparipūrṇo bha)vati sa tasyāṃgasyāparipūrṇasya

---

[43] See ENOMOTO, *A Comprehensive Study of the Chinese Saṃyuktāgama*, Nos. 1064, 1147, 1178, 1299. Cf. AN IV 220.16–18 [≈ SN V 395.4f.]: atha kho Mahānāmo sakko yena bhagavā ten' upasaṅkami, upasaṅkamitvā bhagavantaṃ abhivādetvā eka-m-antaṃ nisīdi.

[44] See ENOMOTO, *A Comprehensive Study of the Chinese Saṃyuktāgama*, Nos. 1147, 1226. Cf. AN IV 220.18f. [= SN V 395.5f.]: eka-m-antaṃ nisinno kho Mahānāmo sakko bhagavantaṃ etad avoca.

[45] See F 13.1 A+B2、及び Dhsk 17v5 (後注 46).

[46] See Dhsk 17v5–6: kiyatā upāsako bhavati (|) yataś ca gṛhī avadātavasanaḥ puruṣaḥ puruṣendriyeṇa samanvāgataḥ buddhaṃ śaraṇaṃ gacchati dharmmaṃ saṃghaṃ śaraṇaṃ gacchati cittam utpādayati vācaṃ ca bhāṣate {|} upāsakaṃ mān dhārayeti (|) iyatā upāsako bhavati (|).
Abhidh-k-bh (P) 215.1–3: sūtra uktaṃ "yataś ca mahānāman gṛhī avadātavasanaḥ puruṣaḥ puruṣendriyeṇa samanvāgato buddhaṃ śaraṇaṃ gacchati dharmaṃ saṃghaṃ śaraṇaṃ gacchati vācaṃ ca bhāṣate upavāsakaṃ ca māṃ dhāraya | iyatā upavāsako bhavatī" ti |. [cf. Abhidh-k-vy 377.15f.]
Cf. AN IV 220.19–23 [= SN V 395.7–10]: 'kittāvatā nu kho bhante upāsako hotī' ti? yato kho Mahānāma buddhaṃ saraṇaṃ gato hoti, dhammaṃ saraṇaṃ gato hoti, saṅghaṃ saraṇaṃ gato hoti: ettāvatā kho mahānāma upāsako hotī ti.

[47] 『雑阿含経』における「摩訶男白佛言」に基づいてこの一文を復元した。

[48] See BHSD s.v. bhadanta、及び SWTF s.v. bhadanta, 1. なお、F 15.2 B8 (Vinayavibhaṅga) においても在家者が仏陀に対して bhadanta と呼び掛けている。

[49] 以下、10 行目まで Dhsk 18v1–4 を参照のこと: aṣṭābhir dharmmais(!) samanvāgata upāsakaḥ ātmahitāya pratipanno bhavati na parahitāya (|) ātmanā śraddhāsaṃpanno bhavati no tu parāṃ cchraddhāsaṃpadi(!) samādāpayati (|) ātmā śīlasaṃpannas tyāgasaṃpannaḥ (|) abhīkṣṇam ārāmaṃ gantā bhavati bhikṣūṇāṃ darśanāya | avahitaśrottro dharmmaṃ śṛṇoti (|) śrutānāṃ dharmmāṇāṃ dhāraṇajātīyo bhavati (|) dhṛtānāṃ dharmmāṇām arthopaparīkṣī bhavati (|) ātmanā upaparīkṣitānāṃ dharmmāṇām artham ājñāya dharmmam ājñāya dharmmānudharmmapratipanno bhavati sāmīcīpratipāno 'nudharmma no tu parān dharmmacārī no tu parān dharmmānudharmmapratipattau samādāpayati (|) ebhir aṣṭābhir dharmmaiḥ samanvāgataḥ upāsakaḥ ātmahitāya pratipāno bhāvati na parahitāya |. [cf. Dhsk 18v4–19r2]
Cf. AN IV 220.30–221.14: 'kittāvatā pana bhante upāsako attahitāya paṭipanno hoti no parahitāyā' ti? yato kho mahānāmo upāsako attanā saddhāsampanno hoti no paraṃ saddhāsampadāya samādapeti, attanā sīlasampanno hoti no paraṃ sīlasampadāya samādapeti, attanā cāgasampanno hoti no paraṃ cāgasampadāya samādapeti, attanā bhikkhūnaṃ dassanakāmo hoti no paraṃ bhikkhūnaṃ dassane samādapeti, attanā saddhammaṃ sotukāmo hoti no paraṃ saddhammasavane samādapeti, attanā sutānaṃ dhammānaṃ dhārakajātiko hoti no paraṃ dhammadhāraṇāya samādapeti, attanā dhatānaṃ dhammānaṃ atthūpaparikkhī hoti no paraṃ atthūpaparikkhāya samādapeti, attanā attham aññāya dhammam aññāya dhammānudhammapaṭipanno hoti no paraṃ dhammānudhammapaṭipattiyā samādapeti: ettāvatā kho mahānāma upāsako attahitāya paṭipanno hoti no parahitāyā ti. [cf. AN IV 221.15–222.4]

paripūraye[50] utsa(hate ghaṭate vyāyacchate kac cid ahaṃ śrāddhaḥ syāṃ śīlavāṃ yataś ca mahānāmann upāsa)kaḥ śrāddho bhavati śīlavāṃ sa tenāṃgena paripūrṇo bhavati śr(āddha-)

4 (ś cāpi mahānāman bhavati śīlavāṃ no tu tyāgavāṃ sa te)nāṃge○nāparipūrṇo bh(avati sa tasyāṃgasyāparipūrṇasya paripūraye utsahate ghaṭate vyāyacchate kac ci)d (a)haṃ śrāddhaḥ syāṃ śīlavāṃ tyāgavā{{ṃ}}n[51] yataś ca mahānāmaṃn[52] upāsakaḥ śrā(d)dh(o)

5 (bhavati śīlavāṃs tyāgavāṃ sa tenāṃgena paripūr)ṇ(o) bhavati śrāddha○ś cāpi mahā-n(āman bhavati śīlavāṃs tyāgavāṃ no tv abhīkṣṇam ārāmaṃ gantā bhavati bhik)ṣ(ū)ṇā(ṃ) d(a)rśanāya sa tenāṃgenāparipūrṇo bhavati sa tasyāṃgasyāparipūrṇa-

6 (sya paripūraye utsahate ghaṭate vyāyaccha)t(e) kac cid ahaṃ śrāddha⟨ḥ⟩[53] syāṃ ○ śīlavāṃs tyāgav(ān abhīkṣṇam ārāmaṃ gantā bhikṣūṇāṃ darśanāya yata)ś ca mah(ā)nāmann upāsakaḥ śrāddho bhavati śīlavāṃ tyāgavān[54] abhīk(ṣṇ)am ārā-

7 (maṃ gantā bhikṣūṇāṃ darśanāya sa te)nāṃgena paripūrṇo ○ bhavati śrāddhaś cāpi (mahānāman bhavati śīlavāṃs tyāgavān abhīkṣṇam ārāmaṃ gantā bhikṣūṇāṃ darśanāya) no tv avahitaśroto dh(a)rmaṃ śṛṇoti sa tenāṃgen(āpari-)

8 (pūrṇo bhavati sa tasyāṃgasyāpari)pūrṇasya paripūraye utsahate ghaṭate vyāyacchate kac cid ahaṃ śrāddha⟨ḥ⟩[55] syāṃ śīl(avāṃ tyāgavān abhīkṣṇam ārāmaṃ gantā bhikṣūṇāṃ darśanāya avahitaśroto dharmaṃ śṛṇuyāṃ yataś ca ma)hānāmann upāsakaḥ śrāddho bhavati śīlavā(ṃ)s (ty)ā(gavā-)

9 (n abhīkṣṇam ārāmaṃ gantā) bh(i)k(ṣū)ṇāṃ darśanāya avahitaśrotro dharmaṃ śṛṇoti sa tenāṃ(g)e(na paripūrṇo bhavati śrāddhaś cāpi mahānāman bhavati śīlavāṃs tyāgavān abhīkṣṇam ārāmaṃ gantā bhikṣūṇāṃ darśanāya avahitaśroto dharmaṃ śṛṇot)i no tu śrutānāṃ dharmāṇāṃ dhāraṇajātīy(o bhavati)

10 (sa tenāṃgenāparipūrṇo bhavati sa tasyāṃgas)yā{ṃ}paripūrṇasya pāripūraye utsahate ghaṭate (vyāyacchate kac cid ahaṃ śrāddhaḥ syāṃ pūrvavad yāvac chrutānāṃ dharmāṇāṃ dhāraṇajātīyaḥ syāṃ yataś ca mahānāmann upāsakaḥ śrā)d(dh)o bha(vat)i p(ūrvavad[56]

---

[50] A 8: paripūraye :: A 10: pāripūraye. Cf. BHSD s.vv. paripūri, °rī; pāripūri, °rī; SWTF s.vv. pari-pūri, pāri-pūri.

[51] A6, (B8) では śīlavāṃs tyāga[v](ān) とサンディが行なわれている。

[52] ここでは、°nn の代わりに °ṃn が用いられている [cf. B6: ma[h](ā)[nā]mann, B8: (ma)[hā]nāmann]。

[53] B4 を参照のこと。

[54] A6, (B8) では śīlavāṃs tyāga[v](ān) とサンディが行なわれている。

[55] B4 を参照のこと。

[56] この [p]. .. の箇所は文字の上部だけが現存している。もし śīlavāṃs であったとすると、文字の上部に書かれる母音記号 ī が認められるはずであるが、ここには認められないので、bha(vat)i の後に śīlavāṃs が続いていたとは考えがたい。また、このことと一行内における音節数を考慮して、10 行

yāvac chrutānā)ṃ (dharmāṇāṃ dhāra-)

/// （それから、釈迦族のマハーナーマンは、）

1 （世尊のところへ歩み寄った。歩み寄って、世尊の両足を頭を用いて敬った）後に、一端に座った。一端に（座った釈迦族のマハーナーマンは、世尊に次のことを言った：「御身よ、どれほどの限りで男性の在家信者となるのか？」）「マハーナーマンよ、白い衣服を着た在家者が（男であり、男性器を具え、）

2 （仏陀へ帰依し、[仏陀の]教えに帰依し、[仏教]僧団に）帰依し、そして『私を男性の在家信者として君は保持しなさい』という言葉を言うことで、（これほどの限りで男性の在家信者となる」。それから、釈迦族のマハーナーマンは、世尊に次のことを言った：）「御身よ、どれほどの限りで全ての様相を満たした男性の在家信者となる（のか？」「マハーナーマンよ、）もし（男性の在家信者が）信頼を有して

3 （いるが、[よい]習性（戒）を有していないならば、その者はその部分でもって満たされていない者となる。）その者はその満たされていない部分を満たすために（『いつか私は信頼を有し、[よい]習性を有する者となりたい』[と思って]、努力し、励み、努める[57]。そして、マハーナーマンよ、男性の在家信者が）信頼を有し、[よい]習性を有する者となることで、その者はその部分でもって満たされた者となる。（さらに、マハーナーマンよ、信頼を有し）

4 （[よい]習性を有するが、喜捨を有さない。その者はその）部分でもって満たされていない者と（なる。その者はその満たされていない部分を満たすために『いつか）私は信頼を有し、[よい]習性を有し、喜捨を有する者となりたい』（と思って、努力し、励み、努める。）そして、マハーナーマンよ、男性の在家信者が信頼を有し、

5 （[よい]習性を有し、喜捨を有する者となることで、その者はその部分でもって満たされた者と）なる。さらに、マハーナーマンよ、信頼を有し、（[よい]習性を有し、喜捨を有するが、比丘たちに）見えるために（絶えず僧園へ行くという者ではない。）その者はその部分でもって満たされていない者となる。その者はその満たされていない部分を

目の真ん中の欠損箇所においても pūrvavad yāvat による省略を用いて復元した。

[57] 『別譯雜阿含経』を参考にすると、「……その者は、その満たされていない部分を満たすために努力し、励み、努める」。[マハーナーマンは言った：]「いつか私は信頼を有し、[よい]習性を有する者となりたい」という訳も考えられる。しかし、サンスクリット語断簡では、この後にさらに仏陀が「そして、マハーナーマンよ、男性の在家信者が信頼を有し、[よい]習性を有する者となることで、その者はその部分でもって満たされた者となる」と説明しており、そこにおける主題も全ての様相を満たした男性の在家信者となることであると考えられるので、サンスクリット語断簡は仏陀が途切れなく説明を行なっている形式であると理解して訳した。

6 （満たすために）『いつか私は信頼を有し、[よい]習性を有し、喜捨（を有し、比丘たちに見えるために絶えず僧園へ行く者となりたい』と思って、努力し、励み、努める。）そして、マハーナーマンよ、男性の在家信者が信頼を有し、[よい]習性を有し、喜捨を有し、（比丘たちに見えるために）絶えず

7 （僧園へ行く者となることで、その者はその）部分でもって満たされた者となる。さらに、（マハーナーマンよ、）信頼を有し、（[よい]習性を有し、喜捨を有し、比丘たちに見えるために絶えず僧園へ行く者である）が、傾聴して教えを聞かない。その者はその部分でもって

8 （満たされていない者となる。その者はその満たされていない部分を）満たすために『いつか私は信頼を有し、[よい]習性（を有し、喜捨を有し、比丘たちに見えるために絶えず僧園へ行く者となり、傾聴して教えを聞きたい』と思って、努力し、励み、努める。そして、）マハーナーマンよ、男性の在家信者が信頼を有し、[よい]習性を有し、（喜捨を有し、）

9 比丘たちに見えるために（絶えず僧園へ行く者となり、）傾聴して教えを聞くことで、その者はその（部分でもって満たされた者となる。さらに、マハーナーマンよ、信頼を有し、[よい]習性を有し、喜捨を有し、比丘たちに見えるために絶えず僧園へ行く者であり、傾聴して教えを聞いている）が、聞かれた諸々の教えを保持する性質を有する者ではない。

10 （その者はその部分でもって満たされていない者となる。その者はその）満たされていない部分を満たすために（『いつか私は信頼を有し ― 先の通りに、乃至 ― 聞かれた諸々の教えを保持する性質を有する者となりたい』と思って）努力し、励み、（努める。そして、マハーナーマンよ、男性の在家信者が信頼を有し ― 先の通りに、乃至 ― 聞かれた諸々の教えを保持する[性質を有する者となる]ことで）

略号

大正蔵 = 高楠順次郎・渡邊海旭(編)『大正新脩大藏経』, 大正一切経刊行会, 1924–1932.

Abhidh-k-bh (P) = *Abhidharmakośabhāṣyam of Vasubandhu*, ed. P. PRADHAN, 1st edition, Patna 1967.

Abhidh-k-vy = *Sphuṭārthā Abhidharmakośavyākhyā*, ed. U. WOGIHARA, Tokyo 1932–36.

AN = *Aṅguttara-Nikāya*, ed. R. MORRIS, E. HARDY, 5 vols., London 1885–1900.

BHSD = F. EDGERTON, *Buddhist Hybrid Sanskrit Grammar and Dictionary*, Volume II: Dictionary, New Haven 1953.

Dhsk = S. DIETZ, *Fragmente des Dharmaskandha: Ein Abhidharma-Text in Sanskrit aus Gilgit*, Göttingen 1984.

Divy = *The Divyāvadāna: A Collection of Early Buddhist Legends*, ed. E. B. COWEL and R. A. NEIL, Cambridge 1886.

GBM(Fac.Ed.) = *Gilgit Buddhist Manuscripts, Revised and Enlarged Compact Facsimile Edition*, ed. RAGHU VIRA and LOKESH CHANDRA, Delhi 1995 (Bibliotheca Indo-Buddhica, 150–152).

GilMs = *Gilgit Manuscripts*, ed. NALINAKSHA DUTT, Vol. III.1, Srinagar 1939.

GMNAI 1 = *Vinaya Texts*, ed. S. CLARKE, New Delhi/Tokyo 2014 (Gilgit Manuscripts in the National Archives of India: facsimile edition, 1).

Nidd I = *Mahāniddesa*, ed. L. DE LA VALÉE POUSSIN, E. J. THOMAS, London 1916.

Sn = *Suttanipāta*, ed. D. ANDERSEN, H. SMITH, London 1913.

SN = *Saṃyutta-Nikāya*, ed. L. FEER, 5 vols., London 1884–1898.

SWTF = *Sanskrit-Wörterbuch der buddhistischen Texte aus den Turfan-Funden*, ed. E. WALDSCHMIDT *et al.*, Göttingen 1973ff.

梵文和訳『讃法界頌』1–51 偈

加納和雄

本稿は、2015 年 8 月に刊行された『讃法界頌』（*Dharmadhātustava*）の梵文テクスト（Liu 2015）について、テクストの訂正試案ならびに和訳を提示するものである[1]。『讃法界頌』にはチベット訳と漢訳があり、本書の先行研究はこれらの訳を基礎資料として用いてきた。ここに示すのは、そのいずれでもなく、梵文原典からの和訳である。

本稿の内容に立ち入るまえに、松田和信先生の記念号に寄稿の機会を下さったことに深謝致します。梵文仏典写本研究を先導されている先生から受けて来た学恩からみるならば、ごくささやかではあるが、本稿が同分野に僅かながら寄与せんことを願います。

さて『讃法界頌』の研究は、チベット訳と漢訳 2 本を扱った月輪氏の論考に始まる。さらに酒井、Seyfort Ruegg、早島、津田ほか各氏による研究が続く[2]。『讃法界頌』の梵文原典は、*Sekoddeśaṭīkā* から回収された 18–23 偈が知られていただけで[3]、全体は散逸したと考えられてきた。それゆえ、このたび劉（刘震）氏が刊行した『讃法界頌』梵文原典の価値は計り知れず、本書の内容を正確に理解するために必要不可欠な第一次資料となる。

『讃法界頌』はおよそ 101 偈からなるが、このたび梵文写本からは全体の 85%ほどの原文が回収された。写本はシャル寺に由来し、現在はポタラ宮に所蔵される。劉氏が使用したのは同写本の白黒影印であり、その影印は中国蔵学研究中心に所蔵される[4]。

写本は本来全部で 6 枚あったはずだが、目下のところ 5 枚目までしか確認されていない。写本の最終葉である 6 枚目が未発見のため、奥書ならびに末尾 15 偈分ほど（86 偈 c 句–101 偈）が未回収である。また途中一偈半ほど（59 偈 d 句–61 偈 a 句）も書き飛ばされている

---

[1] 本書は、中国蔵学研究中心とウィーン科学アカデミーとが共同で刊行する Sanskrit Texts from the Tibetan Autonomous Region 叢書の第 17 巻目に相当する。チベット伝存の梵文写本は、全てが撮影され終わり、61 巻からなる影印版に収められたと報告されている。その詳細は、西蔵社会科学院貝葉経研究所編『西蔵貝葉経研究』2014 年号（西蔵蔵文古籍出版社）に記される。西蔵社会科学院貝葉経研究所は、2006 年に胡錦濤国家主席の指示のもとに設立された梵文貝葉経保護事務所を前身として、2013 年に立ち上げられた。件の影印版は『西蔵自治区珍蔵貝葉経影印大全』61 冊、『西蔵自治区珍蔵貝葉経総目録』4 冊、『西蔵自治区珍蔵貝葉経影印大全簡目』1 冊からなる。61 冊は、『西蔵貝葉経研究』2014 年号（漢文版 103 頁）よると、「律部、般若部、経部、続部、礼賛部、中観、唯識、阿毘達磨部、本生、書翰、因明、声明学、医方明部、詩学、辞藻、音韵、戯劇、星象学、事典、雑部、吠陀」など 21 種と、断簡写本を集めた一冊からなるという。オンラインで公開されている映像資料によると、61 巻のうち判明しているものは次の通り。9–12 巻「般若」、49–53 巻「声明」、54 巻「声明・医方明」、55 巻「詩学」、56 巻「詩学・辞典」、58–60 巻「吠陀」、61 巻「零散」。

[2] 月輪 1933、1934、1971、酒井 1960、Seyfort Ruegg 1971、早島 1987、津田 2006、Brunnhölzl 2007.

[3] Carelli 1941: 66.3–15、酒井 1960、Seyfort Ruegg 1971: 466, n. 82、津田 2006: 294、Sferra 2006: 188、Liu 2015: x, n. 6.

[4] Liu 2015: xi.

ため、その部分もやはり未回収である。

作者

『讃法界頌』は、唐代の漢訳2本（下記の不空訳と室利末多訳）の訳出年代から、8世紀頃までには成立していたことがわかる。11 世紀以降のインドおよびチベットの伝承によると、作者は龍樹に帰される。ただし当初は龍樹に帰されることはなく、地蔵菩薩の発した讃頌として経典に収録されていた[5]。

題名

本書の題名は *Dharmadhātustava* である。新出の梵文写本が奥書を欠くため、奥書に記載されているはずの題名は未だ確認できていないが、本書を引用する *Sekoddeśaṭīkā* は、「そして龍樹先生によって *Dharmadhātustava* の中に説かれた」（*uktaṃ cāryanāgārjunapādair dharmadhātustave*）と述べて、本書の梵文題名が *Dharmadhātustava* であることを明かす[6]。

それにもかかわらず劉氏は、『讃法界頌』のチベット訳の冒頭にチベット文字の音写として記される梵語題名として *Dharmadhātustotra* なる語形がみられることから、これが原語だった可能性も捨てていない[7]。しかしながら、この *Dharmadhātustotra* なる題名は、後代のチベット人が造語した還元梵語と考えたほうが穏当だろう。

まず上記の梵文資料に *Dharmadhātustava* なる語形がはっきりと現れている以上は、あえてチベット語資料によってこれ以外の可能性を模索する必然性はない。さらに *Dharmadhātustotra* なる語形は北京、チョーネ、ナルタン各版のテンギュルにみられるが[8]、デルゲ版は *Dharmadhātustava* を支持し、しかもデルゲ版のテクストの読みが全般的に梵本に最も近いことからしても、単なるチベット文字の音写として現れる *Dharmadhātustotra* なる形を採用する根拠は、ますますなくなる。したがって *Dharmadhātustava* を本書の原題と考えるべきである。

漢訳

『讃法界頌』の最古の資料のひとつは、不空金剛（705–774）訳『百千頌大集經地藏菩薩請問法身讃』（大正蔵 413 番）である。偈頌の数は 123 頌半ほどあり、梵本よりも多いが、偈頌の配列に関しては梵本と最も近い。訳出年代は 765 年ころという[9]。

---

[5] 類例として、『智光明荘厳経』から後に四十行からなる偈頌を抜粋して編まれた『大聖文殊師利菩薩讃佛法身』（不空訳）なる独立書の存在が指摘できるかもしれない。

[6] Carelli 1941; 66.3、Sferra 2006: 188.2–3.

[7] Liu 2015: ix n. 1.

[8] Seyfort Ruegg 1971: 448 n. 1、早島 1987: 41.

[9] 月輪 1934: 425、Liu 2015: x .n 9. この不空訳は空海の『御請来目録』に出る（大正蔵 2161 番、55 巻、1061 巻上「地藏菩薩問法身讃一卷五紙」）。

さらに古い漢訳資料として、室利末多訳(唐云妙惠)『示所犯者瑜伽法鏡経』「地藏菩薩讃嘆法身観行品」（大正蔵2896番）が『讃法界頌』に対応する点、劉氏が指摘する[10]。『示所犯者瑜伽法鏡経』は疑/偽経の扱いを受けてきたが、少なくとも『讃法界頌』該当箇所については、インド撰述の仏典であることが確認された。当該の品は敦煌出土の断片（スタイン2423番）が残るのみで、肝心の『讃法界頌』の前半に対応する断片は未発見である。そのため梵本と対応する偈はわずか3偈（梵本84–86偈）のみである。ただし不空訳の90–125偈に対応する偈頌を含み、チベット訳の51–54、101偈に対応する偈頌を含むため、同経が『讃法界頌』の異本であることは、確かに認められる[11]。同経の奥書には訳出年代が707年と明記される[12]。

これらの8世紀の漢訳資料2点が、本作の偈頌を地蔵菩薩の発したものとする点は重要である。本作が龍樹に帰されるようになるのは、施護訳よりも後である。

施護（980年入宋）訳『讃法界頌』（大正蔵1675番）は、概ね他のヴァージョンに対応するが、逐語的に比較すると、独自の内容が散見される。これが原本の違いに由来するのか、それとも訳者独自の追加的な解釈に由来するのかは定かではない。訳出年代はおよそ982–1011年ころとされる[13]。

以上3点の漢訳資料の詳細については、本稿では立ち入らない。漢訳3本それぞれに偈頌の出入りが認められるため、3本各々が異本であることは間違いなく、各異本を仔細に対照することにより、本書の形成、展開の軌跡が浮彫になってくることであろう。今後の研究によって解明されることを期待したい。

梵文写本

上記のごとく『讃法界頌』の梵文写本は現在ポタラ宮に保存されている[14]。劉氏の指摘するように、写本は罗炤（ルオジャオ）氏によるポタラ宮所蔵梵文写本目録の論部の中の第8函に含まれる[15]。同目録によると第8函には都合64葉が含まれ、そのほとんどがシャル寺に由来するという。そして第8函の第6作品は、*Pañcarakṣāhṛdayabījamantra*と題され、貝葉8枚からなる。

この8枚のうち後半3枚には奥書があり、*Pañcarakṣāhṛdayabījamantra*と題されると報告し、前半5枚は奥書を欠く無題の「頌賛」であると報告する。この5枚こそが『讃法界頌』である。

---

[10] Liu 2015: xxviii–xxix

[11] Liu 2015: xxix.

[12] Liu 2015: xxix. 大正蔵85巻、2896番、1422頁上「景龍元年歳次景午十二月二十三日三藏法師室利末多(唐云妙惠)於崇福寺翻譯」。

[13] 月輪1971: 292による。劉氏は月輪1934: 425に従って1015–1019年とする（Liu 2015: x）。

[14] Liu 2015: xi.

[15] 罗炤1985: ポタラ宮、論部、49–50頁。

目録によると前半5 枚は30.5 x 4.4cm、後半3 枚は30.5 x 4.3cm。劉氏の校訂本には都合8 枚全体の翻刻が提示され、翻刻の直前にサンプルとして写本の写真版が2 面ずつ掲載される。その写真版による限り写本の体裁は同一といってよい。文字も、同一筆記者でこそないが酷似する。したがって8 枚は元々同一帙に収められた一連の貝葉であったであろう。

劉氏は、8枚について、その字体（Old Nepālī）から判定して、11世紀初頭の写本であると結論する[16]。この年代推定を裏付けるのが、後半3枚の3葉目表面所出の奥書である[17]。その奥書には同写本が、ネパール王Lakṣmīkāmadevaと Rudradevaの共同統治下の時代に書写された旨が明かされる（fol. 3a2: śrīmat* lakṣmikāmadevarāja-śrīma(t*){{d}}rudradevarāja .. .. .. yaṃ likhitam iti ||）[18]。この王名は、同写本が1010–1028年の間に、記されたことを示すと劉氏は指摘する[19]。したがって元々同じ経帙に含まれていると予想される『讃法界頌』の梵文写本もまた、この時期に書写された可能性が高い。そうなると、同梵文写本の書写年代は次にみるチベット訳の訳出年よりも若干早いといえる。

チベット訳

『讃法界頌』の翻訳年代は、従来、およそ11 世紀頃といわれてきたが[20]、より正確にいうと、そのチベット訳者（ナクツォとクリシュナパーダ ＝ サマヤヴァジュラの共訳）にもとづき、1053–1064 年（ナクツォがアティシャのもとを去りネパール入りした年から没年までの間）に限定できる。チベット訳の偈頌の順番が乱れている点はかねてから指摘されるところである。ただし語句のレベルでは梵本に比較的よくあう。

他書における引用

『讃法界頌』を引用するテクストは下記のようなものが知られている。

Nāropa, *Sekoddeśaṭīkā*: （『讃法界頌』の）18–23 偈を引用。

Ratnākaraśānti, *Sūtrasamuccayabhāṣya*: 27 偈を引用。

Atiśa, *Dharmadhātudarśanagīti*: 1–10 偈 c, 12–13 偈, 27 偈, 24 偈, 26 偈, 22 偈, 30–32 偈を引用[21]。

Dharmendra, *Tattvasārasaṃgraha*: 8 偈を引用[22]。

---

16 Liu 2015: xiii.

17 なお奥書は、本写本が Āryacandra なる人物の所有であったことを明かす（Liu 2015: 73, fol. 3a1: (kya)bhikṣusthavira-āryacandrasya pustakaṃ）。劉氏は āryadattasya と写本を読む。

18 Liu 2015: 73.

19 Liu 2015: xii n. 14.

20 Liu 2015: x.

21 望月 2006.

22 Brunnhölzl 2007: 132.

Bhāviveka, *Madhyamakaratnapradīpa*: 91–96 偈, 101 偈を引用。

さらに新たに確認したものとしては下記のものがある。

Amṛtākara, *Catuḥstavasamāsārtha* (1v9): 54 偈 cd とほぼ一致[23]。

上記の Bhāviveka は *Madhyamakahṛdaya* の作者とは別人の後代の人物であり、その他の上記の著者たちもおよそ 11 世紀以降に活躍した人物である。

小結

以上まとめると、もともと 8 世紀頃まで地蔵菩薩の発した頌とされていた『讃法界頌』は、おそらく 9、10 世紀くらいに龍樹に帰されるようになって、中観の書としての権威を獲得した後、11 世紀頃以降、インド論師たちに引用されるようになったものと推測される。

このたび刊行された梵本は漢訳、チベット訳に概ねよく一致するが、この梵本がそれらすべてにとっての唯一の原本ということは決して意味しない。すなわち、707 年訳出の室利末多訳、765 年ころに訳出された不空訳、982–1011 年ころの訳出の施護訳、1010–1028 年ころに書写された梵文写本、1053–1064 年ころの訳出のチベット訳、以上の 4 本は『讃法界頌』の発達段階をそれぞれ示す、別々の異本であるといえる。また室利末多訳の訳出年である 707 年が、『讃法界頌』の成立下限となる点も付記しておく。

本稿において目指すのは、不空のみた原典でもチベット訳者のみた原典でもなく、また当梵文写本の筆記者の頭の中にあった原典でもなくて、当梵文写本の伝承の枠内に限定されつつも、そこから遡りうる限りの、『讃法界頌』作者自身の意図した原典を復元しようとするものである。そして当該の作業は、『讃法界頌』の原形を探究するための基礎作業となるだろう。

梵文校訂本について

劉氏の校訂本は、問題の多い梵文写本を主にチベット訳、不空訳によりながら訂正した梵文を提示する、意欲的なものである。本稿筆者は、劉氏のご厚意によって草稿段階から校訂本を拝見させて頂き、提起した訂正試案を刊行本に多く反映して頂いた。それでもやはり難解な箇所は問題を含んだまま残されている。本稿では劉氏の訂正の再吟味を試みる。

本稿に示す校訂試案は、写本の読みを最優先する。できる限り韻律は正規形（pathyā）を維持することに努め、場合によっては、仏教混淆梵語の語形によって、古典梵語文法から逸脱した語形を採用することもある。ただし古典梵語と俗語との使用に一貫性が見出されるわけではなく、むしろ混在しているといってよい。それゆえ見方によっては、韻律保持を優先するために、本作品の著者が仏教混淆梵語の語形をあえて採用している節さえもみられる。

---

[23] *Catuḥstavasamāsārtha*, Skt. Ms. fol. 1v9: *dṛṣṭe ca viṣayanairātmye bhavabījaṃ nirudhyate.*

凡例

下記に提示するのは、『讃法界頌』の梵文（Liu 2015）と、それに対する和訳である。使用する略号については本稿末尾の略号一覧を参照されたい。必要に応じ、梵文テクストに対して訂正を施し、試案として提示した。梵文テクスト中の下線は本稿筆者による訂正箇所を示す。梵文の校勘記は、問題のない箇所については劉氏の校訂本のものをそのまま使用し、周辺的な情報は割愛した。梵文中に挿入した丸括弧内の数字は貝葉写本の葉番号を示す。和訳に使用した丸括弧（）は本稿筆者が説明的に補足した語句であり、亀甲括弧〔〕は本稿筆者が文脈的に補足した語句である。

梵文テクスト1–51偈までの訂正試案一覧を以下にまとめて提示する。52偈以降のテクスト訂正試案と訳注は別稿を期す。本稿所掲の蔵漢訳諸本はLiu 2015所収テクストを依用した。

1–51 偈の梵文テクスト訂正試案（左が劉氏の校訂本の読み、右が訂正案）

9c	sañchannam	→	sañchanna (= Ms)
14cd	bhakṣyate amṛtopamā	→	bhakṣyante amṛtopamāḥ
16d	sādṛśyaṃ	→	sadṛśaṃ
25c	°vineyārthāya	→	°vinayārthāya (= Ms)
33a	dṛṣṭāntam	→	dṛṣṭāntāv
33c	madhyamā	→	madhyamāṃ
34b	svaccha udaka° (*unmitric*)	→	svacche udaka° (= Ms. Cf. 連定不適応例 1c, 11c, 14d)
35c	yasya	→	yasmiṃś (Ms: yasme)
35c	caivaṃvidhānātmā	→	caivaṃvidho nātmā
38d	prajānatha	（代案）	prajānate (conj. Cf. 44c: vijānate yogī)
40a	ghrāṇaṃ	→	ghrāṇa°
40a	ghrāṇi	→	ghrāti
41b	rasadhātur	→	rasadhātor
43a	manaḥ pradhāna°	→	manaḥpradhāna°
45c	ṣaḍāyatanaṃ viśuddham (*unmetric*)	→	ṣaḍāyatanaviśuddhir (Ms: ṣaḍāyatanaviśuddhi)
46a	eva	→	etad (Ms: eta)
46b	pratyātma tathatā	→	pratyātmatathatā
48a	kalevare	→	kaḍevare (= Ms. Cf. BHSD s.v.)
51a	bodher dūre sañjñī	→	bodhau dūrasañjñī
51cd	ābhāso yathābhūtaṃ	→	°ābhāsayathābhūta°

『讃法界頌』梵文和訳

1 dharmadhāto[24] namas tubhyaṃ sarvasattveṣv avasthita |
yasya te aparijñānād bhramanti tribhavālaye ||

一切衆生の中に存する法界よ、汝に帰命します。それを知悉していないがゆえに、彼ら（衆生たち）は三有という居場所の中でさまようのである[25]。

2 ya eva dhātuḥ saṃsāre śodhyamānaḥ[26] sa eva (1a2) tu |
śuddhaḥ sa eva nirvāṇe dharmakāyaḥ[27] sa eva hi ||

界とは、ほかならぬ、輪廻においては清まりつつあるものであり、涅槃においては浄化され終わったものであり、じつに法身と等しい。

（解説）

2 偈 a 句は ma-vipulā。

3 yathā hi kṣīrasammiśraṃ[28] sarpimaṇḍaṃ na dṛśyate |
tathā hi kleśasammiśro[29] dharmadhātur na dṛśyate ||

ちょうど乳と混在しているときに、醍醐は見えない。おなじく煩悩と混在しているときに、法界は見えない。

4 yathā vi(1a3)śodhitaṃ kṣīraṃ ghṛtadravyaṃ sunirmalam[30] |
tathā viśodhitāḥ[31] kleśā dharmadhātuḥ[32] sunirmalaḥ ||

ちょうど乳が浄化されたときに、汚れを完全に離れたギーの本体が〔見える〕。おなじく諸煩悩が浄化されたとき、汚れを完全に離れた法界が〔見える〕。

---

[24] *dharmadhāto* em.: *dharmadhātuḥ* Ms
[25] 別訳「一切衆生の中に存しながらも、彼ら（一切衆生）が三有というアーラヤにおいて無知ゆえに迷乱するところの法界よ、汝に帰命します」。
[26] *śodhyamānaḥ* em.: *śodhyamānya* Ms
[27] *dharmakāyaḥ* em.: *dharmakāya* Ms
[28] *kṣīrasammiśraṃ* em.: *kṣīrasamiśraṃ* Ms
[29] *kleśasammiśro* em.: *kleśasammiśraṃ* Ms
[30] *sunirmalam* em.: *sanirmalaṃ* Ms
[31] *viśodhitāḥ* em. : *visodhitā* Ms
[32] *dharma*° em. : *dharmā*° Ms

5 yathā dīpo ghaṭastho hi na kiñcid avabhāsate |
tathā kleśaghaṭa(1a4)stho hi dharmadhātur na bhāsate ||

ちょうど、壺の中にある灯火は〔外を〕輝き照らすことが全くないように、煩悩という壺の中にある法界は輝かない。

6 yena yena hi pārśvena cchidrībhavati tad ghaṭam |
tena tena hi pārśvena raśmayas[33] tasya nirgatāḥ[34] ||

じつにその〔灯火の入った〕壺がひび割れた面それぞれから、その光の筋が出てくる。

（解説）

劉氏も指摘すように ghaṭaṃ がここでは中性形（古典梵語では男性形）で現れている点は、本作の言語を知るうえで興味深い。また 5–6 偈については、秘密集会タントラ聖者流の作品に類似する偈が存在する（苫米地氏の御教示）。*Caryāmelāpakapradīpa* (Wedemeyer ed. p. 439): yathā dīpo ghaṭāntaḥstho bāhye naivāvabhāsate | bhinne tu tadghaṭe paścād dīpajvālābhibhāsate || (a: ghaṭāntaḥstho em./Pandey, ghaṭāntastho Ms/Wedemeyer)

7 yadā samādhivajreṇa bhinnaṃ bhavati (1a5) tad ghaṭam |
sa tadākāśaparyantaṃ[35] samantād avabhāsate ||

三昧という金剛によって、その壺（つまり法界を覆う煩悩）が壊れるとき、それ〔法界〕は虚空際に至るまで、あまねく輝き照らす。

（解説）

7 偈 a 句 samādhivajreṇa は、cittaratna（「宝のような心」）などと同類の持業釈複合語であり、通常ならば「金剛のような三昧」と訳しうるが、ここでは壺を打ち砕く作具としての側面を表面に出すために、敢えて「三昧という金剛」と訳した。

8 dharmadhātur na cotpanno[36] na niruddhaḥ[37] kadācana[38] |
sarvakālam asaṅkliṣṭa[39] ādimadhyāntanirmalaḥ ||

---

[33] *raśmayas* em. : *rasmaya* Ms
[34] *nirgatāḥ* em. : *nirgatā* Ms
[35] °*paryantaṃ* em. : °*paryanta* Ms
[36] *cotpanno* em. : *cotpannā* Ms
[37] *niruddhaḥ* em.: *niruddhā* Ms
[38] *kadācana* em. : *kadācanaṃ* Ms

そして法界は、決して、生起することなく、滅することなく、いつでも、汚されずに、初・中・後において垢を離れている。

9 yathā vaiḍūrya(1b1)ratnaṃ hi sarvakālaprabhāsanam |
pāṣāṇakośe sañchanna ābhā tasya na rājate ||

ちょうど、ヴァイドゥールヤの宝石は常に輝くが、石の覆いの中で覆われているとき、それの光は輝かないように、

（訂正試案）

9c: sañchanna Ms; sañchannam Liu (em.)

9 偈 c 偈 pāṣāṇakośe sañchanna という写本の読み（処格）を、劉氏は pāṣāṇakośe sañchannam と訂正するが、写本の読みを保持することも不可能ではない。いずれも ma-vipulā。但し pāṣāṇakośasañcchanam と、複合語として読めば、同義を保持しつつ正規形（pathyā）となる。複合語になっている類似表現は 10 偈 a 句の kleśasañchanno にもみられる。

10 evaṃ hi kleśasañchanno dharmadhātuḥ sunirmalaḥ[40] |
nāsau[41] bhrājati saṃsāre nirvāṇe (1b2) tu[42] prabhāsvaraḥ ||

おなじように、きわめて清らかな法界は、煩悩に覆われており、これは輪廻においては光り輝かないが、涅槃においては輝き続ける。

11 gotre ca sati[43] vyāyāmo[44] jātarūpanidarśanāt |
gotre asati vyāyāmaḥ[45] śramaḥ kevalam iṣyate ||

そして鉱脈があるときには、黄金の兆候があるから、努力をする。〔しかし〕鉱脈がないとき、努力は、単なる徒労にすぎないと認められる。

12 yathā[46] hi tuṣasañchannaṃ[47] na dhānyaṃ tat phalaṃ matam[48] | (1b3)

---

39 °*kliṣṭa* em. : °*kliṣṭaṃ* Ms
40 *su*° em. (*śin tu* T) : *sa*° Ms
41 *nāsau* em. : *nāso* Ms
42 *tu* conj.: *tat* Ms
43 *ca sati* em. (*yod na* T, 有 不空訳) : (*vā satti*?) Ms
44 vyāyāmo em. : vyāyāma Ms
45 vyāyāmaḥ em. : vyāyāma Ms
46 yathā em.: *ahaṃ yathā* Ms
47 °*sañchannaṃ* conj. (°*sañchanno* 12c, *g.yogs pas* T, 覆其上 不空訳, 纏裹 施護訳) : *gacchantaṃ* Ms

tathā hi kleśasañchanno nāsau buddheti[49] kalpyate ||

ちょうど、籾殻に覆われているその穀物が果実とは考えられないように、煩悩に覆われているこれ（法界）が「仏陀である」と考えられることはない。

（解説）

12偈b句のdhānyaṃ tat phalaṃのtat phalaṃは、複合語としてtatphalaṃと読める可能性も皆無ではないが、d句asauとの対句対応を考慮すると、dhānyaṃに掛かる代名詞と理解するのがより自然であろう。その場合は、tuṣasañchannamを括るyatが省略されていると理解できる。

13 yathā hi tuṣanirmuktaṃ tat phalaṃ pratibhāsate |
tathā hi kleśanirmukto dharmakāyaḥ[50] prabhāsate[51] ||

ちょうど、それ（穀物）は籾殻から抜け出したときに、果として現れるように、〔法界は〕煩悩から抜け出したときに、法身として現れる。

14 upamā[52] kriyate loke kadalyā nāsti sāratā[53] |
phalāni tasya sārāṇi bhakṣyante amṛtopamāḥ ||

世間においては〔次のような〕比喩がなされる。バナナの樹には中核はないけれども、その（バナナの樹の）甘露のごとき、中のしっかり詰まった果実は食べられる。

（訂正試案）

14d: bhakṣyante amṛtopamāḥ (em.); bhakṣyate amṛtopamāḥ Ms; bhakṣyate amṛtopamā Liu

14偈c句のtasyaは、kadalīを受ける代名詞と考えるのが文脈上、最も自然な理解であるが、kadalīは女性形なのでその単数、属格は古典文法ではtasyāḥとなる筈である。しかしtasyāḥと訂正してしまうと、第5音節が長音となりシュローカの正規形から逸脱してしまう。従って暫定的に写本通りの読みtasyaを保持した。

14偈d句のamṛtopamāḥ（写本の読み。劉氏の訂正はamṛtopamā）は、文脈上、sārāṇiを修飾すると理解するのが自然であろう（次の15偈amṛtaṃ buddhatvaṃに対応）。それゆえ古典文法としてはamṛtopamāniという語形が必要となる。暫定的にBHSG(8.100)に従いamṛtopaṃāḥを仏教混淆梵語における中性、複数、主格と理解した。不空訳には「食味如甘露」とあり上記の解釈と軌を一にする。

---

48 *matam* em. : *mataḥ* Ms

49 *buddheti* em. (*saṅs rgyas* T, 佛 不空訳) : *byaddheti* Ms

50 *dharmakāyaḥ* em.: *dharmakāya* Ms

51 *prabhāsate* em. (*pratibhāsate* 13b, *rab tu gsal* T, 顯現 不空訳, 顯 施護訳) : *ṣrabhāvyate* Ms

52 *upamā* em.: *upa* Ms

53 *sāratā* em.: *sārata* Ms

15 evaṃ hy asāre saṃsāre[54] nirvṛte kleśasāgare ||
phalaṃ tasyāpi buddhatvam amṛtaṃ sarvade(1b5)hinām ||

おなじように、煩悩の海たる輪廻は中核を持たないけれど、鎮まったときは（覆いをなくしたときは）、それ（輪廻）においても、果としての仏の境地、つまり一切有身者たちにとっての甘露が〔享受される〕。

16 evaṃ hi sarvabījeṣu[55] sadṛśaṃ jāyate phalam |
bījair[56] vinā phalaṃ nāsti kaḥ[57] prājñaḥ pratipatsyate[58] ||

おなじように、あらゆる種子には、同類の果が生じるのであって、種子なしに果はない。いかなる識者が〔種子なき果を〕思い描くだろうか。

（訂正試案）

16b: sadṛśaṃ (conj.); sādṛśyaṃ Ms/Liu

16 偈 b 句 sadṛśaṃ は phalam に掛かる形容詞と理解するのが自然であろうから、写本の読み sādṛśyaṃ を訂正した。ただし写本の sādṛśyaṃ を保持して副詞的に理解することも不可能ではない。

16 偈 c 句 phalaṃ nāsti は劉氏および写本の読みに従う。16 偈 cd 句の不空訳（「無種亦無果　智者必不信」）は、bījair vinā phalaṃ nāsti の読みを支持するが、チベット語訳（sa bon med par 'bras yod par || shes ldan gang gis bsgrub par nus ||）は、bījair vinā phalam **asti** という読みを示唆する。確かにチベット語訳によって phalam asti と梵文を訂正した場合、意味は分かりやすい（「種子なしに果があるなどと一体どんな識者が思い描くだろうか」）。しかし phalam asti の読みを採用すると韻律が破綻するので採用しない。

バナナの喩えでは、原因と結果との差異が述べられていたが、16 偈では sadṛśam/sādṛśyaṃ という逆のことがのべられている。それにもかかわらず evaṃ（同様に）とあるのは不可解である。

17 bījabhūtas tv asau[59] dhātur dharmāṇām[60] āśrayo mataḥ |
śodhyamā(2a1)naḥ[61] krameṇaiva[62] buddhatvāspadam[63] āvahet ||

---

[54] *saṃsāre* em. : *sāsāre* Ms
[55] °*bījeṣu* em. (*sa bon* T, 種　不空訳) : °*jīveṣu* Ms
[56] *bījair* em. (*sa bon* T, 種　不空訳) : *jīvair* Ms
[57] *kaḥ* em. : *ka* Ms
[58] *pratipatsyate* em.: *pratipatsyete* Ms
[59] *bījabhūtas tv asau* em. : *bījabhūtas tasau* Ms
[60] *dharmāṇām* em. : *dharmānām* Ms
[61] *śodhyamānaḥ* em. : *śodhyamāna* Ms
[62] *krameṇaiva* em. (om. T, 不空訳) : *krameṇaivaṃ* Ms
[63] *buddhatvāspadam* em. : *buddhatvaspadam* Ms

そしてこの界は、種子のようなものであり、諸法にとっての基盤であると考えられる。〔法界は〕漸次浄化されて、〔最後には〕仏の境地をもたらす。

18 nirmalau[64] candrasūryau hi āvṛtau pañcabhir malaiḥ |
abhranīhāradhūmena rāhuvaktrarajādibhiḥ ||

無垢なる月と太陽は、雲、霧、煙、ラーフの口（日食・月食)、塵などという、五つの障害によって覆われる。

（解説）

18–23 偈 *Sekoddeśaṭīkā* 所引（d 句に rāhuvaktrarajomalaiḥ の異読)。

19 evaṃ prabhāsvaraṃ cittam ā(2a2)vṛtaṃ[65] pañcabhir malaiḥ |
kāmavyāpādamiddhena[66] auddhatyavicikitsayā[67] ||

おなじように、輝き続ける心は、欲、怒り、眠気、掉挙、疑惑という、五つの障害によって覆われる。

20 agniśaucaṃ yathā vastraṃ malinaṃ[68] vividhair malaiḥ |
agnimadhye yathā kṣiptaṃ malaṃ dagdhaṃ na va(2a3)stratā ||

ちょうど、火で清められるべき布（石綿）[69]は種々の汚れにより汚されるが、火中に放り込まれたら、汚れは焼かれるが、布そのものは〔焼かれ〕ないように、

（解説）

20 偈 c 句の yathā について *Sekoddeśaṭīkā* も yathā と読むが明らかに不自然である。yadā と訂正すべきか。また a 句について *Sekoddeśaṭīkā*(Carelli ed.)は agniḥ と異読。

21 evaṃ prabhāsvaraṃ cittaṃ malinaṃ rāgajair malaiḥ |
jñānāgninā malaṃ dagdhaṃ na dagdhaṃ[70] tat prabhāsvaram ||

おなじように、輝き続ける心は、貪から生じた汚れによって汚されはするが、〔心

---

[64] *nirmalau* em. (= *Sekoddeśaṭīkā*) : *nirmālau* Ms

[65] āvṛtaṃ em. : āvṛttaṃ Ms

[66] °*middhena* em. (= *Sekoddeśaṭīkā*) : °*mithyena* Ms

[67] *auddhatyavicikitsayā* em. (= *Sekoddeśaṭīkā*) : *audhatyaṃ vicikiṃtsayā* Ms

[68] *malinaṃ* em. (= *Sekoddeśaṭīkā*) : *malina* Ms

[69] agniśaucaṃ vastraṃ, me yis dag pa'i gos, 不空訳「火洗其布」, 施護訳「火浣布」. 早島 1987: 82, n. 10 参照。

[70] *dagdhaṃ* em.: *ddhagdhaṃ* Ms

の〕汚れは智慧の火によって焼かれ、輝き続けるそれ（心）は焼かれない。

22 śūnyatāhārakāḥ[71] sūtrā[72] ye kecid bhāṣitā jinaiḥ |
sarvais taiḥ (2a4) kleśavyāvṛttir[73] naiva dhātor vināśanam[74] ||

空性を宣揚する諸経典（般若経など）は、勝者たちによって説かれたものである。それら（経典）すべては煩悩を抑止するが、決して界を滅し去るものではない。

23 pṛthivyāntarhitaṃ[75] toyaṃ yathā tiṣṭhati nirmalam |
kleśair antaritaṃ jñānaṃ tathābhāti sunirmalam[76] ||

地中に内在する〔地下〕水は汚れないままにあるように、煩悩中に内在する智は、汚れないままに輝く。

24 dharmadhātur[77] yato 'nātmā[78] na (2a5) ca strīnṛnapuṃsakaḥ[79] |
sarvagrāhavinirmuktaḥ[80] katham ātmeti[81] kalpyate || (2b1)

法界は、無我にして、女性・男性・中性でもなく、あらゆる執着から自由であるのだから、どうして「我（アートマン）である/がある」などと考えられようか。

25 sarve[82] dharmā hy asaṃsaktāḥ strīpuṃstvaṃ[83] hi na vidyate |
rāgāndha<u>vinayārthāya</u> strīpuṃstvaṃ[84] hi[85] pradarśitam ||

一切諸法は〔本来〕執着を離れており男女という性質は存在しない。しかし欲によって盲目となっている者たちを調御するために、男女という性質が〔仮に〕示現された。

---

71 °*āhārakāḥ* em. : °*āhārakā* Ms
72 *sūtrā* em. (= *Sekoddeśaṭīkā*. *mdo* T, 契經 不空訳) : *subhrāḥ* Ms
73 *sarvais taiḥ kleśavyāvṛttir* em. (= *Sekoddeśaṭīkā*, ≈ *de dag kun gyis* T) : *sarvās tāḥ kleśavyāvṛttī* Ms
74 *naiva dhātor vināśanam* Ms : *naiva dhātuvināśanam* (*Sekoddeśaṭīkā*)
75 °*hitaṃ* em. : °*hitān* Ms
76 *tathābhāti sunirmalam* Ms : *tathā tiṣṭhati nirmalam* (*Sekoddeśaṭīkā*)
77 °*dhātur* em. (*dbyiṅs* T, 界 不空訳, 施護訳) : °*dhāpu* Ms
78 *yato*° em. (*gaṅ phyir* T) : *yadā*° Ms
79 °*nṛnapuṃsakaḥ* em.: °*nanapuṃsakaṃ* Ms
80 °*nirmuktaḥ* em. : °*nirmuktaṃ* Ms
81 *ātmeti* em. : *āmmeti* Ms
82 *sarve* em. : *savva* Ms
83 °*puṃstvaṃ* Ms^{pc} : °*ṣuṃstvaṃ* Ms^{ac}
84 °*puṃstvaṃ* em. : °*pustvaṃ* Ms
85 *hi* em. (*hi* 25b) : om. Ms

（訂正試案）

25c: °vinayārthāya (=Ms. °vineyārthāya Liu)

25偈c句はrāgāndhavinayārthāyaは写本の読みを保持したい（訂正試案）。シュローカの正規形（pathyā）の韻律もこれにより保持される。不空訳「貪盲調伏故」はこれを支持する。いっぽう劉氏はrāgāndhavineyārthāya（「欲によって盲目となっている所化たちのために」）と訂正。もちろん意味の上では全く問題ないが、韻律がvipulāとなり、不空訳とあわない。なお、チベット訳gdul bya'i phyirは写本の読みと劉氏の読み、いずれとも対応しうる。

26　　anityaduḥkhaśūnyeti[86] cittanidhyaptayas[87] trayaḥ |
paramā cittani(2b2)dhyaptir[88] dharmāṇāṃ niḥsvabhāvatā[89] ||

無常・苦・空というのは、三種の心の内省である。最高の心の内省は、諸法が無自性である〔と観察することである〕。

27　　yathā hi garbho garbhiṇyāṃ vidyate na ca dṛśyate |
tathā hi kleśasañchannaṃ dharmatattvaṃ[90] na dṛśyate ||

妊婦には胎児（garbha）がいるが見えないように、諸法の中の真実（つまり無自性性）も、煩悩に覆われて見えない。

（解説）

27偈d句のdharmatattvaṃは劉氏の訂正。不空訳「法實」および、これに関与するc句の形容詞kleśasañchannaṃの格語尾（中性形）もこれを支持する。この場合dharmatattvaṃとは、具体的には前偈26偈d句のdharmāṇāṃ niḥsvabhāvatāを指すとみられ、「諸法の中の真実」と訳しうる。但し対句表現を考慮せずに「諸法が無自性であること」と訳すことも不可能ではない。写本はdharmatātvaṃ。

チベット訳、施護訳「法界」、および*Sutrasamuccayabhāṣya*の引用[91]はdharmadhātuḥと読み、内容的にはそのように読むことも可能であるが、c句の形容詞が中性形であるため、性が一致する写本通りの読みdharmatattvaṃのほうが文法的にはより好ましい。

---

86 °*duḥkha*° em. : °*duḥkhaṃ*° Ms

87 *cittanidhyaptayas* em. : *cittanidhyaptayaḥs* Ms

88 *nidhyaptir* em. : *nidhyapti* Ms

89 *niḥsvabhāvatā* em. : *nisvabhāvatā* Ms

90 *dharmatattvaṃ* em.: *dharmatātvaṃ* Ms

91 *Sūtrasamuccayabhāṣya*, D 3935, 297b7: 'phags pa klu sgrub kyis kyang | sbrum ma'i lto na 'dug pa'i bu || mig lam snang bar mi 'gyur ltar || nyon mongs thib pas bkag pa yis || **chos kyi dbyings** mig lam snang ma yin ||

28 caturṇāṃ hi vikalpānām[92] utpattir bhūtabhau(2b3)tikāt[93] |
ahaṃmamavikalpo hi[94] nāmasañjñānimittajaḥ[95] ||

大種と大種所造〔からなる外界を誤認すること〕にもとづいて、四種の分別が生じる。すなわち、「わたし」という分別、「わたしのもの」という分別、名辞や呼称に由来する〔分別〕、〔モノの〕特徴に由来する〔分別〕である。

（解説）

不空訳「分別有四種　所生大造者　分別我我所　名想及境界」

チベット訳: bdag dang bdag gi rnam rtog dang || ming gi ’du shes rgyu mtshan gyis || rnam rtog bzhi po ’byung ba yang || ’byung dang 'byung las gyur pas so ||

「四種の分別」は別の解釈の余地もあるが次のように理解した。すなわち28偈c句ahaṃmamavikalpoはahaṃvikalpaとmamavikalpaという二種の分別を意味し、d句nāmāsañjñānimittajaḥはnāmasañjñājo vikalpaḥ（不空訳「名想」）とnimittajo vikalpaḥ（不空訳「境界」）という二種の分別を意味すると理解し、都合四種の分別となる。d句の「名辞と呼称」（nāmasañjñā）は対象を言語表示することば、「特徴」（nimitta）は対象のもつ特徴つまりことばが表示する対象と理解した。nimittaが対象を指すとする解釈は不空訳（「境界」）の理解と通じる。まとめると四種の分別のうち、ahaṃmamavikalpaは自己にかんする事象全般、nāmasañjñānimittajaḥ（vikalpaḥ）は世界全般をそれぞれ表していると考えられる。

29 praṇidhānaṃ[96] hi buddhānāṃ[97] nirābhāsam alakṣaṇam[98] |
pratyātmavedyayogitvād[99] buddhānāṃ[100] nityadharmatā ||

諸仏の誓願は、顕現なく、固定した特質をもたない。〔その誓願は無自性なる〕個別的な内省の対象と結びつくからである。〔この事実は〕諸仏にとっての常なるきまりである。

（解説）

29偈c句のpratyātmavedyayogitvādについて、pratyātmavedayogyatvādと読む可能性もある。

---

[92] *vikalpānām* em. : *vikalpāṇā* Ms

[93] °*bhautikāt* em. (*pas* T) : °*bhautikā* Ms[pc] : °*bhaukā* Ms[ac]

[94] *hi* em. : *ti* Ms

[95] °*nimittajaḥ* em. : °*nimittājaṃ* Ms

[96] *praṇidhānaṃ* em. : *pranidhāna* Ms

[97] *buddhānāṃ* em.: *buddhāṇāṃ* Ms

[98] *alakṣaṇam* em. : *alakṣaṇām* Ms

[99] *pratyātmavedyayogitvād* em.: *pratyātmayogitvād* Ms

[100] *buddhānāṃ* em. : *buddhāṇāṃ* Ms

30 yathā śaśaviṣā(2b4)ṇaṃ[101] hi kalpyamānaṃ[102] na vidyate |
tathā hi sarvadharmeṣu kalpitaṃ naiva vidyate ||

ちょうどウサギの角は想像こそされうるが、存在はしないように、諸法において想像されたものは、決して存在しない。

31 paramāṇurajaḥ[103] kin tu goviṣāṇaṃ[104] na vidyate |
yathā pūrvaṃ tathā paścāt tasya kiṃ ka(2b5)lpyate budhaiḥ[105] ||

しかし、極微という塵としての牛の角〔も、究極的には〕存在しない。前者（ウサギの角）のごとく後者（牛の角）についても〔非存在という点では〕同様である〔のに〕、一体どうしてそれ（牛の角など）の〔実在が〕、智者たちによって想像されようか。

32 pratītyotpadyate caiva pratītya ca nirudhyate |
ekasya sambhavo nāsti kathaṃ bālair vikalpyate[106] ||

〔ものごとは〕条件（縁起）によって生じ、かつ条件によって滅するのであり、単一なるものに生起はないのに、どうして凡夫たちは〔それの生起を〕想像するのか。

33 śaśagośṛṅgadṛṣṭāntāv ubhau kalpitalakṣa(3a1)ṇau |
madhyamāṃ pratipadyeta yathā[107] sugatadharmatā ||

ウサギの角と牛の角というふたつの比喩は、両者とも遍計性である。善逝の法性のとおりに（縁起の教えに従って）、中正〔なる道〕を理解すべきである。

（訂正試案）

33a: °dṛṣṭāntāv (conj.); °dṛṣṭāntam Liu/Ms

33c: madhyamāṃ (em.); madhyamā Ms/Liu

33偈b句kalpitalakṣaṇauの格語尾は男性形の変化を示す。lakṣaṇaが中性名詞であることを踏まえると、この男性形の格語尾をもつkalpitalakṣaṇauは、おのずと所有複合語となる。その場合、a句の°dṛṣṭāntāv

---

101 *viṣāṇaṃ* em. : *viṣāṇā* Ms
102 *kalpyamānaṃ* em.: *kalpyamāna* Ms
103 *paramāṇu°* em. : *paramānu°* Ms
104 *°viṣāṇaṃ* em. (*rwa* T) : *°vidvānaṃ* Ms
105 *budhaiḥ* em.(智　不空訳) : *buddhaiḥ* Ms
106 *bālair vikalpyate* em. : *bālai vakalpyate* Ms
107 *pratipadyeta yathā* em.: *pratipadye yathā* Ms^{pc} : *pratipadyeya tathā* Ms^{ac}

に関与する形容詞となる（「ふたつの比喩は分別されたことを性質して持つ」）。このような解釈は不可能ではないがやや不自然である。それゆえ kalpitalakṣaṇau は、厳密には kalpitalakṣaṇalakṣaṇau「遍計性を性質として持つ」ということを意味すると解釈するならば、写本のままの読みを保持できる。

ただし別案として、44 偈 d 句の niṣpannalakṣaṇam の格限定複合語の用例や[108]、他文献における三性説の表現例などを踏まえ、そのうえで写本の通りに両数を保持するならば、kalpitalakṣaṇe という中性、両数、主格とする訂正も可能である。あるいは両数を保持せず kalpitalakṣaṇam（中性、単数、主格）と訂正することも可能である。なお梵本 33 偈 b 句に対応するチベット訳は欠損している。不空訳は「兎牛二角喩　此名遍計相　依住於中道　如善逝法性」。

34 yathā candrārkatārāṇām svacche udakabhājane[109] |
dṛśyate pratibimbaṃ[110] hi tathā niṣpannalakṣaṇam ||

ちょうど澄んだ水器の中には月・太陽・星々の映し姿が見えるように、おなじように〔澄んだ心には〕円成実性が〔現れる〕。

（訂正試案）

34b: svacche udaka° Ms; svaccha udaka° Liu (em.).

34 偈 b 句の svacche udaka°は写本の読み。劉氏は古典文法の連声規則によりこれを svaccha udaka°と訂正するけれど、韻律が破綻する。そのためあえて写本の読みを採用する。類例として、本写本には°e と a°の間に連声規則が適用されない例、つまり韻律を保持するために連声を適用しない例がしばしばみられる（1c: te apari, 11c: gotre asati, 14d: bhakṣyante amṛto°）。

35 ādimadhyāntakalyāṇam[111] a(3a2)visaṃvādakaṃ dhruvam[112] |
yasmiṃś caivaṃvidho nātmā katham ātmeti[113] kalpyate ||

〔その円成実性は〕始め、中間、終わりにおいて善く、欺きなく、堅固である。そしてそのような類の我(アートマン)が存在しないところ、〔それに対して〕、どうして「我(アートマン)である」と構想されることがあろうか。

---

108 なお 34 偈 d 句に現れる niṣpannalakṣaṇam は、文法的にいうと pratibimbaṃ が中性形のため、所有複合語と格限定複合語との双方の可能性が残る。それゆえ 33 偈 b 句を考えるうえでの参考にはならない。

109 °*bhājane* em. : °*bhājana* Ms

110 *pratibimbaṃ* em. : *pratibimba* Ms

111 °*kalyāṇam* em.: °*kalyānāṃ* Ms

112 *dhruvam* em. : *dhrūvaṃ* Ms

113 *ātmeti* em. : *āmtati* Ms

（訂正試案）

35c: yasmiṃś (conj.); yasme Ms; yasya Liu (em.)

35c: caivaṃvidho nātmā (conj.); caiṣaṃvidhānnātmā Ms; caivaṃvidhānātmā (Liu)

36 grīṣmakāle yathā vāri uṣṇam ity abhidhīyate[114] |
tad eva śītakāleṣu śītam ity abhidhīyate[115] || (3a3)

ちょうど、水は夏季に「熱い」と表現され、その同じものが寒季には、「冷たい」と表現されるように、

37 āvṛtaṃ[116] kleśajālena cittam ity abhidhīyate[117] |
tad eva kleśāpagamād buddha ity abhidhīyate ||

〔法界もまたおなじように〕煩悩の網によって覆われているときは、「心」と表現されるが、その同じものが煩悩から離れたら「仏」と表現される。

38 cakṣuḥ pratītya rūpaṃ ca avabhāsāḥ[118] sunirmalāḥ |
anutpannāniruddhās[119] te dha(3a4)rmadhātuṃ prajānatha[120] ||

眼〔根〕と色とを縁として、汚れを完全に離れたあらわれがあり、それらは不生不滅である。汝らは法界を直観すべし。

（解説）

38偈d句について、写本はprajānathaḥとあり、これを劉氏はprajānatha（2人称複数）と訂正する。すなわち読者への呼びかけとしている。ただし、本書において当該偈以外では、呼格で呼びかける相手は読者ではなく法界である。それゆえ当該箇所では、語形は2人称ではなく、3人称単数prajānīteなど（またはprajānāti、prajñāyateなど）を予想したほうが自然かもしれない。その場合、古典文法の語形では韻律には合わないため、本書の他所に現れる俗語形をここに採用することが許されるならば、44偈c句vijānate yogīには、vijānateが3人称、単数、反射体として（古典文法ではvijānīte）用いられるため、それにもとづいて、ここでもprajānateをprajānīte（3人称、単数、反射体）に対

[114] *abhidhīyate* em. : *abidhīyate* Ms
[115] *abhidhīyate* em. : *abidhīyate* Ms
[116] *āvṛtaṃ* em. : *āvṛta* Ms
[117] *abhidhīyate* em. : *abidhīyate* Ms
[118] *avabhāsāḥ* em. : *avabhāṣā* Ms
[119] °*niruddhās* conj. : °*nirudhyat* Ms
[120] *prajānatha* em. : *prajānathaḥ* Ms

応する俗語形として想定することができる。要するに d 句の prajānatha は、暫定的に劉氏の訂正を採用したが、代案として prajānate とも訂正しうることを指摘しておきたい。その場合、d 句は「〔そのように知る菩薩は〕法界を直観するはずである」となる。

なお 38 偈 c 句のチベット訳 ske med 'gag pa med nyid las は、*anutpānnāniruddhatvāt という原文を予想させ、梵本の読みと異なる。

39 śrotraṃ pratītya śabdaṃ ca[121] cittaṃ[122] vijñaptayas[123] trayaḥ |
śrūyate svavikalpena dharmadhātur alakṣaṇaḥ ||

耳〔根〕と音とを縁として、心と三種の表象が〔生じるが〕、自己の分別のせいで、特徴なき法界が〔本来は聞かれるべくもないが、誤って〕聞かれる。

（解説）

不空訳「耳識縁於聲　清淨識三種　以自分別聞　法界無形相」

施護訳「耳識聞於聲　離妄及分別　法界性亦然　分別妄非有」

チベット訳 sgra dang rna ba la brten nas || rnam par dag pa'i shes pa gsum || mtshan nyid med pa chos kyi dbyings || rtog dang bcas pas thos par 'gyur ||

39 偈は暫定訳。写本の読みは śabdasvacittavijñaptayas。チベット訳と不空訳によって cittaṃ を śuddha°とすることもできるか。「三種の表象」の指し示す内容については未詳。

40 <u>ghrāṇagandhāśritaṃ ghrāti</u> arūpam[124] anidarśanam |
ghrāṇavijñānatathatā dharmadhātur vikalpyate ||

鼻〔根〕と匂いとに依拠して、無色かつ見えない〔法界〕を、鼻識という真如が嗅ぐ。〔しかし錯誤知により〕法界が分別されてしまう[125]。

（訂正試案）

40a: ghrāṇagandhāśritaṃ ghrāti (conj.); ghrāṇaṃ gandhāśritaṃ ghrāṇi Liu/ Ms

不空訳「鼻依香而嗅 無色亦無形 鼻識是真如 法界應分別」

施護訳「鼻能嗅諸香 妄執性非有 色相二俱亡 眞空亦如是」

---

[121] *śabdaṃ ca* em. : *śabdasva* Ms (Liu reads Ms as: *śabdas ca*)

[122] *cittaṃ* em. : *citta* Ms

[123] *vijñaptayas* em.: *vijñaptayaḥs* Ms

[124] *arūpam* em.: *ārūpam* Ms

[125] （別訳）「鼻〔根〕と匂いとに依拠して、無色かつ見えない〔法界〕を嗅ぐ。鼻識は〔本来〕真如であり、すなわち法界であるが〔錯誤した鼻識によりそれは〕分別されてしまう」。

チベット訳: sna dang dri la brten nas snom || de ni gzugs su med pa'i dpe || de bzhin sna yi rnam shes kyis || chos kyi dbyings la rtog par byed ||

40偈a句のghrāṇagandhāśritaṃ ghrāti は訂正試案。劉氏は写本の読み ghrāṇaṃ gandhāśritaṃ ghrāṇi を採用する（厳密には写本は°āśṛtaṃ と綴る）。劉氏の読みのうち ghrāṇaṃ gandhāśritaṃ の箇所は、確かに、不空訳「鼻依香而嗅」の「鼻依香」という読みに支持される。しかしながら、38–39偈からの一連の表現を参照すると、目下の議論は、根（眼・耳・鼻）と境（色・声・香）とに依拠した、識の存在について記述する一貫した趣旨が読み取れるので、ghrāṇa と gandha は並列複合語と理解するのが自然である。したがって劉氏のように、ghrāṇaṃ のみを切り離して独立させて理解することは文脈にそぐわない。さらにチベット訳 sna dang dri la brten nas も、並列複合語の理解（つまり訂正試案）を支持する。

40偈a句の ghrāti は、文脈および、チベット snom、不空訳「嗅」によって支持される。劉氏は、この点について注記しながらも（Liu 2015: 16, n. 125）、写本の読み ghrāṇi を採用する。

40偈c句の ghrāṇavijñānatathatā（na-vipulā）は写本の読み。ghrāṇavijñānaṃ tathatā と訂正するならば、意味上の問題はある程度解決されるが（「鼻識が鼻〔根〕と匂いとに依拠して、無色かつ見えない〔法界〕を嗅ぐ」）、韻律が破綻する。c 句の訂正については課題として保留したい。なお不空訳は「鼻識是真如」とチベット訳は de bzhin sna yi rnam shes kyis (*ghrāṇavijñānena tathā)とする。

41 jihvā svabhāvaśūnyā[126] hi <u>rasadhātor</u> viviktatā |
apratiṣṭhitavijñānaṃ[127] dharmadhātusvabhāvatā ||

舌〔根〕は本性空であり、味界は空性であり、何ものにも依拠しない〔舌〕識は、法界の本性そのものである。

（訂正試案）

41b: rasadhātor (conj.); rasadhātur Liu/Ms

42 śuddhakāyasvabhāvena[128] (3b1) sparśapratyayalakṣaṇam |
pratyayebhyo vinirmuktaṃ[129] dharmadhātuṃ[130] vadāmy aham ||

清らかな身〔根〕を本性として、触〔境〕という条件を特徴としつつ、諸条件から離れたもの（身識）を、法界として私は説く[131]。

---

[126] *svabhāva*° em. : *svabhāvā*° Ms
[127] *vijñānaṃ* em.: *vijñāna* Ms
[128] *śuddha* em. : *śuddha‹ḥ›*° Ms
[129] *vinirmuktaṃ* em. : *vinirmukta* Ms
[130] *dharmadhātuṃ* em. : *dharmadhātur* Ms
[131] （別訳）「清らかな身〔根〕を本性として、触〔境〕という条件を特徴としつつ、諸条件から離れた法界を、私は説く」。

43 manaḥpradhānadharmeṣu kalpyakalpanavarjitam[132] |
dharmāṇāṃ niḥsvabhāvatvaṃ[133] dharmadhātur vibhāvya(3b2)te ||

意を中心とする諸法において、分別の対象と分別の主体とを離れたとき、諸法は無自性であると、つまり法界であると修習される。

（訂正試案）

43a: manaḥpradhāna° (em.); manaḥ pradhāna° Liu (em.); sanaḥpradhāna° Ms

43 偈 a 句、manaḥpradhānadharmeṣu について、不空訳「諸法意爲最」は、manaḥ pradhānaṃ dharmeṣu といった原文を予想させる。

44 paśyate śṛṇute ghrāti svādate spṛśatīti[134] ca |
dharmān vijānate yogī evaṃ niṣpannalakṣaṇam ||

瑜伽行者は、見、聞き、嗅ぎ、味わい、触れ、諸法を認識し（六識）、おなじように、完成した特徴（円成実性）を〔認識する〕。

（解説）

44 偈 c 句 vijānate は写本の読み。yogī が主語なので明らかに 3 人称、単数、反射体である。古典梵語の vijānīte に対応する俗語形と理解される。仮に vijānate を vijānīte に置き換えると韻律が破綻する。

45 cakṣuḥ[135] śrotraṃ ca ghrāṇaṃ ca jihvā kāyo manas tathā |
ṣaḍāyatana(3b3)viśuddhir etat tattvasya lakṣaṇam ||

眼耳鼻舌身意という六処が清浄であること、それが真実の特徴である。

（訂正試案）

45c: ṣaḍāyatanaviśuddhir (conj.); ṣaḍāyatanaviśuddhi Ms; ṣaḍāyatanaṃ viśuddham Liu (em.)

45 偈 c 句 ṣaḍāyatanaviśuddhir は訂正試案。写本は ṣaḍāyatanaviśuddhi。劉氏は ṣaḍāyatanaṃ viśuddhaṃ と訂正するが、韻律に問題が発生する（Liu 2015: xv）。つまり 5–7 音節目は ra-vipulā だが、長音を必要とする第 4 音節が短音となってしまう。ただし訂正後も韻律に問題が残る。d 句の etat は viśuddhi を承けるというよりも、a–c 句全体を承けると理解すれば文法的な性の問題は避けられる。

---

132 *kalpya°* em. : *kalpyā°* Ms
133 *niḥsvabhāvatvaṃ* em. : *nisvabhāvatna* Ms
134 *spṛśatīti* em. : *sparśatīti* Ms
135 *cakṣuḥ* em. : *cakṣu* Ms

46 cittam etad dvidhā dṛṣṭaṃ[136] loki lokottaraṃ ca yat |
ātmagrāheṇa saṃsāraḥ[137] pratyātmatathatā hi tat[138] ||

世間的なものと出世間的なものとの二通りに理解される、かの心は、我執によって輪廻となり、内省により〔観察されるならば〕真如となる。

（訂正試案）

46a: etad (em.); eta Ms; eva Liu (≈ T *nyid*)

46d: pratyātmatathatā Ms; pratyātma tathatā Liu

46 偈 d 句の pratyātma は、チベット訳 so sor rig na、不空訳「自覚」に対応する。劉氏の読んだように tathatā と切り離すならば、pratyātma は中性、単数、主格として理解され、文法的に cittaṃ と関与することになるが、ここでは『楞伽経』（II.193c, X.545c）の同じ複合語の用例（pratyātmatathatā°）を加味して複合語として理解した。

47 rāgakṣayo hi nirvāṇaṃ[139] dve(3b4)ṣamohakṣayaś ca yat |
tasya bodhāya buddhatvaṃ śaraṇaṃ sarvadehināṃ[140] ||

貪瞋痴の寂滅という涅槃を覚るためには、仏の境地が、あらゆるいきものにとっての寄る辺（帰依処）となる。

48 asmiṃ[141] kaḍevare sarvaṃ jñānam ajñānam eva ca |
badhyate[142] svavikalpena mucyate svaparijñayā[143] || (3b5)

この身体に、知と無知とのすべてがある。自己の分別によって束縛されるが、自己を知悉すれば解脱する。

（訂正試案）

48a: kaḍevare Ms; kalevare Liu

48 偈 a 句の kaḍevare は kalevare と音価上交替可能であり、仏教混淆梵語形としては他文献に確認される語形なので、写本のままの読みを残してもよいだろう。

---

136 *dṛṣṭaṃ* em. : *dṛṣṭa* Ms
137 *saṃsāraḥ* em. : *saṃsāre* Ms
138 *tat* em. : *taḥ* (?) Ms. Liu reads *ta(dva)*
139 *nirvāṇaṃ* em. : *nirvāṇa* Ms
140 *sarva*° em. : *sarvaṃ* Ms
141 *asmiṃ* em.: *asmi* Ms
142 *badhyate* em. : *badhyata* Ms
143 °*parijñayā* em. : °*parijñayāḥ* Ms

49 bodhir[144] na dūre nāsanne na gatā nāpi vāgatā[145] |
na dṛśyate dṛśyate caiva[146] atraiva kleśapañjare ||

菩提は、近くも遠くもなく、去らず来たらず、ほかならぬこの煩悩の籠の中では見られず、しかも見られる。

（解説）

49 偈 c 句は 9 音節であるが誤写などに由来するものではないためそのまま保持する。

50 uktaṃ ca sūtravargeṣu viharaty ātmacintakaḥ |
prajñādīpavihāreṇa (4a1) paramāṃ[147] śāntim āgataḥ[148] ||

経典の諸品において〔次のように〕説かれた。内省に専念しつづけて、智慧の灯に専念することによって、最もすぐれた寂静に至る。

51 na bodhau dūrasañjñī syān na sāsannā ca[149] sañjñinaḥ[150]|
ṣaṇṇāṃ hi viṣayābhāsayathābhūtaparijñayā ||

じつに、六境として顕れているものを如実に知悉すれば、〔その人は〕菩提に対して遠ざかっていると思う者とはならないし、かつ〔そのように〕思う人にとってそれ（菩提）が近接することにもならない。

（訂正試案）

51a: bodhau dūrasañjñī (conj.); bodhau dara(?)sajñī Ms; bodher dūraṃ sañjñī Liu

51cd: viṣayābhāsayathābhūtaparijñayā (em.); viṣayābhāsayathābhūtaṃ parijñayā Ms; viṣayābhāso yathābhūtaṃ parijñayā Liu

不空訳「菩提不遠想 亦無隣近想 是六境影像 皆由如是知」

施護訳「菩提非妄執 正證亦知非」

チベット訳: byang chub mi ring bar mi bsam zhing || nye bar yang ni bsam mi bya || yul drug snang ba med par ni || yang dag ji bzhin rig rgyur pa'o ||

51 偈 ab 句の na bodhau dūrasañjñī syān という訂正試案は、*Ālokamālā*（14 偈 ab 句 dūrasaṃjñī bhaven

[144] *bodhir* em. : *bodhi* Ms
[145] *vāgatā* em. (*'oṅ ba* T, 來 不空訳) : *bhāgatā* Ms
[146] *ca* em. : *caiva* Ms
[147] *paramāṃ* em. : *paramā* Ms
[148] *āgataḥ* em. : *āgatāḥ* Ms
[149] *sāsannā ca* conj. (*yaṅ* T, 亦 不空訳) : *sāsanna* Ms
[150] *sañjñinaḥ* em. : *saṃjñinam* Ms

mokṣe na kathaṃcana yogavit）を参照し、写本の読みにより近い読みに戻した。当該の内容は 49 偈 ab 句の「菩提は、近くも遠くもなく」を承けている。

（未完）

参考文献

（略号）

BHSD	*Buddhist Hybrid Sanskrit Dictionary*. F. Edgerton. New Haven: Yale University Press, 1953.
BHSG	*Buddhist Hybrid Sanskrit Grammar*. F. Edgerton. New Haven: Yale University Press, 1953.
conj.	conjecture
em.	emendation
Liu	『讃法界頌』校訂本において劉氏が採用する読み
Ms	『讃法界頌』梵文写本
Ms^{ac}	『讃法界頌』梵文写本（筆記者による訂正前の読み）
Ms^{pc}	『讃法界頌』梵文写本（筆記者による訂正後の読み）
om.	omits
Sekoddeśaṭīkā	See Sferra 2006.
T	『讃法界頌』チベット語訳

（和文中文論文）

酒井紫朗

1960　「龍樹菩薩の法界讃の一節について」、『密教文化』47、36–39 頁.

津田明雅

2006　『Catuḥstava とナーガールジュナ: 諸著作の真偽性』、博士論文（京都大学文学研究科提出）。

月輪賢隆

1933　「龍樹菩薩の『讃法界頌』と、『百千頌大集経地蔵菩請問法身讃』と、西蔵文の “Dharmadhātu Stotra”とに就いて(上) (下)」、『龍谷学報』306、121–146 頁; 307、16–43 頁。

1934　「『法界讃』の内容考」、『龍谷学報』308、29–51 頁。

1971　『仏典の批判的研究』、百華苑。

早島理

1987　「『讃法界頌』考」、『長崎大学教育学部社会科学論叢』36、41–90 頁。

望月海慧

2006　ディーパンカラシュリージュニャーナの『法界見歌』について. *The Proceedings of Korean*

Conference of Buddhist Studies, 3-1, 789–797 頁.

Luo Zhao 罗炤

1985 布达拉宫所藏贝叶经目录 [A Catalogue of Sanskrit Manuscripts Preserved at the Potala Palace]. 未出版.

（欧文論文）

Brunnhölzl, Karl

2007 *In Praise of Dharmadhātu: Nāgārjuna and the Third Karmapa, Rangjung Dorji*. Ithaca: Snow Lion Publication.

Carelli, Mario

1941 *Sekoddeśaṭīkā*. Baroda.

Janardan Shastri Pandey

2000 *Caryāmelāpakapradīpam of Ācārya Āryadeva*, Vanarasi: CIHTS.

Liu Zhen 刘震

2015 *The Dharmadhātustava: A Critical Edition of the Sanskrit Text with the Tibetan and Chinese Translations, a Diplomatic Transliteration of the Manuscript and Notes*, Beijing/Vienna.

Seyfort Ruegg, David

1971 Le Dharmadhātustava de Nāgārjuna. In: *Études Tibétaines: Dédiées à la mémoire de Marcelle Lalou*. Paris: Librairie d'amérique et d'orient. 448–471.

Sferra, Francesco

2006 *The Sekoddeśaṭīkā by Nāropā (Paramārthasaṃgraha): Critical edition of the Sanskrit text by Francesco Sferra; Critical edition of the Tibetan translation by Stefania Merzagora*. Rome: Istituto Italiano per l'Africa e l'Oriente.

Wedemeyer, Christian K.

2005 *Āryadeva's Lamp That Integrates the Practices (Caryāmelāpakapradīpa)*. New York: Columbia University Press, 2005.

（謝辞　梵文仏典写本研究にかんして諸般ご教示下さった松田和信先生および李学竹先生、刊行に先立ち『讃法界頌』梵文校訂の資料提供をして頂いた劉震先生、梵文読解に際してご教示を下さったアレクシス・サンダーソン先生、ハルナガ・アイザクソン先生、ディヴァーカル・アーチャルヤ先生、久間泰賢先生の科研研究班の先生方および津田明雅先生に謝意を表します。）

（科学研究費課題番号 26284008、253700592、25284014 による研究成果の一部。）

アシュヴァゴーシャの失われた荘厳経論

上野　牧生

はじめに

馬鳴菩薩造『大荘厳〔経〕論』（鳩摩羅什訳，T. 201）[1]は多くの謎を孕んでいる．かつて本書をめぐり，その作者をアシュヴァゴーシャ（Aśvaghoṣa）とみなす Sylvain Lévi と，クマーララータ（Kumāralāta）とみなす Heinrich Lüders との間で論争が繰り広げられた．論争の経過を省略して現在の定説を述べれば，本書は，中央アジアから梵文写本の断簡が発見された *Kalpanāmaṇḍitikā Dṛṣṭāntapaṅkti*（KalpM）[2]，およびチベット大蔵経テンギュル（本生部）に収録された *Dṛṣṭāntamālya*（DM）[3]と同一文献である．DM に作者名の記載は

---

[1] 本書の名称については諸伝承が混在している．

1 漢訳の伝承

　1.1 大莊厳論（『衆経目録』『歴代三宝紀』『大唐内典録』『古今訳経図記』『大周刊定衆経目録』）

　1.2 大莊厳経論（『開元釈教録』ないし『至元法宝勘同総録』，および宋・元・明の三本）

　1.3 大莊厳論経（高麗本およびそれを踏襲する大正新脩大蔵経）

　1.4 喩鬘論（窺基『成唯識論述記』；普光『倶舎論記』；法宝『倶舎論疏』など）

　1.5 莊厳論（『南海寄帰内法伝』）

2 サンスクリット写本の伝承

　2.1 *Kalpanāmaṇḍitikā Dṛṣṭāntapaṅkti*（KalpM Chaps. 30, 90 Colophon, Lüders 1926: 19）

　2.2 *Kalpanālaṃkṛtikā* ...　（KalpM Chap. 60 Colophon）

3 チベット語訳の伝承

　3.1 *Dṛṣṭāntamālya* = *dPe'i phreng ba* (Hahn 1982: 321; Bu ston no. 893)

ここで問題とする T. 201 の名称は，経録における推移を見る限り，1.1「大莊厳論」が本来であり，後に「経」が挿入されたと推測される（Tomomatsu 1931: 143-47; 美濃 1930: 1-2）．そのため訳出に際して参照された原本の原題は 2.1/2 *Kalpanā-maṇḍitikā/-alaṃkṛtikā* であったと推測される．また，1.3 は T. 201 前後の「～経」と足取りを合わせて経と論との語順が入れ替えられたと推測される．さらに，玄奘門下の手に成る講義録に確認される 1.4「喩鬘論」は 2.1 *Dṛṣṭāntapaṅkti* およびチベット語訳に見られる 3.1 *Dṛṣṭāntamālya* に一致する（加藤 1989: 37ff.）．1.5「莊厳論」がアシュヴァゴーシャの **Sūtrālaṃkāra* を指すのか，それとも T. 201 を指すのかは不明．なお，本書の漢訳者については従来から鳩摩羅什説が疑われており，近年では菅野 1998 が改めて疑義を呈している．したがって，本書の漢訳者は確定していない．

[2] 2015 年現在，KalpM のサンスクリット写本は 5 種が確認されている．

　Manuscript 1: SHT I 21 (Lüders 1926: 137-193)

　Manuscript 2: SHT I 638 (Lüders 1926: 200-208)

　Manuscript 3: SHT V 1015

　Manuscript 4: 堀 2011: 12-15

　Manucsript 5: Wille 2005: 62-64; Karashima 2009: 494-495

[3] Hahn 1982: 321ff.に校訂テクストとドイツ語訳がある．*Bu ston chos 'byung IV*（=目録部）では no. 893. Bu ston IV 64.1-2: dpe'i phreng ba las sangs rgyas kyi dpe'i phreng ba tshul khrims yon tan dang rin chen bzang po'i 'gyur |「『喩鬘論』（**Dṛṣṭāntamālya*）〔全体〕のうち，佛陀の喩鬘論（＝第 1 話）はツルティム・ヨンテンとリンチェン・サンポの翻訳．」

全 90 話からなる T. 201 のうち，DM はその第 1 話にのみ相当するチベット語訳であるから，プトゥンの記述は符号する．翻訳者の顔ぶれから 11 世紀の翻訳と推測される（Hahn 1982: 311）．事実，

ないものの，KalpM 各章の奥書にはクマーララータが作者であるとの記載がある．したがって本書の実態は，実はクマーララータの KalpM/DM である，との Michael Hahn の所見[4]が定着している．言うなれば，馬鳴作『大荘厳〔経〕論』として伝承された漢訳テクストの中身は童受作『喩鬘論』[5]なのである．T. 201 が KalpM, DM と同一文献である以上，「馬鳴菩薩造」という伝承は誤りであるに違いない[6]．そうした混乱を齎した原因として，Lüders 1926: 26f. は，T. 201 とは別の，アシュヴァゴーシャによる真の *Sūtrālaṃkāra* が存在した可能性を推測していた[7]．つまり，アシュヴァゴーシャの *Sūtrālaṃkāra* が漢訳されることなく早期に失われ，それと類似した *Kalpanālaṃkṛtikā* という別称をもつ KalpM と取り違えられた，と Lüders は推測したのである．

この推測は Hahn にも引き継がれた．ただし Hahn 1982 は，真の *Sūtrālaṃkāra* については，新たな第二の証拠なくして，それ以上論じるべきではないとした．そして 2007 年，Hahn に献呈された Festschrift において，Albrecht Hanisch は新たな「証拠」を提出した．Hanisch 2007 は，アーリャシューラ（Āryaśūra）の *Jātakamālā*（ĀJM）に対する注釈文献にして，チベット語訳で残された *Jātakamālāṭīkā*（JMṬ）に，gZhan la phan pa'i dbyangs（*Parahitaghoṣa = *A-sva-ghoṣa）[8]という作者名，ならびにその人物の手に成る *mDo sde rgyan*（**Sūtrālaṃkāra*）から，3 頌の引用例を確認した．JMṬ の作者ダルマキールティ（Dharmakīrti）[9]は，明らかにアシュヴァゴーシャの作品としてこの**Sūtrālaṃkāra* を引用している．さらに，3 頌とも T. 201, KalpM, DM の いづれにも同定することができない[10]．

デンカルマとパンタンマとの両目録には記載がない．

[4] Hahn 1982．また，Hahn 1982 に至るまでの詳細な研究史は岡野潔のウェブサイト（『インド仏教文学研究史 6 : Jātakamālā 文学の研究史』のうち Kumāralāta の Kalpanāmaṇḍitikā Dṛṣṭāntapaṅkti）を参照．

[5] Lévi 1927: 97f. が着目したように，「鳩摩（羅）邏多」による「喩鬘論」の存在は玄奘門下に伝わっていたようである．窺基『成唯識論述記』(T43, 274a8-13; 358a12-13)，普光『倶舎論記』(T41, 35c3-6)，法宝『倶舎論疏』（T41, 496a10-12）などを参照．

[6] あるいは，『大荘厳論』という名称が KalpM に由来しない（＝アシュヴァゴーシャの**Sūtrālaṃkāra* に由来する）とすれば，その場合は作者名・作品名の双方が誤って伝承されたことになる．ただし，その可能性は低い．というのも，DM の帰敬偈第二偈の第三詩脚 dpe yi phreng ba 'di ni bdag gis bshad par bya「この喩鬘論（譬喩の列なり）がわたくしにより説かれる」（Hahn 1982: 321.11）に対応する漢訳 T. 201 の対応箇所には「我今當次説　顯示莊嚴論」（T4, 257a15）とあるからである．ここでの「莊嚴論」は KalpM の題号を指すのであろう．

[7] Lüders による推測の根拠については後述する（→4）．

[8] Hanisch 2007: 195, n.9 は，Aśvaghoṣa の転訛である Asvaghoṣa に基づく gZhan la phan pa'i dbyangs との訳語について，Lindtner 1982: 102-105; Hartmann 1987: 27 の参照を促す．

[9] 当該の人物が *Pramāṇavārttika*（PV）の作者と同一かどうかは不明であると Hanisch 2007: 204 はいう．なおアシュヴァゴーシャの真作とみなされる *Vajrasūci* の漢訳（『金剛針論』T. 1642）はその作者名を「法称」と記す．本邦の先行研究は，アシュヴァゴーシャ，アーリャシューラの系譜におけるダルマキールティを PV の作者と同一視して憚らないが，PV の作者とは別の，同名異人の可能性も想定すべきであろう．PV の作者によるアシュヴァゴーシャへの言及については注 97 を参照．

[10] Hanisch 2007: 199 による．ただし T. 201 については，一次資料ではなく Huber 1908 の仏訳のみを参照したようである．

以上の点から Hanisch は「真の *Sūtrālaṃkāra* が存在したのではないか」との Lüders による推測を裏付けたのである.

本稿もこの推測から出発し，特にチベット語訳で残された佛教文献を探査対象として，（1）**Sūtrālaṃkāra*（*mDo sde rgyan, mDo sde'i rgyan*）という作品名を明示する引用例と，（2）作品名が明示されなくとも，アシュヴァゴーシャの名の下に引用され，かつ現存するアシュヴァゴーシャの作品群[11]に同定し得ない引用例とを取り上げ，Lüders － Hahn － Hanisch の推測と実証とを補強する． つまり本稿はアシュヴァゴーシャによる真の **Sūtrālaṃkāra* が存在したことを証明しようとする試みである.

1 **Sūtrālaṃkāra* という作品名を明示する引用例

1.1 ダルマキールティの *Jātakamālāṭīkā*

まず，先ほど言及したアーリャシューラの ĀJM に対する注釈文献である，ダルマキールティの JMṬ に注目する. JMṬ には**Sūtrālaṃkāra* から 3 頌の引用例があると Hanisch 2007: 196f. は報告するも，しかし 1 頌の見落としがあり，合計は 4 頌となる．いづれも ĀJM 17 *Kumbhajātaka* に対する注釈箇所である[12].

第一例は以下のとおり．

[JMṬ on ĀJM 17.12][Hanisch 2007: 196]

<u>slob dpon btsun pa gzhan la phan pa'i dbyangs</u> kyis <u>mdo sde rgyan</u> gyi nang du chang 'thung ba'i nyes pa'i dbang du byas nas gsungs te | de ni tshigs bcad 'di dag bsdus pa'i don yin te | ji skad du |

gang zhig 'thungs pas lus rnyog dran 'phrog tshul las 'da' ba dang ||
blo rmongs ngo tsha'i chos gcod 'du shes nyams shing rigs bslad 'gyur ||
dga' mchog nyams shing zhe sdang skyed par byed pa gang zhig gis ||
'thungs na myos par 'gyur zhing dran nyams de ni 'chi bzhin gnas ||[13]

zhes bshad do ||

---

[11] 本稿では以下の作品をアシュヴァゴーシャの真作とみなして議論を進める.
Buddhacarita
Saundarananda
Śāriputraprakaraṇa
Vajrasūci
本稿が「現存するアシュヴァゴーシャの作品群」と言及する際は以上の四作品を指す.

[12] ĀJM 17 *Kumbhajātaka* は帝釈天とサルヴァミトラ王との対話からなる．酒売りに変身した帝釈天が，飲酒の悪性を悉く列挙しながら，酒を買うよう王に勧める．酒売りの正体に気づいた王は，飲酒戒を遵守するよう宣言する．最後に帝釈天は，正体を明かして姿を消す，という筋書きである．本稿が取り上げる 4 箇所の用例はいづれも，帝釈天が飲酒の悪性を列挙する箇所に相当する. ĀJM 17 の詳細については Hanisch 2002 を参照.

[13] チベット語訳にして 4×13 音節の韻律は Śikhariṇī と推測される（Hanisch 2007: 202-203）.

アーチャーリャ・スタヴィラ・アスヴァゴーシャが**Sūtrālaṃkāra*の中で，飲酒の悪性に関してお説きになっている．それは，これらの諸頌（ĀJM 17.13-19）を総合した内容（*piṇḍārtha）をもつ．次のとおり，

［A］　人は飲〔酒〕によって，身体を汚し[14]，記憶（*smṛti）を奪われ，戒（*śīla）から逸脱し，思考（*mati）を冥くし，羞恥心（*hrī）を断ち切り，意識（*saṃjñā）を失い，家系（*gotra）を滅ぼす．

至高のよろこび（*pramudita）を壊して，憎悪（*dveṣa）を生じさせる．

人が，飲〔酒〕をすると，酩酊してしまい，失念してしまう．それは死に等しい状態である．

と解説されている．

当該頌では飲酒の悪性が9項目に整理される．飲酒戒を論じる際に有部論師が典拠とするのは，律を除けば*Nandikasūtra*であり[15]，この経典では35項目にわたり飲酒の悪性が列挙される．そして，この経典が引用される『大智度論』（MPPU）巻十三では，その35項目が列挙された後，上記**Sūtrālaṃkāra*とほぼ完全に平行する頌が引用される．

[MPPU][T25, 158b7-158c10]

如佛語「難提迦優婆塞、酒有三十五失。何等三十五。一者現世財物虛竭。何以故、人飲酒醉心無節限、用費無度故。...... 如是等種種過失、是故不飲。」[16]如偈説

［A］　酒失覺知相　身色濁而惡　智心動而亂　慚愧已被劫

失念增瞋心　失歡毀宗族　如是雖名飲　實爲飲死毒

［B］　不應瞋而瞋　不應笑而笑　不應哭而哭　不應打而打

不應語而語　與狂人無異　奪諸善功徳　知愧者不飲

このようにJMṬ所引頌とほぼ完全に平行する引用例が『大智度論』に確認される[17]とともも

---

[14] アルコール摂取による皮膚の一時的変色，ないし嘔吐による吐瀉物の身体への付着を意味すると推測される．Cf.『大智度論』「身色濁而惡」; ĀJM 17.16: vamathusamudgatānnaliptā niḥśaṅkaiḥ śvabhir avalihyamānavaktrāḥ |「嘔吐して出た食べ物に汚れた顔を，恐れない犬たちになめられながら」（Hanisch 2002: 90; 干潟・高原 1990: 103）

[15] *Nandikasūtra*は在家者の五戒を主題とする経典である．ナンディカ（難提迦）という名の優婆塞を対告衆として，殺生，偸盗，邪淫，妄語に伴う各10項目の悪性／罪過（ādīnava/doṣa）と，飲酒に伴う35項目の悪性／罪過とを説く．詳細については Vinītā 2010: 97ff.を参照．Bhikṣuṇī Vinītā はポタラ宮写本に基づいて構成したサンスクリットテクストに加え，チベット大蔵経カンジュルに収録された単独経典（D no. 334; P no. 1000）と，漢訳『仏説出家縁経』（T. 791）とを対照した上で，英訳を付している．脚注では『大智度論』その他との対応箇所も逐一指摘されており，至便である．

[16] Cf. Nandika §9: pañcatriṃśad ime nandikādīnavaḥ surāmaireyamadyapramādasthāne veditavyaḥ. katame pañcatriṃśat. 1) sāṃdṛṣṭikaṃ kośakṣayaḥ ...

[17] 『大智度論』当該箇所については Lamotte 1981²: 816ff.; 工藤 2002: 16ff.; 沼田 2004を参照．Lamotteと工藤は当該頌を*Nandikasūtra*の総括偈とみなしたため，出典については無言である．沼田は*Manusmṛti* 7.47およびその注釈文献における「酒の弊害」の記述が*Arthaśāstra* 8.3.61に基づくことを指摘しつつ，佛典にも眼を向け，DN 31 *Siṅgālovādasutta*およびそれに平行する『長阿含経』第

に，[A]に後続する[B]も*Sūtrālaṃkāra* を出典とみなすのが自然であろう．というのも，Hanisch 2007 では見逃されているが，[B]も JMṬ に引用されているからである．（太字は ĀJM からの引用であることを示す．）

[JMṬ on ĀJM 17.20f.][D hu 240a7-b2; P ke 272a4-6]

glo[18] **bur du ngu zhing** zhes bya ba la sogs pa'i tshigs bcad drug gis ni |

gang zhig 'thungs na bya ba nyams shing bag tsha ba med chos mi spyod ||

don med phung khrol shes shing 'dul dang mi ldan brnyas la gnas min rdeg |

ngu la rmongs shing smra dang 'don zlos dgod[19] byed smyo 'gyur yon tan dag |

ma lus 'phrog byed ya rabs ngo tsha can dag su zhig 'thung bar[20] byed ||[21]

ces bya ba'i tshigs bcad 'di ni bsdus pa'i don yin te |

突然に泣き出し（aniyatarudita）[22]云々の 6 頌（ĀJM 17.20-25）によっては，

［B］　人は飲〔酒〕をすると，振る舞いを乱し，恐れ知らずとなり，正義を実行せず，目的を失い，癡人となり，自律を伴わず，軽蔑の館となり，打ってはいけないものを〔打ち〕，泣き，混乱し，同じことを〔何度も〕語り，呟き，笑い，狂人となり，功徳たちを，悉く失ってしまう．羞恥心をもつ高貴な者たちが，いかなる場所でも，飲〔酒〕をしてしまう．

というこの頌が，総合した内容をもつのである．

当該頌でも飲酒の悪性が 15 項目に整理される[23]．そして，この[B]の引用例を見出してはじめて，Hanisch 2007: 198 によって取り上げられた以下の JMṬ の記述が，整合的に理解される．

[JMṬ on ĀJM 17.24f.][Hanisch 2007: 198]

gan gis blo ni rab tu nyams gyur nas zhes bya ba'i tshigs bcad 'di ni bag tsha ba med ces bya ba gang sngar bstan pa de'i dbang du byas pa'o || 'dir bag tsha ba med pa ni **mi 'jigs pa** ste | mtshams med pa lnga'i las kyis ngan 'gror 'gro bas zhes bya ba'i don te | tshigs bcad 'di gnyis kyi don <u>mdo sde rgyan</u> las blangs pa yin te |

---

16 経「善生経」;『中阿含経』第 135 経「善生経」などに確認される，飲酒による 6 つの罪過が，『大智度論』（所引の *Nandikasūtra*）における 35 項目の冒頭 6 項目に一致することを指摘する．総じて法典と佛典とにおける飲酒戒をめぐる見解の一致を指摘する．

[18] glo D : blo P

[19] dgod D : rgod P

[20] 'thung bar D : 'thungs par P

[21] チベット語訳にして 4×15 音節の韻律は Śārdūlavikrīḍita と推測される．

[22] ĀJM 17.20a.邦訳研究は干潟・高原 1990: 165.

[23] JMṬ における引用例から見る限り，[A][B]を総合すると，約 24 項目にわたり飲酒の悪性が列挙されていることになる．アシュヴァゴーシャが列挙する項目のほぼすべてが *Nandikasūtra* 所説の 35 項目に含まれる．その対応関係は整合的ではないが，本経が*Sūtrālaṃkāra* の典拠であった，あるいは，アシュヴァゴーシャが本経から取材した可能性は，否定し難い．

それ（飲酒）によって思考を失った者は（parimuṣitamatir yayā）[24]というこの頌は，先述した〔*Sūtrālaṃkāraにおける〕「恐れ知らず」を主題とする．ここ（ĀJM 17.25）では，恐れ知らずが**〔安楽なる後生を〕考慮しない者**（aviganịta[sukhāyatiḥ]）[25]であって，五無間業（*pañcānantaryakarman）によって悪趣に趣くから，という意味である．この2頌（ĀJM 17.24-25）の意味内容は*Sūtrālaṃkāraと合致したものである．Hanischは[A]がĀJM 17.24-25の2頌[26]に合致すると述べるが，むしろ，[B]にこそ合致する．この点は，[B]の第一詩脚に含まれる語句「恐れ知らず」（bag tsha ba med）がJMṬの注釈に援用されていることからも裏付けられる．つまり，ダルマキールティによる注釈の趣意は，[A]がĀJM 17.13-19の，[B]が17.20-25の要義（*piṇḍārtha）である点にあり，そのうち[B]の第一詩脚に含まれる「恐れ知らず」が17.24-25に合致しているとする点にある．別の観点からみれば，ĀJM 17.13-25の作成に際してアーリャシューラは*Sūtrālaṃkāraに基づいた，と注釈されたことになる．当該箇所に引き続き，JMṬでは，[A][B]における悪性の進行する順序が論じられているが，それについては省略する[27]．

続いて，JMṬの第四例は以下のとおり．ここでは2頌が引用される．

[JMṬ on ĀJM 17.27][Hanisch 2007: 197]

ji ltar chang 'thung ba ngan pa la spyod pa yin zhe na | de'i phyir slob dpon btsun pa gzhan la phan pa'i dbyangs kyis bshad pa |

mi 'tshe mi rku 'khrig pa mi spyod pa ||
lus kyi dge ba bya ba gsum yin no ||
'brel med phra ma brdzun dang tshig rtsub spong ||

---

24 Hanisch 2007: 198, n.20によれば，ĀJM 17.25a. 注26を参照．

25 ĀJM 17.25c. 注26を参照．

26 ĀJM 17.24-25:
unmādavidyāṃ vyasanapratiṣṭhāṃ sākṣād alakṣmīṃ jananīm aghānām |
advaitasiddhāṃ kalipaddhatiṃ tāṃ krīṇīta ghorāṃ manasas tamistrām ||24||
parimuṣitamatir yayā nihanyād api pitaraṃ jananīm anāgasaṃ vā |
aviganịtasukhāyatir yatiṃ vā krayavidhinā nṛpa tām ito gṛhāṇa ||25||
狂気ならしめる呪文，災難の依り所，不幸の化身，諸々の罪悪の母，
唯一の完成された悪世への道，心の恐るべき暗夜なる，それを君達は買え。(24)
それによって思惟を失った人は罪もない父母を，また，
安楽なる後生を考慮しない人は出家者をも殺害するであろう．王よ，それを私から購入したまえ．(25)（干潟・高原 1981: 166より訳文を抜粋）

27 Hanisch 2007: 198を参照．[A]については概ね詩節の順序で進行するとされるが（身体を汚す→記憶を奪われる→戒から逸脱する→羞恥心を断ち切る→家系を滅ぼす→至高のよろこびを壊す→憎悪を生じさせる），[B]については，軽蔑の館となる→自律を伴わない→振る舞いを乱す→正義を実行しない→戒知らず（＝恐れ知らず）になる，という順序で悪性が進行するとダルマキールティは注釈する．しかしこの注釈は，アシュヴァゴーシャの原意に基づくというより，むしろ，ĀJM 17.13-25との整合性に力点が置かれている．

ngag gi dge ba rnam pa bzhi yin no ||[28]
chang 'thung spong ba 'di ni sdom pa brgyad pa ste ||
gang tshe kun tu 'tsho ba dge ba ldan gyur pa ||
de tshe tshul khrims cho ga gnas par gyur pa yin ||
de las gzhan pa tshul khrims 'chal par mkhas pas bshad ||[29]

de bas na chang 'thung ba ni ngan par spyod pa nyid do ||

どうして，飲酒は悪行であるのか．ゆえに，アーチャーリャ・スタヴィラ・アスヴァゴーシャによって解説されている．

［C］　〔生物を〕傷つけず，盗まず，性交をしない．
身体に関する善行（*kāyasucaritāni）が三つある．
関係のない〔発話〕，中傷する〔発話〕，虚偽の〔発話〕，暴言を離れる（*virati）．
言葉に関する善行（vāksucaritāni）が四つある．

［D］　〔そして〕飲酒を離れる．以上が八つの防護（*saṃvara）である．
生活者（*ājīva）が善〔行〕を伴う限り，
その限り，戒の規範（*śīlavidhi）に留まる者となる．
そうでない者は破戒者となると，知者（佛陀）は語ったのだ．

したがって，飲酒は悪行そのものである．

この 2 頌の引用に際しては出典が言及されていないが，前出箇所の付近であるため *Sūtrālaṃkāra* とみなして差し支えないであろう．内容的にも類似した頌が *Saundarananda*（SauN）に確認されるため，他の現存作品と遜色はない[30]．そしてやはり，当該 2 頌も同じく『大智度論』巻十三に引用される[31]．ただし本例では，**Sūtrālaṃkāra* の引用に引き続き，SauN が引用されるという奇妙な構成となっている．

[MPPU][T25, 158c29-159b1]

如佛偈說

［C］　不殺亦不盜　亦不有邪婬　實語不飲酒　正命以淨心

［D］　若能行此者　二世憂畏除　戒福恒隨身　常與天人俱
世間六時華　榮曜色相發　以此一歲華　天上一日具（SauN 10.19）
天樹自然生　花鬘及瓔珞　丹葩如燈照　衆色相間錯（SauN 10.20-21）

---

28 チベット語訳にして 4×9 音節の韻律は Upajāti と推測される（Hanisch 2007: 203）.

29 チベット語訳にして 4×11 音節の韻律は Praharaṇakalitā と推測される（Hanisch 2007: 203）.

30 SauN 16.31:
vākkarma samyak sahakāyakarma yathāvad ājīvanayaś ca śuddhaḥ |
idaṃ trayaṃ vṛttavidhau pravṛttaṃ śīlāśrayaṃ karmaparigrahāya ||

31 『大智度論』巻十三の当該箇所は，[A][B]が引用されている前出箇所の直後に位置する．五戒を主題として論ずる箇所である．『大智度論』当該箇所については Lamotte 1981^2: 821ff.を参照．ただし，Lamotte によっても所引頌の出典は同定されていない．

天衣無央數　其色若干種　鮮白映天日　輕密無間壟（SauN 10.22）
金色映繡文　斐亹如雲氣　如是上妙服　悉從天樹出（SauN 10.22）
明珠天耳璫　寶磲曜手足　隨心所好愛　亦從天樹出（SauN 10.23）
金華琉璃莖　金剛爲華鬚　柔軟香芬熏　悉從寶池出（SauN 10.24）
琴瑟箏箜篌　七寶爲挍飾　器妙故音清　皆亦從樹出（SauN 10.25）
波＊[32]質姤樹　天上樹中王　在彼歡喜園　一切無有比[33]（SauN 10.26）
持戒爲耕田　天樹從中出　天廚甘露味　飲食除飢渴[34]（SauN 10.27）
天女無監礙　亦無妊身難　嬉怡縱逸樂　食無便利患[35]（SauN 10.36）
持戒常攝心　得生自恣地　無事亦無難　常得肆樂志（SauN 10.63）
諸天得自在　憂苦不復生　所欲應念至　身光照幽冥（SauN 10.32）
如是種種樂　皆由施與戒　若欲得此報　當勤自勉勵（SauN 10.33）

「如佛偈説」との引用導入句のもと[36]，五言六〇句からなる 15 頌が引用される[37]．そのうち冒頭の 2 頌が*Sūtrālaṃkāra に，続く 13 頌が SauN 10.19ff.に同定される．ただし，[C][D]各句の読みは，JMṬ 所引頌と顕著な異なりを見せる．特に，[C]については JMṬ 所引頌が

---

[32] ＊ ＝［(匕/示)＊(入/米)］

[33] 斎藤 2013: 415-416 は敦煌本，斯 2161「一切無可方」との異読の存在を注記する．

[34] SauN 10.27 に「飲食除飢渇」の対応句なし．

[35] SauN 10.36 に「食無便利患」の対応句なし．

[36] 「如佛偈言」との引用導入句に基づく頌の引用例は『大智度論』にもう一箇所あり，そこで引用されるのは *Buddhacarita*（BC）である．総計 8 頌のうち，7 頌が現行 BC に同定される．以下に記す BC の通番は梶山・小林・立川・御牧 1985 に基づく．『佛所行讃』「菴摩羅女見佛品第二十二」の平行箇所とともに掲げる．T25, 166a5-16: 如佛偈言

（1）寧以赤鐵 宛轉眼中 不以散心 邪視女色（BC 22.29）：寧以熱鐵槍 貫徹於雙目 不以愛欲心 而觀於女色（T4, 42a2-3）

（2）含笑作姿 憍慢羞恥 迴面攝眼 美言妬瞋（BC 22.25）：現啼笑喜怒 縱體而垂肩 或散髮髻傾 猶尚亂人心（T4, 41c20-21）

（3）行步妖穢 以惑於人 婬羅彌網 人皆沒身（BC 22.21）：女人顯恣態 若行住坐臥 乃至畫像形 悉表妖姿容 劫奪人善心 如何不自防（T4, 41c17-19）

（4）坐臥行立 迴眄巧媚 薄智愚人 爲之心醉（BC 22.23）：上引の T4, 41c17-19 と平行

（5）執劍向敵 是猶可勝 女賊害人 是不可禁（BC 22.22 と第一詩脚が僅かに一致）：寧在暴虎口 狂夫利劍下 不於女人所 而起愛欲情（T4, 41c15-16）

（6）蚖蛇含毒 猶可手捉 女情惑人 是不可觸（BC 22.22 と第一詩脚が僅かに一致）：愛欲迷其心 炫惑於女色 亂想而命終 必墮三惡道（T4, 42a4-5）

（7）有智之人 所應不視 若欲觀之 當如母姊（not identified）：『佛所行讃』にも対応詩節が見出せず

（8）諦視觀之 不淨填積 婬火不除 爲之燒滅（BC 22.31 が僅かに一致）：諦見其眞實 滅除貪欲想 正觀於自境 天女尚不樂（T4, 41c26-27）

つまり，『大智度論』では，「如佛偈言」との引用導入句のもと，*Sūtrālaṃkāra に加え，SauN, BC が引用されるのである．なお，この引用例は，斎藤 2013: 418-419 では鳩摩羅什の自作詩とみなされているが，BC からの引用である．

[37] この引用例は，斎藤 2013: 414-416 では鳩摩羅什の自作詩とみなされているが，*Sūtrālaṃkāra および SauN からの引用である．上注も併せて参照．

八防護を説くのに対し，『大智度論』所引頌は五戒を説く．[D]については『大智度論』所引頌の第二詩脚（「二世憂畏除」），第四詩脚（「常與天人俱」）が JMṬ 所引頌とまったく平行せず，特に第四詩脚は生天の果報を強調する SauN 10.19ff. の内容と円滑に接続するものへと変化している．

いづれにせよ，『大智度論』に平行例が確認されるという事実は，それらがアシュヴァゴーシャの真作である信憑を高めると同時に，JMṬ における出典表示の確かさを裏付ける．以上，JMṬ から 4 頌の引用例を確認した．

1.2 ラトナーカラシャーンティの *Sūtrasamuccayabhāṣya*

ラトナーカラシャーンティ（Ratnākaraśānti）の *Sūtrasamuccayabhāṣya*（SSBh）[38]においては，3 箇所にわたり **Sūtrālaṃkāra* への言及が確認される．そのうち，前二例には頌の引用がないものの，「アーチャーリャ・アシュヴァゴーシャの**Sūtrālaṃkāra*」の参照を促す記述があり，第三例には半頌の引用が確認される．

Ratnarāśi を対象とする第一例は以下のとおり[39]．

[SSBh 8.25][D ki 279b4-280a1; P a 327a5-b1]

thabs gang gis she na | bsam pa rnam par dag pa dang sbyor ba phun sum tshogs pa'i thabs kyis so ||

de la bsam pa ni rnam pa bzhi ste | bdag bsgrags pa'i bsam pas[40] ma yin pa dang | rtsod pa las rgyal bar 'dod pa'i bsam pas[41] ma yin pa dang | mtshang 'dru ba'i bsam pas ma yin pa dang | de'i phyir sems can yongs su bsgral bar dmigs pa dang | nyon mongs pa'i dgra las rgyal ba'i bsam pa dang | rnam pa thams cad mkhyen pa nyid thob par 'dod pa'i bsam pa dang | chos dang chos smra ba la gus par bya ba'i bsam pas mnyan par bya ba'o ||

sbyor ba ni rnam pa gsum ste | sbyor ba stong pa nyid snying rje chen po can byang chub kyis[42] zin cing | go cha'i brtson 'grus dang ldan pa dang | dngos gzhi 'khor gsum rnam par dag pa pha rol tu phyin pa drug dang ldan pa dang | rjes[43] la mi dmigs pas dge ba rdzogs pa'i

---

[38] チベット語訳の奥書に確認される正式名称は *Sūtrasamuccayabhāṣyaṃ Ratnālokālaṃkāra-nāma*. ナーガールジュナ（Nāgārjuna）作として伝わる *Sūtrasamuccaya*（SS）に対する注釈文献である．SSBh は現在のところチベット語訳でのみその存在が確認され，章立ては全十一章からなる．望月海慧によって，第一章から第四章までのチベット語訳校訂版（『棲神』65-67, 1993-95）と，全体にわたる邦訳研究（『身延論叢』10-15, 2005-10）とが公表されている．被引用文献の集計も行われているものの（Mochizuki 2013），出典が未同定の引用例も少なくない．

[39] 望月による邦訳研究では望月 2008: 112-113 に相当する．分節番号も望月に基づく．注釈対象の該当箇所は SS 96.18f.である．望月 2008: 112, n.84 では Silk 1994: 695-696 が参考資料として挙げられる．

[40] pa DP. Read pas.

[41] pas D : pa P

[42] kyis D : kyi P

[43] rjes D : rjos P

byang chub tu yongs su bsngo ba ste | thabs de lta bus mnyan par bya'o zhes bstan to ||

'di dag gi mtshan nyid du ni mdo sde rgyan las[44] slob dpon rta dbyangs kyis bshad par blta[45] bar bya'o ||

いかなる方便（*upāya）によるのか．清浄な意欲（*śuddhāśaya）[46]と加行（*prayoga）とを完備した方便による．その中で，意欲は四種ある．(1) 自己を顕彰する意欲によるのではなく，論争に勝利しようとする意欲によるのではなく，〔先達の〕汚点を掘り返す意欲によるのではなく，だからこそ有情の救済を目的とする〔意欲〕と，(2) 煩悩という敵に勝利する意欲と，(3) 一切相智性を得ようとする意欲と，(4)〔教〕法と説法者とを敬うべしとする意欲と〔を完備した方便〕によって〔福徳と知識とを〕均等にすべきである．

加行は三種ある．(1) 大悲を有する菩提に包摂され，鎧である精進を伴った空性の加行と，(2) 三輪清浄の六波羅蜜を伴った根本的〔加行〕と，(3) 後のことに囚われず，善を完成する菩提に回向する〔加行〕と，である．以上の如き方便によって〔福徳と知識とを〕均等にすべきであると，示されている．[47]

以上の定義については，*Sūtrālaṃkāra における，アーチャーリャ・アシュヴァゴーシャによる解説を参照すべきである．

---

[44] las D : la P

[45] blta D : lta P

[46] アティシャ（Atiśa）の *Ratnakaraṇḍodghāta-nāma-madhyamakopadeśa*（RKU）にて，**Sūtrālaṃkāra* との引用導入句のもとに引用される，出典不詳の（= MSA に平行例を見出せない）頌では，清浄な意欲は強い意欲（*adhyāśaya）であると定義されている．RKU 31.12-16:

yangs shing rgya che dag pa dang || phan pa rgya chen byed pa dang ||
dge ba nyid kyis lhag pas na || bsam pa dag pa lhag bsam yin ||

zhes mdo sde'i rgyan du gsungs so ||

広大であること，〔有情〕利益が大きいこと，
善であることの点で勝れているから，清浄な意欲は，強い意欲なのである．

と *Sūtrālaṃkāra に説かれている．

RKU チベット語訳テクストにおける *mDo sde'i rgyan* に付された注記（宮崎 2007: 31, n.5）には「出典不詳」と記されているが，該当する和訳箇所（ibid., 91）では「『大乗荘厳経論』」とされている．その根拠はおそらく，RKU 当該箇所の前後に引用される *mDo sde'i rgyan* がすべて MSA に同定されるからであろう．一方で，本頌が梵蔵漢いづれの MSA にも確認し得ないのも事実である．こうした例については，(1) アシュヴァゴーシャの **Sūtrālaṃkāra* が出典である可能性，(2) 現行の MSA から脱落した可能性，(3) いづれかの論師が MSA の趣意を頌にまとめた可能性，などが想定される．本頌については (1) あるいは (3) の可能性が推測されるが，本頌はハリバドラ（Haribhadra）の *Abhisamayālaṃkārālokā* にも引用されているため，(3) であるにせよ，その制作年代はハリバドラ以前である．AAĀ 46.9-10:

āyato vipulo hṛṣṭa upakāraparo mahān
kalyāṇaś caivam-ādhikyād āśayo 'dhyāśayaḥ satām ||

[47] Silk 1994: 691f.が指摘するように，SS に引用された，*Ratnarāśi* のものとされる経文は，チベット大蔵経カンジュルおよび漢訳大蔵経所収の現行 *Ratnarāśi*（Silk Ed.）に見出されない．さらに，ここでラトナーカラが挙げる「四種の意欲」「三種の加行」も，SS 所引の *Ratnarāśi* に全く言及されていない．したがって，何らかの典拠に基づくラトナーカラ自身による要約と推測される．

SSBhから予想される**Sūtrālaṃkāra*の内容は，四種の意欲と三種の加行とを完備（円満）した「方便」である．意欲と加行と（の完備）はしばしば対で用いられるが[48]，当該箇所の如き「四種の意欲」「三種の加行」は類例を見出し得ない．僅かに，「四種の意欲」に関して「摂決択分中聞所成地」における「論書の作成に必要な四種の徳」との類似を見出し得るのみである[49]．また，「三種の加行」には「大悲」「被甲精進」「三輪清浄」「六波羅蜜」「回向」などの大乗概念が用いられているため，それがそのまま**Sūtrālaṃkāra*に説かれていたかどうかは疑問である．したがって当該箇所の言及から判明するのは，**Sūtrālaṃkāra*に「方便」への言及があったということのみである．

*Gaṇḍavyūha*を対象とする第二例は以下のとおり[50]．

[SSBh 8.33][D ki 284a5-7; P a 332a5-8]

de ltar tshogs kyi sa nas mthar phyin pa'i bar du yon tan mtha' dag skye ba ni yongs su 'dzin pa'i dbang las 'byung bar rig par bya ste | 'dir ni mdor bsdus te bstan gyi zhib tu 'phags pa sdong po bkod pa'i mdo las shes par bya'o ||

yongs su 'dzin pa'i phan yon gyi don bshad pa ni slob dpon rta dbyangs kyis mdo sde'i rgyan du bshad par rig par bya'o ||

mos pas spyod pa nas mthar phyin pa'i sa'i bar du yon tan gyi chos rnams yongs su sbyar ba ni | 'phags pa thogs med kyi byang chub sems dpa'i sa las shes par bya'o ||

sa dang po nas mthar phyin pa'i sa'i bar de nyid kyi rgyas pa ni sa bcu pa las rig par bya'o ||

同じく，資糧地から究竟〔地〕に至るまでの，究極の功徳たちの発生は，〔佛による〕包摂（*parigraha）の力から生じると知るべきである．これについては要約して説明したけれども，詳細については『聖なる華厳経』（**Āryagaṇḍavyūhasūtra*）[51]から理解

---

[48] 例えば BoBh 81.18-26; 182.19-183.2.

[49] 「摂決択分中聞所成地」では，佛教徒にとっての理想的な論（śāstra）の作成方法が定義されている．そこでは，「二種の師への敬礼」「論書の作成に適切な六種の因」「論書の作成に必要な四種の徳」を完備した者による，論の作成が「経の荘厳」（*sūtrālaṃkāra）であると定義される．このうち，「論書の作成に必要な四種の徳」が，SSBhにおける「四種の意欲」と僅かに一致する．VinSg D zhi 197b4-5; P zi 205b4-5: bstan bcos nye bar sbyor bar 'dod pas bdag nyid yon tan bzhi dang sbyar nas bstan bcos nye bar sbyar bar bya ste / sngon gyi slob dpon rnams la nga rgyal mi byed pa dang / sems can rnams la snying rje che ba dang / chos mthun pa pa rnams la byams pa dang / bdag nyid mi sgrogs pa'o //「論書を作成したいと望む者は，自ら4つの徳を作り上げた上で，論書を作成すべきである．昔の先生（*pūrvācārya）たちに対する我慢（高慢）を起さないこと，有情たちに対する広大なる慈しみをもつこと，法を共有する者（佛法を共有する佛教徒）たちに対する友情をもつこと，自己を顕彰しないこと．」

[50] SS 101.2f. 邦訳研究では望月 2008: 122 に相当する．

[51] 望月 2008: 118, n.98 は Gvy 363-366; 梶山 1994: 310-316 を指摘する．SSBh 当該箇所の具体的な対応箇所は以下のとおり．Gvy 365.16: karṇadhārabhūtāni kalyāṇamitrāṇi sarvajñajñānaratnadvīpa-saṃprāpaṇatayā ||;「善知識は水先案内人のようなものです，一切智者の智の宝島へ到達させるから」（梶山 1994: 313 より訳文を抜粋）．ラトナーカラは上記経文中の「宝島」が「佛による包摂」（parigraha）の譬喩であると述べているのである．

すべきである．

「〔佛による〕包摂」という裨益（*hita）の意味内容の解説は，アーチャーリャ・アシュヴァゴーシャによる*Sūtrālaṃkāraでの解説を知るべきである．

信解行〔地〕から究竟地に至るまでの，功徳である諸法の実践は，聖者アサンガの『菩薩地』（*Bodhisattvabhūmi）[52]から理解すべきである．

初地から究竟〔地〕に至るまでの，その同じ〔功徳である諸法の実践〕の詳細は，『十地』（*Daśabhūmika）[53]から知るべきである．

mdo sde'i rgyan とあるように，第一例における訳例（*mdo sde rgyan*）とは少しく異なるけれども，問題はない．そして当該箇所の言及から判明するのも，**Sūtrālaṃkāra* に「佛による包摂」ないし，その「裨益」への言及があったということのみである．

さらに，もう一箇所[54]，作者名への言及を欠いているものの，**Sūtrālaṃkāra* から半頌の引用例がある．*Vimalakīrtinirdeśa*（Chap. 4，§16-17）を対象とした箇所である[55]．（太字は経文引用であることを示す．）

[SSBh 10.50][D ki 329b4-6; P a 383b8-384a4]

bsod nams dang ye shes dag ni sku gnyis 'grub bo zhes bya bar bstan pas bsod nams dang ye shes kyi bye brag bstan[56] pa shes rab de'ang thabs dang ldan par[57] bstan pa ni | **thabs[58] dang bral bar** gsungs te | **byang chub sems dpa'** ni shes rab goms par byed pa'o ||

de lta[59] bas na sbyor ba yang dag pa'o zhes bya ste | yang dag pa'i[60] thar pa'i thabs so || sbyor ba ni lam de'o ||

de yang ci ltar shes she na | de skad ces lung dang sbyar ba ni **thabs kyis ma zin pa'i** zhes bya ba la sogs pa gsungs te | **zhing gi[61] rgyan** ni zhing dang 'brel bar rgyan zhes[62] bya ste | snod rnam par dag pa'o ||

lta ba ni drug cu rtsa gnyis te | tshangs pa'i dra[63] ba las gsungs pa lta bu'o ||

des na mdo sde rgyan las |

shes rab thabs kyis yongs su zin pa dang ||

[52] *Bodhisattvabhūmi, parigrahapaṭala* を指すと推測される．BoBh 362.1-366.10.

[53] *Daśabhūmika* の正確な対応箇所を特定することは難しい．

[54] 以下の引用例は Mochizuki 2013 に記録されていない．邦訳研究では望月 2010: 76-77 に相当する．

[55] SS 182.18f. 望月 2010: 76, n.164 では Vkn 51-52 が参考資料として挙げられる．

[56] bstan D : brten P

[57] ldan par D : om. P

[58] thabs mkhas pa DP. Read thabs.

[59] lta P : ltar D

[60] pa'i D : pa pa'i P

[61] gi D : gis P

[62] ces DP. Read zhes.

[63] dra P : 'dra D

sbyin sogs shes rab kyis zin mi bzang gzhag[64] |

ce'o ||

福徳と知識とがふたつの身体[65]を完成すると〔『維摩経』に〕示されているので，福徳と知識との違いを説明する智慧（*prajñā），それも方便をそなえていると示すものが，〔『維摩経』に〕**方便によって包摂された〔智慧〕**（upāyasaṃgṛhītā [prajñā]）[66]と語られている．**菩薩**（bodhisattva）[67]は智慧を修習する者である．

以上のとおりであれば，〔智慧と方便との〕結びつきは正しいのだと〔『維摩経』に示されている〕．真の解脱（不住処涅槃）〔へと導くため〕の方便が，である．結びつきはその道筋である．

さらに，それ（智慧と方便との結びつき）はどのように知られるのか．以下のとおり，経典伝承に適合したものが，〔『維摩経』に〕**方便によって包摂されていない〔智慧〕**（anupāyasaṃgṛhītā [prajñā]）[68]云々と語られている．**〔佛〕土の荘厳**（[buddha]-kṣetrālaṃkāra）[69]とは土に関係した荘厳であって，器の浄化（*bhājanapariśuddhi）のことである．

見（dṛṣṭi）[70]は62ある．『梵網〔経〕』（**Brahmajāla*）[71]に語られているとおりである．

ゆえに<u>**Sūtrālaṃkāra*</u>には，

〔E〕　智慧は方便により完全に包摂され（*parigṛhīta），

布施などは智慧により〔完全に〕包摂される（*gṛhīta）と確立されている．[72]

とある．

本例は作者への言及を欠いているため，その出典が *Mahāyānasūtrālaṃkāra*（MSA）である可能性も一応は疑われる．しかし，現行の MSA には平行例が一切見当たらない．SSBh では MSA が頻繁に引用されるが，引用に際してその名称が言及される例は，本例の出典が MSA でないとすれば，皆無である．それに対して，アシュヴァゴーシャの**Sūtrālaṃkāra*については，必ずその名称が言及される．この点は，ナーガールジュナ，マイトレーヤ，アサンガの著作については，出典が明示されないまま引用が繰り返される態度と対照的である．推察するに，ラトナーカラが想定した SSBh の学習対象者にとって，**Sūtrālaṃkāra*

64 gzhag D : om. P
65 色身（Vkn §2.8-11）と法身（Vkn §2.12）とであると推測される．
66 Vkn 51.20-21; 52.2-5.
67 Vkn 51.18; 52.11.
68 Vkn 51.20; 51.23-52.2.
69 Vkn 52.1; 52.3-4.
70 Vkn 52.6; 52.9.
71 有部阿含では *Dīrghāgama* no. 47，パーリ・ニカーヤでは *Dīghanikāya* no.1，漢訳『長阿含経』では no. 21.
72 第二誌脚に含まれる mi bzang が理解しにくい．

は馴染みの薄いものであったのではなかろうか[73].

1.3 ヴァスバンドゥの *Vyākhyāyukti*

アシュヴァゴーシャと同じく Sāketa（Ayodhyā）にて活動したとの伝承が残るヴァスバンドゥ（Vasubandhu）は，*Abhidharmakośa*（AK）に次ぐ *Vyākhyāyukti*（VyY）の最後部に，**Sūtrālaṃkāra* から，ふたつの頌を引用する．前頌は経典注釈法（*sūtravyākhyānaya）を，後頌は2種類の話者（*vaktṛ），おそらくは「注釈者」と「説法者」たる者の節度を説く．

[VyY][D shi 134a2-5; P si 155b3-7; L 311.4-312.10]

mdo sde'i rgyan las kyang mdo sde rnam par bshad pa'i tshul bstan to ||

gces pa dang ni dgongs pa can gyi gsung dag rnam pa mang du brjod ||
tshig gi don dang mtshams sbyar bsdebs[74] dang 'dra bar mang du brjod par bya ||
'gal ba dag dang lan gdab thabs kyang mang du brjod cing shes par bya ||
yon tan 'di dag rnams dang ldan pas gal te smra na legs smra yin ||

tshigs su bcad pa 'dis ni sangs rgyas kyi gsung yon tan lnga dag tu bstan par grag ste | dgos pa dang bcas pa nyid dang | dgongs pa zab pa nyid dang | mtshan nyid zab pa nyid dang | snga phyi'i[75] 'brel ba nyid dang | rigs pa dang 'brel ba nyid do ||

gzhan yang bstan pa |

gang zhig gzhan gyis brgal na snyan par smra byed rtsub[76] pa ma yin dang ||
bstod dam grub par gyur kyang gang gi yid ni rgyags par mi byed dang ||
gang zhig don rgyas pa dang[77] sna tshogs 'brel dang go byed smra ba dang ||
gang zhig snying la dge rtsa bskyed[78] pa de ni smra byed mkhas pa yin ||[79]

tshig su bcad pa 'dis ni smra ba po rnam pa gnyis kyi yon tan rnam pa gnyis[80] bstan par grag ste | smra ba po rnam pa gnyis ni rang gi phyogs 'dzugs pa dang | chos ston pa'o ||

**Sūtrālaṃkāra* にも[81]，経典注釈の方法（*sūtravyākhyānaya）が説かれている．

［F］　歓喜（*preyas）と，趣意（*abhiprāya）とを含んだ〔佛の〕おことばが多種

---

73 ただし，この点は SSBh のみに当て嵌まるのであって，ラトナーカラの他著に至るまで適用できるわけではない．なぜなら，sūtrālaṃkāre との引用導入句に基づく MSA 9.65 の引用例が *Sārottamā* 172.12 に確認されるからである．

74 bsdebs VyYṬ(D) : bsdeb VyYṬ(P) : sdeb VyY(DP) : sded VyY(L)

75 phyi'i VyY(DL) : phyi VyY(P)

76 VyY(P)は判読できず．

77 gang zhig don rgyas pa dang VyY(DP) : gang zhig gsal dang VyYṬ(DP)

78 bskyed VyY(DL) : skyed VyY(P)

79 2頌とも各詩脚がチベット語訳にして15音節から成るため，韻律は śārdūlavikrīḍita が予想される．

80 gnyis VyY(DL) : gnyis kyis VyY(P)

81 「**Sūtrālaṃkāra* にも」とは，VyY chap. I にてヴァスバンドゥ自身が提唱した経典注釈法と対比して述べられている．上野 2009: 10-11 を参照．

に語られ〔るべきであり〕，

語義（*padārtha）と，関連・連結（*anusaṃdhiprabandha）と，直喩（*upamā）とが多く語られるべきであり，

また，諸矛盾・答釈（*viruddhaparihāra）という手段が多く語られ，知られるべきである．

以上の諸徳を有する者が，もし〔注釈を〕説くのであれば，善説（*subhāṣita）なのである．

この頌によっては，佛説が五徳として示されていると聞き及ぶ．目的（*prayojana）を有すること，趣意が深甚であること，定義（*lakṣaṇa）が深甚であること，前後（*pūrvāpara）の関係があること，方軌（*yukti）との関係があることである．

さらに，説かれている．

〔G〕 他者から批判されたとき〔にも〕，愛語をなし，粗雑〔な語を語ること〕のない者，

称賛され，あるいは，なす〔べき〕ことをなし終えたとしても，そのこころが驕ることのない者，

広大なる意味内容と，多様なる関係と，理解させる〔譬喩〕[82]とを語る者，

心に善根を生じさせる者[83]，かの者が〔善〕説をなす知者である．

この頌によっては，二種の話者（*vaktṛ）に関する，二種の徳が示されていると聞き及ぶ．二種の話者とは，自己の立場を立てる者（注釈者）と，説法者とである．

当該2頌はほとんどVyY全体を総括する内容をもっている[84]．また，2頌ともMSAには見出されない．ゆえに，その出典は「〔大乗の〕*Sūtrālaṃkāra*」ではない[85]．経典注釈法という特徴的な主題をもつ頌が，本来のMSAには含まれていながら現行のMSAでは脱落した可能性も低いであろう．したがって，**Sūtrālaṃkāra*との呼称を有する，ヴァスバン

---

82 VyYの注釈者グナマティは当該語句を「理解させる意味内容を語る者」と注釈するが，その理解には従わない．

83 当該頌のうち，「愛語をなし，粗雑〔な語を語ること〕のない」ことは前頌の「歓喜」に，「称賛され，あるいはなす〔べき〕ことをなし終えたとしても，そのこころが驕ることのない」ことは「趣意」に，「広大なる意味内容」は「語義」に，「多様なる関係」は関連・連結に，「理解させる〔譬喩〕を語る」ことは「直喩」に，「心に善根を生ぜしめる」ことは「諸矛盾・答釈という手段」にそれぞれ対応すると思われる．

84 上野 2009: 10-11を参照．

85 VyYにおけるMSAの引用例についてはHoriuchi 2009を参照．堀内によれば，散文注を除く韻文MSAの引用例はVyY chap. IVに二例あり，それぞれ（1）byang chub sems dpa' legs par rnam par byang ba rtogs pas kyang（*suvyavadātasamayabodhisattvenāpi），（2）theg pa chen po las（*mahāyāne）との引用導入句が付されている．推察するに，（1）はMaitreyaを指し，（2）は「大乗の〔荘厳経論〕」を意味すると思われる．つまり，少なくともVyYにおいては，MSAがSūtrālaṃkāraとの呼称のもとに引用される例は見出せない．さらに言えば，（2）の例から，ヴァスバンドゥはアシュヴァゴーシャの**Sūtrālaṃkāra*との区別を明示する形でMSAを引用した，ともみなし得る．

ドゥに先行する作品からの引用例とみなし得る.

そして, [F]の内容を敷衍したと推測される散文が,『大智度論』巻六十五に確認される.

[MPPU][T25, 518a13-20]

「顯現者」佛爲種種衆生説種種法。或時毀呰善法、助不善法、趣令衆生得解。

説法者説佛意趣以應衆生令知輕重相。

「解釋者」如嚢中寶物繋口則人不知。若爲人解經卷嚢、解釋義理。

又如重物披析令輕。

種種因縁譬喩、解釋本末令易解。

「淺易者」如深水難渡、有人分散此水令淺則渡者皆易。

【歓喜】「顯現」とは、佛は種種の衆生の爲に種種の法を説きたまひ、或時は善法を毀呰して不善法を助け、**趣かに衆生をして解を得せしめたまひ、**

【趣意】**説法者は佛の意趣を説きて**以て衆生に應じ、輕重の相を知らしむ。

【語義】「解釋」とは、嚢中の寶物の如きは、口を繋げば則ち人知らず、若し人の爲に經卷の嚢を解きて**義理を解釋し、**

【矛盾・答釈】又た**重物を披き析けて、輕からしむる**が如く、

【直喩】種種の因縁、**譬喩もて本末を解釋して、解し易からしむ**。

【関連・連結】「淺易」とは、深水は渡り難きも、人あり、**此の水を分散して淺からしむれば、則ち渡る者皆な易き**が如し。

以上の六相からなる経典注釈法は, 現存する諸文献から確認する限り, **Sūtrālaṃkāra* を除いて類例がない[86]. というのも, **Sūtrālaṃkāra* 以降, 時代が下るほど方法論が簡略化される傾向にあったからである[87]. したがって,『大智度論』の作者らの典拠としては, **Sūtrālaṃkāra* が最も蓋然性が高いのである.

1.4 まとめ

mDo sde rgyan ないし *mDo sde'i rgyan* とのチベット訳語から **Sūtrālaṃkāra* 以外の原語を想定することは難しい. そして, 上記 6.5 頌の引用例はすべて, T. 201/KalpM/DM からなるクマーララータ作品, および, *Mahāyānasūtrālaṃkāra*, さらには, 現存するアシュヴァゴーシャ作品群のいづれにも—あくまで管見の限りではあるが—平行例を確認できない. したがって, ヴァスバンドゥからラトナーカラシャーンティに至るまでの期間, インドの

[86] 上野 2009: 12 を参照.

[87] 事実, VyY におけるヴァスバンドゥの補足説明では「佛説が五徳として示されていると聞き及ぶ」として, **Sūtrālaṃkāra* の六相の中から「直喩」が間引かれている. より正確にいえば, VyY における経典注釈法では,「直喩」は,「目的」「要義」「語義」「次第」「論難・答釈」からなる五相を用いて経典を注釈するに先立ち, 説法師が聴衆に佛説への敬意を生じさせるためにする様々な「話」(kathā) の中に組み込まれている. そうした話は VyY chap. V に列挙されている.

佛教圏域に**Sūtrālaṃkāra*という作品が存在したこと，そして，その作者がアシュヴァゴーシャと認知されていたことに疑いはない．また，JMṬ 所引の4頌とVyY 所引の1頌とは『大智度論』に直接的引用例および散文による敷衍例が確認されるため，これら所引頌の制作年代の下限は5世紀初頭ということになる．

2 出典不詳のアシュヴァゴーシャ作頌の引用例

2.1 アシュヴァゴーシャの名称にかんする訳語例

本章以下，アシュヴァゴーシャの名のもとに引用されつつ，出典が言及されておらず，しかもその典拠が現存作品に見出し得ない引用例を取り上げる．そうした引用例の大半はサンスクリット文献に確認されるのだが，それらについては別稿を期すことにして，ここでは主にチベット語訳文献における引用例を取り上げる．アシュヴァゴーシャの名称に関するチベット語訳例については，1.1 で確認した gZhan la phan pa'i dbyangs（*Parahitaghoṣa →Asvaghoṣa）の他，*Mahāvyutpatti* 3478 は rTa skad との訳語を伝える[88].さらに，チベット大蔵経に収録されたアシュヴァゴーシャ作品（真贋を問わず）の奥書では rTa dbyangs との訳語が確認される．したがって，その訳例は以下の三種にまとめられる．

・gZhan la phan pa'i dbyangs

・rTa skad

・rTa dbyangs

このうち，gZhan la phan pa'i dbyangs の名の下における引用例は，インド撰述文献の中ではJMṬ を除いて確認することができなかった．そのため，次節以下，rTa skad と rTa dbyangs との名のもとにおける引用例を取り上げる．

2.2 rTa skad の名のもとにおける引用例：ヴァスバンドゥの *Karmasiddhiprakaraṇa*

VyY に次ぐ[89]*Karmasiddhiprakaraṇa*（KS）にはマートゥルンガ（mātuluṅga）の喩[90]を述べる頌がある．ヴァスバンドゥは当該頌を *Saṃdhinirmocana* に並ぶ権威として引用しつつ，

---

[88] No. 3478 との通番は Mvy(IF)に基づく．榊亮三郎による校訂版では no. 3480 に該当する．榊は rTa dbyangs と rTa skad とを併記するが，その併記が Mvy のいづれの版に基づくかは不明．

[89] ヴァスバンドゥの手に成る著作の作成順序は，松田 1984a により以下のように確定されている．すなわち，VyY には AK と同一の主題を扱う箇所があり，前者は後者の議論をさらに展開させている．KS は「隠没」経をめぐる箇所で VyY に言及し，同論に詳細を委ねている．PSVy は AK と KS とに言及し，両論の参照を促す．以上の点から松田 1984a は，AK→VyY→KS→PSVy と制作順序を確定した．

[90] マートゥルンガの喩については室寺 1994 を参照．「*mātuluṅga* は，常緑の灌木で，白い花をつける。その花を赤い染色液で染めてみる。すると，花が落ちて実った果実の中で，果肉内部の通常は赤くないはずの繊維状の部分が，赤く染まっている，というのである。ちょうどそのように，*karman* は成熟の過程を経て，その潜在的な効力（*vāsanā*）が現勢化するのに十分な限界点に達すれば，その次の瞬間には，必ず結果を結ぶ，というわけである。」（室寺 1994: 15 より抜粋）

その作者には言及しない．この点を注釈者スマティシーラ（Sumatiśīla）は *Karmasiddhiṭīkā*（KSṬ）において gnas brtan rta skad（*sthavira-Aśvaghoṣa）と補足する．以下に KS 所引頌を，ヤショーミトラ（Yaśomitra）の *Abhidharmakośavyākhyā*（AKVy）「破我品」に引用された梵文（おそらくは KS からの孫引き）と共に示す．試訳は AKVy の梵文に基づく．

[KS][Muroji 39.10-17; Cf. KSṬ D hi 90b3ff., P ku 102b1ff.]

de nyid kyi dbang du byas nas | gnas brtan rta skad kyis |[91]

sems 'di sa bon mtha' yas pa dang ldan pa rgyun gyis 'jug 'gyur zhing ||

sems la rang rkyen byung na de dang de yi sa bon brtas par 'gyur ||

de ltas rim gyis 'jug pa rnyed na dus su 'bras bu 'byin pa 'grub ||

ma du lung ga'i me tog la bsgos tshon ni de yi sha dmar bzhin ||

zhes bshad do ||

[AKVy][Wogihara 720.16-19]

cittaṃ hy etad anantabījasahitaṃ saṃtānato vartate

tattad bījam upaiti puṣṭim udite sve pratyaye cetasi |

tat puṣṭaṃ kramalabdhavṛtti[92] phaladaṃ kālena saṃpadyate

raṃgasyeva hi mātuluṃgakusume nyastasya[93] tatkesare ||

まことに，この，終りなき種子と結ばれた心は，連続から生じる．

こころのはたらきが〔一刹那前のこころ〕自身を縁として発生するとき，あれこれの種子が生育に趣く．

ゆえに，生育した〔種子〕が段階を経て発動を得たとき，結果を与えるものが時を経て起こる．

あたかも，マートゥルンガの花が〔赤く〕染色されると，その繊維〔までも〕が〔赤く染色〕されるように．

チベット語訳にして 15 音節からなる当該頌の韻律は Śārdūlavikrīḍita である．したがってこの用例から，Śārdūlavikrīḍita の韻律詩がチベット語訳にして 15 音節で訳された例のあることが確認される．VyY 所引頌も 15 音節であった．そして室寺 1994: 20 によれば，当該頌は現存するアシュヴァゴーシャ作品のいづれにも見出すことができないという．こうした頌が **Sūtrālaṃkāra* の一部であった可能性もあるのではないだろうか．

---

[91] 室寺 1994: 20-21, N.B. 1 は，gnas brtan rta skad kyis |「スタヴィラ・アシュヴァゴーシャによって，」との一文は KS デルゲ版のみに在り，チベット語訳の他版や漢訳相当箇所には無いと指摘する．この点から室寺は，当該の一文が KS デルゲ版の校訂者によって，KSṬ の記述に基づいて書き込まれたと推測する．

[92] Wogihara: druma-. 室寺 1994: 21 の指摘にしたがって krama-に訂正する．

[93] Wogihara: 'nyas tasya. 室寺 1994: 21 の指摘にしたがって nyatasya に訂正する．

2.3 rTa dbyangs の名のもとにおける引用例：グナマティの *Pratītyasamutpādādi-vibhaṅganirdśaṭīkā*

続いて取り上げるのは, KSに次ぐヴァスバンドゥの *Pratītyasamutpādavyākhyā* に対する, グナマティ（Guṇamati）による Ṭīkā である（PSVyṬ）. その冒頭付近に*sthavira-Aśvaghoṣa 作頌の引用例がある.

[PSVyṬ][D chi 63a5; P chi 73b2-3]

'di nyid tshig gi rgyan gyi sgo nas gnas brtan rta dbyangs kyis kyang |

sa ni bsregs na'ang de nas yang yang skye ||

shing ni bcad na yang lo ma skye bar 'gyur ||[94]

chu ni skams na'ang klung ni 'bab 'gyur gyi |

shes rab mtshon gyis khyod skyon bcad 'byung med ||

この同じ句[95]の荘厳について，スタヴィラ・アシュヴァゴーシャによっても，

土があたたかければ，そこから再び〔土壌は〕生まれる．

樹があれば，再び植物は生育する．

水が枯渇しなければ，再び川は流れる．しかし，

智慧という刀剣によって，あなた（佛陀）に過失が〔再び〕生まれることはない．

「この同じ句の荘厳について」とグナマティが補足するとおり，当該頌は「断の完備」（*prahāṇasampat）をそなえた佛陀に対する「荘厳」（*alaṃkāra）である．こうした頌が *Sūtrālaṃkāra* の一部であった可能性もあるのではなかろうか．この頌は，プールナヴァルダナ（Pūrṇavardhana）による『倶舎論』注釈 *Lakṣaṇānusāriṇī*（LA）にも引用例があるため[96]，阿毘達磨論師たちの間に比較的浸透していたものと推測される．

---

[94] この詩脚のみ 10 音節からなる．他の詩脚は 9 音節である．

[95] 「永断」（gtan du spangs pa, *atyantaprahāṇa）を指す．松田 1984b が明らかにしたとおり，ヴァスバンドゥは PSVy の最後部「異部決択」にて，論書の作成に際する「帰敬偈の作成方法」を説明する．そこでの説明によれば，帰敬偈は「佛の称賛」「法の称賛」「僧の称賛」を完備しなければならない．そのうち「佛の称賛」は「智」「断」「悲」「無尽」の完備からなる四項に分類される．注釈者グナマティはこのうち「断の完備」（*prahāṇasampat）を，さらに「一切煩悩の断」「永断」「有随眠の断」「三昧と等至とに対する障碍の断」の四項に分類する．アシュヴァゴーシャ作頌はその第二項「永断」に関する教証として引用されているのである．

[96] AKBh chap. VI（賢聖品）における *Daśottara*（Honjo 6065）の経句「心解脱」を阿羅漢性（arhattva）と解釈する箇所（AKBh 375.25ff.; 櫻部・小谷 1999: 379ff.）に対する注釈部である．プールナヴァルダナは，あらゆる煩悩の随眠を離れているため阿羅漢性を得た者が退失しないことを示す教証としてアシュヴァゴーシャ作頌を引用する．LA D cha 204b3-5; P nyu 250b4-6: de'i phyir dgra bcom pa nyid la yongs su nyams pa med de | nyon mongs pa'i phra rgyas thams cad spangs pa'i phyir ro || 'di skad du |

sa ni bsregs pa yang dang yang du skye 'gyur zhing ||
ljon shing bcad las slar 'dir yal ga skye 'gyur la ||
chu klung rnams ni chu skams gyur nas chu 'brug gi |
shes rab ral gris bcad pa'i skyon rnams 'byung mi 'gyur ||

zhes smras so ||

2.4 まとめ

アシュヴァゴーシャの名のもとに引用され，しかも現存作品群に平行例を見出し得ない引用例は多い．本章が取り上げたのはそのごく一部，僅か 2 例に過ぎない．こうした例については，第一に，アシュヴァゴーシャの作頌であっても現存作品群以外の作品に属する可能性がある．現在のところ，**Sūtrālaṃkāra* に加え，*Rāṣṭrapālanāṭaka* という作品が存在したことも判明しているからである[97]．第二に，実際には他者の作品であった可能性がある．というのも，アシュヴァゴーシャ，クマーララータ，マートリチェータらの作品は帰属伝承が錯綜しているため，アシュヴァゴーシャの手に成るものである保証はない．一方で，以上の 2 例は，在世年代と活動地域とがアシュヴァゴーシャに比較的近しいヴァスバンドゥに関連するふたつの文献における言及であるため，チベット語訳文献とはいえ，ある程度の信憑があると思われる．

3 佛教史における **Sūtrālaṃkāra* の位置づけ

3.1 クマーララータの *Kalpanāmaṇḍitikā Dṛṣṭāntapaṅkti*

以上によって，アシュヴァゴーシャの失われた **Sūtrālaṃkāra*（以下 SA と略称）の存在がある程度確かめられたと信ずる．そこで，次に問題となるのは，佛教史における SA の位置づけである．特に，本稿の冒頭に述べたように，中国の伝統では SA がクマーララータの KalpM と取り違えられ続けた経緯がある．また，KalpM はアシュヴァゴーシャの原作をクマーララータが改変したものではないかとの Lévi 1929 による推測もある[98]．

そのため本節では，T. 201 と SA とを比較してみたい．全 90 話からなる T. 201 の中で，飲酒戒を主題とするのは第 76 話と第 77 話と[99]である．両話とも Lévi 1908 によって関連資料が全く挙げられておらず，また，Huber 1908 も全く注記を与えていない．サンスクリット写本も極僅かな断片しかない（76 話は皆無，77 話 = KalpM Nr. 283, 284）．そのため漢訳として残された T. 201 が比較考証の材料となる．以下，簡潔に粗筋を述べる．

（第 76 話） 難提抜堤城に兄弟の優婆塞がいた．あるとき，弟が脇痛を患った．医師が診

---

[97] **Sūtrālaṃkāra* 以外にも，*Rāṣṭrapālanāṭaka* という作品が存在したようである．Bhattacharya 1976: 104 および，岡野潔のウェブサイト『インド仏教文学研究史 4 ：仏教詩人 Aśvaghoṣa の著作の研究史』によれば，ダルマキールティの *Vādanyāya* にそれが言及されている．VN 19.12-13: yasya śāsane sthavira-aśvaghoṣaḥ pravrajitaḥ. kaḥ punar bhadanta-aśvaghoṣaḥ. yasya rāṣṭra-pālaṃ nāma nāṭakam.

[98] Lévi 1929 は *Sūtrālaṃkāra* を改変したのが KalpM/DM であると推測した．ただし，この推測は T. 201 をアシュヴァゴーシャの SA と同一視する過誤に基づく．この過誤は，DM と T. 201 とが同一文献であることを明らかにし，従来の錯綜した論争に終止符を打った Hahn 1982 によって訂正されている．

[99] この通番は美濃 1930 = 1971: 258, fn に基づく．美濃が指摘するように，大正新脩大蔵経では本来 T4, 336b11 に付すべき（69）の番号を欠いているため，全体で 89 話しかない．したがって当該箇所以降，大正蔵と国訳一切経との間で番号がひとつずつ異なるものの，後者が正しい．

断して，新しい狗肉と酒とを服用するよう処方した．急ぎ兄が狗肉と酒とを購入してきて服用を勧めるも，酒の服用は破戒行為であるとして，弟は飲酒を固辞した．そして弟は「人身は得難く，戒・正法に値うことはさらに得難いにも関わらず，自分はそれを手にした．そうであるのになぜ，戒を奪おうとするのか」と，兄を詰問した．兄は酒の服用を勧める理由を「親愛のため」と答えた．さらに弟は「戒を毀損することは私を毀損することと同じ．五戒の中で飲酒戒が最も重いにも関わらず，なぜ私を毀損しようとするのか．もはや兄弟ではない」と答えた．兄は「どうして飲酒戒が五戒の根本であるのか」と質問した．弟は「酒は悪道の因」「放逸の根」であるとして，最後まで飲酒を拒んだ．そして，寿命が尽きるまで戒を護持する決心をすると，心に「大歓喜」を生じ，「眞諦」を見て，脇痛の患いが「消除」した．[100]

（第 77 話）釈伽羅国に，盧頭陀摩という王がいた．王はしばしば寺に詣でて説法を聴いていた．あるとき，王が説法を聴いていたところ，説法師は飲酒の過失を説いた．そこで王は「他者に酒を施すと狂人となってしまうというが，今，沢山の人が飲酒しているのに，狂人が現れたとの報せがないではないか」と説法師に質問した．説法師はただ黙って，その場にいた外道を指差した．その意図を汲み取った王は「善哉，善哉」と快哉を上げた．憤慨した外道は王と説法師とを詰問した．王は説法師に指差しの意味を語るよう促した．促された説法師は「外道には邪見が生じていて，その心が顛倒しているから，酩酊した狂人に等しい」と説いた．それを聞いて，外道たちは即座に出家した．[101]

以上が粗筋である．このような粗筋を散文で語り，韻文でその核心を語るのが KalpM の特徴であり，76 話は「飲酒戒が五戒の根本であること」，77 話は「邪見による過失は飲酒による過失と同一であること」が核心となる．JMṬ 所引の 4 頌と比較する限り，76 話は平行表現をもたない．77 話は，憎悪（瞋恚）による顔色の変化と飲酒による顔色の濁化とが同一であるとする一箇所のみ[102]，平行表現が確認される．それ以外には見当たらない．ただ，興味深いことに，76 話は先述した *Nandikasūtra* と，77 話は *Kumbhajātaka* と，登場人物の身分・文意表現の両面において類似する．したがって，アシュヴァゴーシャとクマーララータとが共通の聖典に取材した可能性はある．そして，勿論のこと，クマーララータは SA を見聞していたであろう．しかし，そうであっても，76, 77 話から見る限り，アシュヴァゴーシャの原作をクマーララータが改変したとまでは言えない．したがって，

---

[100] T4, 342c8ff.; 美濃 1930 = 1971: 279ff.
[101] T4, 343b2ff.; 美濃 1930 = 1971: 281ff.
[102] 『喩鬘論』 T4, 344a4-7:
此即是與酒 飲酒之因果 瞋恚是癡因 瞋恚而黒濁
能令顔色變 以是因緣故 瞋爲庾黒因 飲酒顔色濁
本稿が注 14 を付した JMṬ 所引頌[A]の第一詩脚「身体を汚し」（lus rnyog）；『大智度論』所引頌[A]「身色濁而惡」と表現が類似する．

・JMṬ 所引の 4 頌は T. 201, KalpM, DM に見出されない
・JMṬ 所引の 4 頌を改変した形跡は T. 201 に見出されない
・KalpM サンスクリット写本における各章の奥書ではその作者がクマーララータに帰される（Lüders 1926: 19）
・シャマタデーヴァ（Śamathadeva）の *Upāyikā* に引用された *dPe'i phreng ba* はその作者がクマーララータに帰される（本庄 1983: 12f.; 2014: 59）

等の諸点から，T. 201/KalpM/DM の作者は，改めてクマーララータであると確定される．ゆえに，既に散逸したものとみなされてきた「経部の祖師」クマーララータの『喩鬘論』がここに与えられたことになる[103].

3.2 マイトレーヤ・アサンガの *Mahāyānasūtrālaṃkāra*

SA をインド佛教史に位置づけることで，新たな視点を獲得し得ることがある．そのひとつが，MSA との関係である．Lévi が Nepal にて SA の写本を求める過程で MSA 写本の発見に至ったように[104]，Lüders が MSA に基づいて SA の存在を着想し得たように[105]，SA と MSA との間には何らかの関係が予想される．具体的な比較考証は今後の課題となるが，例えば SA は，そのタイトルとスタイル（著述の仕方）の両面において MSA の祖型であった可能性がある．この点から，MSA の作者とタイトルとについての推測も可能となる．というのも，SA が MSA の祖型であれば，MSA の作者らは実際に SA を見聞し得た人物であることを示している[106]．また，Mahāyānasūtrālaṃkāra というタイトルについても，SA が先行していた以上，sūtrālaṃkāra[107]をひとつの成句とみなすべきである．MSA の題名に含まれる sūtra が大乗経典のみを指示する（mahāyānasūtra-alaṃkāra, 大乗経典の荘厳）とはみなし難い．何より MSA の作者らにとって sūtra が大乗経典のみに限定されず，阿含経典をも含み得ることは MSA の内容から充分に窺われる．したがって筆者は，MSA のタイトルの趣意を，かつて袴谷憲昭が主張したように[108]，「大乗こそが佛説の真意を開く」と理解したい[109].

---

[103] 例えば福田 2015: 387 は『喩鬘論』について「残念ながら現在は失われている」と述べているが，訂正を要する．なお，Sautrāntika に視点した KalpM/T. 201 に対する研究は Park 2014: 55-59; 294-303 において着手されている．
[104] Lévi 1907: i を参照．
[105] ただし Lüders は「小乗の」アシュヴァゴーシャに対抗して，アサンガが「大乗の」 *Sūtrālaṃkāra* を作成したと考えていたようである．Lüders 1926: 35-36 を参照．
[106] ただし SA の標本が少なく，MSA がどの程度 SA に依拠したかが判明しないため，あくまで憶測に過ぎない．タイトルのみを模倣した可能性も排除できない．
[107] 「経典の中に閉ざされた佛陀たちの真意を開く」という sūtrālaṃkāra の語意については「摂決択分中聞所成地」における定義を参照（袴谷・荒井 1993: 30ff.）．
[108] 袴谷・荒井 1993: 28 を参照．
[109] この理解は，MSA のタイトルが「大乗こそが佛説の真意を開く」という趣意に限定される，と

3.3 クマーラジーヴァの『大智度論』

3.3.1 『大智度論』所引頌について

JMṬ 所引頌との平行例が見出されたことから，『大智度論』に SA が大量に含まれている可能性が浮上した．特に『大智度論』所引頌は，現在でも約 450 例が未同定のまま残されている[110]．多くの先行研究が指摘するように，『大智度論』における頌の引用は，完訳された巻三十四までに集中しており（巻三十五以降の引用は僅か 2 例），総計 612 頌あるという（三枝 1983: 308）[111]．そのうちの約 14%, 82 頌は鳩摩羅什による自作の可能性が高い有韻偈頌であるというが（斎藤 2013: 410），しかし，本稿が示したように，有韻偈頌にもアシュヴァゴーシャ作品が認められる．そのため，無韻偈頌のみならず，有韻偈頌もインド撰述である可能性を見越して出典を探査すべきである[112]．アシュヴァゴーシャ作品については，これまでに SauN から 11 頌の引用例が確認されており[113]，さらに，散文化された BC および SauN の引用例が，多く見出されている（菅野 1994: 72; 2002: 86ff.[114]）．それに加え，本稿が SauN から 13 頌，BC から 7 頌，SA から 4 頌の引用例を確認した．その他，マートリチェータ[115]やクマーララータ[116]の作品からも多くの引用例が確認されている．それらの多くが，韻文として訳出されているのではなく，散文化されていること，さ

いうことではない．当然ながらそのタイトルには「大乗経典の荘厳」という趣意も含まれるはずであり，サンスクリットがもつ多義性を前提として命名されたことは充分に予想される．そうした多義の中でも「大乗こそが佛説の真意を開く」という趣意が MSA 作者たちの第一義であったと，筆者は理解したい．

110 総計 614 頌（推定）からなる『大智度論』所引頌のうち，Lamotte による訳注研究によって出典が同定された，ないし平行例が見出されたのは約 120 例である．Lamotte 以降になされた出典同定は，管見の及ぶ限り，約 50 例ある．したがって，現在でも約 450 例が未同定である．

111 ただし筆者が調査した限り，三枝 1983 には 2 頌の見落としがあるため，総計 614 頌（推定）になる．

112 斎藤 2013 により鳩摩羅什の自作詩とみなされた有韻偈頌に，SA, SauN, BC（ないし，それらから取材したアシュヴァゴーシャ・アンソロジィ）が含まれることは先に確認したとおりである．そうであっても，有韻偈頌の幾つかが鳩摩羅什自身の手に成るものである可能性は充分にあろう．また，斎藤 2013: 414f. が扱っているとおり，鳩摩羅什は[C][D]の訳出に際して押韻させている．JMṬ 所引頌と『大智度論』所引頌との相違は，原典の相違に起因するのではなく，鳩摩羅什らによる翻訳文に起因するであろう．

113 菅野が指摘する，『大智度論』における SauN の韻文としての引用例は以下のとおり．
T25, 185c2-26 = SauN 17.42-48, 50-51, 54, 53

114 菅野が指摘する，『大智度論』における BC, SauN を散文化した引用例は以下のとおり．
T25, 140b9-c12 = BC 18.62-75
T25, 153b23-c13 = BC 23.17-25
T25, 166a17-25 = SauN 8.32, 33, 36, 37（本例は菅野に先立ち Lamotte 1981[2]: 886, n.1 が指摘）

115 マートリチェータ作品については，VAV 5.3,5-22; 6.1-4,6,7 = MPPU 222c22ff.は散文化されているが，VAV 7.17-22 = MPPU 66b10ff.の 8 頌は韻文で訳出されている（Hartmann 1987: 31-32）．VAV 7.17-22 の引用導入句は「如讃佛偈中説」である．

116 クマーララータ作品については，KalpM = T. 201 = 『喩鬘論』との平行例・引用例が Tomomatsu 1931: 157-158; Lamotte 1970: XXV に集約されている．

らには，現在でも約 450 例が未同定のまま残されていることから，『大智度論』には SA が大量に含まれている可能性がある．

3.3.2 クマーラジーヴァの禅経類とアシュヴァゴーシャ作品とについて

多くの先行研究が指摘するように，鳩摩羅什の禅経類はアシュヴァゴーシャ作品と密接な関係がある．松濤 1981: 162ff.は『坐禅三昧経』の諸処に敷衍されている散文解説，および末尾の偈頌を SauN に同定した[117]．上述した菅野 1994 は『大智度論』に「禅経中の禅義偈」との引用導入句のもとに SauN が引用されていることを確認した．同じく本稿は「佛偈」との引用導入句における SA, SauN, BC の引用例を確認した．このように，アシュヴァゴーシャ作品の引用に際しては，SA, SauN, BC などの出典が，一度も明示されないのである．引用導入句の不統一は『大智度論』のみならずインド撰述文献全般に確認される姿勢であるものの，『大智度論』に確認されるこうした傾向は，ナーガールジュナの *Mūlamadhyamakakārikā* が「中論」，アーリャデーヴァの *Catuḥśataka* 第 10 章 *ātmapratiṣedhaprakaraṇa* が「破我品」，ラーフラバドラの *Prajñāpāramitāstotra* が「讃般若波羅蜜偈」など，ある程度，出典が明示される傾向とは極めて対照的である．この点から予想されるのは，菅野 2002 が推測したとおり，鳩摩羅什が参照していたのは，BC や SauN や SA として整形された個別作品ではなく，装飾的な宮廷詩を除いた，教義的色彩の濃いアシュヴァゴーシャ作頌の詞華集，いわばアシュヴァゴーシャ・アンソロジィだった可能性がある．「佛偈」「禅経」はそうしたアンソロジィの通称だったのではないか．

4 予想される**Sūtrālaṃkāra* の性格

Lüders が SA の存在を着想し得た背後に，幾つかの判断材料がある．そのひとつが，現在は SHT I 34 との通番が与えられた，キジル出土の樺皮写本である．13 の断簡からなる SHT I 34 のうち，Lüders 1926: 29-32 は Blätter 29, 30, 31 を翻刻して，それが SA の原典である可能性を見出した．

翻刻に先立ち，Lüders 1926: 27-29 は，（1）トカラ語 B の *Udānālaṃkāra*（UA）と，（2）スバンドゥ（Subandhu）の手に成る *Vāsavadattā* の一節とを用いて，作品タイトルの後肢に置かれる *-alaṃkāra* の語意を抽出した．具体的には，（1）トカラ佛教において整形されたと推測され，現在では THT 23 との通番が与えられた UA の中から，その文体的特徴を余す所なく伝える，*Udānavarga* 10.2 に対する注釈部（THT 23 v3-v8. Cf. Thomas 1983: 55f.; 荻原 2013: 98f.）を例として挙げ，UA が韻文による経典注釈である点，および，韻律が

[117] 岡野潔のウェブサイト『インド仏教文学研究史 4 : 仏教詩人 Aśvaghoṣa の著作の研究史』のうち，Saundarananda の項を参照．

章毎に頻繁に交代する点に着目した．また，(2) *Vāsavadattā* における著名な一節「alaṃkāra により装飾された佛教徒の集会の如く，〔彼女（ヴァーサヴァダッター）は装飾されて〕」（bauddhasaṃgatim ivālaṃkārabhūṣitam）をめぐり，-saṃgatim を-saṃgītim と交代させる Lévi の異読案を採用して，さらに alaṃkāra を「ダルマキールティによって作られた勝れた作品」（alaṃkāro dharmakīrtikṛto granthaviśeṣas tena bhāṣitam）と解釈するシヴァラーマ（Śivarāma）の注釈，および，「佛教徒の論書」（alaṃkāro bauddhaśāstre bhūṣaṇe puṃsi bhūṣite）と解釈するナラシンハ（Narasiṃha）の複注などを援用して，「alaṃkāra（= bauddhaśāstra）により装飾された佛教徒の合誦（saṃgīti）の如く」と理解した[118]．以上，その名称の後分に*-alaṃkāra* をもつ UA の特徴と，*Vāsavadattā* における alaṃkāra の用法などを加味して，Lüders は，作品タイトルの後肢に置かれた *-alaṃkāra* の語意を，多様な韻律を駆使した「韻文による経典注釈」と結論した．つまり，この注釈方法を採用した注釈文献が，*Abhisamayālaṃkāra* や *Sūtrālaṃkāra* などのように，*-alaṃkāra* と命名されていると考えたのである．そして，「カーヴィヤ調の韻文による経典注釈」である Bl. 29, 30, 31 はその要件を充分に満たしているとして，それらが SA の原典の一部である可能性が見出された．

さらに，その推測を補強したのは，同一の写本（SHT I 34）に属する別の断簡 Blätter A, B, C の存在である．A は五種の韻律を用いたアシュヴァゴーシャへの讃頌，B と C は散文による経典注釈からなる（このうち C は翻刻されていない）．Lüders 1926: 32-36 は，この A を Bl. 29, 30, 31 に記された注釈文献（= 推定 SA）に対する，写本筆記者による賛辞とみなして，Bl. 29, 30, 31 の作者をアシュヴァゴーシャとみなした．また，散文による経典注釈である B については難点として残るとしつつ[119]，MSA との類似性，すなわち SA を批判的に踏襲した（と 1926 年当時は考えられていた）MSA が韻文と散文とから構成されている，との構造上の類似から，SA も同様の構造を有するものと予測して，自身の推測を補強した．

そして，もうひとつの判断材料が，その MSA である．「『小乗の』アシュヴァゴーシャに対抗して，アサンガが『大乗の』*Sūtrālaṃkāra* を作成した」とのアイデアは Lévi によっても仮定されていたが， Lévi は T. 201 をアシュヴァゴーシャの SA とみなしたため，なぜ MSA のような大乗哲学的作品が，説話の集成である *Kalpanāmaṇḍitikā* に対抗心を抱いているのかが不可解だったのである[120]．この点を解消するアイデアのひとつとして，

---

[118] この理解はすべて Lévi 1911: 15-16 に基づく．

[119] Bl. B, C の Colophon については SHT I 34 に以下のとおり翻刻されている．

1)◎ gardulasūtrasyotpattiḥ prathamā samāptā | ◎

2)◎ uparacitaṃ ācārya-dharmaya (śasaḥ) ///

[120] 当然ながら現在では，前述のとおり，MSA はアシュヴァゴーシャの SA を肯定的に踏襲したとする見方がより妥当であろうが，それでもなお，MSA の先行作品が KalpM/DM の如き説話の集成であるとすれば，不自然さが残る．

Lüders はアシュヴァゴーシャによる真の SA の存在を着想したのである．

最終的には「未来が教えてくれるに違いない」として，Lüders 1926: 35 は，SHT I 34 がアシュヴァゴーシャの SA であるかどうかの判断を，未来に委ねている．残念ながら本稿は，現在のところ，この委嘱に応える準備がない．ただし，本稿が確認し得た 6.5 頌を見る限り，SA の性格を「カーヴィヤ調の韻文による経典注釈」と見ることは難しい[121]．むしろ，MSA と同様に，経（sūtra），すなわち教法（dharma）の荘厳を目的とした作品であると思われる．また，本稿が確認し得た少ない引用例はすべて韻文である．したがって，おそらく SA は，散文注を伴わず，韻文のみによって構成された作品であると推測される．

おわりに

以上によって，T. 201 が孕んでいた数多くの謎の，その一部を繙く準備が整いつつある．アシュヴァゴーシャによる真の SA が存在した，との事実から推測すれば，クマーララータの手に成る KalpM/DM の漢訳である，いわば童受作『喩鬘論』として伝承されるはずだった T. 201 は，その名称の類似性ゆえに，誤って「馬鳴菩薩造」とみなされた．さらに，伝承の過程で T. 201 の題号に「経」の文字が挿入されたのも，その事実を考慮すれば整合的な説明がつく．というのも，*Kalpanāmaṇḍitikā Dṛṣṭāntapaṅkti* ないし *Kalpanālaṃkṛtikā* の訳名としての『大荘厳論』が，SA の訳名と誤解された結果，そこに「経」の文字が挿入されたとみなし得るからである．したがって，T. 201 の名称は『大荘厳論』と改めて確定される．その漢訳者については，依然として不明である．

続いて，残された課題を挙げておく．引用例の収集範囲を，本稿が取り上げ得なかった（1）サンスクリット文献[122]，（2）漢訳文献，（3）MSA に対する注釈文献，（4）鳩摩羅什に関連する禅経文献などに拡大すれば，新たな引用例を発見し得る可能性がある．

---

[121] この点について，筆者は Hanisch と理解を異にする．Hanisch 2007: 203 は JMṬ 所引の 4 頌，特に後半の 2 頌は，Lüders が挙げる，韻文による「経典注釈」との特徴と合致するという．しかし筆者は，JMṬ 所引の 4 頌を，ある特定の経典の特定の語句に対する注釈とみなすのは難しいと考える．

[122] 先行研究が指摘する，現存作品群に見出し得ないアシュヴァゴーシャ作頌については，例えば，ヴィディヤーカラ（Vidyākara）によって編集された詞華集である *Subhāṣitaratnakoṣa*（SRK）の冒頭に一例がある．SRK 1.9-13:

ābāhūdgatamaṇḍalāgrarucayaḥ saṃnaddhavakṣaḥ sthalāḥ
soṣmāṇo vraṇino vipakṣahṛdayapronmāthinaḥ karkaśāḥ |
utsṛṣṭāmbaradṛṣṭavigrahabharā yasya smarāgresarā
mārā māravadhūstanāśca na dadhuḥ kṣobhaṃ sa vo 'vyājjinaḥ || 1 ||
Aśvaghoṣasya ||

ただし英訳者 Ingalls は本頌のアシュヴァゴーシャ作を疑う（ Ingalls 1965: 466）．また，Bhattacharya によれば，ラトナシュリージュニャーナ（Ratnaśrījñāna）の *Kāvyādarśa* 注にも一例があるという．以下に Bhattacharya 1976: 192 における記載をほぼそのまま転載する．

yathoktam ācāryāśvaghoṣeṇa

ālasyaṃ yadi na bhavej jagaty anarthaḥ ko vidvān iha na bhaved dhaneśvaro vā |
ālasy[ā]d avanir iyaṃ sasāgarā [hi] saṃpārṇā narapaśubhiś ca nirdhanaiś ca ||

略号と参考文献

D　デルゲ版チベット大蔵経.

Honjo　本庄 2014 における，*Abhidharmakośa* および *Upāyikā* 所依阿含の通し番号.

P　北京版チベット大蔵経.

SHT　Ernst Waldschmidt et al., *Sanskrithandschriften aus den Turfanfunden*. Wiesbaden/ Stuttgart: Franz Steiner Verlag, 1965ff.

T　大正新脩大藏經.

THT　Tocharische Handschriften aus Turfan.

一次文献

AAĀ　*Abhisamayālaṃkārālokā* (Haribhadra): Wogihara Unrai (Ed.), Tokyo 1932-1935.

AKBh　*Abhidharmakośabhāṣya* (Vasubandhu): Pralhad Pradhan (Ed.), Patna 1967.

AKVy　*Abhidharmakośavyākhyā* (Yaśomitra): Wogihara Unrai (Ed.), Tokyo 1932-1936.

ĀJM 17　*Kumbhajātaka* of the *Jātakamālā* (Āryaśūra): Hanisch 2002.

BC　*Buddhacarita* (Aśvaghoṣa): E. H. Johnston (Ed.), Lahore 1936.

Bu ston　*Bu ston chos 'byung IV*: 西岡 1981.

DBh　*Daśabhūmika*. Kondo Ryūko (Ed.), Tokyo 1936.

DM　*Dṛṣṭāntamālya* (Kumāralāta): Hahn 1982.

Gvy　*Gaṇḍavyūha*. P. L. Vaidya (Ed.), Darbhanga 1960.

JMṬ　*Jātakamālāṭīkā* (Dharmakīrti): D no.4151; P no. 5651.

KalpM　*Kalpanāmaṇḍitikā Dṛṣṭāntapaṅkti* (Kumāralāta): Lüders 1926.

KS　*Karmasiddhiprakaraṇa* (Vasubandhu): Muroji Yoshihito-Gijin (Ed.), Kyoto 1985.

KSṬ　*Karmasiddhiṭīkā* (Sumatiśīla): D no. 4071; P no. 5572.

LA　*Abhidharmakośaṭīkā Lakṣaṇānusāriṇī* (Pūrṇavardhana): D no. 4093; P no. 5594.

MPPU　*Mahāprajñāpāramitopadeśa* (Nāgārjuna?):『大智度論』(T. 1509).

Mvy(IF)　*Mahāvyutpatti*. Ishihama Yumiko and Fukuda Yoichi (Eds.), Tokyo 1989.

Nandika　*Āryanandikaparipṛcchāsūtra*. Bhikṣuṇī Vinītā (Ed.), Beijing/Wien 2010.

PSVyṬ　*Pratītyasamutpādādivibhaṅganirdeśaṭīkā* (Guṇamati): D no.3996; P no.5497.

RKU　*Ratnakaraṇḍodghāta-nāma-madhyamakopadeśa* (Atiśa): 宮崎 2007.

SauN　*Saundarananda* (Aśvaghoṣa): E. H. Johnston (Ed.), London 1928.

SRK　*Subhāṣitaratnakoṣa* (Vidyākara): D.D. Kosambi and V.V. Gokhale (Eds.), Cambridge, Massachusetts. 1957.

SS　*Sūtrasamuccaya* (Nāgārjuna): Bhikkhu Pāsādika (Ed.), Copenhagen 1989.

SSBh　*Sūtrasamuccayabhāṣya-Ratnālokālaṃkāra* (Ratnākaraśānti): D no. 3935; P no. 5331.

VinSg *Viniścayasaṃgrahaṇī*. D no. 4038; P no. 5539.

Vkn *Vimalakīrtinirdeśa*. Study Group on Buddhist Sanskrit Literature (Ed.), Tokyo 2006.

VN *Vādanyāya* (Dharmakīrti): Michael Torsten Much (Ed.), Wien 1991.

VyY *Vyākhyāyukti* (Vasubandhu): D no. 4061; P no. 5562; Lee Jong Choel (Ed.), Tokyo 2001.

VyYṬ *Vyākhyāyuktiṭīkā* (Guṇamati): D no. 4069; P no. 5570.

二次文献

Bhattacharya, Biswanath

1976 *Aśvaghoṣa : A Critical Study*. West Bengal: Santiniketan.

Hahn, Michael

1982 "Kumāralātas Kalpanāmaṇḍitikā Dṛṣṭāntapaṅkti. Nr. 1 Die Vorzüglichkeit des Buddha," *Zentralasiatische Studien* 16: 309-336.

Hanisch, Albrecht

2002 "Lob des Alkohols: Eine ironische Preisrede aus āryaśūras *Kumbhajātaka* als Vorlage für das 4. Kapitel von Sajjanas *Putralekha*," *Śikhisamuccayaḥ*. Wien: Universität Wien, 79-108.

2007 "New Evidence of Aśvaghoṣa's *Sūtrālaṃkāra*: Quotation from the *mDo sde rgyan* of gZhan la phan pa'i dbyangs in the Tibetan Version of Dharmakīrti's *Jātakamālāṭīkā*," *Indica et Tibetica. Festschrift für Michael Hahn*. Wien: Universität Wien, 193-205.

Hartmann, Jens-Uwe

1987 *Das Varṇārhavarṇastotra des Mātṛceṭa*. Göttingen: Vandenhoeck & Ruprecht.

Horiuchi Toshio

2009 "Vasubandhu's Relationship to the *Mahāyānasūtrālaṃkārabhāṣya* and *Laṅkāvatārasūtra* based on citations in the *Vyākhyāyukti*,"『哲学・思想論集』34: (101)-(108).

Huber, Édouard

1908 *Sûtrâlamkâra : traduit en français sur la version chinoise de Kumârajîva*. Paris: Ernest Leroux.

Ingalls, Daniel H.H.

1965 *An Anthology of Sanskrit Court Poetry : Vidyākara's Subhāṣitaratnakoṣa*. Cambridge,

Massachusetts: Harvard University Press.

Karashima, Seishi

2009 "The Sanskrit Fragments Or.15010 in the Hoernle Collection," *Buddhist Manuscripts from Central Asia: The British Library Sanskrit Fragments*, vol. II.1: 335-550.

Lamotte, Étienne

1981[2] *Le traité de la grande vertu de sagesse de Nāgārjuna (Mahāprajñāpāramitāśāstra)*. Tome II. Louvain: Bureaux du Mséon. (1st Ed. = 1949)

1970 ibid., Tome III.

Lévi, Sylvain

1907 *Mahāyāna-Sūtrālaṃkāra : exposé de la doctrine du Grand Véhicule : selon le système Yogācāra*. Tome I: Texte. Paris: Honoré Champion.

1911 ibid., Tome II: Traduction, Introduction, Index.

1908 "Aśvaghoṣa, le Sūtrālaṃkāra et ses sources," *Journal Asiatique* 1908: 57-184.

1927 "La Dṛṣṭāntapaṅkti et son auteur," *Journal Asiatique* 1927: 95-127.

1929 "Autour de Aśvaghoṣa," *Journal Asiatique* 1929: 255-285.

Lindtner, Christian

1984 "Mātṛceṭa's *Praṇidhānasaptati*," *Asiatische Studien* 38.2: 100-128.

Lüders, Heinrich

1926 *Bruchstücke der Kalpanāmaṇḍitikā des Kumāralāta*. Leipzig: F.A. Brockhaus. (Reprint: Monographien zur Indischen Archäologie, Kunst und Philologie Bd. 1. Wiesbaden: Franz Steiner, 1979.)

1940 *Philologica Indica. Ausgewählte kleine Schriften*. Göttingen: Vandenhoeck & Ruprecht.

Park, Changhwan

2014 *Vasubandhu, Śrīlāta, and the Sautrāntika theory of seeds*. Wien: Universität Wien.

Silk, Jonathan A.

1994 *The origin and early history of the Mahāratnakūṭa tradition of Mahāyāna Buddhism with a Study of the Ratnarāśisūtra and related materials*. Dissertation. The University of Michigan.

Thomas, Werner

1983 *Tocharische Sprachreste : Sprache B*. Teil I: Die Text. Göttingen: Vandenhoeck & Ruprecht.

Tomomatsu Entai

1931 "Sūtrālaṃkāra et Kalpanāmaṇḍitikā," *Journal Asiatique* 1931: 135-174, 245-337.

Vinītā, Bhikṣuṇī

2010 *A unique collection of twenty Sūtras in a Sanskrit manuscript from the Patola*, Volume I,1. Editions and Translation. Beijing: China Tibetology Publishing House; Vienna: Austrian Academy of Sciences Press.

Wille, Klaus

2005 "Some recently identified Sanskrit fragments from the Stein and Hoernle collections in the British Library, London (1)," *Annual Report of the International Research Institute for Advanced Buddhology* 8: 47-79.

上野 牧生

2009「『釈軌論』の経典註釈法とその典拠」『佛教學セミナー』89: 1-21.

荻原 裕敏

2013「トカラ語 B *Udānālaṅkāra* に於ける Avadāna 利用について（2）」『東京大学言語学論集』34: 97-109.

梶山 雄一・小林 信彦・立川 武蔵・御牧 克己

1985『原始仏典 10 ブッダチャリタ』, 東京 : 講談社.

梶山 雄一（監修）

1994『さとりへの遍歴 華厳経入法界品』下巻, 東京 : 中央公論社.

加藤 純章

1989『経量部の研究』, 東京 : 春秋社.

菅野 龍清

1994「大智度論における馬鳴著作の引用について」『印度學佛教學研究』43.2: 718-721.

1998「大荘厳論訳者再考」『印度學佛教學研究』47.1: 79-82.

2002「鳩摩羅什訳禅経類について」『仏教学仏教史論集 佐々木孝憲博士古稀記念論集』, 東京：山喜房佛書林, 77-90.

三枝 充悳

1983『龍樹・親鸞ノート』, 京都 ： 法藏館.（旧版）

齊藤 隆信

2013『漢語仏典における偈の研究』, 京都 ： 法藏館.

櫻部 建・小谷 信千代

1999『倶舎論の原典解明 賢聖品』, 京都：法藏館.

西岡 祖秀

1981「『プトゥン仏教史』目録部索引 II」『東京大学文学部文化交流研究施設研究紀要』5: 43-93.

沼田 一郎

2004「Manusmṛti 第 7 章における酒の弊害 --- 『大智度論』第十三巻に見られる飲酒の問題に関連して ---」『佛教学』46: 25-34.

袴谷 憲昭・荒井 裕明

1993『新国訳大蔵経 17 大乗荘厳経論』, 東京 ： 大蔵出版.

干潟 龍祥・高原 信一

1990『ジャータカ・マーラー 本生談の花鬘』, 東京 ： 講談社.

福田 琢

2015「世親『倶舎論』の衝撃」『倶舎 絶ゆることなき法の流れ』, 京都：自照社出版, 366-397.

堀 伸一郎

2011「ロシア科学アカデミー東洋写本研究所所蔵中央アジア出土サンスクリット断片につ

いて」『仏教学』53: 1-24.

本庄 良文
1983「ウパーイカーの引く童受の喩鬘論断章」『浄土宗学院研究所研究所報』5: 12-16.
2014『倶舎論註ウパーイカーの研究 訳註篇』（上下二巻），東京：大蔵出版.

松田 和信
1984a「Vasubandhu 研究ノート(1)」『印度學佛教學研究』32-2: 82-85.
1984b「Vasubandhu における三帰依の規定とその応用」『佛教學セミナー』39: 1-16.

松濤 誠廉
1981『馬鳴 端正なる難陀』，東京：山喜房佛書林.

美濃 晃順
1971「大荘厳〔経〕論解題」『国訳一切経印度撰述部 本縁部 八』，東京：大東出版社.（1930の改訂版）

宮崎 泉
2007「『中観優波提舎開宝篋』テキスト・訳注」『京都大學文學部研究紀要』46: 1-126.

室寺 義仁（Muroji Gijin）
1985 *The Tibetan Text of the Karmasiddhiprakaraṇa of Vasubandhu with Reference to the Abhidharma-kośa-bhāṣya and the Pratītya-samutpāda-vyākhyā*. Kyoto: Private Edition.
1994「アートマンなきカルマの成熟　《マートゥルンガの比喩》を巡る覚書」『仏教学会報』18/19: 15-25.

望月 海慧（Mochizuki Kaie）
2008「ラトナーカラシャーンティ『経集解説・宝明荘厳論』和訳（4）」『身延論叢』13: 65-130.
2010「ラトナーカラシャーンティ『経集解説・宝明荘厳論』和訳（6）」『身延論叢』15: 1-90.
2013 "References to Indian Buddhist Masters in the Commentary on the *Sūtrasamuccaya* by Ratnākaraśānti," *Journal of Indian and Buddhist Studies* 61.3: 1189-1196.

大般涅槃経の St. Petersburg 所蔵梵文新断片について

幅田　裕美

1. はじめに

1986年に松田和信教授によりロンドンの Stein/Hoernle Collection に大般涅槃経（サンスクリット語原典の原題は Mahāparinirvāṇa-mahāsūtra、以下 MPM と略）の梵文断片が発見されたことにより、それまで知られていなかったインド語原典の解明に重要な研究資料がもたらされた。松田教授による1988年の断片出版[1]の後もいくつかの断片が新たに発見された。本稿では、それらの断片のうち、サンクトペテルスブルクに所蔵されている新断片二葉について紹介したい。

MPM の梵文断片は、現在に至るまで、高野山断片[2]を例外として、松田教授により発見された三種の中央アジア写本（A 写本・B 写本・C 写本）の範囲内にとどまっている。出土地が報告されている Stein Collection の断片から判断するに、この三写本は何らかの形で Khotan 東方の Khādalik の遺跡から将来されたものである[3]。新断片の一葉は、サンクトペテルスブルク所蔵番号 SI P/153 である。この断片は B 写本に属し、松田教授により 2009 年に発見され、筆者が比定した[4]。もう一葉はサンクトペテルスブルク所蔵番号 SI P/83b である。この断片は C 写本に属し、松田教授により 2009 年に発見され、曇無讖訳に比定されたものを、筆者がチベット語訳とも合わせて確認した[5]。尚、この所蔵記号の SI P は、

---

* 本稿で扱った断片はミュンヘン大学の Jens-Uwe Hartmann 教授の写本講読ゼミで読んでいただき、ゼミの参加者に貴重なご助言をいただいた。また和訳にあたっては石飛道子氏から貴重なご助言をいただいた。ここに感謝の意を表したい。

1 松田和信『インド省図書館所蔵　中央アジア出土大乗涅槃経梵文断簡集――スタイン・ヘルンレ・コレクション』 (Studia Tibetica 14)、東京（東洋文庫）、1988 年。

2 高野山断片については Akira Yuyama: *Sanskrit Fragments of the Mahāyāna Mahāparinirvāṇasūtra. 1. Koyasan Manuscript.* (*Studia Philologica Buddhica. Occasional Paper Series* IV). Tokyo: The Reiyukai Library, 1981 参照。

3 出土地についての詳細は Hiromi Habata: *Die zentralasiatischen Sanskrit-Fragmente des Mahāparinirvāṇa-mahāsūtra. Kritische Ausgabe des Sanskrittextes und seiner tibetischen Übertragung im Vergleich mit den chinesischen Übersetzungen.* (*Indica et Tibetica* 51). Marburg: Indica et Tibetica Verlag, 2007, pp. xxvii–xxx 参照。

4 チベット語訳 J2a7–3a7; P2a6–3a7; D2a5–3a6; L44a7–45b4; T41a8–42b3; S45a–46b1; F2b1–3b8（J: Lithang no. 65, P: Peking no. 788, D: Derge no. 120, L: London no. 123, T: Tokyo no. 179, S: Stog Palace no. 179, F: Phug brag no. 96)、漢訳 ChinD 365b21–366a23; ChinF 853a18–853b13 に対応（漢訳の略号は下記略号表参照)。

5 チベット語訳 J73a6–74a5; P79a8–80a8; D77b5–78b4; L140a8–141b5; T134b6–136a3; S146a6–147b6; F93b6–95a2（略号は上記注 4 参照)、漢訳 ChinD 396a6–396b15; ChinF 875b3–875b28 に対応（漢訳の略号は下記略号表参照)。

MPM の既知の断片[6]と同様に、N. F. Petrovsky により蒐集されたコレクションに所蔵されていることを示すものである。

以下に両断片のローマ字転写を挙げ、その次にテキストの復元を試み、注釈を付ける。写真の状態が鮮明ではない為、転写の段階で不確実な読みが残ることをあらかじめ断っておきたい。尚、筆者は MPM の梵文断片の総合的な研究のために、所蔵地ごとの所蔵番号に加えて、2007 年までに発見されていた断片に SF 1 から SF 24 までの整理番号をテキストの内容順に従って付けたが[7]、その後発見された B 写本の新断片を SF 0、C 写本の新断片は、以前の SF 15 の前の葉であることが判明したため、合わせて新たな SF 15 として扱うこととする。対応するチベット語訳テキストの校訂版[8]には、既にパラグラフごとの対応個所が表示されているので、そちらを参照されたい。

転写と復元に用いる記号と略号

( )	断片の失われた文字の復元
[ ]	破損して読みの不確実な文字
{ }	断片にあるが削除すべき文字
< >	断片にないが補うべき文字
+	失われた文字
..	判読不能文字
.	判読不能の文字要素
///	写本の破れ目
<'>	写本には書かれない Avagraha
*	Virāma
;	写本に点で書かれた句読点
:	句読点として用いられた Visarga
○	とじ穴

[6] Bongard-Levin, G. M.: *New Sanskrit Fragments of the Mahāyāna Mahāparinirvāṇasūtra. Central Asian Manuscript Collection at Leningrad*. (*Studia Philologica Buddhica. Occasional Paper Series* VI). Tokyo: The International Institute for Buddhist Studies, 1986. 最近の辛嶋静志教授のプロジェクトによりデジタル写真が利用に供され、断片の読みが修正された。Hiromi Habata: The *Mahāparinirvāṇa-mahāsūtra* Fragments in the Petrovsky Collection (1), in: *Buddhist Manuscripts from Central Asia. The St. Petersburg Sanskrit Fragments*. ed. Seishi Karashima and Margarita I. Vorobyova-Desyatovskaya, vol. I, Tokyo: The International Research Institute for Advanced Buddhology, 1915, pp. 525–542 参照。

[7] Habata 2007（上記注 3）、p. xxvi 参照。

[8] Hiromi Habata: *A Critical Edition of the Tibetan Translation of the Mahāparinirvāṇa-mahāsūtra*. (*Contributions to Tibetan Studies* 10). Wiesbaden: Dr. Ludwig Reichert Verlag, 2013.

A	写本 A
BHSD	Franklin Edgerton: Buddhist Hybrid Sanskrit Grammar and Dictionary. Vol. II: Dictionary. New Haven 1953
BHSG	Franklin Edgerton: Buddhist Hybrid Sanskrit Grammar and Dictionary. Vol. I: Grammar. New Haven 1953
ChinD	曇無讖訳『大般涅槃經』大正蔵第 12 巻、No. 374
ChinF	法顯訳『大般泥洹經』大正蔵第 12 巻、No. 376
EWA	Manfred Mayrhofer: *Etymologisches Wörterbuch des Altindoarischen*. Heidelberg 1992–99
MPM	Mahāparinirvāṇa-mahāsūtra[9]
P	St. Petersburg 所蔵断片
PED	T. W. Rhys Davids/ William Stede: The Pāli Text Society's Pāli-English Dictionary. London 1921–1925
PW	Otto Böhtlingk/ Rudolph Roth: *Sanskrit-Wörterbuch*, St. Petersburg 1855–75
r	recto
SF	MPM の梵文断片
SWTF	*Sanskrit-Wörterbuch der buddhistischen Texte aus den Turfan-Funden und der kanonischen Literatur der Sarvāstivāda-Schule*. Begonnen von Ernst Waldschmidt. Göttingen: Vandenhoeck & Ruprecht 1972–2014
v	verso

上記の括弧で表記できない訂正はイタリック体で修正したテキストをあげ、注に説明を付ける。尚、Anusvāra と Visarga の脱落[10]は特に注記しない。

2. SI P/153 (Habata SF 0: MPM § 2–4)

B 写本の一行の長さは平均 44 文字程度であるが、断片は右部分の最長で 18 文字程度が残っている。オリジナルの葉番号は残っていないが、MPM の冒頭のテキストであることを計算すると、B 写本の第二葉であることが推測される。裏面の第 4 行以降は A 写本(Habata SF 1: St. Petersburg SI P/85b + London, Matsuda A-20)とテキストが重複する。仏陀の般涅槃の知らせを聞いてクシナガリーに衆生が次々と参集する場面のテキストである。

---

[9] セクション(§で表記)は諸資料の対照の便宜のために筆者がつけたものであり、詳細は Habata 2007（上記注 3）、pp. 137–155 または Habata 2013（上記注 8）、pp. 411–448 に対照表が挙げてあるので参照されたい。

[10] Habata 2007（上記注 3）、pp. lxv–lxvii 参照。

2.1 ローマ字転写テキスト

recto

r1 /// sa .. .udraparya[ntā] :

r2 /// .. .. garī ; [ta]thāgatasya pāda

r3 /// .. kaikaṃ cāvalyaṃbyedam avoca[n]*

r4 /// .. .. + + kaṭukaṃ prā[du]rbhū[ta] : āyuṣma

r5 /// rvbāsyat[īt]. + [ho] śūnyo lo[k]o [bh]a[v]iṣyati : a

r6 /// thāgatena vinā yā hi yā hi to vi .. .i ; kā[kṣ]ā vā :

r7 /// .yāyana : sthavira baku[l]a sthaviro pi .. [nda] : eva

r8 /// saṃbhrami : raṇi : praraṇi : ra[s]. [; pra]rasi ; ruhi praru

r9 /// .āśīti bhi .. śata .. .. [srā] .[i] .. kāṣṭabha[kṣa]ṇa

verso

v1 /// mukhaśocar[m ā] .[th]. .. .. [kai] .. .. .[u]yaṃ[taḥ] sarvbe

v2 /// tāprāptāmbhasvā[rtthā] mahāca[nda]naparivārā eva

v3 /// [sa]maye palāśa .. .. rāgasadṛśasar[vb]āṅgarūma

v4 /// kaṃpārtha mahāyā[na] .. .. .. m i[ha] ś[ū] .[ya]tākāra

v5 /// s tenopa[ja] + + ... kramya bhagavata pādau śi

v6 /// .. [k]. + + [ṣī] .. tena khalu puna sama

v7 /// .y. .. .[y]a[ḥ k].ī[ṇās]ravā[ḥ] vaśitāprā

v8 /// .. .. .o .. [ka] .. ..[ubha]drā bhi

v9 /// [rvb]. .[n]e sūryo .. .. na

2.2 復元と訳注

SF 0.1 (MPM § 2)

(r1) /// sa{..}(m)udraparya[ntā] : (r2) (ca 33 *akṣara*s) /// .. (kuśina)garī ; [ta]thāgatasya pāda(r3)(yoḥ) /// (ca 33 *akṣara*s)

［大地は］大海の果てまで［震動した。］…

［衆生は言った。「急げ、急げ、］クシナガリーへ行け、行け。如来の両足に［頭をつけて礼拝して、般涅槃なさらずに一劫あるいはそれより長くとどまるようにお願いしよう。」］

(1) *pāda(yoḥ)*] *pādayo nipatya* SF 4.9 参照。

SF 0.2

/// (e)kaikaṃ cāval{y}aṃbyedam avoca[n]* (r4) (ca 29 *akṣaras*) /// .. .. + + kaṭukaṃ prā[du]rbhū[ta] : āyuṣma(r5)(ntaḥ) /// (ca 21 *akṣaras*) /// (parini)rvbāsyat[īt](i ; a)[ho] śūnyo lo[k]o [bh]a[v]iṣyati : a(r6)(ho śūnyo loko bhaviṣiyati) /// (ca 17 *akṣaras*) /// (ta)thāgatena vinā yā hi yā hi *no* vi(mat)i ; kā<ṃ>[kṣ]ā vā : (r7) /// (ca 24 *akṣaras*)

さらに互いにつかみ合って次のように言った。「…厳しい［状況］が現れた。長老たちよ、［急げ…］如来は［まさに今日］般涅槃される。」「ああ、世の中は空しくなる。ああ、世の中は空しくなる。…如来なくして［私たちは庇護もなく、寂しく哀れになるのか。］何であれ私たちの意見の相違や疑問は［今日、如来に問わなければならない。」］

(1) *aval{y}aṃbya*] *avalambhya* の気音が脱落した語形。

(2) *no*] 断片に *to* とあるのは誤写と考えられる。

SF 0.3 (MPM § 3)

/// (mahākāt)yāyana : sthavira baku[l]a sthaviro <'>pi (na)[nda] : eva(r8)(m) /// (ca 27 *akṣaras*) /// saṃbhrami : raṇi : praraṇi : ra[s](i) [; pra]rasi ; ruhi praru(r9)(hi) /// (ca 26 *akṣaras*)

［大声聞弟子（*śrāvaka*）もそこにいた。すなわち］尊者マハーカーティヤーヤナ、尊者バクラ、そして尊者ナンダ。…彼らは興奮し、動転し、大変動転し、絶叫し、大変絶叫し、硬直し、大変硬直し…

(1) *sthaviro <'>pi (na)[nda]*] チベット語訳（*gnas brtan nye dga' bo*）と両漢訳（尊者優波難陀 ChinD 366a2; ChinF 853a29-b1）は *upananda* を示し、翻訳の依拠した原典に *sthaviropananda* とあったことが推測される。

(2) *saṃbhrami*] 以下の動詞形は-*i* で終わるアオリスト三人称複数。BHSG 32.17 参照。

(3) *raṇi*] 動詞 *raṇ* の基本の意味は「喜ぶ」であるが、ここの文脈に当てはまる意味は PW および BHSD には見いだせない。この動詞から派生した名詞 *raṇa* はパーリ語で「酩酊」の意味の用例があり（PED s.v. *raṇa* 'intoxication'および EWA s.v. *RAṆ* 'Berauschung' 参照）、ここの文脈を考慮すると「気が動転して酩酊状態のようになる」ことを意味していると解釈される。

(4) *ruhi*] 動詞 *ruh* の基本の意味「発育する」はここの文脈に合わない。おそらくこの語形 *ruhi* は動詞 *ruh* ではなく、*rudh* 「阻止する」のプラークリット形と考えられる。パーリ語で語根 *rudh* から作られた *rūhati* の用例がある（PED s.v. *rohati* 参照）。

SF 0.4

/// .āśīti bhi(kṣu)śata(saha)[srā](ṇ)[i] .. kāṣṭabha[kṣa]ṇa (v1) (ca 27 *akṣaras*) /// mukhaśoca{r}[mā] .[th]. .. . (e)[kai](kam an)[u]yaṃ[taḥ]

［その時］八百万人の比丘は楊枝で［歯を］きれいにしてから、…洗顔を［済ませ、］次々と続いて（世尊のもとに来た）。

(1) *kāṣṭa*] *kāṣṭha* の気音が脱落した語形。*dantakāṣṭha* は 細く短い木の棒で、歯をきれいにするのに用いられ、*dantakāṣṭhābhakṣaṇa* ともいう（PW s.v. *dantakāṣṭha* 参照）。

(2) *mukhaśoca{r}[m]*] おそらく *śoca* は *śauca*「洗浄」のプラークリット語形。

(3) *(e)[kai](kam an)[u]yaṃ[taḥ]*] 語形 *anuyaṃtaḥ* は語根 *anu-yā*「後に続く」の現在能動分詞複数形と理解される。チベット語訳に *gcig la gcig 'jus so*「たがいにつかみ合った」とあるのはおそらく語根 *yam* の語形とみなしたのかもしれない。あるいは次の行に誤って挿入された *mbha* が *labh* の語形の一部だった可能性も考えられる。

SF 0.5

sarvbe (v2) (te) /// (ca 26 *akṣaras*) /// (mahāśūnya)tāprāpt*a*{mbha}svā[rtthā] mahāca[nda]na-parivārā eva (v3) /// (ca 22 *akṣaras*)

彼らは皆［阿羅漢であり、自己を制御し、課題を果たし、為すべきことを為し、高貴な家系に属し、偉大な象のようであり、］偉大な空性によって自己の目的に達し、偉大な栴檀のような随行者を伴い…

(1) 欠落部分には *vaśitāprāpta-*, *kṛtakaraṇīya-*, *ājāneya-*（チベット語訳の *cang shes pa* 'knowing everything'に対応するが、意味については BHSD s.v. *ājanya* 'of noble race'を参照）と *mahānāga-*がそれぞれ複数形で用いられていると考えられる。SF 1.2 の注釈を参照。

(2) *(mahāśūnya)tāprāpta{mbha}svā[rttha]*] 断片には *tāprāptāmbhasvā[rtthā]*とあるが、おそらく写本の筆記者が *mbha* を誤った箇所に挿入して、*ambha* と誤解したのかもしれない。SF 1.2 の *mahāśūnyatādhigatasvārthā* と注釈を参照。

SF 0.6

/// (sūryodgamana)[sa]maye palāśa(puṣpa)rāgasadṛśasar[vb]āṅgar*o*ma(v4)(kūpā ; śoṇitāśrupari-pūrṇanayanāḥ paramaduḥkha-) /// (ca 8 *akṣaras*)

日の出の時に、全身の毛穴はパラーシャの花のように赤く、眼には血の涙が満ちて、激しい苦しみに［おそわれた。］

(1) *(sūryodgamana)[sa]maye*] SF 0.9 を参照。

(2) *palāśa(puṣpa)rāgasadṛśasar[vb]āṅgaroma-*] /// *puṣparāgasadṛśasarvbāṅgaromakūpā* SF 1.3 を参照。断片に *rūma* とあるのは *roma* の誤写と考えられる。おそらく次の *kūpa* の母音記号が誤ってずれた位置に書かれたのかもしれない。

SF 0.7

/// (anu)kaṃpārtha mahāyā[na](parama)m i[ha] ś[ū](n)[ya]tākāra (v5) (ca 21 *akṣara*s) /// (yena bhagavāṃ)s tenopa[ja](gmuḥ upasaṃ)kramya bhagavata pādau śi(v6)(robhir) /// (ca 23 *akṣara*s) /// (e)[k](ānte nya)[ṣī](dan*)

cf. SF 1.1 (A a1) /// (mahāyānaparamaguhyaśū)[nya]tākārasandhāvacana{;}vividhadharma-mukhanetrīpra[k](P r1)āśanārtham* vainayikavaśahaitoḥ yena bhagavāṃs tenopajagmuḥ upasaṃkramya (r2) (ca bhagavata pādau śirobhir abhivandya bhagavanta) (A a2) [śa]tasahasrakṛtvaḥ pra[da]kṣiṇī[k]ṛ(P r2)tya yena bhagavāṃs tenāñjalim praṇāmya ; ekānte nyaṣīdan*

憐愍の為に、大乗の最高(の教え)、ここで、空の形相についての［善き教えの顕説の為に、］…彼らは世尊のもとに行った。行ってから、世尊の両足に頭をつけて［礼拝して］…一方に座った。

(1) *(anu)kaṃpārtha*] *sarvbalokānukaṃpārthaṃ* SF 16.5 を参照。

(2) *mahāyā[na](parama)m i[ha]*] SF 1.4 では*(mahā)yānaparamaguhya* となっているが、*miha* と *guhya* の誤写は説明がつかない。

(3) *śi(robhir)*] *bhagavata pādau śirobhir abhivandya* SF 1.4 を参照。

SF 0.8 (MPM § 4)

tena khalu puna sama(v7)(yena) /// (ca 21 *akṣara*s) /// (bhikṣuṇ)y(o <’>rhant)[y]a[ḥ k](ṣ)ī[ṇās]ravā[ḥ] vaśitāprā(v8)(ptā) /// (ca 32 *akṣara*s)

cf. SF 1.2 tena khalu puna (r3) /// (A a3) /// (bhikṣu)[ṇ]īm ādau [k]ṛ(P r3)(tvā ;) [ṣa]ṭkoṭyo bhikṣuṇīśatasahasrāṇāṃ sarvbās tā bhikṣuṇyo <’>rhantyaḥ kṣī[ṇ]ā(r4)(sravā) /// /// (kṛtakaraṇī)(P r4)[y]āḥ apa[hṛta]bhārā ; niṣkleśā ; mahānāgāḥ mahāśūnyatādhigatasvārthā ;

その時、…［その］比丘尼たちは［皆］阿羅漢であり、漏を滅尽し、自己を制御し…

(1) *vaśitāprāptā*] BHSD s.v. *vaśitā* を参照。

SF 0.9

(v8) /// .. (k)o(ṭa)[ka] .. .. (s)[ubha]drā bhi(v9)(kṣuṇī) /// (ca 17 *akṣaras*) /// (pū)[rvb](āh)[n]e sūryo(dgama)na(samaye palāśapuṣparāgasadṛśasarvbāṅgaromakūpā)

cf. SF 1.3 tadyathā (r5) /// (P r5) /// (bhikṣu)[ṇī] ; sāgaramati bhikṣuṇī ; ity eva<ṃ>pramukhā ṣaḍbhikṣuṇīśatasahasrakoṭya s[ū](r6)(ryya-) /// (P r6) /// puṣpa- rāgasadṛśasarvbāṅgaromakūpā ; śoṇitāśruparipūrṇanayanāḥ paramaduḥ(r7)(kha-) ///

…コータカ［の娘］スバドラー比丘尼、…早朝、日の出の時に、全身の毛穴はパラーシャの花のように赤く…

(1) *(k)o(ṭa)[ka]* ］ おそらく *koṭaka-*の後に *duhitar-*が続くと考えられる。

(2) *(pū)[rvb](āh)[n]e* ］ チベット語訳の *snga dro* に対応するが、A 写本のテキスト SF 1.3 には欠く。

(3) *sūryo(dgama)na(samaye palāśapuṣparāgasadṛśasarvbāṅgaromakūpā)* ］SF 0.6 参照。

3. SI P/83b (Habata SF 15.1–7: MPM § 283–288)

C 写本は一葉に 7 行で書かれているが、表面の 6 行目と 7 行目、裏面の 1 行目が欠けており、2 行目もほぼ読み取ることは困難である。C 写本の一行の長さは平均 55 文字程度であるが、断片は左部分の最長で 22 文字程度が残っている。C 写本のオリジナル葉番号 70 が断片左端に読み取れる。ロンドン所蔵の小断片（IOL San 1352 = Stein, Kha.i.206 = Matsuda C-7）の前葉である。仏陀と迦葉が解脱（*mokṣa*）を主題として対話する箇所のテキストである。

3.1 ローマ字転写

recto

r1 buddhānāṃ sarvbajñāninām [a]bhāvāt kāyāparityāgato nirvbā[ṇ]aṃ [n]. ///

r2 m ā[s]īd iti pṛcchaṃ[t]i .o [s]ukhībhūtvā āma nirvṛttam iti vade .. ///

r3 ma .. [kham] iti ; yatr[ākṣa]yaṃ saṃjñā○yāṃ para .. ///

r4 mokṣa sa tathāgataḥ mahākāśyapa○sago .. ///

r5 .. kula .. tra sa mokṣaḥ sa tathā[ga] .. ///

verso

v2 + .. + ... + .. ///

v3 .. iti ; tathāgataḥ punar upama ○ ///

v4 [m]īyate kāraṇārthe[na ;] aho śo○[bha]t[i] .. ///

v5 kiṃ [pa]r.. tasadṛśo has[t]ī ; hastīsadṛśo parvbataḥ e .. .. ///

v6 [m] api kāraṇavaśe[nā] .agan[t]avyaṃ ; āha sma kathaṃ dvividhaṃ deśaya ///

v7 [ka]ścit puruṣaḥ asi gṛhītvā ha[n]yā[t*] tathāgatasya tu na kiṃci dūṣ[ya] ///

3.2 復元と訳注

SF 15.1 (MPM § 283)

(samyaksaṃ)(r1)buddhānāṃ sarvbajñāninānāṃ [a]bhāvāt kāyāparityāgato nirvbā[ṇ]aṃ [n](a) /// (ca 33 *akṣara*s)

［迦葉は世尊に言った。］「一切知者である正等覚がいないゆえに、身体を完全に捨てることによって涅槃に［達することはない。…」］

SF 15.2 (MPM § 284)

(r2) m ā[s]īd iti pṛcchaṃ[t]i (s)o [s]ukhībhūtvā āma nirvṛttam iti vade(t) ///

［世尊は仰せられた。「たとえば、失神から回復した人に人々が駆け寄って『意識は戻りましたか。］大丈夫ですか。』と尋ねる。彼は回復してから『ああ、［失神は］おさまりました』と言うだろう。…

(1) *āma* ］この語は SF 13.4 でも間投詞として用いられている。BHSD と SWTF にも間投詞の用例が挙げられている。同音異義語の *āma-*は名詞で「消化不良」を意味するが（PW s.v. *āma* ‘Verdauungslosigkeit, cruditas’ 参照）、曇無讖はこちらの意味に訳している（譬如有人食已心悶出外欲吐。既得已吐而復迴還。同伴問之汝今所患竟爲差不。而復來還答言。已差身得安樂。ChinD 396a8–11）。

SF 15.3

(para)(r3)ma(su)[kham] iti ; yatr[ākṣa]yaṃ saṃjñāyāṃ para(masukham) ///

/// (yo) (r4) mokṣa sa tathāgataḥ

最高の幸福とは、意識において最高の幸福が滅尽しないところのものであり、［それは般涅槃であり、それは解脱である。…］

解脱であるところのもの、それは如来である。」

(1) *yatr[ākṣa]yaṃ saṃjñāyāṃ* ］チベット語訳の *zad mi shes pa'i 'du shes kyis* に対応するが、断片の locative とは一致しない。両漢訳とも *akṣaya-*の訳を示すが（無有盡滅 ChinD 396a12; 非爲滅盡 ChinF 875b7）、*saṃjñā-*の対応を欠き、次に続く *nirvāṇa-*と *(parama)sukha-*の訳にかかる構文をとる。

(2) *(yo) mokṣa sa tathāgataḥ*] SF 15.4 では *sa mokṣaḥ sa tathā[ga](taḥ)*がチベット語訳の *de ni thar pa yin no // de ni de bzhin gshegs pa yin no //*に対応するが、ここの SF 15.3 では *thar pa gang yin pa de ni de bzhin gshegs pa'o //*が対応し、SF 15.4 の *sa* に替わって *yo* が文頭にあると考えられる。

SF 15.4 (MPM § 285)

mahākāśyapasago(tra) ///

(r5) .. kula(pu)tra sa mokṣaḥ sa tathā[ga](taḥ) ///

大迦葉と同じ姓の迦葉は［言った。…］

［世尊は仰せられた。］「善男子よ、それは解脱であり、それは如来である。」

SF 15.5

(v2) + .. + ... + .. ///

(v3) .. iti ; tathāgataḥ punar upama ///

［世尊は仰せられた。「善男子よ、…実は解脱の譬喩は世間にはないのだが、（衆生を）導くために譬喩をもって示されるのである。…］さらにまた、如来は［解脱の］譬喩である。［なぜなら、如来であるところのものは、解脱であるから。解脱であるところのものは、如来であるから。…］

(1) 断片に *upama* とあるのか或は *upam[ā]*とあるのかは写真の状態が鮮明でないため判読困難である。

SF 15.6

(v4)[m]īyate kāraṇārthe[na ;] aho śo[bha]t[i] .. ///

(v5) kiṃ [pa]r(vba)tasadṛśo has[t]ī ; hastīsadṛśo parvbataḥ e(vam) .. ///

(dharmatatva)(v6)[m] api kāraṇavaśe[nā](v)agan[t]avyaṃ ;

［善男子よ、譬喩はないのであるが、］（譬喩の）原因となるものの意味によって譬喩が用いられるのである。『ああ、［顔は月のように］美しい』［或は『象は雪山のように聳え立つ』という場合、…山に似ているのが象であるのか、象に似ているのが山であるのか。同様に、［善男子よ、解脱は（他のものと）比較できないのであるが、原因となるものにもとづいて、衆生を救うために譬喩が用いられるのである。…］また法の真理も原因となるものにもとづいて理解するべきである。」

(1) *[m]īyate*] *(upa)mīyate* と復元することも可能と考えられる。

(2) *kāraṇārthe[na]*] v6 の *kāraṇavaśe[na]*も合わせて、*kāraṇa-*は基本的に「原因」を意味しており、具体的にここでは、譬喩を構成する「譬喩するもの」(「象は山のようだ」という場合の「山」) を表していると考えられる。チベット語訳では *kāraṇārthena* が *rgyu'i don gyis* に、*kāraṇavaśena* が *rgyu'i dbang gis* に対応する。文脈は異なるが Abhidharmakośabhāṣya (ed. Pradhan) 21.13 において対論者が *prayojanavaśāt*（真諦・玄奘訳「由有用」）と対比して *kāraṇavaśāt*（真諦訳「由因」・玄奘訳「因力」）の表現を用いている。

(3) *(dharmatatva)[m] api*] チベット語訳 *cho kyi de kho na nyid* に対応する。SF 15.8 の *dharmata[tva]ṃ* も参照。

SF 15.7 (MPM § 288)

āha sma kathaṃ dvividhaṃ deśaya(ti) ///

(v7) [ka]ścit puruṣaḥ asi gṛhītvā ha[n]y[āt*] tathāgatasya tu na kiṃci dūṣ[ya] ///

［迦葉は］言った。「どのようにして［如来は］二種に教えるのでしょうか。」

［世尊は仰せられた。「例えば、善男子よ、『如来を殺そう』と思って］或る人が刀を取ってから、如来を斬りつけるとしよう。しかし如来は何の傷もつけられない［であろう。…」］

4. おわりに

大般涅槃経はインド語原典のまとまった写本が伝わっていないため、その断片は、どんなに小さい断片であっても、原典の用語や表現を知るうえで貴重な資料である。今回紹介した断片でも、以下のような特筆すべき要点が認められる。B 写本は、他の A 写本や C 写本より古い語形を残し、サンスクリット化が進んでいないテキストを伝えており[11]、今回紹介した新断片でも、プラークリット由来の特殊な語形が用いられていることが明らかになった。C 写本では解脱を主題とした段落の定型句「解脱なるものは如来である」の梵文が明らかになり、また、譬喩を論理的に解説する箇所で用いられる表現が、管見する限り倶舎論の対論者が用いている表現と共通していることが注目されよう。

このような貴重な断片の研究の機会を与えてくださった松田和信教授には、私の涅槃経研究の当初より様々なご教示と励ましをいただき、新発見の断片の情報をいつも即座に知らせてくださった。ここに改めて、深く感謝の意を表すとともに、還暦のお祝いを申し上げたい。

---

[11] 詳細については Habata 2007（上記注 3)、pp. lvi–lxxv 参照。

維摩の文殊に対する最初の挨拶
—梵文『維摩経』第4章第4節覚書—

米澤　嘉康

はじめに

大正大学では，2004年に『維摩経』の梵文写本影印版[1]，梵文テキストローマ字転写[2]を出版し，さらに2006年に校訂本も公刊した。その後，2011年に梵文テキストからの和訳として高橋・西野訳が公刊された。その結果，『維摩経』研究は，新資料の梵文テキストとともにさらなる進展を遂げることが期待されている。本稿では，新たに発見された梵文テキストと，これまで研究されてきた漢訳やチベット語訳と相違する箇所を取り上げ，その問題点を指摘してみたい。

資料と問題の所在

本稿で取り上げるのは，梵文『維摩経』第4章第4節である。そのなかでも，病気見舞いに訪れた文殊に対して，維摩居士が初めて声をかける場面に焦点を当てたい[3]。なお，梵文、チベット語訳では第4章であるが，漢訳では第5章（支謙訳「諸法言品第五」羅什訳「文殊師利問疾品第五」、玄奘訳「問疾品第五」）である。

当該箇所のテキストは，三冊本によれば次のとおりである[4]。

支謙訳：維摩詰言。勞乎文殊師利。不面在昔辱來相見[5]

羅什訳：時維摩詰言。善來文殊師利。不來相而來。不見相而見[6]

玄奘訳：時無垢稱見妙吉祥。唱言善來。不來而來。不見而見。不聞而聞[7]

チベット語訳：de nas lid tsa bī dri ma med par grags pas 'jam dpal gzhon nur gyur pa mthong ste/ mthong nas 'di skad ces smras pa so// 'jam dpal legs par 'ongs so// 'jam dpal shin tu leg par 'ongs so//[8]

梵文：atha vimalakīrttir licchavir maṃjuśriyaṃ kumārabhūtam adrākṣīd dṛṣṭvā ca punar evam

---

1 梵文写本には，『智光明莊厳経』も含まれている。
2 三冊本，第2部.
3 校訂本: xix–xx にも，当該箇所の問題点が指摘されている。
4 三冊本，第2部: 186–7.
5 T no. 474, 525c2–3.
6 T no. 475, 544b12–14.
7 T no. 476, 567c24–26.
8 D 198b4–5.

āha / svāgataṃ maṃjuśriyo ’svāgataṃ maṃjuśriyaḥ anāgatasyādṛṣṭaśrutapūrvasya darśanaṃ /[9]

校訂本では次のとおりである。

atha vimalakīrtir licchavir mañjuśriyaṃ kumārabhūtam adrākṣīt / dṛṣṭvā ca punar evam āha: svāgataṃ mañjuśriyo ’svāgataṃ mañjuśriyo ’nāgatasyâdṛṣṭaśrutapūrvavasya darśanaṃ /[10]

チベット語訳からの代表的な現代語訳は次のとおりである。

長尾訳：そのとき、ヴィマラキールティは、マンジュシュリーを見て、次のように言う。「マンジュシリーよ、よくおいでになりました。ほんとうによくおいでになりました。（ただし）かつておいでになられなかった（のに、いまおいでになった。（かつて）お会いもせず、聞きもせず、（いま）お会いする……」[11]

Lamotte (Boin): Then the Licchavi Vimalakīrti perceived Mañjuśrī the crown prince and, having perceived him, said to him: Mañjuśrī, you are welcome (*sugata*) Mañjuśrī, you are most welcome. You had not come and you come; you had not seen and you see; you had not heard and you hear[12].

校訂本梵文テキストからの和訳は次のとおりである。

高橋・西野訳：そのとき、リッチャヴィのヴィマラキールティは、マンジュシュリー童真を見た。見て、それから次のように言った。

「マンジュシュリーはよく来られましたね。やって来たこともない、以前に見たことも聞いたこともないマンジュシュリーとの出会いは、よく来たとはいえませんが」[13]

漢訳では，維摩が文殊に対して，「勞乎」もしくは「善來」すなわち，「ようこそ」と1回だけ，歓迎の挨拶している。それに対して，チベット語訳では，と，「ようこそ」という歓迎の挨拶を２回繰り返しているようにみえる。そして，梵文写本では，「ようこそ，文殊よ，ようこそではない，文殊よ」という矛盾的な挨拶表現を呈している。このように，当該箇所は，梵藏漢のテキストが相違しているケースにほかならない。この場合，それらの差異についてどのように考えればよいか，若干の考察を加えてみたい。

---

9 影印版 27b5–6.
10 校訂本: 46, 9–11.
11 長尾訳: 76.
12 Lamotte (Boin): 116.
13 高橋・西野訳: 89–90.

shin tu leg par ’ongs so = susvāgataṃ

チベット語訳「shin tu leg par ’ongs so (ほんとうによくおいでになりました。; you are most welcome.)」から想定される梵語は susvāgataṃ である[14]。

チベット語訳の訳出年代は，その翻訳者の名前 Chos nyid tshul khrims (Dharmatāśīla)から９世紀初頭と考えられる[15]。そして，現存の梵文写本の書写年代がその書体から１２世紀であるので[16]，チベット語訳が依拠したであろう梵文写本の読みを採用するという校訂の方針を立てるのが一般的かもしれない。それにしたがい，susvāgataṃ が現存梵文写本の読みのように，’svāgataṃ に変化したと想定することも可能である。すなわち，チベット語訳が依拠したであろう梵文写本が susvāgataṃ という読みであったが，ある時点で su というアクシャラが a というアクシャラに読み間違えられ，それがさらに，現存梵文写本のように，’svāgataṃ と，否定辞がアヴァグラハで記されるようになったというように，書写過程の推移を想像することとなる。

チベット語訳の問題点

チベット語訳にしたがい，維摩の発言部分の梵文テキストを訂正するならば，次のとおりになるであろう。

svāgataṃ mañjuśriyaḥ susvāgataṃ mañjuśriyo ’nāgatasyādṛṣṭaśrutapūrvavasya darśanaṃ

「マンジユシュリーはよく来られましたね。マンジュシュリーは本当によく来られましたね。以前にはやって来ることも、見ることも、聞くこともありませんでしたが、［いま］お会いできるとは」[17]

すなわち，維摩は歓迎の挨拶を２回繰り返していると，これまでの現代語訳では考えられている。しかしながら，susvāgataṃ の一般的な用法に鑑みれば，維摩の発言とみなすことはできないと思われる。というのは，義浄著『南海寄帰内法伝』によれば，この susvāgataṃ は，「ようこそ(svāgataṃ)」と挨拶してくれたホストに対して、ゲストが返答する挨拶として説明されているからである。『南海寄帰内法伝』の当該箇所とその和訳は以下のとおりである。

昔大師在日。親爲教主。客苾芻至。自唱善來。又復西方寺衆。多爲制法。

凡見新來。無論客舊及弟子門人舊人。即須迎前唱莎揭哆。譯曰善來。

---

14 校訂本: 46, fn. 3).

15 三冊本，第 1 部: 43–48 (＜維摩經解題 付録２＞前田崇「チベット訳維摩經について」).

16 上掲書: 18.

17 梵文テキスト，ならびに，和訳は高橋・西野訳: 266-267 (脚注 10)に依っている。

客乃尋聲。即云窣莎揭哆。譯曰極善來。如不說者。一違寺制。二准律有犯。無問大小悉皆如此。[18]

昔、大師（釈迦世尊）が在られた日には（、当然ながら大師）親らが教主で為られた。（このとき僧伽を来訪する苾芻、すなわち）客苾芻が至ると（、世尊は）自ら「善来（Svāgataṃ te [astu]、貴方が歓迎されますように。ようこそいらっしゃいました、の意）」と唱えられ（、客苾芻を迎えられ）たのであった。

又復西方の寺（家の苾芻）衆では多く（の場合、この出迎え方をその僧伽に固有の）制（度）法（規、すなわち、寺法・寺制）と為ているのである[19]。

（前記の教主釈迦世尊の相遇逢迎法は今もインドの仏教僧伽に生きている。）凡そ（旧苾芻が、）新来（の苾芻）を見たならば、（それが）客（苾芻・）旧（苾芻）、及び弟子、（同）門人・旧（住）人であると論ずることと無く、即ち（必）須ず迎え（に出）て（その苾芻の）前で（、遥か遠くから）「沙揭哆（Svāgataṃ te [astu]）」と唱える。（これを中国語に）訳せば「善来」と日うことである[20]。

客（苾芻）も乃ち（それに対し）声（音）を尋いで（報えて）「窣莎揭哆(Su-svāgataṃ)」と云う。訳せば「極（su）善来」と日うわけである。如し（これらの「沙揭哆」「窣莎揭哆」の言葉を主・客の苾芻が）說わないとすれば、一つには寺制に違い、二つには律（蔵）に准して（も罪を）犯すこと有り、と（解）されるのである。（これは西国では苾芻の法齢の）大・小を問うことなく、悉く皆此の如り（になされているの）である[21]。

すなわち，ホストが svāgatam と挨拶し，ゲストが susvāgatam と返礼するのは，律にも規定されている，僧院の一般常識となっていると義浄は強調している。この記述に基づくならば，susvāgatam と発言しているのは，維摩ではなく文殊でなければならない。

このことをふまえて，梵文テキストを訂正するならば，

“svāgataṃ mañjuśriyaḥ” “susvāgataṃ” mañjuśriyaḥ / “anāgatasyādṛṣṭaśrutapūrvavasya darśanaṃ”

となるであろうか。すなわち，2 番めに登場する mañjuśriyaḥ を呼格でなく，主格と読むこととなる。もし，それを呼格と読み anāgatasyādṛṣṭaśrutapūrvavasy darśanaṃ と一緒となる発言と解釈するならば，呼格が文頭に位置することとなり，梵文として不適切なものとなろう。ちなみに，mañjuśriyaḥ という呼格（あるいは主格）が登場するのは，梵文『維摩

18 T no. 2125, 223a9–14.
19 宮林・加藤 2004: 269.
20 宮林・加藤 2004: 270.
21 上掲書, *ibid.*

経』において，この箇所だけである[22]。

また，2番めに登場するmañjuśriyaḥをgṛhapateもしくはVimalakīrteと大胆に訂正し，文殊の発言と考える可能性もあろう。ちなみに，Vimalakīrteという呼格の用例は現存梵文テキストには見いだされない。

すなわち，susvāgatamを文殊の発言と考えるならば，梵文テキストに大幅な変更を加えなければならないことになる。

ところで，チベット語訳では，2回登場する’jam dpalはいずれも呼格となっている。そして，shin tu leg par ’ongs soは明らかに維摩の発言である。すなわち，チベット語訳において，susvāgatamを文殊の発言と考えることはできないのである。その原語と想定されるsusvāgatamがゲストの返礼であるという，僧院の一般常識に基づけば，ホストである維摩は，「ようこそ」と挨拶して，ゲストの返答となる挨拶も行っていることとなる。とするならば，チベット語訳に基づいたとしても，ホストとゲストの相違がなくなるという矛盾的な表現を呈していることとなろう[23]。

asvāgatam

これまで，susvāgatamが原語であったという想定のもと，議論を進めてきた。しかし，そのように想定したとしても，上記のように矛盾的な表現となることが明らかになってであろう。

そこで，svāgataṃ maṃjuśriyo ’svāgataṃ maṃjuśriyaḥという梵文写本の読みについて検討を加えてみよう。

「ようこそ(svāgata)」というごく普通の挨拶は，来るという動作が完了しているという意味にも捉えられるが，初めてやって来た人にその動作が完了しているというような表現はおかしいという，一見ことばの遊びともとれるような発言と解釈することができよう。その妥当性は，文殊の返答から判断されるのではないかと思われる。その返答の冒頭は次のとおりである。

> mañjuśrir āha: evam etad gṛhapate yathā vadasi / ya āgato na sa bhūya āgamiṣyati / yaś ca gato na sa bhūyo gamiṣyati / tat kasmād dhetoḥ / na caâgatasyâgamanaṃ prajñāyate, na ca gatasya

---

22 mañjuśrī-の語幹が，mañjuśriy-となっていることも注記すべきかもしれない。なお，Mañjuśriyasという形を属格と解釈することも可能である。

23 維摩は在家の人物であり，僧院の一般常識には無頓着であったと解釈することができるかもしれない。しかし，『維摩経』という物語の設定上，在家者でありながら出家者にも優るという人物像が必要不可欠の要素であると思われるので，この解釈は除外して考察している。

gamanam, yaś ca dṛṣṭo na bhūyo draṣṭavyaḥ /[24]

高橋・西野訳：マンジュシュリーがいった。

「居士よ、まさにあなたのおっしゃるとおりです。一度来たものが再びやって来るということはありません。一度去ったものが再び去るということもありません。それはなぜかといえば、やって来る者にやって来ることは知られず、去った者には去ることは知られず、見られた者がさらに見られることはないからです[25]。

すなわち,「ようこそ，文殊よ，ようこそではない，文殊よ！　やって来たこともない、以前に見たことも聞いたこともないマンジュシュリーとの出会いは」という維摩の歓迎の挨拶に，しっかりと対応した返答となっているといえよう。

さて，チベット語訳が依拠したであろう梵文写本も，現存写本と同じ’svāgatam であったという前提のもと，チベット語訳が shin tu leg par ’ongs so となった経緯を想像してみたい。まず，チベット語翻訳者が，現存写本におけるアヴァグラハをダンダと読み，“svāgataṃ maṃjuśriyaḥ”が２回繰り返されていたが，翻訳として変化をもたせるために，後者を shin tu leg par ’ongs so としたと想像することができるかもしれない。さらに，書写過程の問題を想定するならば，先に述べた susvāgatam→’svāgatam の逆の推移を辿ったと考えることもできよう。

まとめ

チベット語訳のように，梵文テキストの’svāgataṃ maṁjuśriyaḥ を susvāgataṃ mañjuśriyaḥ に訂正したとしても，ホストとゲストの区別がなくなるという矛盾的な表現となることを指摘した。しかし，文殊の返答部分との整合性に鑑みれば，梵文写本の読みを採用した校訂本のままでよいと思われる。

ただし，現存する漢訳本では，いずれも susvāgataṃ maṁjuśriyaḥ もしくは’svāgataṃ maṁjuśriyaḥ に相当する部分を欠いていることに注意すべきである。梵文テキストにおいて，テキストの原初形態を再現するという校訂方針に準拠すれば，その部分を削除するというのもありえるであろう。

おそらく，susvāgataṃ maṁjuśriyaḥ もしくは’svāgataṃ maṁjuśriyaḥ という部分は，後世の付加である可能性が高いであろう。そうだとしても，維摩と文殊との哲学的な対話というコンテキストに鑑みれば，維摩の文殊に対する最初の歓迎の挨拶を矛盾的な表現を含むテキストに校訂するという方針があっても然るべきであろう。

---

[24] 校訂本: 46, 12–15.

[25] 高橋・西野訳: 90.

略号

影印版　『維摩經』『智光明莊嚴經』梵文写本影印版
校訂本　大正大学綜合佛教研究所 梵語佛典研究会(編) 2006.
玄奘訳　玄奘訳『説無垢稱經』 T no. 476.
三冊本　大正大学綜合佛教研究所 梵語佛典研究会(編) 2004.
支謙訳　支謙訳『佛説維摩詰經』 T no. 474.
高橋・西野訳　高橋尚夫, 西野翠(訳) 2011.
チベット語訳　'phags pa dri ma med par grags pas bstan pa zhes bya ba theg pa chen po'i mdo: D『東北目録』No. 176.; P『大谷目録』No. 843.; N『長島目録』No. 162 (pha 274a4-382a3).; C No. 816 (ma 205a4-295b2).; ラサ(Lhasa) 版, No. 177 (pha 270b1-376b3).; トク(sTog) 版 No. 171 (dza 304b6-399b4).
長尾訳　長尾雅人(訳) 2002.
羅什訳　鳩摩羅什訳『維摩詰所説經』 T no. 475.
Lamotte (Boin)訳　Boin-Webb, Sara. trans. 1976.

参考文献

大正大学綜合佛教研究所 梵語佛典研究会(編) 2004『梵蔵漢対照『維摩經』『智光明莊嚴經』(三分冊) VIMALAKĪRTINIRDEŚA and JÑĀNĀLOKĀLAṂKĀRA: Transliterated Sanskrit Text Collated with Tibetan and Chinese Translations (Part I-III)』大正大学出版会.（第 1 部：『維摩經』『智光明莊嚴經』解説 Part I. Introduction to VIMALAKĪRTINIRDEŚA and JÑĀNĀLOKĀLAṂKĀRA. 第 2 部：梵蔵漢対照『維摩經』Part II. VIMALAKĪRTINIRDEŚA: Transliterated Sanskrit Text Collated with Tibetan and Chinese Translations. 第 3 部：梵蔵漢対照『維摩經』Part III. JÑĀNĀLOKĀLAṂKĀRA: Transliterated Sanskrit Text Collated with Tibetan and Chinese Translations.）

大正大学綜合佛教研究所 梵語佛典研究会(編) 2006『梵文維摩經−ポタラ宮所蔵写本に基づく校訂− VIMALAKĪRTINIRDEŚA A Sanskrit Edition Based upon the Manuscript Newly Found at the Potala Palace』大正大学出版会.

高橋尚夫, 西野翠(訳) 2011『梵文和訳　維摩経』春秋社.

長尾雅人(訳) 2002『維摩経、首楞厳三昧経』（新版）中央公論社「大乗仏典 7」中公文庫.

宮林 昭彦, 加藤栄司(訳) 2004 『現代語訳 南海寄帰内法伝―七世紀インド仏教僧伽の日常生活』法藏館.

Boin-Webb, Sara. trans. 1976. *The Teaching of Vimalakīrti (Vimalakīrtinirdeśa)*. Oxford: The Pāli Text Society. [English Translation of *L'Enseignement de Vimalakīrti (Vimalakīrtinirdeśa)* traduit et annoté par Étienne Lamotte, 1962, publications de l'institut orientaliste de Louvain, Louvain-la-neuve: Université catolique de Louvain.]

キーワード：『維摩経』, susvāgatam, asvāgatam, 梵文校訂

華厳経「普賢菩薩行品」第78-121偈の梵文テキスト

松田　和信

The lemon trees blossom
The almond trees wither
It's spring and it's summer
And it's winter forever
(*Did I Ever Love You*, Leonard Cohen 2014)

前書きにかえて

1991年から1993年にかけてケルン研究所（Instituut Kern）と呼ばれていたオランダ国立ライデン大学インド学科（Indologisch Instituut der Rijksuniversiteit Leiden）の故ティルマン・フェッター（Tilmann E. Vetter）先生の許で過ごした。成田空港からアムステルダムに向けて飛び立つ前夜、当時柏市の気象大学校に勤務していた本誌編集人の金沢篤さんが空港までやって来て夕食を共にした。その時二人でどんな話をしたのか全く覚えていないが、あれから25年が経った。これより前、私に金沢さんを紹介してくれたのは松本史朗さんであった。勿論二人とは研究のことも話してきたと思うが、研究を離れても、金沢さんが私と同じレナード・コーエンのファンだと知って意気投合したことが懐かしい。私は今でもコーエンを聴いている。松本さんとも同じである。松本さんの好きなイタリア映画のことはあまり知らないが、10年ほど前、ロンドンのピカデリーで松本さん夫妻と「オペラ座の怪人」を見たことは今でもありありと思い出す。私より年上の二人をさん付けで呼ぶことをどうかお許しいただきたい。その松本史朗さんを私に紹介して下さったのは袴谷憲昭先生であった。私の研究は、袴谷先生の論文を読んで、それをなぞることに始まったと言っても過言ではない。私は、袴谷先生を戦後の仏教学界が生んだ最高の知性だと信じて疑ったことはない。友情や信頼などという時代がかった言葉を使う気はないが、三人と出会うことがなかったなら、私の現在も随分違うものになっていたと思う。原初の仏教の本質が論理主義にあるのか神秘主義にあるのか、そんな自明の理さえわからないまま今に至っていたかもしれない。

私は多くの友人に恵まれたことを本当に感謝している。詳細は聞いていないが、本号には、松本さんと金沢さんを除いて、すべて私より年下の友人たちが論文を寄せているのだと思う。私も人並みに自分の時間というものに思いを馳せる。レナード・コーエンは今年82歳になるという。一昨年（2014年）の秋、80歳の誕生日の２日後にリリースされたアルバム *"Popular Problems"* の一曲を聴いて胸が熱くなるのを押さえることができなかった。私がコーエンと同じ歳になるまで、果たしてこれから20年も生きているであろうか。今後私にできそうもないこと、私がこれまで放置してきたことは、本号に寄稿されたような友人たちが代わりにやってくれないかと本気で思っている。本稿では、今後誰でも研究に利用できるように『華厳経』「普賢菩薩行品」の梵文写本資料を提供しておきたい。これも私にとっては、積み残してきた仕事の後始末と言ってよいかもしれない。

当該写本セットの由来

19世紀末あるいは20世紀初頭、当時のダライラマ十三世より外交僧ドルジエフ（Dorjief）を通してロシアに贈られたネパール系梵文写本セットがサンクトペテルブルクに保存されている。セットは４種の紙写本で構成されているが、そのサイズとフォーマットはいずれも同じで、書写に用いられた文字も11世紀頃のネパール系貝葉写本と同じ書体の文字が使われ、紙写本としては古層の写本である。これら４種の写本については、1914年にロシアのミロノフの出版した写本目録に登録されているが[1]、目録では、４種のうち、１点８葉はカマラシーラ（Kamalaśīla）の『第三修習次第（*Third Bhāvanākrama*）』[2]、１点１葉は『華厳経（*Buddhāvataṃsaka*）』の断簡とされるが、私は未同定とされる残り２種について、１点３葉を『入無分別陀羅尼（*Nirvikalpapraveśa-*, *Avikalpapraveśadhāraṇī*）』に、他の12葉を『瑜伽師地論（*Yogācārabhūmi*）』の「摂決択分（*Viniścayasaṃgrahaṇī*）」に同定した。これについては1988年の『日本西蔵学会々報』誌に簡単な報告を発表したが[3]、その後、私は『入無分別陀羅尼』について、この写本とギルギット写本を用いて作成した梵文テキストと和訳を1996年に公表しただけで[4]、カタログの記載によって当時から存在が明らかになっていた『華厳経』の断簡１葉と「摂決択分」12葉については1988年の報告以降放置したままであった。ただ、「摂決択分」の断簡については、他の関連写本も含めて、ミュンヘン大学のチェ・ジンギョン（Choi Jing kyoung 崔珍景）が自身の研究プロジェクトとして取り上げてくれることになったので[5]、残された『華厳経』の断簡について、この機会に簡単な解説を加えて、作成した梵文テキストを提示しておきたい。なおこの写本

---

1 N. D. Mironov, *Catalogus Codicum Manu Scriptorum Indicorum qui in Academiae Imperialis Scientiarum Petropolitanae Museo Asiatico*, Fasc. I, Petoropoli, 1914, Reprinted in New Delhi 1984, pp. 323-334.

2 この写本は後にツッチによる校訂本の底本となる。G. Tucci, *Minor Buddhist Texts*, Part III, *Third Bhāvanākrama*, Rome, 1971.

3 拙稿「ダライラマ 13 世寄贈の一連のネパール系写本について—『瑜伽論』「摂決択分」梵文断簡発見記—」『日本西蔵学会々報』34, 1988, pp. 16-20.

4 拙稿「*Nirvikalpapraveśadhāraṇī* —梵文テキストと和訳—」『佛教大学総合研究所紀要』3, 1996, pp. 89-113.

5 チェ・ジンギョンはアシュヴァゴーシャの『サウンダラナンダ（*Saundarananda*）』研究で佛教大学の修士課程を終えた後、DAAD 奨学生としてミュンヘン大学に移り、イェンス=ウヴェ・ハルトマン（Jens-Uwe Hartmann）教授の許で梵文『長阿含（*Dīrgha-āgama*）』のギルギット写本研究によって博士の学位（Dr. phil.）を得ている。チェ博士の「摂決択分」研究については、本誌本号に掲載されているはずの最初の英文報告を参照していただきたい。

セットについては、高野山大学の加納和雄准教授による最近の研究によって、興味深いことに、アティシャ（Atiśa, Atīśa, Dīpaṃkaraśrījñāna, ca. 982-1054）自身が携えてインドからチベットにもたらされた写本類の一部、あるいはアティシャ所持の写本を直接複写した写本であった可能性が高い[6]。また「摂決択分」の写本については、ロシアに寄贈された12葉以外の部分も、ラサのポタラ宮に保存されているアティシャ由来の写本類の中に今なお残されていることが明らかになっている[7]。

華厳経断簡について

ミロノフの目録で『華厳経』とされる１葉であるが、フォリオの左側が焼損し、欄外に書かれていたはずの頁番号は失われている。ただ、内容から表裏の判別は容易であり、表面に９行、裏面に５行書かれ、裏面の下部は空白のまま残されている。内容と、失われていない右側マージンの大きさから判断して、焼損によって各行15ないし20音節程度が失われていると推測される。1988 年の時点で私には分からなかったが、加納和雄氏の研究によって、焼損の理由がポタラ宮にもたらされる前に写本が保存されていたレティン寺の火災（13 世紀）によることが明らかとなった[8]。内容については、先の報告の中でも触れたが、ミロノフは『華厳経（*Buddhāvataṃsakasūtra*）』と言うだけで、『華厳経』のいずれの章の断簡であるか触れていないが、裏面５行目には章末のコロフォンがあり、そこに、buddhāvataṃsake mahāvaipulyasūtre śatasahasrike granthe samantabhadracaryānirdeśaparivartto nāma triṃśatimaḥ samāptaḥ（『仏華厳』なる大方広経、10 万〔頌〕よりなる章句のうち、「普賢行の説示」という第 30 章終わり）と記され、これが「普賢（菩薩）行品」末尾の断簡であることがわかる。ただし、このコロフォンの直後に、数字で 31 とも書かれている。triṃśatima（30）が正しいのか、数字で書かれた 31 が正しいのか判然としないが、「普賢菩薩行品」は『六十華厳』（晋訳）では第 31 章、『八十華厳』（唐訳）では第 36 章、チベッ

6 加納和雄「アティシャに由来するレティン寺旧蔵の梵文写本—1934 年のチベットにおける梵本調査を起点として—」『インド論理学研究』6, 2012, pp. 123-161, Kazuo Kano, “The Transmission of Sanskrit Manuscripts from India to Tibet: The Case of a Manuscript Collection of Atiśa Dīpaṃkaraśrījñāna (980-1054)”, *Transfer of Buddhism Across Central Asian Networks (7th to 13th Centuries)*, ed. by Carmen Meinert, Brill, Leiden, 2015, pp. 82-117.

7 加納（Kano）前掲論文、および拙稿「アフガニスタン写本から見た大乗仏教 —大乗仏教資料論に代えて—」『シリーズ大乗仏教１　大乗仏教とは何か』春秋社, 2011, pp. 151-184 の附記部分「中国チベット自治区のサンスクリット語写本」(pp. 175-180) 参照。さらに拙訳による罗炤（Luo Zhao）「チベット自治区に保存された梵文写本の目録編纂」『仏教学セミナー』88, 2008, pp. 25-36 の訳者付記部分も参照。残念ながらこの写本写真は未入手である。北京のチベット学研究センター（蔵学研究中心）所蔵の写本写真の中にも含まれていない。

8 加納（Kano）前掲論文参照。

ト語訳では第 42 章である。また、これが『華厳経』全体を書写した巨大な写本から奇跡的に残った一葉であるのか、「普賢菩薩行品」だけの写本であるのかについても決定的なことは言えない。ミロノフの目録にはフォリオのサイズが記載されていないが、同じフォーマットの「摂決択分」写本も存在するとなると、こちらも相当巨大な写本の一葉であったと推定する方が自然であろう。

この一葉には「普賢菩薩行品」末尾の偈頌のうち、第 78 偈から最後の 121 偈までが書写されている。しかも各偈には数字で偈番号が書かれている。写本上に偈番号が書かれることは中央アジア系の仏教写本では普通であるが、ネパール系写本では珍しい。「普賢菩薩行品」に 121 偈が含まれることは、両漢訳およびチベット語訳とも一致する。焼損による欠落もあり、また第 78 偈は末尾部分しか回収できないが、それらも併せると、全体で 44 偈の梵語原文が回収できる。ただし梵語といっても、いわゆる大乗経典の韻文に特徴的な仏教梵語である。韻律については 44 偈すべてアールヤー（āryā）調であると思われるが、それに完全に合致しない部分も数多く、さらに音節数の過不足も多々見られ、現時点では、何らかのアールヤー系の韻律としか言えない。これは、元のテキストでは正規のアールヤー調に準拠していたが、書写による伝承課程でテキストに問題が生じたか、以下に掲載する私の校訂テキストに問題があるのか、いずれかの可能性はあろう。なお、一部例外はあるが、基本的に 44 の各偈は前半 18 音節、後半 18 音節の計 36 音節で構成されているように見える。焼損によって失われた箇所における音節数の推定はこれを前提に計算した。類例について知識が乏しく、不確かな言い方かもしれないが、仏教文献で、すべての偈がアールヤー調というのは、古い伝承文献を除いては珍しいのではないか[9]。なお、チベット語訳では、これまた一部例外は見られるが、基本的には、一偈四句が音節数で 7×11×7×9 という順で配置されていて、他に例を見ない形式で翻訳されている。なお漢訳は晋訳も唐訳も一偈 5×4 の一般的な形式で訳されている。

『華厳経』を構成する各章の中で、梵文写本が残り、テキストが校訂出版された章は、これまでは「十地品（*Daśabhūmika*）」および「普賢菩薩行願讃（*Bhadracarīpraṇidhānarāja*）」を含む「入法界品（*Gaṇḍavyūha*）」に限られていた。しかし最近になって、『華厳経』自体の写本に基づいたわけではないが、ポタラ宮に保存されている短編経典 20 種を集めたアンソロジーを書写した梵文写本が校訂出版されたことによって、その中に含まれる一経典 *Anantabuddhakṣetraguṇodbhāvanasūtra* が『華厳経』の「寿命品」（唐訳では「如来寿量

[9] 韻律については、私に思わぬ勘違いがないとは言い切れない。もし本稿で提示する梵文テキストを見て気づいた点があれば、是非御教示いただきたい。なお、同僚の本庄良文教授に意見を求めたが、同じくアールヤー調に見えるとのことであった。

品」）と同一内容を持つ経典であることも明らかとなった[10]。この三章以外に梵文原典で知られているものは、わずかな中央アジア写本の断片と[11]、他文献における引用だけである[12]。このような中で、わずか一葉とはいえ、全部で 44 偈の梵文原典が回収可能な「普賢菩薩行品」の断簡が存在する意味は大きいであろう。

梵文テキストの提示

以下に写本から読み取った「普賢菩薩行品」の末尾 44 偈の梵文テキストを提示する。漢訳２本とチベット語訳の対応部分も併せて示す[13]。この章は、同じ普賢（Samantabhadra）の名を持つ無数の菩薩による菩薩行について説かれる。従って、菩薩を主題とする偈では、主語は複数形で示される。中期インド語の名残をとどめた仏教梵語で記され、サンディや格変化も相当崩れていることに加え、前述の韻律の問題もあり、私の校訂が万全であるという自信はない。暫定的テキストであると考えていただきたい[14]。なお、sattva→satva, otīrṇa (avatīrṇa)→otīrṇṇa, vartate→varttate 等の、テキスト伝承に由来する語形ではなく、書写生自身の書き癖による語形、さらに代用アヌスヴァーラについては、正規形には戻していない。テキストおよび注記中に、現在一般的に用いられる以下の記号、略号を用いる。

<> 写本に記されていない文字、数字、句読点等。[ ] 損傷しているが判読可能な文字。( ) 損傷、欠落等で失われた文字の推定。｛ ｝ 不要な文字、あるいは写本上で削除記号の付された文字。
+ 破損等により完全に失われた文字数の推定。.. 破損により読めない文字。 ẖ = jihvāmūlīya,
* = virāma, r = recto（表） v = verso（裏） Ms = この写本を指す。L = ラサ版チベット語訳。
P = 北京版チベット語訳。

---

10 Bhikṣuṇī Vinītā, *A Unique Collection of Twenty Sūtras in Sanskrit Manuscript from the Potala*, Volume I, 2 (*STTAR* 7/2), Beijing - Vienna, 2010, pp. 557-593.

11 中央アジア出土の梵文断簡については、堀伸一郎氏の最近の論攷を参照していただきたい。「華厳経原典への歴史 —サンスクリット写本断片研究の意義—」『シリーズ大乗仏教 4 智慧/世界/言葉』春秋社, 2013, pp. 183-211, 同「『大方広仏華厳経』—題名とその原語—」『論集 華厳文化の潮流』（ザ・グレイトブッダ・シンポジウム論集第十号）法蔵館, 2012, pp.10-21, Shin'ichirō Hori, "Sanskrit Fragments of the *Buddhāvataṃsaka* from Central Asia", *Avataṃsaka Buddhism in East Asia*, ed. by R. Grimello et al., Harrassowitz, Wiesbaden, 2012, pp. 15-35.

12 私自身が気づいた引用では、チャンドラキールティの中論注釈書『プラサンナパダー』第 18 章に「賢首品」における「天鼓の喩え」から 3 偈が引用されている。*Prasannapadā* (*Bibliotheca Buddhica*, IV), de la Vallée Poussin ed., p. 367, *ll.* 6-11, 晋訳, T. 9, pp. 439c-440a, 唐訳, T. 10, p. 79a-b. 著名な喩えの引用でもあり、私が知らないだけで、私より先に引用に気づいて論文に示している研究者がすでにいるかもしれない。

13 晋訳, T. 9, pp. 610a29-611a29, 唐訳, T. 10, pp. 261a8-262a8. チベット語訳については、*ACIP* によって入力されたラサ版（Phal chen, Ṅa, 99a7-102b2）を利用させていただいた。北京版（Śi, 73a6-75b1）も参照したが、ラサ版（L）と北京版（P）との比較で看過できない相違点のみ注記する。

14 加納和雄氏の教示により複数箇所を修正することができた。御礼申し上げる。ただ、意味不明箇所がなお複数残り、正しく翻訳することは困難である。本稿ではテキストの提示にとどめる。

+ + + + + + + + + + + + (r[1]) + + + + + + + +
+ + + + + + + + + + + + + + [vā]disiṃhānāṃ || 78 ||
མི་ཟད་མཁའ་ལྟར་རྣམ་དག་པའི། །རྒྱ་ཆེ་ཤིན་ཏུ་ཡངས་པའི་ས་ལ་རབ་ཏུ་ཞུགས།།
གསུང་བའི་སེང་གེ་(L99b)ཐམས་ཅད་ཀྱི། །ཚུལ་གྱི་དཀྱིལ་འཁོར་ཐམས་ཅད་རྗེས་སུ་དྲན།།
〈晋訳〉廣淨無盡身　深入方便地　菩薩常正念　論師子妙法
〈唐訳〉菩薩常正念　論師子妙法　清淨如虛空　而興大方便

prapaṃcabhūte loke praṇidhāna karitva aprameyena |
pariśuddha teṣa caryāḥ yayā sphuṭā sarvalokadhātuṣu || 79 ||
འཇིག་རྟེན་རབ་ཏུ་སྤྲོས་པ་ལ། །སྨོན་ལམ་ཚད་མེད་ཡོངས་སུ་གདབ་པ་བྱས་པས་ན།།
དེ་དག་སྤྱོད་པ་ཡོངས་སུ་དག །འཇིག་རྟེན་ཁམས་རྣམས་ཐམས་ཅད་རྒྱས་པར་ཁྱབ[15]།།
〈晋訳〉見世衆苦惱　發無量大願　所行皆清淨　普遍諸法界
〈唐訳〉見世常迷倒　發心咸救度　所行皆清淨　普遍諸法界

buddhāś ca bodhisatvāḥ atha cāpi sarvabuddhadharmāṇi <|>
lokaś ca lokadharmāḥ asaṃgābhedanayena[16] otīrṇṇā || 80 ||
སངས་རྒྱས་རྣམས་དང་རྒྱལ་སྲས་དང་། །དེ་བཞིན་སངས་རྒྱས་རྣམས་ཀྱི་ཆོས་རྣམས་ཐམས་ཅད་དང་།།
འཇིག་རྟེན་རྣམས་དང་འཇིག་རྟེན་ཆོས། །ཆགས་མེད་ཐ་དད་མེད་པའི་ཚུལ་དུ་ཤེས།།
〈晋訳〉諸佛及菩薩　佛法與世間　菩薩方便觀　通達無差別
〈唐訳〉諸佛及菩薩　佛法世間法　若見其眞實　一切無差別

dharmaḥ śarīragarbhaṃ[17] yasya kāye samosarati lokaṃ |
lo(r[2])(ka-) + + + + + + + + + + + + + + + + + (|| 81 ||)
ཆོས་ཀྱི་སྐུ་ཡི་སྙིང་(P73b)པོ་ཅན། །དེ་ཡི་ལུས་ལ་འཇིག་རྟེན་ཐམས་ཅད་གཟུད་བྱས་ཤིང་།།
འཇིག་རྟེན་དེ་ཡི་ལུས་ཡིན་ཡང་། །འཇིག་རྟེན་ཀུན་གྱིས་དེ་ལ་གོས་པ་མེད།།
〈晋訳〉清淨法身藏　一切諸世間　世間及法身　二俱無所著
〈唐訳〉如來法身藏　普入世間中　雖在於世間　於世無所著

[ya]tha cāpi accha udake pratibhāso dṛśyate na ca tad gāmīya |
evaṃ ca sarvaloke kāyam anugacchi na ca[18] tad gāmīya || 82 ||
ཇི་ལྟར་དང་བའི་ཆུ་གསལ་ལ། །གཟུགས་བརྙན་ཡོངས་སུ་སྣང་ཡང་དེར་སོང་འཕོས་པ་མེད།།
དེ་བཞིན་འཇིག་རྟེན་ཐམས་ཅད་ཀྱི། །རྗེས་སུ་ལུས་འགྲོ་དེར་སོང་འཕོས་པ་མེད།།
〈晋訳〉譬如淨水中　見影無所有　法身至十方　而亦無所至
〈唐訳〉譬如清淨水　影像無來去　法身遍世間　當知亦如是

evam anupaliptaḥ sarvalokena[19] lokaśuddhaś ca |

---

[15] P, khyab byas pa.
[16] Ms, asaṃgabhede nayena. このうち ga はマージンに後補。
[17] Ms, sarīragarbhaṃ.
[18] ca はマージンに後補。
[19] na はマージンに後補。

kāyo hy ākāśasadṛśo na cāpi dharmaḫ kvacid utpannaḥ || 83 ||
།དེ་ལྟར[20]་འཇིག་རྟེན་ཐམས་ཅད་ཀྱིས། །གོས་པ་མེད་ཅིང་འཇིག་རྟེན་ཡོངས་སུ་དག་པས་ན།།
།ལུས་ནི་མཁའ་དང་འདྲ་བ་སྟེ། །དེ་ཡི་ལུས་རྣམས་གང་ཡང[21]་སྐྱེས་པ་མེད།།
〈晋訳〉如此無所著　世間清淨身　雖身而非身　諸法無生故
〈唐訳〉如是離染著　身世皆清淨　湛然如虛空　一切無有生

akṣayakāyapraveśāḥ aniruddhāḥ na ca jātu utpannāḥ <|>
no cāpi nityānityāḥ[22] vijñaptika- (r[3]) + + + + + + + (|| 84 ||)
མི་ཟད་པ་ཡི་ལུས་ཤེས་པས། །དེ་ནི་ནམ་ཡང་སྐྱེས་ཤེས[23]་འགགས་པ་མེད་པ་སྟེ།།
རྟག་དང་མི་རྟག་མ་ཡིན་པར། །འཇིག་རྟེན་ཀུན་ལའང་རྣམ་པར་དམིགས་པ་བྱེད།།
〈晋訳〉深入無盡身　非生亦非滅　非常非無常　示現諸世間
〈唐訳〉知身無有盡　無生亦無滅　非常非無常　示現諸世間

+ + + + + + + + (saṃ)[ya]gdṛṣṭā nidarśanā dhīrāḥ |
amamāś ca apratiṣṭḥāḥ anāyūhā dharmadhāto samāś ca || 85 ||
ལྟ་བའི་རྣམ་པ་རབ་ཏུ་འགགས། །བརྟན་པ་དེ་དག་ཡང་དག་ལྟ་བ་སྟོན་པ་བྱེད།།
བདག་གི་མེད་ཅིང་གནས་པ་མེད། །ལེན་པ་མེད་ཅིང་ཆོས་ཀྱི་དབྱིངས་དང་(L100a) མཉམ།།
〈晋訳〉除滅惡邪見　成就於正見　平等觀諸法　不著我我所
〈唐訳〉除滅諸邪見　開示於正見　法性無來去　不著我我所

yatha vidvān māyakaro nirmiṇi[24] rūpāṇi nānata vilakṣaḥ |
no cāpi āgamaiṣāṃ na[25] ca gamanu labhyati kahiṃcit* || 86 ||
ཇི་ལྟར་སྒྱུ་མཁན་མཁས་པ་ཞིག །སྣ་ཚོགས་མཚན་ཉིད་རྣམ་པ་ཐ་དད་གཟུགས[26]་འཕྲུལ་བྱེད།།
འོན་ཀྱང་དེ་ལ་འགྲོ་བ་མེད། །གང་དུ[27]་འགྲོ་བ་དེ་བཞིན་མི་དམིགས་སོ།།
〈晋訳〉譬如工幻師　示現種種幻　本無所從來　去亦無所至
〈唐訳〉譬如工幻師　示現種種事　其來無所從　去亦無所至

na ca māya[28] apramāṇā na ca māyā labhyate pramāṇena |
pramāṇaṃ cāpramāṇaṃ nidarśanu karoti raṃgamadhye 'smin* (r[4]) (|| 87 ||)
སྒྱུ་མ་ཚད་མེད་མ་ཡིན་ཏེ། །སྒྱུ་མ་ཚད་ཀྱིས་དམིགས་པར་བྱ་བའང་མ་ཡིན་ནོ།།
ཚད་མེད་ཚད་དང་ལྡན་པ་ཡང་། །ཚོགས་ཀྱི་དབུས་སུ་སྟོན་པ་རབ་ཏུ་བྱེད།།
〈晋訳〉幻亦非有量　亦復非無量　於彼大衆中　示現量無量
〈唐訳〉幻性非有量　亦復非無量　於彼大衆中　示現量無量

---

[20] P, ji ltar.
[21] P, gaṅ la 'aṅ.
[22] Ms, nitya nityāḥ.
[23] P, skyes śiṅ.
[24] Ms, {mi}nirmiṇi.
[25] Ms, na {ra}.
[26] P, gśegs.
[27] P, gaṅ du 'aṅ.
[28] Ms, māyā と書いた後で māya に修正。

+ + + + + + + + + + + + + + + (bu)ddhānāṃ |
no ca pramāṇacittāḥ na cāpi apramāṇi ha niṣaṇṇāḥ[29] || 88 ||
དེ་བཞིན་རྟོགས་པའི་བློ་ལྡན་པ། །སངས་རྒྱས་ཀུན་གྱི་དགེ་བའི་རྩ་བ་རྣམས་ལས་བྱུང་།།
སེམས་ནི་ཚད་ཡོད་མ་ཡིན་ཏེ། །ཚད་མེད་པ་ལ་གནསཔའང་དེ་དག་མིན།།
〈晋訳〉以此寂滅心　修習諸善根　出生諸佛法　非量非無量
〈唐訳〉以此寂定心　修習諸善根　出生一切佛　非量非無量

saṃjñāgataṃ anekaṃ yatra tat pramāṇam apramāṇaṃ[30] ca |
pratibinba nānagatiṣu no cāpi niketa apramāṇeṣu || 89 ||
འདུ་ཤེས་རྣམ་པ་གཅིག་མིན་ཏེ། །དེ་དག་ཚད་མེད་པ་དང་ཚད་དང་ལྡན་པ་སྟོན།།
།ལམ་གྱི་རྒྱུད་དང་འབྲེལ་བ་མེད། །ཚད་མེད་རྣམས[31]་གནས་པའང་དེ་བཞིན་མེད།།
〈晋訳〉有量有無量　皆悉是妄想　分別一切趣　不著量無量
〈唐訳〉有量及無量　皆悉是妄想　了達一切趣　不著量無量

gaṃbhīra buddhadharmāḥ[32] udāragaṃbhīra śāntagaṃbhīrāḥ |
nānāgaṃbhīragatim anantagaṃbhīratāṃ[33] prajānanti || 90 ||
སངས་རྒྱས་ཆོས་རྣམས་ཟབ་པ་སྟེ། །ཤིན་ཏུ་ཡངས་པས་ཟབ་ཅིང་ཞི་བས་དེ་བཞིན་ཟབ།།
ཟབ་མོ་སྣ་ཚོགས་རྒྱུད་རྣམས་དང་། །མཐའ་ཡས་ཟབ་པ་རྣམས་ཀྱང་རབ་ཏུ་ཤེས།།
〈晋訳〉諸佛甚深法　寂滅最深妙　甚深無量智　知甚深諸趣
〈唐訳〉諸佛甚深法　廣大深寂滅　甚深無量智　知甚深諸趣

asaṃmūḍhāś ca jñānabhadrāḥ (r[5]) + + + + + + + + + + (|)
+ + + + + + .. ana[34] śodhenti prāṇanayutāni || 91 ||
ཡེ་ཤེས་བཟང་པོ་རྨོངས་པ་མེད། །རྒྱུད་ལ་དྲི་མ་མེད་པས་(P74a)བསམ་པ་རྣམ་པར་དག།
བྱིན་གྱིས་རློབ་ལ་མཁས་པས་ན། །སྲོག་ཆགས་བྱེ་བ་ཤིན་ཏུ་དག་པར་བྱེད[35]།།
〈晋訳〉菩薩離愚癡　心意淨無量　修習諸善根　具足無量願
〈唐訳〉菩薩離迷倒　心淨常相續　巧以神通力　度無量衆生

kṣemākṣemanidarśe kṣemaṃkaramaṇḍalaṃ prabhāvetu[36] |
aniketābhiniviṣṭāḥ prasaritāḥ[37] sarvadharmadhātau ca || 92 ||
དགེ་བར་བྱེད་པའི་དཀྱིལ་འཁོར་རྣམས། །རབ་ཏུ་བརྗོད་ཅིང་དགེ་དང་མི་དགེ་རྣམ་པར་སྟོན།།

---

[29] Ms, niṣarṇṇāḥ.
[30] pra はマージンに後補。
[31] P, nams la.
[32] Ms, {bu}buddhadharmāḥ.
[33] Ms, anantagaṃbhiratāṃ.
[34] ana の右肩に挿入符号があり、上部マージンに訂正が記されていた形跡が見えるが、焼損のため、どのように訂正されていたか不明。
[35] P, dga' bar byed.
[36] Ms, pra{vā}bhāvetu{ḥ}.
[37] Ms, prasari{trā}tāḥ. なおヴィサルガは字間に小さく後補。

གནས་ལ་མངོན་པར་མ་ཆགས་པས། །ཆོས་ཀྱི་དབྱིངས་རྣམས་ཀུན་དུ་རབ་ཏུ་རྒྱུ།།
〈晋訳〉度無量衆生　令至安隠處　平等觀法界　於彼無所著
〈唐訳〉未安者令安　安者示道場　如是遍法界　其心無所著

niṣpratikoṭigatāś ca aśeṣataḥ[38] sarvalokam anubudhye <|>
no cāpi nirvṛti kvacid aśeṣata vibudhyi sarvalokātaḥ || 93 ||
སེམས་ཅན་(L100b) མེད་མཐར་ཕྱིན་གྱུར་ཀྱང་། །འཇིག་རྟེན་ཐམས་ཅད་མ་ལུས་དེ་དག་ཁོང་དུ་ཆུད[39]།།
འཇིག་རྟེན་ཐམས་ཅད་མ་ལུས་པར། །རྣམ་པར་སངས་རྒྱས་མྱ་ངན་གར་མི་འདའ།།
〈晋訳〉深解眞實際　諸法無所有　覺悟諸世間　諸法無生滅
〈唐訳〉不住於實際　不入於涅槃　如是遍世間　開悟諸群生

dharmagaṇanāvidhijñāḥ sa-[40] (r[6]) + + + + + + + + + + (|)
+ + + + + + + + + +   .. -te sarvalokadhātūṣu || 94 ||
ཆོས་རྣམས་བགྲང་བའི་ཚུལ་ལ་མཁས། །སེམས་ཅན་བགྲང་ཚུལ་ཤེས་ཀྱང་གྲངས་ལ་སྐྱེས་པ་མེད།།
ཆོས་ཀྱི་སྤྲིན་ཆེན་ཆར་འབེབས་ཤིང་། །འཇིག་རྟེན་ཁམས་རྣམས་ཐམས་ཅད་སྣང་བར་བྱེད།།
〈晋訳〉深知一切法　隨應化衆生　普雨甘露法　充滿諸世間
〈唐訳〉法數衆生數　了知而不著　普雨於法雨　充洽諸世間

buddhabodhir aśeṣaṃ pravarttate teṣu[41] cittupādeṣu |
na ca te nivartticaryā anivarttakāḥ sarvasatvadhātau ca || 95 ||
སངས་རྒྱས་བྱང་ཆུབ་མ་ལུས་ལ། །སེམས་བསྐྱེད་གཅིག་གིས་དེ་དག་རབ་ཏུ་འཇུག།
དེ་དག་ཕྱིར་ལྡོག་མེད་པ་སྟེ། །སེམས་ཅན་ཀུན་གྱི་ཁམས་ལས་ཕྱིར་མི་ལྡོག།
〈晋訳〉化無量衆生　令發菩提心　不捨菩薩行　皆得不退轉
〈唐訳〉普於諸世界　念念成正覺　而修菩薩行　未曾有退轉

buddhaśarīraprāptāḥ adhigacchi anuśarīr 'ime dharmāḥ |
sarvaśarīravidhijñāḥ śarīra tu vibhakti loka jānanti || 96 ||
སངས་རྒྱས་སྐུ་ནི་ཐོབ་གྱུར་ཀྱང་། །ཆོས་རྣམས་འདི་དག་ལུས་ཡོད་མ་ཡིན་རབ་ཏུ་ཤེས།།
ལུས་རྣམས་ཀུན་གྱི་ཚུལ་ལ་མཁས། །ལུས་ཀྱི་རྣམ་དབྱེ་འཇིག་རྟེན་རབ་ཏུ་ཤེས།།
〈晋訳〉隨順佛正法　究竟得法身　悉了知世間　一切衆生身
〈唐訳〉世間種種身　一切悉了知　如是知身法　則得諸佛身

satvasamosareṣu kalpakṣetreṣu pā<ra>mi- (r[7]) + + + (|)
+ + + + + + + + + + + + (-sā)garavidhijñāḥ || 97 ||
སེམས་ཅན་ཀུན་དུ་རྒྱུ་བ་དང་། །བསྐལ་པ་རྣམས་དང་ཞིང་ལ་ཕ་རོལ་ཕྱིན་པ་ཐོབ།།
ཕྱོགས་རྣམས་རྒྱ་མཚོ་གངས་ཆེན་མཚོར། །ཡེ་ཤེས་རྒྱ་མཚོའི་ཚུལ་ལ་མཁས་པས་ཞུགས།།
〈晋訳〉分別諸衆生　及一切佛刹　深入智慧海　通達十方海

---

38 Ms, aseṣataḥ.
39 P では pāda b が欠落。
40 Ms, sa{ma}.
41 Ms, teṣu {|}.

〈唐訳〉普知諸衆生　諸劫及諸刹　十方無涯際　智海無不入

ekaikataḥ kāyātaḥ satvānāṃ yāvato vividhakāyāḥ |
buddhakāyam anantaṃ vipaśyate tena jñānavipulena || 98 ||
ལུས་རྣམས་ཐམས་ཅད་རེ་རེ་ལས། །སེམས་ཅན་ཀུན་གྱི་ལུས་རྣམས་སྣ་ཚོགས་ཇི་སྙེད་དང་།།
སངས་རྒྱས་སྐུ་ནི་མཐའ་ཡས་པ། །ཡེ་ཤེས་ཤིན་ཏུ་ཡངས་པ་དེ་སྟོན་ཏོ།།
〈晋訳〉如來淨身中　普現衆生身　菩薩明淨眼　悉皆能覩見
〈唐訳〉衆生身無量　一一爲現身　佛身無有邊　智者悉觀見

upajāya te narendrāḥ[42] ekakṣaṇaprāptaye prajānanti |
anābhilāpyakalpāḥ prabhāvayatu <na> kṣapeyu narasiṃhāḥ || 99 ||
སྐད་ཅིག་གཅིག་གི་དུས་ཚུལ་ལ། །མི་ཡི་གཙོ་བོ་མང་པོ་འབྱུང་བ་རབ་ཏུ་ཤེས།།
བསྐལ་པ་མང་པོ་བརྗོད་མེད་དུ། །མི་ཡི་སེང་གེ་བགྲང་བས་ཟད་མི་འགྱུར།།
〈晋訳〉無量億劫中　讃歎如來身　窮盡一切劫　猶尚不究竟
〈唐訳〉一念之所知　出現諸如來　經於無量劫　稱揚不可盡

teṣāṃ ca nirvṛtīye ekakṣaṇe apramāṇa pṛthuprāptāḥ <|>
dhātū- (r[8]) + + + + + + + + + + + + + + + + (|| 100 ||)
དེ་དག་མྱ་ངན་འདའ་བ་ཡང་། །སྐད་ཅིག་གཅིག་(L101a) ལ་ཚད་མེད་ཤིན་ཏུ་ཡངས་པ་འབྱུང་།།
རིང་བསྲེལ་རྣམ་དབྱེ་མང་པོ་ཡང་། །ཡེ་ཤེས་དྲི་མེད་ཕྲ་བས་སྟོན་པ་བྱེད།།
〈晋訳〉菩薩摩訶薩　於佛涅槃後　能於念念中　分布諸舍利
〈唐訳〉諸佛能現身　處處般涅槃　一念中無量　舍利各差別

(e)vam anāgatāya prārthayamānā ananta narasiṃhāḥ <|>
bodhāya vimalacittaṃ prajāni jñānena sūkṣmanipuṇena || <10>1 ||
དེ་བཞིན་མ་འོངས་དུས་ཀྱི་ཡང་། །མི་ཡི་སེང་གེ་མཐའ་ཡས་སྨོན་ལམ་འདེབས་པའི་(P74b)རྣམས།།
བྱང་ཆུབ་དྲི་མེད་སེམས་བསྐྱེད་པ། །ཡེ་ཤེས་ཡངས་ཤིང་ཤིན་ཏུ་ཕྲ་བས་ཤེས།།
〈晋訳〉如是未來世　有求佛道者　無量菩提心　決定智能知
〈唐訳〉如是未來世　有求於佛果　無量菩提心　決定智悉知

evaṃ tṛ-adhvaprāptāḥ ye kecid utpadyi satvasārāṇi |
tāṃ sarva te prajāni sthahitva caryāya bhadranāmāya || <10>2 ||
བཟང་པོ་སྤྱོད་ལ་གནས་བཅས་ཤིང་། །དེ་བཞིན་དུ་གསུམ་གཤེགས་པའི་སེམས་ཅན་གཙོ་བོ་རྣམས།།
ཇི་སྙེད[43]་སྐྱེས་པར་གྱུར་པ་དག །དེ་དག་ཐམས་ཅད་མ་ལུས་རབ་ཏུ་ཤེས།།
〈晋訳〉如是三世中　諸佛出於世　安住普賢行　皆悉分別知
〈唐訳〉如是三世中　所有諸如來　一切悉能知　名住普賢行

evaṃ prajānamānāḥ anantamadhyāya caryabhūmau hi |

---

[42] re はマージンに後補。
[43] P, de sñed.

jñānākaramataye avaivarttikajñānacakraca- (r[9]) + (|| 103 ||)
དེ་ལྟར་རབ་ཏུ་ཤེས་པས་ན། །མཐའ་དང་དབུས་མེད་སྤྱོད་པའི་ས་དང་དེ་བཞིན་དུ།།
ཡེ་ཤེས་འབྱུང་གནས་བློ་གྲོས་ལ། །ཡེ་ཤེས་འཁོར་ལོའི་སྤྱོད་པས་ཕྱིར་མི་ལྡོག།
〈晋訳〉如是分別知　無量諸行地　成就堅固智　能轉不退轉
〈唐訳〉如是分別知　無量諸行地　入於智慧處　其輪不退轉

+ + + + + + + + + + + + + [da]śabalānāṃ (|)
avaivarttikapraveśaṃ kīrttiṣye bhadraṃ gamamatīnāṃ || <10>4 ||
ཡེ་ཤེས་ཕྲ་མོ་རབ་ཡངས་པ། །སྟོབས་བཅུ་རྣམས་ཀྱི་སྤྱོད་ཡུལ་མཆོག་ལ་དེ་དག་ཞུགས།།
བཟང་པོ་རྟོགས་པའི་བློ་ཅན་རྣམས། །ཕྱིར་མི་ལྡོག་ལ་འཇུག་པ་བརྗོད་བྱ་ན།།
〈晋訳〉無量深智慧　究竟如來境　普賢明淨智　深入不退轉
〈唐訳〉微妙廣大智　深入如來境　入已不退轉　説名普賢慧

sarvasamosaraṇeṣu praviṣṭa buddhāna gocari jinānāṃ |
no ca nivartticaryāyāṃ budhyitvā varabodhim uttamāṃ śāntāṃ || <10>5 ||
སངས་རྒྱས་རྒྱལ་བ་ཐམས་ཅད་ཀྱི། །ཡང་དག་གཞོལ་བར་བྱ་ལ་དེ་དག་ཞུགས་པས་ན།།
སྤྱོད་ལས་ཕྱིར་ལྡོག་མེད་པ་སྟེ། །བྱང་ཆུབ་དམ་པ་ཞི་བར་འཚང་ཡང་རྒྱ།།
〈晋訳〉一切最勝尊　深入妙境界　究竟不退轉　得無上菩提
〈唐訳〉一切最勝尊　普入佛境界　修行不退轉　得無上菩提

evaṃ ca ekacitte anantamadhyāṃ samosare cittān* <|>
pṛthakarma aprameyaṃ samarjitaṃ tāsa saṃjñāsu || <10>6 ||
དེ་འདྲའི་སེམས་རྒྱུད་གཅིག་ལ་ཡང་། །མཐའ་དང་དབུས་མེད་སེམས་རྣམས་ཡང་དག་འཇུད་པ་བྱེད།།
ཤིན་ཏུ་ཡངས་པའི་ཚད་མེད་ལས། །འདུ་ཤེས་དེ་དང་དེ་ལ་ཡང་དག་བསྒྲུབས།།
〈晋訳〉無量無邊心　一切種種業　修習諸想行　能於一念知
〈唐訳〉無量無邊心　各各差別業　皆由想積集　平等悉了知

saṃkleśaniṣkleśaṃ śai[44](v[1])(kṣāṣaikṣa-) + + + + + + + + (|)
+ + + + + + + (anābhi)[la]pyā vibudhyiṣu cittāḥ || <10>7 ||
ཉོན་མོངས་མེད་དང་ཉོན་མོངས་དང་། །སློབ་(L101b)　དང་མི་སློབ་སེམས་ཀྱང་དེ་བཞིན་རབ་ཏུ་ཤེས།།
སེམས་རྒྱུད་དེ་དག་རེ་རེ་ལ། །སེམས་རྣམས་བརྗོད་དུ་མེད་པ་མངོན་འཚང་རྒྱ།།
〈晋訳〉染汚不染汚　學心無學心　菩薩一念中　覺悟無量心
〈唐訳〉染汚非染汚　學心無學心　不可説諸心　念念中悉知

na ca eko dvitīyaṃ jāni na cāpi saṃkaraṃ teṣāṃ <|>
(+ + + + + + +)[45] utpanna svayaṃ svakāsu saṃjñāsu || <10>8 ||
།གཅིག་དང་གཉིས་སུ་ཤེས་པ་མེད། །དེ་དག[46]་ཡོངས་སུ་འདྲེས་པར་འགྱུར་བའང་མེད་པ་སྟེ།།

---

[44] Ms, {kle} śai.
[45] teṣāṃ satvānāṃ を含むフレーズが欠落していると思われる。
[46] P, yaṅ dag.

།སོ་སོའི་འདུ་ཤེས་རྣམ་པ་ལ། །སེམས་ཅན་དེ་དག་སྐྱེས་པར་གྱུར་པ་ཡིན།།
〈晋訳〉了知非一二　非穢亦非淨　亦復非積集　皆從因縁起
〈唐訳〉了知非一二　非染亦非淨　亦復無雜亂　皆從自想起

iha iti a-[47] dṛśanti anābhilāpyān[48] acintikān satvān* <|>
anyakṣetragatāś ca saṃjñā utpadya<ṃ>te vividhaloke || <10>9 ||
འདི་ན་འདུག་པར་མཐོང་གྱུར་ཀྱང་། །སེམས་ཅན་བརྗོད་མེད་གཞན་དང་གཞན་སེམས་ལྡན་པའི་རྣམས།།
གཞན་གྱི་ཞིང་ཕྱིར་འདུ་ཤེས་ཀྱང་། །འཇིག་རྟེན་སྣ་ཚོགས་རྣམས་ལ་རབ་ཏུ་སྐྱེ།།
〈晋訳〉如是分別知　一切衆生心　世間諸佛刹　悉皆是虚妄
〈唐訳〉如是悉明見　一切諸衆生　心想各不同　起種種世間

ete nayapraveśāḥ anupraviṣṭā varāya caryāya |
samantabhadranāmāḥ[49] anujātāḥ[50] sarvalo(v^2)(ka-) + + + (|| 110 ||)
འདི་འདྲའི་ཚུལ་ལ་འཇུག་པ་ལ། །སྤྱོད་པའི་མཆོག་གིས་རྗེས་སུ་ཞུགས་པར་གྱུར་པ་རྣམས།།
ཀུན་ཏུ་བཟང་པོའི་མིང་ཐོབ་སྟེ། །འཇིག་རྟེན་མགོན་པོ་ཀུན་གྱི་རྗེས་སུ་སྐྱེས།།
〈晋訳〉如是妙方便　深入菩薩行　皆與普賢等　如來法化生
〈唐訳〉以如是方便　修諸最勝行　從佛法化生　得名爲普賢

+ + + + + + + + + ... [-su] satvanayutānāṃ |
apare ca svargabhūmiṃ durgatisamjñā bhavanti saṃkhyāsu || <1>11 ||
སེམས་ཅན་བྱེ་བ་ལ་ལ་ནི། །ངན་སོང་འགྲངས་པའི་མིང་ཐོགས་མཐོ་རིས་འདུ་ཤེས་(P75a)འགྱུར།།
ལ་ལ་མཐོ་རིས་ས་རྣམས་ཀྱི། །རྣམ་པ་ཀུན་ལ་ངན་སོང་འདུ་ཤེས་འགྱུར།།
〈晋訳〉一切衆生類　善惡想不同　或有生天上　或墮諸惡道
〈唐訳〉衆生皆妄起　善惡諸趣想　由是或生天　或復墮地獄

paśya visabhāgalokaṃ vilakṣakarmabhūmisaṃbhūtaṃ[51] |
saṃjñāgatam anantaṃ samosarante anekapṛthuloke || <1>12 ||
འཇིག་རྟེན་མི་མཚུངས་སྐལ་ལ་ལྟོས། །རྣམ་པ་ཐ་དད་ལས་ཀྱི་ས་ལས་རབ་ཏུ་སྐྱེས།།
འདུ་ཤེས་རྣམ་པ་མཐའ་ཡས་ཏེ། །གཅིག་མིན་ཡངས་ལ་འཇིག་རྟེན་རབ་ཏུ་འཇུག།
〈晋訳〉菩薩見世間　皆從業縁起　常著虚妄想　流轉於生死
〈唐訳〉菩薩觀世間　妄想業所起　妄想無邊故　世間亦無量

saṃjñājālapraviṣṭāḥ visabhāgāḥ sarvalokadhātūṣu |
indrajālavinayena prasarita ekakṣaṇena cittena || <1>13 ||
འཇིག་རྟེན་ཁམས་རྣམས་ཐམས་ཅད་ཀྱི། །འདུ་ཤེས་དྲ་བ་སྐལ་བ་མི་མཉམ་རབ་ཏུ་ཤེས།།
མིག་འཕྲུལ་སྒྱུ་མའི་ཚུལ་གྱིས་ན། །སྐད་ཅིག་གཅིག་གིས་སེམས་ཀྱིས་རབ་ཏུ་གཞོལ།།

---

47 写本では母音の a が書かれているだけであるが、a の後に欠落があると思われる。
48 lā はマージンに後補。
49 写本では -nāmāḥ と最初に書かれ、末尾の長母音記号が後で消されている。
50 Ms, anujā{na}taḥ.
51 Ms, vilakṣakarm{ā}bhūmisaṃbhūtaṃ.

〈晋訳〉十方諸衆生　虚誑網所覆　菩薩一念中　方便令解脱
〈唐訳〉一切諸國土　想網之所現　幻網方便故　一念悉能入

evam eva indri(v^{3})(yā-) + + + + + + + + + + + + (|)
+ + + + +　.. samosarī saṃjñā lokavisabhāgāḥ || <1>14 ||
དེ་བཞིན་དབང་པོ་རྣམས་ལ་སྟེ། །མིག་གི་སྐྱེ་མཆེད་(L102a)　རྣ་བ་སྣ་ཡི་སྐྱེ་མཆེད་དང་།།
ལྕེ་དང་ལུས་དང་ཡིད་ལ་ཡང་། །འཇིག་རྟེན་རྣམ་པ་ཐ་དད་འདུ་ཤེས་འཇུག།
〈晋訳〉如是諸根入　眼耳鼻舌身　分別知意業　世間想不同
〈唐訳〉眼耳鼻舌身　意根亦如是　世間想別異　平等皆能入

ekaiki cakṣuviṣaye anantamadhyā samosariṣu cakṣuḥ |
vaimātratā[52] anekāḥ anabhineyeṣu[53] aprameyeṣu || <1>15 ||
མིག་རྣམས་རེ་རེའི་ཡུལ་ལ་ཡང་། །མཐའ་དང་དབུས་མེད་མིག་རྣམས་རབ་ཏུ་འཇུག་པ་བྱེད།།
རྣམ་པ་ཐ་དད་དུ་མ་སྟེ། །ཚད་མེད་ཀུན་ལའང་ཞེན་པར་འགྱུར་བ་མེད།།
〈晋訳〉一一眼境界　出生無量眼　種種相不同　無量無有邊
〈唐訳〉一一眼境界　無量眼皆入　種種性差別　無量不可説

no cāpi anya-m-anye bhava<ṃ>te utpiḍa teṣa saṃpīḍāḥ <|>
svayaṃ[54] svakāni karmāṇy anubhavanti yathopacitāni || <1>16 ||
འོན་ཀྱང་ཕན་ཚུན་གཅིག་གིས་གཅིག །བདེ་ཞིང་གནོད་པར་འགྱུར་བ་དེ་དག་ཀུན་ན་མེད།།
བདག་བདག་སོ་སོའི་ལས་ཀྱི་རྣམས། །ཇི་ལྟར་བསགས་པའི[55]་ཚུལ་བཞིན་ཉམས་སུ་མྱོང་།།
〈晋訳〉隨衆生所行　一切善惡業　於彼得果報　像類悉不同
〈唐訳〉所見無差別　亦復無雜亂　各隨於自業　受用其果報

te sarve bhadranāmāḥ[56] jānatu balebhir apramā(v^{4})(ṇa-) + (|)
+ + + + + + + + + + + + + + + + + + + (|| 1)17 ||
བཟང་ཞེས་བྱ་བ་དེ་དག་ཀུན། །ཚད་མེད་སྟོབས་དང་ཡེ་ཤེས་ས་ཡི་ཤེས་རབ་ཀྱི།།
འབྱམས་ཀླས་མིག་རྣམས་ཐམས་ཅད་ལ། །རབ་ཏུ་ཞུགས་པས་ཤིན་ཏུ་རྟོགས་པ་ཡིན།།
〈晋訳〉普賢清淨眼　深入諸地力　一一眼境界　出生無量智
〈唐訳〉普賢力無量　悉知彼一切　一切眼境界　大智悉能入

evaṃ ca sarvalokaḥ kṛtsnaḥ[57] kṛtsna kṛtva[58] sarvalokātaḥ |
sarvam atyanta prajāni na ca te nirvānti caryavipulāye || <1>18 ||
དེ་བཞིན་འཇིག་རྟེན་ཐམས་ཅད་ཀྱང་། །ཐམས་ཅད་མ་ལུས་རྣམ་པ་ཐམས་ཅད་འཇིག་ཚུལ་དུ།།

---

[52] Ms, vaimātr{ā}tā.
[53] Ms, anabhineye{na}ṣu.
[54] Ms, sva{kāṃ}yaṃ.
[55] P, ji ltar bstsags pa'i.
[56] Ms, bhadranāmaḥ.
[57] Ms, kṛtsna{ṃ}ḥ.
[58] kṛ はマージンに後補。

ཐམས་ཅད་ཤིན་ཏུ་ཤེས་གྱུར་ཀྱང་། །རྒྱ་ཆེན་སྤྱོད་པས་སྒྱུ་ངན་མི་འདའོ།
〈晋訳〉如是諸世間　悉能分別知　究竟一切行　逮得不退轉
〈唐訳〉如是諸世間　悉能分別知　而修一切行　亦復無退轉

buddhānāṃ ca nirdeśaṃ satvanirdeśa kṣetranirdeśaṃ |
adhvanāṃ[59] ca nirdeśaṃ vividhaṃ jānanti[60] te ca vaimātraṃ || <1>19 ||
སངས་རྒྱས་ཤིན་ཏུ་བསྟན་པ་དང་། །སེམས་ཅན་བསྟན་དང་དེ་བཞིན་ཞིང་རྣམས་བསྟན་པ་དང་།།
དུས་རྣམས་ཤིན་ཏུ་བསྟན་པ་དང་། །བསྟན་པ་སྣ་ཚོགས་རྣམ་པ་ཀུན་ཀྱང་ཤེས།།
〈晋訳〉佛説菩薩説　刹説衆生説　三世一切説　菩薩分別知
〈唐訳〉佛説衆生説　及以國土説　三世如是説　種種悉了知

keṣāṃcid iha atītāḥ anāgatā bhonti anyam anyāni |
atha ca anāgatādhvaṃ pratyutpannaṃ prajāniṣu a- (v^5) + (|| <1>20||)
ལ་ལ་འདི་ལ་འདས་གྱུར་ཀྱང་། །གཞན་དང་གཞན་རྣམས་མ་འོངས་དུས་ལ་གནས་པ་ཡིན།།
འོན་ཀྱང་མ་འོངས་དུས་ཀྱི་རྣམས། །ལ་ལས་ད་ལྟར་བྱུང་བར་རབ་ཏུ་ཤེས།།
〈晋訳〉過去是未來　未來是過去　顯在是去來　菩薩悉了知
〈唐訳〉過去中未來　未來中現在　三世互相見　一一皆明了

+ .. |
sarvajñatānayena aparyanto buddhajñānasya || 121 ||
དེ་འདྲའི་ཚུལ་ཅན་གཅིག་མིན་པའི། །འཇིག་རྟེན་མཚན་ཉིད་ཐ་(L102b) དད་ཐམས་ཅད་རབ་ཏུ་ཤེས།།
ཐམས་ཅད་མཁྱེན་པ་ཉིད་ཚུལ་གྱིས། །སངས་རྒྱས་ཡེ་ཤེས་(P75b) ཀུན་ཏུ་མཐའ་ཡང་ཡས།།
〈晋訳〉如是無量世　覺悟相不同　方便究竟行　具足諸佛智
〈唐訳〉如是無量種　開悟諸世間　一切智方便　邊際不可得

|| buddhāvataṃsake mahāvaipulyasūtre śatasahasrike granthe samantabhadracaryānirdeśaparivartto nāma triṃśatimaḥ samāptaḥ || 31 ||[61]
ཤིན་ཏུ་རྒྱས་པ་ཆེན་པོའི་མདོ། སངས་རྒྱས་ཕལ་པོ་ཆེ་ཞེས་བྱ་བ་ལས། ཀུན་ཏུ་བཟང་པོའི་སྤྱོད་པ་བསྟན་པའི་ལེའུ་སྟེ།
བཞི་བཅུ་གཉིས་པའོ།།

〔参考図版〕左側が焼損した写本（部分）

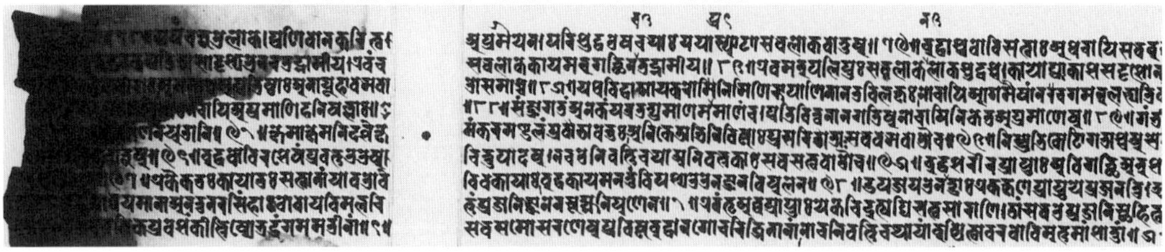

[59] Ms, buddhānāṃ.
[60] Ms, jānaṃnti.
[61] この二重ダンダの後に、さらに二つの二重ダンダが書かれ、その後に別書体で maheśākyamuneḥ (mahāśākyamuneḥ と修正すべきか) と読みうる語が書かれているが、専門の書写生の字ではなく、後代の書き入れ（一種の落書き）のように見える。なおこの読みは加納和雄氏の教示による。

松田和信著作リスト

単書、共著、共編著

1. *Newly Identified Sanskrit Fragments of the Dharmaskandha in the Gilgit Manuscripts; Sanskrit Fragments Transcribed*, with an Appendix in Japanese by H. Sakurabe, Bun'eido, Kyoto, 1986, 43 pp.
2. 『インド省図書館所蔵中央アジア出土大乗涅槃経梵文断簡集 —スタイン・ヘルンレ・コレクション—』東洋文庫, 東京, 1988, 92 pp. with 23 plates.
3. *A Study of the Pramāṇavārttikaṭīkā by Śākyabuddhi from the National Archives Collection, Kathmandu*, in Collaboration with M. Inami and T. Tani, Toyo Bunko, Tokyo, 1992, xi + 47 pp. with 12 plates.
4. *Two Sanskrit Manuscripts of the Daśabhūmikasūtra Preserved at the National Archives, Kathmandu*, The Centre for East Asian Cultural Studies for UNESCO, Tokyo, 1996, xxix pp. with 108 plates.
5. *Manuscripts in the Schøyen Collection – Buddhist Manuscripts*, Volume I, Jens Braarvig, Jens-Uwe Hartmann, Kazunobu Matsuda and Lore Sander (eds.), 22 + 302 pp. with 39 plates, Hermes Publishing, Oslo, 2000.
6. *Manuscripts in the Schøyen Collection – Buddhist Manuscripts*, Volume II, Jens Braarvig, Jens-Uwe Hartmann, Paul Harrison, Kazunobu Matsuda and Lore Sander (eds.), 24 + 370 pp. with 56 plates, Hermes Publishing, Oslo, 2002.
7. *Manuscripts in the Schøyen Collection – Buddhist Manuscripts*, Volume III, Jens Braarvig, Jens-Uwe Hartmann, Paul Harrison, Kazunobu Matsuda and Lore Sander (eds.), 24 + 314 pp. with 38 plates, Hermes Publishing, Oslo, 2006.
8. *Manuscripts in the Schøyen Collection – Buddhist Manuscripts*, Volume IV, Jens Braarvig, Jens-Uwe Hartmann, Paul Harrison, Kazunobu Matsuda, Gudrun Melzer and Lore Sander (eds.), Hermes Publishing, Oslo, 2016 forthcoming.

論文、研究ノート

1. 「菩薩地所説の ānulomikopāya について —三性三無性との関連において—」『印度学仏教学研究』28-2, 1980, pp. 142-143.
2. 「*Nirvikalpapraveśadhāraṇī* について —無分別智と後得智の典拠として—」『仏教学セミナー』34, 1981, pp. 40-49.
3. 「**Yogācārabhūmivyākhyā* におけるアーラヤ識とマナスの教証について」『印度学仏教学研究』30-2, 1982, pp. 160-161.
4. 「世親『縁起経釈(*PSVy*)』におけるアーラヤ識の定義」『印度学仏教学研究』31-1, 1982, pp. (63)-(66).
5. 「梵文断片 *Lokaprajñapti* について —高貴寺・玉泉寺・四天王寺・知恩寺貝葉・インド

所伝写本の分類と同定—」『仏教学』14, 1982, pp. 1-21.

6.「分別縁起初勝法門経 (*ĀVVS*) —経量部世親の縁起説—」『仏教学セミナー』36, 1982, pp. 40-70.

7.「*Abhidharmasamuccaya* における十二支縁起の解釈」『大谷大学真宗綜合研究所研究紀要』1, 1983, pp. 29-50.

8.「Vasubandhu 研究ノート (1)」『印度学仏教学研究』33-2, 1984, pp. (82)-(85).

9.「Vasubandhu における三帰依の規定とその応用」『仏教学セミナー』39, 1984, pp. 1-16.

10.「縁起にかんする雑阿含の三経典」『仏教研究』14, 1984, pp. 89-99.

11.「*Vyākhyāyukti* の二諦説 —Vasubandhu 研究ノート (2) —」『印度学仏教学研究』33-2, 1985, pp. (114)-(120).

12.「『成唯識論述記』の伝える世親『縁起論』について」『印度学仏教学研究』35-1, 1986, pp. (111)-(114).

13.「大乗起信経と *Mahādharmādarśa* —プトゥンとロドゥギェンツェンの記述をめぐって—」山口瑞鳳監修『チベットの仏教と社会』春秋社, 1986, pp. 269-289.

14. "New Sanskrit Fragments of the *Mahāyāna Mahāparinirvāṇasūtra* in the Stein/Hoernle Collection; Preliminary Report", *The Eastern Buddhist* (New Series), 20-2, 1987, pp. 105-114.

15.「中央アジア出土首楞厳三昧経梵文写本残葉 —インド省図書館の知られざるヘルンレ・コレクション—」『仏教学セミナー』46, 1987, pp. 68-81.

16. "Some Hitherto Unknown Fragments of the *Saddharmapuṇḍarīkasūtra* in the Hoernle Collection of the India Office Library",『徳島大学教養部倫理学科紀要』15, 1988, pp. 25-26 with 7 plates.

17.「ダライラマ 13 世寄贈の一連のネパール系写本について —『瑜伽論』摂決択分梵文断簡発見記—」『日本西蔵学会会報』34, 1988, pp. 16-20.

18.「東寺・海竜王寺貝葉考 —アビダルマ写本研究 (3) —」『印度学仏教学研究』37-2, 1989, pp. (116)-(120).

19.「ネパール系古層写本の新比定」『印度学仏教学研究』39-1, 1990, pp. (117)-(120).

20. "Three Sanskrit Fragments of the *Saddharmapuṇḍarīkasūtra* from the Cecil Bendall Manuscript Collection in the National Archives, Kathmandu", in Collaboration with H. Toda,『徳島大学教養部倫理学科紀要』18, 1991, pp. 21-36 with 10 plates.

21. "The Sanskrit Manuscript of Dharmakīrti's *Pramāṇaviniścaya*, Report on a Single Folio Fragment from the National Archives Collection, Kathmandu", in Collaboration with Ernst Steinkellner, *Wiener Zeitschrift für die Kunde Südasiens*, 35, 1991, pp. 139-149.

22.「『瑜伽論』「摂異門分」の梵文断簡」『印度哲学仏教学』9, 1994, pp. 90-108.

23.「『解深密経』における菩薩十地の梵文資料 —『瑜伽論』「摂決択分」のカトマンドゥ断片より—」『佛教大学総合研究所紀要』2, 1995, pp. 59-77.

24. 「サハジャヴァジュラの仏教綱要書 (*Sthitisamuccaya*) —その梵文写本について—」『印度学仏教学研究』43-2, 1995, pp. (205)-(210).
25. 「『入阿毘達磨論』のギルギット写本残闕」『佛教大学仏教学会紀要』4, 1996, pp. 35-42.
26. 「梵文『中阿含』のカトマンドゥ断簡」『印度学仏教学研究』44-2, 1996, pp. (113)-(119).
27. 「*Nirvikalpapraveśadhāraṇī* —梵文テキストと和訳—」『佛教大学総合研究所紀要』3, 1996, pp. 89-113.
28. 「*Nirvikalpapraveśa* 再考 —特に『法法性分別論』との関係について—」『印度学仏教学研究』45-1, 1996, pp. (154)-(160).
29. "A Vinaya Fragment of the Mūlasarvāstivādin from 'Bendall's Puka' in the National Archives, Kathmandu", *Bauddhavidyāsudhākaraḥ; Studies in Honour of Heinz Bechert on the Occasion of his 65th Birthday* (*Indica et Tibetica*, 30), Swisttal-Odendorf, 1997, pp. 431-437.
30. 「*Prasasti Indonesia* II に含まれる仏教文献について」『印度学仏教学研究』46-2,1998, pp. (153)-(159).
31. 「無量寿経論における一法句と清浄句」佛教大学総合研究所紀要別冊『浄土教の総合的研究』1999, pp. 69-78.
32. 「スコイエン・コレクションの『新歳経』断簡について」『印度学仏教学研究』48-1, 1999, pp. (207)-(214).
33. 「ノルウェーのスコイエン・コレクションと梵文法華経断簡の発見」『東洋学術研究』38-1, 1999, pp. 4-19.
34. 「倶舎論 (I.10d-11) に対する未知の註釈書断簡備忘」『佛教大学総合研究所紀要』7, 2000, pp. 105-114.
35. "New Sanskrit Fragments of the *Saddharmapuṇḍarīkasūtra* in the Schøyen Collection, Norway", *The Journal of Oriental Studies*, 10, 2000, pp. 97-108.
36. 「舎利弗阿毘曇論に関連する三つの梵文断片—スコイエン・コレクションのアビダルマ写本初探—」『櫻部建博士喜寿記念論集 —初期仏教からアビダルマへ—』法蔵舘, 2002, pp. 378-400.
37. "Brief Survey of the Bendall Manuscripts in the National Archives, Kathmandu", 『森祖道博士頌寿記念仏教学印度学論集』国際仏教徒協会, 浜松, 2002, pp. 259-263.
38. 「アフガニスタンとパキスタンより発見された仏教写本の研究 —ノルウェーのスコイエン・コレクションを中心に—」『論集・原典』(「古典学の再構築」研究成果報告書 II) 2003, pp. 109-120.
39. 「ヴァスバンドゥにおける縁起の法性について」佛教大学総合研究所紀要別冊『仏教と自然』2005, pp. 125-132.
40. 「梵文長阿含の *Tridaṇḍi-sūtra* について」『印度学仏教学研究』54-2, 2006, pp. (129)-(136).
41. 「集異門足論のバーミヤン写本断簡に関する覚え書き」『印度哲学仏教学』21, 2006, pp. 19-33.

42.「アフガニスタンの仏教写本」『駒澤大学仏教学部論集』37, 2006, pp. 27-42.

43.「五蘊論スティラマティ疏に見られるアーラヤ識の存在論証」『インド論理学研究』1, 2010, pp. 195-211.

44.「中央アジアの仏教写本」『新アジア仏教史・中央アジア　文明・文化の交差点』佼成出版社, 2010, pp. 119-158.

45.「ウダーナヴァルガのギルギット写本」『佛教大学仏教学部論集』95, 2011, pp. 17-32.

46.「アフガニスタン写本から見た大乗仏教 —大乗仏教資料論に代えて—」『シリーズ大乗仏教 1　大乗仏教とは何か』春秋社, 2011, pp. 151-184.

47. "Sanskrit Fragments of the *Sandhinirmocanasūtra*", *Foundation for Yoga Practitioner –The Buddhist Yogācārabhūmi Treatise and Its Adaptation in India, East Asia, and Tibet, Harvard Oriental Series*, 75, Cambridge, 2013, pp. 938-945,

48. "Sanskrit Manuscript of Sthiramati's Commentary to the *Abhidharmakośabhāṣya*", *China Tibetology*, 20 (2013-1), Beijing, 2013, pp. 48-52.

49.「平山コレクションのガンダーラ語貝葉写本断簡について」『印度学仏教学研究』62-1, 2013, pp. (175)-(183).

50. "Japanese Collection of Buddhist Manuscript Fragments from the Same Region as the Schøyen Collection", *From Birch Bark to Digital Data: Recent Advance in Buddhist Manuscript Research –Papers Presented at the Conference Indic Buddhist Manuscripts: The State of the Field, Stanford, June 15-19, 2009*, Wien, 2014, pp. 165-169.

51.「倶舎論注釈書「真実義」の梵文写本とその周辺」『インド哲学仏教学論集』2, 北海道大学大学院文学研究科インド哲学研究室, 2014, pp. 1-21.

52.「長老サングラーマジットの物語」『インド論理学研究』7, 2014, pp. 165-175.

53.「スティラマティ疏から見た倶舎論の二諦説」『印度学仏教学研究』63-1, 2014, pp. (166)-(174).

54.「倶舎論注釈書断簡の梵文テキスト」『三友健容博士古稀記念論文集　智慧のともしび —アビダルマ佛教の展開— インド・東南アジア・チベット編』山喜房佛書林, 2016, pp. (129)-(141).

その他（発表要旨、書評、報告、翻訳、エッセイ等）

1.〔書評〕霍韜晦（Huo Tao-hui）著『安慧「三十唯識釈」原典訳註』(Hong Kong, 1980)『仏教学セミナー』33, pp.85-88.

2.「日本とインドに伝えられた『施設足論』の原典について」『宗教研究』250, 1982, pp. 131-132.

3.「教説と意味 —釈軌論第 4 章より—」『大谷学報』63-1, 1983, pp. 79-80.

4.「ヴァスバンドゥの『縁起経釈』についての中間報告」『大谷学報』64-2, 1984, pp. 52-53.

5.「ギルギット本『法蘊論』の新断簡三葉について —アビダルマ写本研究（2）—」『東方学』71, 1986, p. 189.

6.「『トゥルファン出土梵語写本目録』の最新巻について」『佛教大学総合研究所報』9, 1995, pp. 13-14.

7.「セシル・ベンドールのネパール写本探査行（1898-99）」『佛教大学総合研究所報』11, 1996, pp. 18-22.

8.「アフガニスタンからノルウェーへ —本当はなかったことになるかもしれない話—」『佛教大学総合研究所報』13, 1997, pp. 24-28.

9.「宝積部」『大乗経典解説事典』浅野守信と共著, 1997, pp. 151-170

10.「ノルウェーに現れたアフガニスタン出土仏教写本」『月刊しにか』1998-7, pp. 83-88.

11.「シアトル、そして再びオスロとロンドンへ」『佛教大学総合研究所報』15, 1998, pp. 14-16.

12. "Reports from the Kyoto Seminar for the Buddhist Manuscripts in the Schøyen Collection",『佛教大学総合研究所報』17, 1998, pp. 14-16.

13.「スタイン探検隊蒐集の仏教資料 —大英図書館の梵語写本コレクションを中心に—」『東洋学報』80-4, 1999, pp. 83-84.

14.「バーミヤン渓谷から現れた仏教写本の諸相」『古典学の再構築』7, 2000, pp. 32-35.

15. 〔科研報告書〕『ベンドール写本の研究』2000, 64 pp.

16.「バーミヤン渓谷から現れた仏教写本—スコイエン・コレクション第１巻出版をめぐって—」『佛教大学総合研究所報』19, 2001, pp. 21-24.

17.「唯識の祖師たち」『大法輪』2001-5, pp. 82-87.

18.「スコイエン・コレクションの仏教写本第２巻 —ノルウェー科学アカデミー高等研究所での１年間—」『佛教大学総合研究所報』23, 2002, pp. 16-17.

19.「我が国に伝えられたインドの仏典」『佛教大学アジア宗教文化情報研究所報』3, 2005, pp. 5-6.

20.「オランダ、スリナム、日本」『佛大通信』484, 2006, pp. 63-64.

21.「佛教大学のギルギット写本」『佛教大学アジア宗教文化情報研究所報』5, 2006, p. 3.

22.〔書評〕「唯識文献研究の過去と未来 —袴谷憲昭著『唯識思想論考』を読んで思ったこと—」『駒澤短期大学仏教論集』12, 2006, pp. 247-252.

23. "Sanskrit Manuscript Fragments of the *Yogācārabhūmi* and Related Texts", *2006 Geumgang International Buddhist Conference*, 2006, pp. 55-60.

24.〔科研報告書〕『平山郁夫コレクションのアフガニスタン・パキスタン出土仏教写本研究』Jens-Uwe Hartmann 他３名と共著, 2007, 181 pp.

25.〔展覧会図録〕「バーミヤン渓谷の仏教写本」『ガンダーラ美術とバーミヤン遺跡展』静岡新聞社, 2007, pp. 179-81.

26.「アフガニスタンの仏教写本」『2008 韓国仏教学結集大会論集』2008, pp. 151-156.

27.「バーミヤーン渓谷の仏教写本」『アフガニスタン文化遺産調査資料集・バーミヤーン仏教石窟出土樺皮仏典の保存修復』(既報第 5 巻) 東京文化財研究所, 2008, pp. 7-9.

28.〔翻訳〕罗炤 (Luo Zhao) 著「チベット自治区に保存された梵文写本の目録編纂」『仏教学セミナー』88, 2008, pp. 25-36.

29.〔翻訳〕「新出梵本『倶舎論安慧釈』界品試訳」小谷信千代他 4 名と共著『大谷大学真宗綜合研究所紀要』26, 2009, pp. 21-28.

30. "Buddhist Manuscripts from the Bāmiyān Valley, Afghanistan", *Preliminary Report on the Conservation of the Bāmiyān Birch Bark Buddhist Manuscripts*, National Research Institute for Cultural Properties, Tokyo, 2009, pp. 7-9.

31.「ガンダーラ語仏教写本をめぐるこの一年間の新知見」『印度学仏教学研究』58-2, 2010, p. (257).

32.〔展覧会図録〕"On the Importance of the Buddhist Manuscripts in the Schøyen Collection", *Traces of Gandhāran Buddhism*, Bangkok, 2010, pp. xxviii-xxix.

33.「アフガニスタンの仏教写本 —バーミヤーンの大発見—」『仏教通信』35, 2012, pp. 11-23.

34.〔翻訳〕「新出梵本『倶舎論安慧釈』界品試訳 (2)」小谷信千代他 4 名と共著『大谷大学真宗綜合研究所紀要』29, 2012, pp. 1-32.

35.「ブッダ、インドを否定した男」『仏教通信』36, 2013, pp. 16-27.

36.〔展覧会図録〕「平山郁夫先生とアフガニスタン写本」『平山郁夫展 —仏教伝来の軌跡、そして平和の祈り—』産経新聞社, 2015, pp. 6-10.

37.〔翻訳〕「新出梵本『倶舎論安慧釈』界品試訳 (3)」小谷信千代他 7 名と共著『大谷大学真宗綜合研究所紀要』33, 2016, pp. 115-143.

38.「大乗経典」『新編　大蔵経』法藏舘, 2016 (近刊)

(1954 年兵庫県赤穂市生まれ、佛教大学仏教学部教授)

Toward a Critical Edition of the *Laṅkāvatārasūtra*: The Significance of the Palm-leaf Manuscript[1]

Toshio Horiuchi

The *Laṅkāvatārasūtra* (LAS) is a Mahāyāna scripture extant in the Sanskrit original as well as in three Chinese translations (Sung, Wei, Tang in chronological order) and two Tibetan translations (one from the Sanskrit (Tib 1), the other from Chinese (Sung tr., Tib 2)). Further, two later Indian commentaries exist as Tibetan translations (by Jñānaśrībhadra (Jś) and Jñānavajra (Jv)).

For several years, I have engaged myself in the Japanese *kundoku* translation of the oldest Chinese translation of the *Laṅkāvatārasūtra*, namely, Guṇabhadra's Sung translation (in 443)[2]. When comparing the text to the Sanskrit original (and the above two commentaries), I sometimes felt frustrated because of the inadequacies of the Sanskrit edition, namely, Nj. 1923. This is the only critical edition of the sutra based on Sanskrit manuscripts and covering its entirety. Various issues regarding this text, perhaps unavoidable due to the constraints of its time and it being the first attempt of its kind, have been pointed out and scholars have asserted the need for a completely revised critical edition. At the time of Nj, only four manuscripts were available to him (abbr. A, C, K, T). Subsequently, many other manuscripts were discovered. Following this, a few attempts to re-edit some parts of the sutra were launched[3].

A scholar, by the way, when translating Guṇabhadra's translation mentioned above, criticizes the Sanskrit LAS as follows:

Pine 2011: 13 (preface): It almost appears as if these copies were not meant to be read, as if they were copied for merit and based on other copies copied for merit.

However, in some cases, it is because of either a problem with Nj's edition (again, understandable due to the constraints of his time) or with the understanding of scholars that this sūtra seems to be unreadable, and not because there is a problem with the LAS (skt) itself. Incidentally, all but one of the sutra's manuscripts are on paper. The single other manuscript is written on palm leaves[4], and

---

[1] This paper was selected for the presentation at the 16th WSC and this paper is an outcome of my presentation made at the 16th WSC, BKK 2015.

[2] Takasaki and Horiuchi (2015).

[3] Takasaki 1981 edits the sixth chapter by consulting 17 MSS. Okumura 2014 deals with the first part of the Chapter 1 (Nj.1.1-9.10). Vaidya 1963 also presented the whole sutra, but that edition just emended some readings adopted by Nanjio without consulting the source manuscripts. Although this work is sometimes ignored, we must admit that some of his reading is better than that of Nj.

[4] T MS. T in Nj. See Matsunami Catalogue No.333 (some scholars cite the catalogue and claims that this has 92 leaves. But it is actually the amount of both LAS and the *Samādhirājasūtra*. LAS has only 67 leaves as the catalogue itself notes). I thank Professor Seishi KARASHIMA for turning my attention to this MS.

if we turn our attention to this MS, it turns out that it sometimes presents better readings of the sūtra than the others do. Nj also utilized this MS in his edition, but he sometimes fails to take notes or adopt the reading of this MS.

Thus, in a previous article (Horiuchi 2015), I have tried to present the readings of this palm leaf manuscript when translating a section from the sutra in the context of arguing the possibility of harmonious co-existence. That paper covered a section that occupies less than four pages in Nj (paragraph [70] according to Kokwan Shiren). However, Nj fails to include footnotes on the variant readings found in the T MS in five places within this particular section. Among the readings in this section, three enable us to understand the sentences that were unclear in previous studies that were based on only Nj.

In this paper, I would like to show other cases in which the reading of the sūtra becomes clearer if we base it on the T MS and stress the importance of this MS toward a new edition of the LAS.

***About the T MS**

Here, I must comment on one point about the T MS. That is, this MS regrettably does not cover the whole sūtra. First, it lacks several parts of both the beginning and last section. In Nj's pages, it begins from Nj.11.16[5] and ends in the tenth (last) Chapter (*Sagāthakam*) v. 329c., which corresponds with Nj.307.13 (namely, the MS lacks up to Nj.376, v.884, about 69 pages). Second, it also lacks several leaves in the middle. For example, the leaves that correspond with Nj's edition, Nj.209.16-222.10, namely, about 13 pages, are lacking. Since Nj's footnotes on these parts do not include a reference to the T MS, we can guess that the manuscript that Nanjo consulted, which was obtained by Takakusu (Cf. Nj 1923 preface vii: When Professor Junjiro Takakusu brought this back from Nepal in 1914, some palm-leaf fragments of the present Sūtra), must have already lacked these parts[6].

***About the Paragraphs of the LAS**

Let me also comment on the division of paragraphs of this sūtra. Scholars divide this sūtra into various paragraphs. As for these divisions, I follow Kokwan Shiren (a Japanese monk of the Kamakura era), whose commentary divides the sūtra (Sung version) into 86 paragraphs, which is

---

5 Okumura 2014, which claims to have edited the first part of the sutra (Nj.1.1-Nj.9.10) based on MSS, includes a footnote that mentions this T MS (abbr. T). It is a pity if he based this on Nj's footnote "... in all MSS" that is found in many places, including here, and embodied in the "all MSS" as A, C, K, T (which is a proper application in other places but not here) then included this T MS too.

6 On the detail of the correspondence of this MS to Nj, see Matsunami's Note Books 2 and 3 which are manuscripts by Seiren Matsunami and preserved at the Library of the Tokyo University.

adopted in Takasaki 1980 and Takasaki and Horiuchi 2015.

I. Example 1: "Affirming the consequent" in the LAS

Let me first take one example that shows the importance of the T MS. Paragraph [35] begins as follows.

Paragraph [35] (Nj.104.12-16 (Vaidya.43.24-27))

punar aparaṃ Mahāmatir āha/ nanu bhagavann abhilāpasadbhāvāt santi sarvabhāvāḥ/ yadi punar bhagavan bhāvā na syur abhilāpo na* pravartate** ca tasmād abhilāpasadbhāvād bhagavan santi sarvabhāvāḥ/

Bhagavān āha/ asatām api mahāmate bhāvānām abhilāpaḥ kriyate yaduta śaśaviṣāṇa ...

*=fn.14: pravarteta is added in Tib.

**=fn.15: pravartate is repeated in C.

As for the underlined part, three Chinese translations read as Nj.

Sung（T16.493a22）:（若無性者,）言說不生（。世尊，是故…）

Tib 2 (D 227b2-3): (dngos po dag ma mchis su lags na ni) brjod pa yang 'byung bar mi 'gyur na/ (bcom ldan 'das de'i slad du ...)[7]

Wei（T16.534b20-21）:（若無諸法者）應不說言語。（世尊）

Tang（T16.603a14）:（若無諸法，）言依何起（。仏言…）

Almost all previous studies follow the above text.

Suzuki.91: is it not because of the reality of words that all things are? If not for words, Blessed One, there would be no rising of things. Hence...

Cf. Tokiwa 2003: 139, Yasui 1976: 94, Suganuma 1978: (126) (Jś and Hadano 1996 lack this part), Pine 2012: 135 (is it not because words exist that things exist? Bhagavan, if nothing existed, words would not arise. Therefore, Bhagavan, it is because words exist that things exist).

By the way, Vaidya.43.25 utilizes Nj's footnote (fn.15) and reads

abhilāpo na pravartate/ pravartate ca

The modern Chinese translation by 黄 that is based on it is as follows.

黄 2011: 217：言説就不会出現。然而，言説出現。

However, if we turn our eyes on our T MS, it has

T MS 28b4: abhilāpo na pravartteta/ pravarttate ca

which exactly accords with the Tibetan translation.

Tib 1 (D 97a3): brjod par yang 'byung bar mi 'gyur na/ 'byung ba (las ni ...)

[7] Cf. As Suganuma points out, Tib 1 has: (even without the expressions, all things exist too), which is the right view of the sutra.

Thus, suggested translation is

Blessed One, is it not that all things exist because the expressions actually exist? If the things do not exist, Blessed One, **expressions would not be applied. However, [it=expression] is applied**. Therefore, all things exist because of the existence of expressions.

The Blessed One said: Even without things, expressions are applied. Namely, [as in the case of] the rabbit-horn...

Jñānavajra's commentary concisely says as follows.

Jv (D 156a7): sgra dngos po'i stobs kyis 'jug pas de lta bu'i brjod par yod pas brjod par bya ba'i don kyang yod do//

Word is applied according to the power of things (**vastubala*). Therefore, since such expression exists, the object also exists.

Thus, if we rely on the T MS, we can say that Mahāmati is not so eccentric as was understood previously (including by the Chinese translators). Of course, logically speaking, his reasoning here is a kind of "affirming the consequent," which is logically wrong. However, he is logical to the extent that he can be illogical. He just confesses the ordinal opinion that since the words are applied, the object to which the words are applied must also exist.

II. Example 2: How to imagine delusion (*bhrānti*)

This part shows that by the ways of imagining the *bhrānti* (delusion; here, the appearance of things), the *gotra* (family or religious group) differs.

Paragraph [37] Nj.108.1-5 (Vaidya.44.31-45.2):

tatra kathaṃ punar mahāmate paṇḍitaiḥ saiva bhrāntir vikalpyamānā buddhayānagotrāvahā bhavati yaduta mahāmate svacittadṛśyamātrāvabodhād bāhyabhāvābhāvavikalpanatayāvikalpya*mānā buddhayānagotrāvahā bhavati/

*fn. 1: *lpa* A. C. I. K. *lpya* T.

Nj's footnote states that he took the reading *lpya* based on our T MS.

Suzuki 1932: 93: (the existence and non-existence of external objects) ceases to be discriminated.

Sung（T16.493c3）：（覚自心現量外性非性）不妄想相（*avikalpanalakṣaṇa）

Tib2 (D 228b6): ... phyi rol gyi dngos po dang/ dngos po med par rnam par mi rtog na sangs rgyas kyi ...

Pine 2012: 137: (membership in the buddha path is the result of the awareness of perceptions as nothing but one's own mind, of external existence as nonexistent,) and of the non-projection of characteristics.

Wei（T16.535a21）：（惟是自心。而）不分別（有無法故）

Tang（T16.603b25）（lacks）：（了達一切唯是自心分別所見。無有外法）

Vaidya.45.2 follows Nj but reads differently by dividing the word: *-vikalpanatayā vikalpyamānā*. Tokiwa, on the other hand, divides the word in different way from Vaidya and reads *avikalpyamānā*.

Tokiwa 2003: 140: -vikalpanatayā'vikalpyamānā

Jś and Hadano lack this part. 黄 2011: 223: fn.1, like Tokiwa, emends *vikalpyamānā* to *avikalpyamānā* based on two Chinese translations. Suganuma 128 also seems to read this part as such. These are getting close. Among the previous studies, Yasui 1976: 97, 338, probably based on Tib, emends the first part *-vikalpanatayā* to *-avikalpanatayā*, which suits the context and partly attests to the T MS, and which can be read as follows:

T MS 29b4: bāhyabhāvābhāv**ā**vikalpanatayā avikalpyamānā

(The other MSS I have consulted have: -vikalpanatayā avikalpyamānā)

If we eliminate the *a* in *avikalpyamānā*, this suits the reading of Tib 1, the Tibetan translation based on the Sanskrit and Jv's commentary.

Tib1 (D 98a7-b1): ... rang gi sems snang ba tsam du khong du chud pa'i phyir phyi rol la dngos po dang/ dngos po med par rnam par mi rtog pas rnam par brtags na (*-*avikalpanatayā vikalpyamānā*)/ sangs rgyas kyi ...

Jv (D 158b1-2): rang gi sems snang ba tsam du khong du chud ces pa ni phyin ci log dang de'i snang ba thams cad sems tsam nyid du rtogs shing/ sems kyang don dam pa'i dngos po med pa nyid du rnam par mi rtog pa'i shes rab kyis rtogs pa ste/ ji lta ba bzhin bdag nyid thams cad nas rtogs pa'o//

"To comprehend that [all things are] nothing but the projection of one's own mind" means: To understand that by non-discriminating wisdom, [the] mind too does not exist [as] the ultimate thing, after understanding that all error and its projection are nothing but mind. Namely, to understand as it is by heart and soul.

If we remember the fact that this is the answer to the question "how is the *bhrānti* being **imagined**," it is natural that the answer should be something like, when **being imagined** by ... (in this sense, to change *vikalpyamānā* to *avikalpyamānā* is wrong).

Further, as for the above Sung translation, we have to emend 相 (**lakṣaṇa*) to 想 (**vi√kḷp*) (Although we have no variant readings, this kind of misreading is often found in this Guṇabhadra's Sung translation) and then read as 不妄想（**avikalpanatayā*）想（**vikalpyamānā*）.

III. Example 3: *nānārtha* or *na-anartha*

Like example 4, the following example presents an argument similar to Madhyamaka.

Paragraph [31] Nj.99.11-13 (Vaidya.41.29-30).

punar aparaṃ mahāmate mahāparinirvāṇam aprahīṇāsaṃprāptito 'nucchedāśāśvato naikārthato nānarthato nirvāṇam ity ucyate ||

Suzuki.87: Again, Mahāmati the great Parinirvana is neither abandonment nor attainment, neither is it of one meaning or of no-meaning; this is said to be Nirvana.

Takasaki 1980: 337 pointed out that this relates to "the eight negations (八不)" in the homage verse in the *Mūlamadhyamakakārikā* (MMK):

anirodham anutpādam anucchedam aśāśvatam/
anekārtham anānārtham anāgamam anirgamam/
yaḥ pratītyasamutpādaṃ .../

Lindtner 1992: 248ff. pointed out that this is similar to MMK 25.vv.3-5, 18.v.11.

aprahīṇam asaṃprāptam anucchinnam aśāśvatam/
aniruddham anutpannam etan nirvāṇam ucyate// (MMK, 25.v.3)
anekārtham anānārtham anucchedam aśāśvatam/
etat ...(MMK, 18.v.11)

Let me turn back to the translations of the underlined portions of the LAS.

Tib 1 (D 95a1): don gcig pa ma yin pa dang/ don tha dad pa ma yin pa'i phyir

Sung（T16.492b16）：非一義・非種種義

Tib 2 (D 225a7): don gcig pa ma yin pa dang/ don sna tshogs ma yin pa ni ...

Pine 129: It doesn't have one meaning, and it doesn't have multiple meanings.

Wei（T16.533b16-17）：非一義・非種種義

Tang（T16.602b）：lacks

As for the meaning of this part, we have nothing to add to the previous studies. We must expect in the underlined part something like, "nirvāṇa is not of one meaning (*ekārtha*), nor of manifold meaning (*nānārtha*)," as had been almost unanimously interpreted. However, as for the emendation of the text, there are various opinions.

Yasui 1976, Takasaki 1980, Lindtner 1992, and Tokiwa 2003:129 (fn.88)[8] emend: naikārthato <na> nānārthato (Lindtner also emends 'nucchedaśāśva<ta>to).

Vaidya.41.30: naikārthato nānārthato

黄 2011: 208: fn.2 emends Vaidya's *nānārtha* to *anānārtha* and reads: *naikārthato anānārthato* (= na-ekārthato a-nānārthato).

However, we can acquire a better emendation based on the T MS.

[8] fn.88: "na-ekārthato nānarthato" should be corrected to "na-ekārthato na nānārthato," according to the Chinese（非一義非種々義是故）and Tibetan versions.

T MS 27a4-5: punar aparaṃ mahāmate nirvāṇam[9] aprahīṇāsaṃprāptito nucchedāśāśvato nekārthanānārthato nirvāṇam ity ucyate ||

Although based on the T MS, we should emend this single word into two parts.

Suggested reading: <'>nekārthānānārthato (= an-ekārtha-a-nānārthato)

First, the first part *nekārtha* should be *anekārtha*, namely, we should infer that the avagraha (*a*) is omitted here, which is exactly the case we find in the place just before (nucchedāśāśvato=<'>nucchedāśāśva<ta>to) and sometimes elsewhere in this MS. Second, in light of the expressions *aprahīṇāsaṃprāptito* and *'nucchedāśāśva<ta>to*, the short *a* in the latter underlined part can be emended to a long *ā*, then *anānārthato*, and then *anekārthānārthato*.

IV. Example 4: The age of T MS?: *abhinna* or*anutpanna*

The following and last example may show that the T MS preserves an old recension of the LAS.

Paragraph [64] Nj.166.6ff. (Vaidya 67.31ff.):

anutpannāḥ sarvadharmā iti bodhisattvena mahāsattvena pratijñā na karaṇīyā/ ...

Here is expounded some kind of Madhyamic argument. It says: A bodhisattva-mahāsattva should not state that "all elements are non-arising." (In the latter part of this paragraph, the Buddha instead recommends that Bodhisattva should state that "all things are like *māyā* (illusions) and dreams" (Nj. 167.8-9: kiṃ tu mahāmate bodhisattvena mahāsattvena māyāsvapnavat sarvabhāvopadeśaḥ karaṇīyo).)

Takasaki 1980: 46 hints that this rejection of the thesis is similar to the standpoint of the prāsaṇgika school of Madhyamaka. Lindtner 1992: 254ff. points out the similarity to the *Vigrahavyāvartanī*, v. 2 (when he cites this part of the LAS, probably being aware of some problems of the text, he cites according to the Tibetan translation, not the Sanskrit version as he does in other parts of the paper).

Why should Bodhisattva not claim so? One of the reasons is as follows.

Nj.166.12-14: atha sāpi pratijñānutpannā sarvadharmābhyantarād anutpanna*lakṣaṇānutpattitvāt pratijñāyā anutpannāḥ sarvadharmā iti sa vādaḥ prahīyate |

*fn.8: abhinna for anutpanna in T. （宋）（魏）Tib.

Here, as Nj's footnote points out, T, Sung, Wei, and Tibetan translations have abhinna. Only Tang has anutpanna and he took this reading. Vaidya just follows the reading of Nj. Jś and Hadano lack commentary or text here.

---

9 nirvāṇam: =Tib. mya ngan las 'das pa=Sung: 涅槃 ≠ Nj, Vaidya: mahāparinirvāṇam

Sung（T16.502b3）：不壊（*abhinna）（相）

Tib 2 (D 252b1): ma nyams pa'i (mtshan nyid) (*abhinna(lakṣaṇa). Cf. √bhid、壊)

Wei（T16.546a1）：無差別（*abhinna）（相）

Tang（T16.611c7-8）：不生（*anutpanna）（相）

Tib 1 (D 121b1-2): de ste dam bcas pa de yang chos thams cad kyi nang du gtogs pa'i phyir ma skyes pa na dam bcas pa 'ang mtshan nyid tha mi dad (*abhinnalakṣaṇa) de/ ma skyes pa'i phyir chos thams cad ma skyes par smra ba ni rab tu nyams par 'gyur ro//

If we adopt the reading of T, Sung, Wei, and Tib 1, as some scholars do (Yasui 1976: 150 seems to be adopting the reading *abhinna* and rightly translates 同一相（the same characteristics）; Tokiwa also takes *abhinna*. Cf. Suzuki 144 (Even when this thesis of no-birth is to be maintained within the extent of existence itself, the notion of no-birth cannot hold itself in it, and ...), Suganuma.43, 黄 2011: 342.), the meaning can be clarified as follows:

Suggested reading: ... Or, since the statement is also non-arising because [it is] included in all elements. The argument that "all elements are non-arising" is abandoned because [the] statement is non-arising [as that which has] no different characteristics [from all things, which is of non-arising].

Jñānavarjra comments as follows.

Jv (D 208a5-6): de ste zhes pa la sogs pas dam bca' ba 'am/ de'i tshig kun rdzob tu ma skyes par 'dod na/ de dag rang gi ngo bo ma thob pa'i nyams pa nyid du 'gyur ba ste/ bdag nyid la bdag nyid slu bar byed pa 'ba' zhig tu zad do// dam bcas pa yang mtshan nyid tha mi dad pa (**abhinnalakṣaṇa*) ni chos thams cad kyi nang du 'dus pas de rnams las mtshan nyid gzhan med pa'o//

Such phrases as "**athāpi*" show that, as also regards the statement, if one does not admit that the words do not arise [even] from the point of view of convention (**saṃvṛti*), it will cause the damage that these (i.e., statements) do not acquire their own existence. "The statement has also no different characteristics (**abhinnalakṣaṇa*)" means that since it is included in all elements, it has no other characteristics from them (i.e., all elements).

Further, interestingly enough, as far as I have consulted, many other MSS have anutpanna, which suits Tang, but not the T MS, Sung, and Wei.

C8(=C), C9, N11, N13, N14, N16, N17, T2(=K), T3, T4, T5, T6, R10(=A): anutpanna

This has a variant reading in syllables and forms (namely, the form of these letters are utterly different and the difference is not the extent of something like a long ā or short a). Although we have to consult other examples exhaustively and refrain from guessing hastily, one may be able to assume from this that the old reading abhinna is preserved in T MS, Tib 1 (Tib 2, of course), and

Wei. The newer reading anutpanna appears in Tang and other MSS.

Another example of this kind could be as follows:

Paragraph [21] Nj.72.19:

samādhi**mukha**śatasahasrāṇi ca pratilabhante

fn.8: mukha left out in T. Chin. Tib

(Jv, Jś and Hadano lack this phrase.)

T MS 19b4: samādhiśatasahasrāṇi ca pratilabhante

Tib1 (D 84a1): ting nge 'dzin brgya stong rab tu thob pa nas/

Sung: 得百千三昧（乃至百千億那由他三昧）

Tib2 (D214a6): ting nge 'dzin brgya stong rab tu 'thob pa nas

Wei: lacks（T16.528c）

Tang: lacks（T16.598c11: 成就無量百千億那由他三昧）

Among the MSS I have consulted, only N11 which is classified as the same group as the T MS by Takasaki 1981 lack the *mukha* as the T MS. Other MSS (C8(=C), C9, N15, N17, R10(=A), T2(=K), T3, T4, T5, T6, T7) insert *mukha* (N13, N14 omit the two lines including this phrase).

Lastly

In this paper, I stressed the importance of the T MS. It is true that by utilizing the Sung and Tib 1, some of the reading can be emended. However, if we do not rely on MSS, it would be an arbitrary and unreliable emendation. On the other hand, if editing the text is not treated as a contest of endless effort, one way forward may be to limit the number of MSS and create a reliable text. This T MS, which was already utilized by Nanjo 1923 reserves to be re-utilized.

Abbreviations

(Abbrevations for the manuscript numbers of the LAS such as C8, N11 are based on Takasaki 1981.)

D: Derge edition

Hadano: See Hadano et al. (1993).

Jv: Jñānavajra: **Āryalaṅkāvatāra-nāma-mahāyānasūtravṛtti tathāgatahṛdayālaṁkāra-nāma*, P, No. 5520, D, No. 4019.

Jś: Jñānaśrībhadra: **Ārya-Laṅkāvatāravṛtti*, P, No. 5519, D, No. 4018.

LAS: Laṅkāvatārasūtra.

Nj: Nanjio, Bunyiu. ed., *Laṅkāvatārasūtra*. Bibliotheca Otaniensis 1, Kyoto, Japan, 1923.

P: Peking edition of Tibetan Tripiṭaka.

Shinron: Kokwan Shiren 虎関師錬. 師錬 kwan Shiren n o『仏語心論』 (Nihon Daizōkyō 日本大蔵経 Hōdōbu Shōso 方等部章疏 3).

Song: 求那跋陀羅訳『楞伽阿跋多羅宝経』Taisho (T) No. 670 (Vol.16.480a-514b): Song (宋) translation by Guṇabhadra in 443, in 4 fasciculi.

Suzuki: See Suzuki (1932).

T: Taisho tripitaka.

T MS: Matsunami Catalogue No.333 (Originally collected by J. Takakusu). Cf. Takasaki (1981:1).

Tang: 実叉難陀訳『大乗入楞伽経』T No. 672 (Vol.16.587b-640c): Tang (唐) translation by Sikṣānanda in 700-704 in 7 fas.

Tib1: *'Phags pa Lang kar gshegs pa chen po'i mdo*. Peking (P) No. 775, Derge (D) No. 107.

Tib2: *'Phags pa Lang kar gshegs pa rin po che'i mdo las Sangs rgyas thams cad kyi gsung gyi snying po zhes bya ba'i le'u*. P No.776, D No.108.

Vaidya: See Vaidya (1963).

Wei: 菩提流支訳『入楞伽経』T No. 671 (Vol.16.514c-586b): Wei (魏) translation by Bodhiruci in 513 in 10 fas.

Bibliographies

黄宝生　訳注『梵漢対勘　入楞伽経』　中国社会科学出版社、2011.

Hadano et al. (1993): *Jñānaśrībhadra Arya-laṅkāvatāravṛtti Tohoku University Catalogue No. 4018 by Hakuyu Hadano, Professor Emeritus of Tohoku University with Hirofumi Isoda, Keinosuke Mitsuhara, Koichi Furusaka*, The Institute of Tibetan Buddhist Textual Studies, Hozokan, Japan, 1993.

Horiuchi (2015): Horiuchi Toshio, "Criticism of Heretics' Views of *Nirvāṇa* in the 70th Paragraph of the *Laṅkāvatārasūtra*: *Sumiwake* as Buddhist Wisdom for Multicultural Harmonious Co-existence", *Journal of International Philosphy*, No.4, pp.151-158 (in Japanese), pp. 331-340 (in English).

Lindtner (1992): Christian Lindtner: "The Laṅkāvatārasūtra in Early Indian Madhyamaka Literature", *Asiatische Studien*, 45/1, 1992, 244-279.

Okumura (2014): Okumura Motoyasu, "The Rāvaṇādhyeṣanā-parivarta of the Laṅkāvatāra-sūtra: A Trilingual Edition (Sanskrit, Tibetan and Chinese) (Part I)" (in Japanese), *Sengokuyama Journal of Buddhist Studies*, Vol. VII, 2014, 53-149.

Pine (2012): Red Pine, *The Laṅkāvatāra Sūtra Translation and Commentary*, Counterpoint, Berkeley, USA, 2012.

Suganuma:

Suganuma Akira: "The Saṭtriṃśatsāhasrasarvadharmasamuccayaparivarta of the Laṅkāvatārasūtra, its translation and commentaries" (in Japanese), *Bulletin of Orientology*, Toyo University, 31, 1978, (87)-(172)

Suganuma Akira : "The Anityatāparivarta, the Abhisamayaparivarta, the Tathāgatanityānityaprasaṅgaparivarta and the Nairmāṇikaparivarta of the Laṅkāvatārasūtra, their translations and commentaries" (in Japanese), *Bulletin of Orientology*, Toyo University, 34, 1981, 1-134.

Suzuki (1932): Suzuki Daisetsu, *The Laṅkāvatārasūtra A Mahāyāna Text*, Delhi, rep. in 1999.

Takasaki (1980): Takasaki Jikido, *Ryōgakyō* (Butten Kōza 17) (in Japanese), Daizō Shuppan, 1980.

Takasaki (1981): Takasaki Jikido, *A Revised Edition of the Laṅkāvatārasūtra Kṣanika-Parivarta*, Tokyo, Japan, 1981.

Takasaki and Horiuchi (2015): Takasaki Jikido and Horiuchi Toshio, *Ryōgakyō* (*Ryōga Abatsutara Hōkyō*), Daizō Shuppan.

Tokiwa (2003): Tokiwa Gishin, *A Study of the Four-Fascicle Laṅkāvarāra Ratna Sūtram: In a Set of Four Texts*, Kyoto, Japan.

Vaidya (1963): Vaidya, P.L. ed., *Saddharmalaṅkāvatārasūtram*, Mithila Institute, Darbhanga, India, 1963.

Yasui (1976): Yasui Kōsai, *Bonbun Wayaku Nyūryōgakyō (A Japanese Translation of the Sanskrit Laṅkāvatārasūtra)*, Hōzōkan, Kyoto, Japan, 1976.

Indian Logic

In my previous article, I dealt with yamaka of śabda-alaṃkāras, found in the *Kāvyādarśa* of Daṇḍin.[10] But unfortunately, space limitations prohibited me from dealing with all the instances of yamaka given by Daṇḍin. Therefore, I examined only the forty-three instances of three divisions of yamaka, contiguous, non-contiguous and contiguous-noncontiguous.

In addition to these, however, Daṇḍin also explains some other variations of yamaka. This paper, as a continuation of my previous article, endeavors to deal with them. Identically to my previous article, I mainly used Böhtlingk[1890] of so-called Calcutta Edition as my primary source, and referred to Belvarkar[1924] of Madras Edition when appropriate.

---

[10] Indian[2012].

I. Compressed yamaka (Saṃdaṣṭa-yamaka)

Daṇḍin's definition of compressed yamaka runs as follows;

samdaṣṭa-yamaka-sthānam anta-ādī pādayor dvayor /

uktānatagatam apy etat stvatantryeṇa^atra kūrtyate // KA. 3.51 //

"The place of compressed yamaka is the end and the beginning of two pādas. Even though they were already explained, it is independently explained here."

The compressed yamaka is that in which the beginning part of the succeeding pāda repeats the end part of proceeding pāda for the three pāda junctures within the verse[11], as follows:

upoḍha-rāgāpy abalā madena sā

mad-enasā manyu-rāgasena yojitā /

na yojitātmānam anaṅgatāpitāṃ

gatāpi tāpāya mamāsa neyate // KA. 3.52 //

"Even though having the lust increased by intoxication, that woman was not heated by Kāma, as she was inspired by angry feeling because of my unfaithfulness. Her leaving did not make me suffer too much."

The form of this instance is xxA AxB BxC Cxx. The end parts of each pāda are repeated in the beginning part of next pāda.

II. Yamaka of casket (samudga-yamaka)

Samudga-yamaka means the yamaka of casket in which half of the śloka is repeated. Daṇḍin devotes three verses to showing these instances, of which the first is an instance where the first half of the śloka corresponds to the latter half of the śloka as follows.

nāstheyaḥsattvayā varjyaḥ paramāyatamānayā /

nāstheyaḥ sa tvayāvarjyaḥ param āyatamānayā // KA.3.54 //

"He should not be avoided by a woman who has too expanded jealousy and unstable personality. Or rather, he who should be approved should be bewitched by you, having controlled your own heart."

The next is an instance in which the first pāda corresponds to the second pāda, and the third pāda to fourth pāda.

narā jitā mānanayā sametya

na rājitā mānanayāsam etya /

---

[11] Logic[1971]p.236.

vināśitā vai bhavatāyanena

vināśitā vaibhavatāyanena // KA.3.55 //

"Welcoming [you] by showing esteem, conquered people became not bright through turning fame and policy to ashes. Those who are destroyed by your advance, having the prosperity of influence, are eaten by birds."

The last is an instance in which the first pāda corresponds to fourth pāda, and the second pāda to the third pāda.

kalāpināṃ cārutayopayānti

vṛndāni lāpoḍhaghanāgamānām /

vṛndānilāpoḍhaghanāgamānāṃ

kalāpināṃ cārutayo 'payānti // KA.3.56 //

"A flock of peacocks, whose chirping leads the arrival of clouds, approaches by beauty. And the note of the peacock by which the formation of the flock is obstructed stops."

III. Repetition of pāda (pāda-abhyāsa)

Repetition of pāda is a kind of technique in which syllables are repeated as a unit of pāda (metrical feet). Daṇḍin showed the instances of this repetition in all possible loci as follows.

naman dayā-varjita-mānasā-arthaya

na mandayā-avarjita-mana-sārthayā /

urasy upāstīrṇa-payodhara-dvayaṃ

mayā samāliṅgyata jīvita-īśvaraḥ // KA.3.57 //

"Foolish I who don't abandon jealousy and egoism, and have a heart without sympathy and [its] object, didn't embrace the chest of my husband, who is bending his head low, pressing my covered breasts."

As I underlined, in this instance, the first pāda is repeated in the second pāda. The form is A A x x.

sabhā surāṇām abalā vibhu-uṣitā

guṇais tava^ārohi mṛṇāla-nirmalaiḥ /

sa bhāsurāṇām abalā vibhūṣitā

vihārayan nirviśa saṃpadaḥ purām // KA.3.58 //

"The group of Gods is released from [the devil] Bala, are dwelling by president (=Indra), and are filled with your virtues innocent like a lotus. Such [you] should enjoy the prosperity of brilliant fortress, and letting the dressed up women play."

In this instance, the first pāda is repeated in the third pāda. The form is A x A x.

kalaṃ kam uktaṃ tanu-maddhya-nāmikā

stana-dvayī ca tvad-ṛte na hantyataḥ /
na yāti bhūtaṃ gaṇane bhavan-mukhe
kalaṅka-muktaṃ tanumad dhy anāmikā // KA.3.59 //

"Sweet talk and breasts causing the slender waist to bend, whom would these not torment except you? For, when counting the beautiful women headed by you, the ring finger doesn't attain to the person who has the body leaving from a stain."

In this instance, we can see that the first pāda is repeated in the fourth pāda. The form is A x x A.

yazas ca te dikṣu rajas ca saunikā
vitanvate^ajopama daṃśitā yudhā /
vitanv atejo^apamadaṃ śita-āyudhā
dviṣāṃ ca kurvanti kulaṃ tarasvinaḥ // KA.3.60 //

"O' you who are like aja (not born), your brave army wearing an armor, and having keen weapons, spreads the reputation and dust in all the quarters through the battle, and makes the enemy clan bodiless, lusterless and prideless."

In this instance, the second pāda consists of the same syllables as the third pāda. The form is x A A x.

A Preliminary Report on the Newly Found Sanskrit Manuscript Fragments of the *Bhaiṣajyavastu* of the Mūlasarvāstivāda *Vinaya*[1]

Fumi Yao

Since it first became known to scholars near the end of the last century, the newly found Sanskrit manuscript of the *Dīrghāgama* from the Gilgit area has attracted significant scholarly attention.[2] However, the existence of other important manuscripts included in the same find had remained almost unknown until recently. The titles of the texts preserved in these manuscripts along with details of the identification of the manuscript fragments were introduced by Klaus Wille in 2014.[3] In this paper I would like to report on one of these manuscripts, the manuscript of the *Bhaiṣajyavastu* of the Mūlasarvāstivāda *Vinaya*. It is my great pleasure and privilege to do so for this felicitation issue in honour of Professor Kazunobu Matsuda, thanks to whom I was able to conduct research on this manuscript.

The Extant Materials of the Bhaiṣajyavastu

Until recently the *Bhaiṣajyavastu*, the sixth chapter of the *Vinayavastu* of the Mūlasarvāstivāda *Vinaya*, had been available in only three versions: a Sanskrit text surviving only in a single manuscript called the Gilgit manuscript, a Chinese translation, and a Tibetan translation.[4] The Tibetan version is the only complete text: approximately half of the *Bhaiṣajyavastu* of the Gilgit manuscript is lost, and the Chinese version of this *vastu* lacks the last part of the Tibetan version, which seems either not to have been translated or to have been lost soon after being translated.[5]

[1] I thank Professor Jens-Uwe Hartmann and Dr. Klaus Wille for access to scans of the manuscripts and Dr. Wille's unpublished reports.

[2] For the most recent information on the *Dīrghāgama* manuscript and studies on it, see Hartmann and Wille 2014, 137–145.

[3] Hartmann and Wille 2014, 145–153.

[4] Skt. (edition) GM vol. 3, pt. 1, (facsimile edition) GBM vol. 2 (1995) (pt. 6 [1959–74]), Clarke 2014, Plates 46–134 (see also the concordance on pp. 52–59); Ch. T. 1448, 24.1a1–97a24; Tib. D 1, *'Dul ba* Ka277b6–Ga50a7. There are several manuscript fragments from Central Asia which preserve parallels to the *Bhaiṣajyavastu*'s verses of the Brahmin Nīlabhūti (Wille 2014a, 193; 2014b, 230). For study of the entire Gilgit manuscript, see von Hinüber 1979, 2014a and 2014b. For the *Vinayavastu* manuscript, see Wille 1990, 17–38; Clarke 2014, 16–36.

[5] See Yao 2013a, xiii. Cf. *Xu zhenyuan shijiao lu* 續貞元釋教録: "根本說一切有部毘奈耶藥事二十卷 内元欠二卷　二百七十紙; The *Bhaiṣajyavastu* of the Mūlasarvāstivāda *Vinaya*, twenty fascicles, two fascicles of which are originally lost. Two hundred and seventy sheets of paper." T. 2158, 55.1052b17–18. For more information about the extant three versions of the *Bhaiṣajyavastu*, see Yao 2013a, xv–xix. For a comparative table of the three versions of the *Bhaiṣajyavastu* including references to partial modern editions and translations, see Yao 2013a, 588–596.

We how have another Sanskrit manuscript, which, as we will see later, is of considerable importance.

Most of the newly found *Bhaiṣajyavastu* manuscript fragments belong to a private collection in Virginia, USA; the rest are in the Schøyen Collection in Oslo, Norway. The former have been scanned at high resolution; the latter have been photographed. Although there are a few unidentified fragments which, judging from the features of the script, are supposed to belong to the same manuscript, no fragment included in these two collections has yet been identified as belonging to any *vastu*s other than the *Bhaiṣajyavastu*. Klaus Wille identified most of the fragments and made tentative transliterations of them.[6] Based on the work by Wille, I was able to identify some more fragments and publish a brief report on one of them.[7] I also included in the footnotes to my Japanese translation of the *Bhaiṣajyavastu* information and partial transliterations of some important fragments.[8] This paper is intended as a preliminary report while I complete a transliteration of all *Bhaiṣajyavastu* fragments.

The Physical Condition of the Fragments and the Numbering Systems

The newly found *Bhaiṣajyavastu* manuscript survives only in a fragmentary state. In many cases several fragments are stuck together in bundles, but some fragments are preserved separately. These bundles and single fragments appear together in scans and photographs and are all labeled:[9] for instance, in the Private Collection, Virginia, there is a plastic envelope labeled as "G16," which contains eight fragments. Among the fragments, there is a single fragment labeled "G16.4" and a couple of fragments stuck together labeled "G16.1." Each side of these fragments appears in the

---

6 Wille 2011a, 2011b, and 2011c (2011b was published in Hartmann and Wille 2014, 145–153; the rest are unpublished).

7 Yao 2013b.

8 Yao 2013a.

9 For the labeling system within the Private Collection, Virginia, see Hartmann and Wille 2014, 147–148. In the Schøyen Collection, the *Bhaiṣajyavastu* fragments are included in two pairs of photographs numbered as 2627/1 and 2627/3, each pair consisting of the photographs of both sides of fragments. In this paper I refer to these pairs of photographs as SC1 and SC3, respectively, and each image in the photographs as SC3.1, SC3.2, etc. Among these images, there are a couple of images of thick bundles, SC3.4 and SC3.5, which require further explanation. Recently Professor Matsuda kindly provided me with a number of newly taken photographs of the Schøyen fragments. The images in these photographs represent bundles which had formerly constituted the aforementioned thicker bundles. These new images show a considerable amount of text which had been concealed behind fragments in the previous photographs. I labeled these newly available images as "SC3.4Aa," "SC3.4Ab," etc., according to the image labels corresponding to the bundles in which they were hidden in the previous photographs. In these photographs there is a fragment which does not appear in SC1 and SC3 and was mentioned as "SC Nr. unbekannt" in Wille 2011c, 12. I tentatively call it SCnn1 ("no number").

scan of each side of the envelope "G16." In this paper, I refer to fragments appearing separately (e.g. G16.4) and bundles of fragments stuck together (e.g. G16.1) both as "images." On one side of image G16.1, which I will call G16.1A, we see a *Bhaiṣajyavastu* fragment; on the other side, G16.1B, we find two fragments: a fragment belonging to another text, and under it a portion of a *Bhaiṣajyavastu* fragment, which is the other side of G16.1A.[10] In this case I labeled the two fragments appearing on side B as G16.1B-1 and G16.1B-2.

Some fragments preserve ink stains which represent mirror images of the text transferred from other folios. These ink stains are important since they reveal the positional relationships of the fragments.[11] I have labeled the stains with "m" ("mirror") following the numbers of the fragments on which the stains appear (e.g. "E25.1A-1m" indicates ink stains seen on fragment E25.1A-1. These stains reflect text written on another fragment, E20.2A-1).

So far 93 images in the Private Collection, Virginia, and 8 images in the Schøyen Collection have been identified as containing (or likely to contain) *Bhaiṣajyavastu* fragments. Included in these 101 images in total, 197 fragments are identified as being from the *Bhaiṣajyavastu*; 14 fragments possibly contain *Bhaiṣajyavastu* text (the two sides of one fragment [e.g. G16.1A and G16.1B-2] are counted as one fragment). Supposedly the identified fragments constitute 86 folios in total. All calculations of images, fragments, and folios mentioned above remain tentative.

Some of the fragments have numbers written by scribes on their left margin, and I call these numbers "folio numbers," differentiating them from "image labels," such as G16.1. In many cases we can estimate missing folio numbers based on textual sequence. However, regarding some fragments we have no clues to their folio numbers because of a lack of continuity of the text between the fragments in question and fragments from folios of which the folio numbers are verified. In such cases, I created tentative folio numbers such as X1-1, X1-2 ... X1-7, X2, X3-1 ... X3-5, X4-1 ... X4-18, etc., in order to show that the text continues in each group of folios (e.g. X1, X3...).

The *Bhaiṣajyavastu* manuscript is written mostly in eight lines per side.[12] Its script is Gilgit/Bamiyan Type II = Proto-Śāradā, as are most of the other manuscripts in the same find, and

[10] Here the side significations of the images, A and B, are used irrespective of the actual front and back sides of the folios (*recto*/*verso*) but in accordance with the labels of the sides of the scans of the plastic envelopes containing the fragments. I had to make changes to a few of the side significations given in Wille 2011a, in order to maintain consistency in my labeling system.

[11] On the fragility of birch bark and utility of mirror images, see Melzer 2014, 234–235.

[12] There are a few exceptions such as fol. nos. 200, 202, and 203, which are written in nine lines.

is especially close to that of *Uttaragrantha* manuscript A,[13] which is, however, written in nine lines. Since no folio belonging to this *Bhaiṣajyavastu* manuscript preserves its complete shape, we cannot directly count the number of *akṣara*s per line; judging from the corresponding text in the Gilgit manuscript, the number is approximately eighty to ninety. Folio numbers are written on the left margin of the front sides (*recto*) of folios, parallel with the fourth to sixth lines. A blank square space for a string-hole, approximately three to four *akṣara*s in width, intrudes on the fourth and fifth lines of each side, with about 22 *akṣara*s of text on the left of it (e.g. E23-24.1). The string-holes are round, but there are no visible traces of strings actually having been placed through them, as Gudrun Melzer remarked about the *Dīrghāgama* manuscript.[14] In one fragment (E23-24.2-3B-1), the string-hole is not actually pierced, but there is a check mark where the string-hole should be. It seems that the folio was incorrectly positioned when the string-holes were opened, piercing piled folios. There is another example of an unusual string-hole, which is not a round hole but a horizontal slit (E23-24.2-3A-2).

The condition in which the *Bhaiṣajyavastu* fragments have been preserved seems to be utter confusion: obviously some fragments had been piled neither neatly nor in correct order. We can restore the positional relationships of the folios to some extent, based on the order of layers of folios seen on the images and gleaning hints from ink stains reproducing text on another folio and from worm holes. In this way, several images can be collected together into hypothetical bundles which show how the folios had been preserved until they were broken into smaller bundles and single fragments. The following are three examples of hypothetical bundles:

Hypothetical Bundle 1

- An unidentified folio belonging to another manuscript (r/v unknown): G17.4B-1
- Fol. (123)rv (corresponding to D 1, *'Dul ba* Kha 217b5–218a5): r G17.4B-2; v G17.4A + 17.7B-1m
- Fol. X3-1rv (Kha156b1–157b6): r G17.3A + G17.7B; v G17.3B + G17.7A
- Fol. X3-2rv (Kha157b7–159a6): r F23.3A + G17.8A + G17.9A-2; v F23.3B-1 + G17.8v
- Fol. X3-3rv (Kha159a7–160b5): r G17.9A-1; v F23.3B-2 + G17.9B
- Fol. X3-5vr (Kha162a7–163b4): v F23.4B + F23.5A-2 + F27.4A-2; r F23.4A

---

[13] For the *Uttaragrantha* manuscript, see Hartmann and Wille 2014, 147 and 151. I would like to add information on two fragments which I recently identified as belonging to this manuscript: a fragment on the left end of F26.1B, the **Māṇavikā* section of the *Uttaragrantha*, D 7, *'Dul ba* Pa222a5–b2; F26.1A (*verso*), the **Vinītaka* section of the *Uttaragrantha*, Na300b1–301a4.

[14] Melzer 2014, 231.

- Fol. X3-4vr (Kha160b6–162a6): v F23.5A-1 + F27.4A-4; r F23.5B
- Fol. X1-2rv (Kha47a2–6, 40b1–5[r], 41a4/5[v]): r F27.4A-1; v F27.4B-3
- Fol. X1-3rv (Kha42b2–43a5): r F27.4A-3 + F27.5B-2; v F27.4B-1
- Fol. X1-4rv (Kha43a6–45a2): r F27.5B-1 + G22.15A; v F27.4B-2 + F27.5A + G22.15B

In this bundle, we see ten folios piled in the above order, with an unidentified fragment, G17.4B-1, uppermost. There is of course no reason to think that these ten folios were isolated; it is more likely that they were included in a thicker bundle.

Hypothetical Bundle 2

- Fol. X1-5rv (Kha45a3–b3/49a5–7/51a6–57a1): r F19.3B + F19.4B-2 + F19.4B-3 + F19.4B-4 + F19.4A-2; v F19.3A + F19.4A-1 + F19.4B-1 + F19.4A-3[15]
- Fol. X1-6rv (Kha57b3–59a7): r F19.7A + G25.5A + G25.6A; v F19.7B + G25.5B + G25.6B
- Fol. X1-7rv (Kha59b1–60b7): r G25.9B + G25.10A; v G25.9A +G25.10B-1
- Fol. X2 (Kha153b4–5) (r/v unknown): G25.10B-2

In this bundle, three folios, X1-5, X1-6, and X1-7, seem to have been folded together lengthwise, with X1-7v outermost and X1-5r innermost. On G25.10B-1 (X1-7v) a small fragment, G25.10B-2 (X2), is stuck, intersecting with G25.10B-1 almost at right angles.

Hypothetical Bundle 3

- Fol. 114rv: r E20.2B + E22.7B-1 + E23-24.1A-2 + E25.1A-2; v E20.2A-1
- Fol. 115rv: r E22.7B-2 + E23-24.1A-3 + E25.1A-1; v E20.2A-2 + E22.7A-2 + E25.1B-1
- Fol. (116)rv: r E22.7B-3 + E23-24.1A-4 + E25.1A-3 + E-frag2A-2 + E-frag4A-1; v E22.7A-1 + E25.1B-2 + E-frag2B-2 + E-frag4B-1
- Fol. (117)rv: r E23-24.1A-5 + E25.1A-4 + E-frag2A-1 + E-frag4A-2; v E23-24.1A-7 + E25.1B-3 + E-frag2B-1 + E-frag4B-2
- Fol. 118rv: r E23-24.1A-1; v E23-24.1B-5
- Fol. (119)rv: r E23-24.1A-6; v E23-24.1B-1
- Fol. (120)rv: r E22.11B-2 + E25.2B; v E23-24.1B-2 + E25.2A-1
- Fol. (121)rv: r E22.3 + E22.4B + E22.5B-1 + E22.8A + E22.11B-1 + E23-24.2-3A-2; v E22.3 B + E22.4A + E22.8B + E23-24.1B-3 + E23-24.2-3B-2 + E25.2A-2
- An unidentified folio belonging to another manuscript (r/v unknown): E22.5B-2 + E22.11B-3; E22.11A and E22.5A

---

[15] For transliteration of this folio and comparison of it with the Tibetan and Chinese versions, see Yao 2013b.

- Fol. (122)rv: r E23-24.2-3A-1 + E23-24.2-3B-3 + E25.3A; v E23-24.1B-4 + E23-24.2-3A-3 + E23-24.2-3B-1 + E25.3B

Nine folios seem to have been piled together in the above order, with 114r uppermost. All folios in this hypothetical bundle except fol. 122 were neatly piled with their upper and lower edges corresponding and with their left edges rather loose. Fol. 122 is folded twice obliquely and positioned loosely, with none of its edges corresponding to those of other folios. Probably related to this, the string-hole of fol. 122 is not opened but left with a small check mark on the *verso* (E23-24.2-3B-1). A folio from another manuscript (E22.11A and E22.5A) slants on the back side of E22.11B-1 and E22.5B-1, and the other side of it is seen under E22.5B-1 and E22.11B-1 as E22.5B-2 and E22.11B-3, respectively.

Correspondence to the other extant materials of the *Bhaiṣajyavastu*

In spite of its fragmentary state, the newly found *Bhaiṣajyavastu* manuscript provides valuable information concerning the text. Some fragments overlap with the Gilgit manuscript, but others provide us with the only extant Sanskrit source for parts lost in the Gilgit manuscript. Moreover, this manuscript provides important information where other versions, namely, the Gilgit manuscript and the Tibetan and Chinese translations, differ from each other: on some occasions it agrees with one or two of these three; sometimes it corresponds to none.[16]

The following is a comparative table of the newly found manuscript fragments and the other three versions, arranged according to the textual sequence of the Tibetan version.[17] Although this table is still tentative, I think it sufficiently surveys the newly found *Bhaiṣajyavastu* manuscript.

---

[16] For a significant example of the agreement and disagreement of the newly found manuscript with other versions, see Yao 2013b.

[17] Note, however, that in some parts of the text the newly found manuscript corresponds to the Chinese version rather than the Tibetan version in textual sequence, as observed in X1-1, X1-2, X1-5. See Yao 2013a, 116 n. 3, 122 n. 1, 125–126 n. 1, 129 n. 3, 133–134 n. 5.

A Comparative Table of the Newly Found Fragments and the Other Extant Texts of the *Bhaiṣajyavastu*

Fol. nos.	Image labels.	Skt. (GM/W)	Tib. (D 1)	Ch. (T)
[X1-1r]	G16.1A, G16.2A-1, G16.4A, G25.3B	—	Kha40a7–b1/ 45b3–47a1	24. 27b11 –28a15
[X1-1v]	G16.4B, G16.1B-2, G16.2B-2, G25.3A-2			
[X1-2r]	F27.4A-1	—	Kha 47a2–6, 40b1–5(r), 41a4/5(v)	28a18 –b13(r), 28b20 –21/24 (v)
[X1-2v]	F27.4B-3			
[X1-3r]	F27.4A-3, F27.5B-2	—	Kha42b2 –43a5	28c16 –29a13
[X1-3v]	F27.4B-1			
[X1-4r]	F27.5B-1, G22.15A	—	Kha43a6 –45a2	29a15 –b23
[X1-4v]	G22.15B, F27.4B-2, F27.5A			
[X1-5r]	F19.3B, F19.4B-2, F19.4B-3, F19.4B-4, F19.4A-2	—	Kha45a3–b3/ 49a5–7/ 51a6–57a1	29b26 –30b8
[X1-5v]	F19.3A, F19.4A-1, F19.4B-1, F19.4A-3			
[X1-6r]	F19.7A, G25.5A, G25.6A	—	Kha57b3 –59a7	30b9 –31a2
[X1-6v]	F19.7B, G25.5B, G25.6B, G25.10Am			
[X1-7r]	G25.5Bm, G25.9B, G25.10A	—	Kha59b1 –60b7	31a5 –b11
[X1-7v]	G25.9A, G25.10B-1			
[X2]	G25.10B-2	pt.1, 61.20–62.3	Kha153b4–5	51a7–9
[X3-1r]	G17.7B, G17.3A	67.14–70.5	Kha156b1 –157b6	51c25 –52b12
[X3-1v]	G17.3B, G17.7A, G17.9A-1m			
[X3-2r]	F23.3A, G17.8A, G17.9A-2	70.8–72.17	Kha157b7	52b13

[X3-2v]	F23.3B-1, G17.8B		–159a6	–c27
[X3-3r]	G17.9A-1	72.20–75.9	Kha159a7	52c29
[X3-3v]	F23.3B-2, G17.9B		–160b5	–53a29
[X3-4r]	F23.5B	75.12–78.6	Kha160b6	53b2
[X3-4v]	F23.4Am, F23.5A-1, F27.4A-4		–162a6	–29
[X3-5r]	F23.4A	78.10–80.18	Kha162a7	53c4
[X3-5v]	F23.4B, F23.5A-2, F27.4A-2		–163b4	–54a4
114r	E20.2B, E22.7B-1, E23-24.1A-2,	128.19–131.4	Kha205b3	60a28
	E25.1A-2		–206b7	–c4
114v	E20.2A-1, E25.1A-1m			
115r	E22.7B-2, E23-24.1A-3, E25.1A-1	131.8–134.3	Kha207a1	61a2
115v	E20.2A-2, E22.7A-2,		–208a4	
	E23-24.1A-4m, E25.1B-1			
(116)r	E22.7B-3, E23-24.1A-4, E25.1A-3,	134.5–136.14	Kha208a5	61a4
	E-frag2A-2, E-frag4A-1		–209b1	–b2
(116)v	E22.7A-1, E25.1B-2, E-frag2B-2,			
	E-frag4B-1			
(117)r	E23-24.1A-5, E25.1A-4,	137.1–139.10	Kha209b1	61b4
	E-frag2A-1, E-frag4A-2		–210b5	–c12
(117)v	E23-24.1A-1m, E23-24.1A-7,			
	E25.1B-3, E-frag2B-1, E-frag4B-2			
118r	E23-24.1A-1, E25.1B-3m	139.13–142.6	Kha210b6	61c13
118v	E23-24.1B-5		–212a1	–62a15
(119)r	E23-24.1A-6	143.13–145.4	Kha212b2	62b8
(119)v	E23-24.1B-1		–213a4	–c11
(120)r	E22.11B-2, E25.2B	146.11–148.15	Kha213b3	63a2
(120)v	E23-24.1B-2, E25.2A-1		–214b2	–b2
(121)r	E22.3A, E22.4B, E22.5B-1,	148.18–149.6	Kha214b2	63b4
	E22.8A, E22.11B-1, E23-24.1B-2m,	(–152.1), cf. Divy	–215b7	–c16
	E23-24.2-3A-2	453.17–455.16		

(121)v	E22.3B, E22.4A, E22.8B, E23-24.1B-3, E23-24.2-3B-2, E25.2A-2, E25.3Am			
(122)r	E23-24.2-3A-1, E23-24.2-3B-3, E25.3A	(152.4–155.6), cf. Divy 455.19	Kha215b7 –217a5	63c18 –64a13
(122)v	E23-24.1B-4, E23-24.2-3A-3, E23-24.2-3B-1, E25.3B	–457.25		
(123)r	G17.4B-2	(155.5–156.14),	Kha217b5	64b1
(123)v	G17.4A, G17.7Bm	cf. Divy 458.16 –459.19	–218a5	–18
(126)r	G19.4A, G19.9B	—	Kha221a6	65c16
(126)v	G19.9A-2		–222a7	–66b1
(127)r	G19.4A-2	—	Kha222b4	66b11
(127)v	G19.9A-1, G19.4B		–224a1	–24
(128)r	F3.1A-2, G19.4Bm	—	Kha224a2	66c28
(128)v	F3.1A-1m		–225a2	–67b3
(129)r	F3.1A	—	Kha225a6	67b16
(129)v	F3.1B		–226b4	–68a6
(130)r	F3.2B	—	Kha226b4	68a9
(130)v	F3.2A		–228a2	–b14[18]
(131)r	G22.16A	—	Kha228b1	—
(131)v	G22.16B		–229a4	
(132)r	F5.2B, G23.6A	—	Kha229b1	—
(132)v	F5.2A		–230b5	
(133)r	F5.4B	—	Kha230b6	—
(133)v	F5.4A, G23.6B		–232a3	
(134)r	F5.3A, G23.8B	—	Kha232a4	no text
(134)v	F5.3B		–233a7	–68b17 –c7

[18] After this, the second of the two stories of Prince Viśvantara is not found in Ch. (see Yao 2013a, 369 n. 1).

(135)r (135)v	F4.4B F4.4A, G23.8A	—	Kha233b1 –234b3	68c10 –69b2
(136)r (136)v	F6.2A, F23.2B F6.2B, F23.2A	—	Kha234b3 –240b6	69b5 –c17
(137)r (137)v	F6.4B, G17.6A F6.4A	—	Kha240b7 –242a3	69c20 –70b1
(138)r (138)v	F5.1B F5.1A, G17.6B	—	Kha242a4 –243a7	70b4 –c9
(139)r (139)v	F4.2A, G17.5A F4.2B	—	Kha243b3 –245b6	70c16 –71a24
(140)r (140)v	F6.3A G17.5B	—	Kha245b7 –246b5	71a29 –b23
(141)r (141)v	F23.1B F23.1A, F6.3B	—	Kha247b3 –248b1	71c25 –72a27
(142)r (142)v	F4.3A, F25.2B F4.3B, F25.2A	—	Kha248b2 –273b5	72b1 –c21
1(4)[3]r 1(4)[3]v	SCnn1,[19] F3.6A F3.6B, SC3.1A-2	—	Kha273b5 –275a2	72c22 –73b8
(146)r	SC3.2A, SC3.5B-3	—	Kha278a1 –b4	74c29 –75b5
(147)v	SC3.2B	not extant –161.13/W69	Kha280a5 –b6	76a6 –b7
(148)r (148)v	SC3.5B-2 SC3.5Aa-3	161.15–164.4/ W69–71	Kha280b7 –282a1	76b8 –c16
(149)r (149)v	SC3.5B-1 SC3.5Aa-2	165.5–166.19/ W71–72	Kha282b1 –283a6	77a7 –b1
(150)r	SC3.5Bc	168.7–10/W73	Kha283b7 –284a2	77b19 –21

[19] See note 9.

(151)v	SC3.5Aa-4	171.10–21/W75	Kha285a6	78a14
			–b2	–22
(152)r	SC3.5Bb	174.19–177.3/	Kha286a7	78b29
(152)v	SC3.5A-3	W79–81	–287a3	–79a9
(154)v	SC3.5A-2	182.21–183.13/	Kha289a6	80a28
		W85	–b2	–b13
1[5]5r	G23.2A, G23.4A	184.5–187.5/	Kha289b4	80b21
1[5]5v	G23.2B, G23.4B, SC3.5A-1	W86–88	–291a1	–81b4
[X4-1r]	F23.6A	193.16–196.10/	Kha293b5	82c25
[X4-1v]	F23.6B	W95–96	–295a1	–83b16
[X4-2r]	G15.1B, SC3.1A-1, G22.12A,	196.13–198.16/	Kha295a2	83b19
	G16.5B	W96–98	–296a1	–84a8
[X4-2v]	G16.5A, SC1.3B-1			
[X4-3r]	G16.7B, SC1.6B-1	200.11–202.8/	Kha296b6	84b22
[X4-3v]	G16.7A, G15.1A, SC3.1B,	W100–101	–297b4	–c1
	G22.12B, SC1.3B-3			
(168)r	G14.5A	—[20]	Kha307a5	90a12
			–b1	–19
(170)r	F20.5B-3	—	Kha310a4	91c27
(170)v	G14.5B, G22.6B		–b6	–92a22
(171)r	F20.5B-1, F20.7A-2	—	Kha311a2	92b10
			–b2	–c9
(172)r	F20.5B-2, F20.7A-1, F20.7A-3	—	Kha312a7	93a27
(172)v	F20.5A, F20.7B		–313b1	–c23
(173)r	G14.9B, G14.7B	—	Kha313b1	93c27
(173)v	G14.9A, G14.7A, F26.3A		–314b3	–94b18
(174)r	E25.4A, F1.4B-2, G8.6B-1	—	Kha314b3	94b19
(174)v	E25.4B-3		–315b2	–c26

[20] Not included in the extant fragment of fol. 213 of the Gilgit manuscript (Bechert 1961, 191ff.).

(175)r	F1.4B-1	211.9–213.3	Kha316a3	95a14
(175)v	F1.4A, E25.4B, G8.6A-2		–317a2	–b18
1[76]r	SC3.3B-1, SC3.4B-4, G8.1B	213.11–215.13	Ga1a1	95b26
1[76]v	E25.4B-2, G8.1A, G8.6A-1		–2b7	–96a4
177r	SC3.3B-2, SC3.4B-3	215.18–217.15	Ga3a2	96a9
177v	SC3.3A-1		–10a4	–b17
(17)[8]r	SC3.4B-6	—	Ga11a6	96c25
(17)[8]v	SC3.3A-2		–b2	–97a2
17(9)r	SC3.4B-2	—	Ga12a–b2	—
(180)r	SC3.4B-1	—	Ga13b1–2	—
(181)v	SC3.4Ab-1	221.8–222.11	Ga15b6	—
			–16b1	
(182)r	SC3.4Bb-2	222.14–224.15	Ga16b2	—
(182)v	SC3.4Ab-2		–17b3	
183r	SC3.4B-5	225.4–226.4	Ga17b7	—
			–18b1	
(184)r	SC3.4Ba-1	227.17–230.1	Ga19a7	—
(184)v	SC3.4Aa-1		–20b5	
(185)r	SC3.4Ba-2	230.4–8	Ga20b6–7	—
(190)v	SC3.4A-1	241.1–242.6/	Ga28a4–b5	—
		W113–114		
(191)r	F13.2A, G22.5B-1, F20.2B, G18.3B	242.9–244.18/	Ga28b6	—
(191)v	F20.2A-1, SC3.4A-2	W114–115	–30a1	
(192)r	G22.10B, G22.5B-2	245.2–246.1	Ga30a2–b3	—
(193)v	F20.2A-2, G22.10A, F13.2B-2	249.5–250.1	Ga32a5–b4	—
(194)v	G18.3A, F13.2B-1, G22.5A-2	251.7–252.16	Ga33a6–b7	—
[1]95r	F25.6A	253.3–254.20	Ga34a3–b7	—
[1]95v	F25.6B			
[1]96r	F25.3B	256.1–257.16	Ga35a7	—
[1]96v	G22.5A-1		–36a5	

(197)r	G15.2B-1	258.11–260.9	Ga36a7	—
(197)v	F25.3A, G15.2A-1		–37b2	
[1]98r	G18.1B	261.10–262.20	Ga38a2	—
[1]98v	G18.1A, G15.2A-2		–39a1	
(199)r	G15.2B-2	263.9–265.17	Ga39a4	—
(199)v	G15.2A-3		–40a7	
(200)r	F22.1B-1	266.7–269.17	Ga40b4	—
(200)v	G15.2A-4		–42a5	
[2]01r	F22.1B-2, F20.9A-1	269.20–274.4	Ga42a6	—
[2]01v	G15.2A-5		–43b7	
(202)r	F22.1B-3, F20.9A-3	275.2–278.15	Ga44a4	—
(202)v	F22.1A-1		–45b2	
(203)r	F20.9A-2	280.2–282.10	Ga46a3	—
(203)v	F22.1A-2		–47a3	
(204)v	F22.1A-3	284.3–285.9	Ga48a2–b4	—
(205)v	F22.1A-4	287.11	Ga49b4	—

Folio numbers in parentheses are not attested on the fragments but estimated from textual sequence. Square brackets indicate partially damaged or illegible folio numbers preserved on the fragments. Dashes in the columns of GM and Ch. indicate that the text is not extant due either to loss of folios/fascicles or differences of recensions.

Unidentified fragments: F26.4A-1, F26.4A-2, F26.4B-1, F26.4B-2, F27.6A, F27.7A, G4.1B-4, G8.6B-2, G22.6A (Kha307b?), G22.19A, G22.19B, G25.8A-2, SC1.3A-2, SC3.5A-4

Abbreviations

Ch. Chinese translation

D Derge Xylograph (Ui et al. 1934 for numbering)

Divy *Divyāvadāna* (Cowell and Neil [1886] 1987)

fol. folio

GBM *Gilgit Buddhist Manuscripts* (Raghu Vira and Lokesh Chandra [1959–74] 1995)

GM	*Gilgit Manuscripts* vol. III (Dutt [1942–50] 1984)
Skt.	Sanskrit
T	*Taishō shinshū daizōkyō* 大正新脩大藏經
Tib.	Tibetan translation
W	Wille 1990

Bibliography

Clarke, Shayne. 2014. *Vinaya Texts*. Gilgit Manuscripts in the National Archives of India: Facsimile Edition, vol. 1. New Delhi: National Archives of India, Tokyo: International Research Institute for Advanced Buddhology, Soka University.

Cowell, Edward Byles and Robert Alexander Neil. [1886] 1987. *The Divyāvadāna, a Collection of Early Buddhist Legends*. Delhi: Indological Book House.

Dutt, Nalinaksha. [1942–50] 1984. *Gilgit Manuscripts*, vol. 3 in 4 parts. Delhi: Sri Satguru Publications.

Bechert, Heinz. 1961. *Bruchstücke buddhistischer Verssammlungen aus zentralasiatischen Sanskrithandschriften 1: Die Anavataptagāthā und die Sthaviragāthā*. Sanskrittexte aus den Turfanfunden 6. Berlin: Akademie-Verlag.

Harrison, Paul and Jens-Uwe Hartmann (ed.). 2014. *From Birch Bark to Digital Data: Recent Advances in Buddhist Manuscript Research. Papers Presented at the Conference Indic Buddhist Manuscripts: The State of the Field, Stanford, June 15–19 2009*. Vienna: Österreichische Akademie der Wissenschaften.

Hartmann, Jens-Uwe and Klaus Wille. 2014. "The Manuscript of the *Dīrghāgama* and the Private Collection in Virginia." In Harrison and Hartmann 2014, 137–155.

Hinüber, Oskar von. 1979. *Die Erforschung der Gilgit-Handschriften*. Nachrichten der Akademie der Wissenschaften in Göttingen. I. Philologisch-historische Klasse, Jahrgang 1979, Nr. 12. Göttingen: Vandenhoeck & Ruprecht.

———. 2014a. "The Gilgit Manuscripts: An Ancient Buddhist Library in Modern Research." In Harrison and Hartmann 2014, 79–135.

———. 2014b. "General Introduction: Preface to the New Series." In Clarke 2014, xi–xiv.

Melzer, Gudrun. 2014. "A Palaeographic Study of a Buddhist Manuscript from the Gilgit Region: A Glimpse into a Scribes' Workshop." In *Manuscript Cultures: Mapping the Field*. Studies in Manuscript Cultures vol. 1, edited by Jörg B. Quenzer, Dmitry Bondarev, and Jan-Ulrich

Sobisch, 227–272. Berlin/Munich/Boston: Walter de Gruyter GmbH.

Raghu Vira and Lokesh Chandra. [1959–74] 1995. *Gilgit Buddhist Manuscripts: Revised and enlarged compact fascimile edition*. 3 vols. Delhi: Sri Satguru Publications.

Ui, Hakuju, Suzuki Munetada, Kanakura Yenshō, and Tada Tōkan. 1934. *A Complete Catalogue of the Tibetan Buddhist Canons (Bkaḥ-ḥgyur and Bstan-ḥgyur)*. Sendai: Tōhoku Imperial University.

Wille, Klaus. 1990. *Die handschriftliche Überlieferung des Vinayavastu der Mūlasarvāstivādin*. Stuttgart: Franz Steiner Verlag.

———. 2011a. "Private Collection, Virginia, USA: Transliteration by K. Wille" (unpublished).

———. 2011b. "Further Identified Manuscripts in the Private Collection, Virginia" (published in Hartmann and Wille 2014, 145–153).

———. 2011c. "The Schøyen collection (Oslo) — Ser.No. 2627" (unpublished).

———. 2014a. "Survey of the Sanskrit Manuscripts in the Turfan Collection (Berlin)." In Harrison and Hartmann 2014, 187–211.

———. 2014b. "Survey of the Identified Sanskrit Manuscripts in the Hoernle, Stein, and Skrine Collections of the British Library (London)." In Harrison and Hartmann 2014, 223–246.

Yao, Fumi 八尾 史. 2013a. *Konponsetsuissaiuburitsu yakuji* 根本説一切有部律薬事 [The *Bhaiṣajyavastu* of the Mūlasarvāstivāda *Vinaya* (annotated Japanese translation)]. Tokyo: Rengō Shuppan.

———. 2013b. "A Brief Note on the Newly Found Sanskrit Fragments of the *Bhaiṣajyavastu* of the *Mūlasarvāstivāda-vinaya*." *Journal of Indian and Buddhist Studies* 印度學佛教學研究 61(3): 72–77.

A Brief Survey on the Sanskrit Fragments of the *Viniścayasaṃgrahaṇī* [1]

Choi, Jinkyoung

The *Yogācārabhūmi* (henceforth *YoBh*), preferably translated as "Treatise on the Levels of Those Who Engage in Spiritual Training (*yoga*)," [2] the fundamental work of the Indian Yogācāra school of Buddhist thought, is not only an extraordinarily important source of Buddhist philosophy, but also one of the most extensive Buddhist texts. Scholars had to rely on Tibetan and Chinese sources until the year 1904 when a Japanese scholar, U. Wogihara, published his first work on a very old Nepalese manuscript of the *Bodhisattvabhūmi*, the only Sanskrit codex of the *YoBh* at that time, initiating serious modern scholarship on the *YoBh* as an Indian Buddhist text. Since then, the fate of *YoBh* studies continued to be firmly linked to the discovery and availability of Sanskrit manuscripts for over a century.[3] At present, roughly 50% of the whole text are preserved in the Sanskrit original, most of which belong to the first section ("The Basic Section") of the *Yogacārabhūmi*.[4] While multiple editions based on these previously discovered manuscripts have already been prepared and resulted in publications, the original Sanskrit manuscripts for the following sections have only been discovered and identified in relatively recent years and their critical editions and translations into modern language are yet to be published.

1. The twelve folios of the *Viniścayasaṃgrahaṇī* in St. Petersburg

In 1914, the Russian scholar N. D. Mironov published a catalogue of Sanskrit manuscripts of Nepalese origin preserved in the St. Petersburg Branch of the Institute of Oriental Studies (currently the Institute of Oriental Manuscripts of the Russian Academy of Sciences). In this catalogue, a set of four Sanskrit manuscripts is introduced under the registry number Ms. Ind VII. 23, which consists of 24 folios of Nepalese paper manuscripts of the same size and the same script style. All of the 24 folios are damaged with scorch marks on the left side and are written in an early Nepalese script, which usually appears on palm leaf manuscripts from Nepal. Mironov listed these four manuscripts in his catalogue as follows:[5]

---

[1] I would like to express a great deal of gratitude to Prof. Dr. Jens-Uwe Hartmann and Dr. Jowita Kramer for their ample support with numerous corrections and productive comments, which have greatly contributed to the improvement the of this article.

[2] Delhey 2009: 3 and n.2; Schmithausen 2007: 213.

[3] Delhey 2013: 504.

[4] Delhey 2013: 508-510.

[5] Mironov 1914: 332-334.

No. 420, 3 folios: (unidentified) Sūtra (complete)

No. 421, 12 folios: (unidentified) Sūtra (fragment)

No. 422, 1 folio: *Buddhāvataṃsakasūtra* (fragment)

No. 423, 8 folios: (third) *Bhāvanākrama* (complete)

Mironov could identify only the last two manuscripts (Nos. 422 and 423) and described the first two manuscripts (Nos. 420 and 421) merely as some sort of sūtra, introducing the first and the last lines. No. 423, the *Third Bhāvanākrama*, attracted E. E. Obermiller's attention and a brief research was published in 1935 in English announcing the forthcoming publication of a critical edition.[6] Unfortunately in the same year the young scholar suddenly passed away. In 1963, however, the photographs of manuscript No. 423 were published in Moscow in the memory of Obermiller. They were utilized by the Japanese scholar A. Yuyama in his research on the *Vimalakīrtinirdeśa*[7] and served as the base of a critical edition published by G. Tucci.[8] The other three manuscripts had long been forgotten until K. Matsuda identified them in 1987 as an almost complete text of the *Nirvikalpapraveśadhāraṇī* (No. 420), a relatively long part of the *Viniścayasaṃgrahaṇī* Section of the *YoBh* (No. 421), and the verses 78-121 of the Samantabhadracaryānirdeśa section in the *Buddhāvataṃsakasūtra* with its precise location.[9]

According to Mironov, the manuscript bundle registered as Ms. Ind. VII. 23 was originally a gift by the 13th Dalai Lama to the Russian Tsar Nicholas II (around 1899-1901), and was handed over to the St. Petersburg Branch of the Institute of Oriental Studies by S. F. Oldenburg. Furthermore, Obermiller notes that it was Dorjiev (mtshan nyid mkhan po Ngag dbang blo bzang rdo rje) who had brought these manuscripts from Tibet during one of his two visits to St. Petersburg as a special envoy of the Dalai Lama.[10] In other words, these manuscripts represent the diplomatic effort of the Tibetan government when Tibet became a pawn in "The Great Game" between the Russian and the British Empires.

The twelve folios (folio nos. 13-24) of the *Viniścayasaṃgrahaṇī* in St. Petersburg are a paper

---

6 Obermiller 1935.

7 Yuyama 1969.

8 Tucci 1971.

9 No. 422; Tib. Chapter. 42 P. ed., No. 761, Si 73a7-75b1; Ch. Taisho 9 610b1-611a29, Taisho 10 261a8-262a9: cf. Matsuda 1988: 19.

10 Obermiller 1935: 145-146.

manuscript written in an early Nepalese script (11-12th Century). Mironov records its size as 56 x 8½ (?) cm, and one sixth of the left side of each folio has been damaged by fire resulting in scorch marks. The damaged parts may possibly be reconstructed by close examination of the translations into Tibetan and Chinese.[11] The original microfilm had been sent to Matsuda in 1987 with the permission to publish a text-critical edition from the Leningrad Branch of the Institute of Oriental Studies (now the St. Petersburg Branch of the Institute of Oriental Studies) with the help of the late Professor G. M. Bongard-Levin, a member of the Academy of Sciences in the Soviet Union at that time.

2. The 98 folios of the *Viniścayasaṃgrahaṇī* in the Potala

It was Rāhula Sāṅkṛtyāyana (1893-1963) and Giuseppe Tucci (1894-1984), who greatly contributed to the progress in Buddhist studies during the 1930s with their scholarly vision and pioneering effort to discover the Sanskrit manuscripts preserved in Tibet. After Tucci's last visit in 1949, the global and regional political and social changes did not allow any further searching for Sanskrit manuscripts in Tibet by foreign scholars. After the arrival of Chinese forces in Lhasa in 1951, monastic properties all across the Tibet Autonomous Region were brought to Lhasa. In 1961, a collection of ca. 250 manuscripts was loaned to the China Ethnic Library (Zhongguo Minzu Tushuguan) in Beijing. From September 1983 to July 1985, Dorje Cedan, one of the most senior of the Tibetan cadre who later became the first director of the new national Tibet Research Centre in Beijing, now called China Tibetology Research Centre (CTRC), commissioned Luo Zhao, a young scholar of Chan Buddhism and Chinese Buddhist logic, to prepare a list of the Sanskrit manuscripts preserved in the Potala and Norbulingka, and the result was reported to Beijing. In 1987 the manuscripts in Lhasa listed by Luo Zhao were photographed on orders from Dorje Cedan. Xerox copies of these photos are now at the CTRC.[12]

According to Luo Zhao's unpublished catalogue of the manuscripts preserved at the Potala Palace, there are 191 folios of paper manuscripts (size 68 x 8.4 cm) kept in a container marked as No. 091.

---

[11] Tibetan correspondences: P No. 5539, Zi 31a5-59b2; D No. 4038, Zhi 28b1-56b2; C No. 4005, Zhi 29a7-58a6. Chinese correspondences: Xuanzang, T 30, No. 1579, 589b19-600c10 *Yuqie shidi lun* 瑜伽師地論; roughly the first half (P 5539 Zi 1a1-60b7 = T 1579 579a-601a) of the first chapter of the *Viniścayasaṃgrahaṇī* Section is also preserved in Paramārtha's translation, in which all the corresponding parts to the Sanskrit manuscript fragments are included. Paramārtha, T 30, No. 1584, 1026a8-1035a17: *Juedingzang lun* 決定藏論; cf. Ui 1930: 543-707.

[12] Steinkellner 2004: 18-23.

Luo lists the included five texts as follows:

(i) *Āryagagaṇagañjaparipṛcchā nāma mahāyānasūtra*, 34 fols.

(ii) *Āryamahāmegha nāma mahāyānasūtra*, 40 fols.

(iii) Sanskrit title unidentified, 12 fols.

(iv) Sanskrit title unidentified, 98 fols.

(v) *Guṇāparyantastotra*, 1 fol.

(Luo 1985: 1-5, No. 1)

Based on the description of material, size, and script, Matsuda concluded in 2011 that one of the two unidentified texts, no. (iv) above, consists of the 98 folios (fol. nos. 25-122) following the *Viniścayasaṃgrahaṇī* fragments in the St. Petersburg Collection.[13] This attracted, once again, scholarly attention to the manuscript.[14] Luo's catalogue further reveals information on the origin of the *Viniścayasaṃgrahaṇī* manuscript fragments preserved in St. Petersburg and in the Potala. The above-mentioned container comes with a paper note that reads "Rwa sgreng," an old Kadampa monastery, located about 120 km to the northwest of Lhasa.[15] Rwa sgreng monastery is well-known as a depository of the original Sanskrit manuscripts brought by Atiśa (ca. 982-1054). Unfortunately, scholarly effort to access those manuscripts has so far not been successful.[16] It was the Japanese monk E. Kawaguchi who first visited the monastery in search for Sanskrit manuscripts in 1914. He was, however, only informed by a monk of the monastery that they had probably been lost by a fire about 450 years ago, which may imply the Mongolian invasion in 1240 led by the Mongol Prince Godan, a grandson of Genghis Khan.[17] Given the existence of the manuscript fragments, obviously this information was not correct; however, it alludes to the cause of the damage of the folios in St. Petersburg and in the Potala. Both are described to have a scorch mark on the left side, missing about one sixth of the whole folio, which is one of the key characteristics that links the two sets of fragments. Rāhula Sāṅkṛtyāyana also visited Rwa sgreng monastery in 1934 in order to find Sanskrit manuscripts. It was the year when the abbot of Rwa sgreng monastery, the 5th Reting Rinpoche (Thub bstan 'jam dpal ye shes bstan pa'i rgyal mtshan, 1911-1947), was in Lhasa serving as the regent (*srid skyong*) of the present Dalai Lama. Although the 5th Reting Rinpoche wrote him a special letter allowing access to the Sanskrit manuscripts,

---

[13] Matsuda, 2011: 179.
[14] Delhey 2013: 503; Kano 2012: 27-29; Ye 2012: 7.
[15] Kano 2012: 27-29; 2016: 104-107.
[16] Kano 2012: 1; 2016: 82.
[17] Kano 2012: 13-14; 2016: 83-84.

Sāṅkṛtyāyana did not succeed in encountering any of them for some seemingly political reason or bureaucratic confusion.[18]

In the Peoples Republic of China there is an intense culture of secrecy surrounding certain "cultural relics", among them the Sanskrit manuscripts in Tibet.[19] This culture reached a new climax when a full survey of the Sanskrit manuscripts preserved in Tibet was ordered directly by the former president of the nation, Hu Jintao, and completed in 2011 (西藏自治區珍藏貝葉經影印大全簡目, ed. by 西藏自治區貝葉經保護工作領導小組. Tibet 2011). The resultant catalogue of the survey was restricted to only five copies in the world, and it is inaccessible to Chinese and foreign scholars alike. Due to this extremely unique situation it is unpredictable if there ever will be a chance to see and study those 98 folios.

3. Two more folios of the *Viniścayasaṃgrahaṇī* and one folio of its unknown commentary in Tibet

More recently Ye Shaoyong identified two other palm leaf manuscript fragments of the *Viniścayasaṃgrahaṇī* section in the collection of Sanskrit manuscripts formerly preserved in the China Ethnic Library (bundle no. 17). According to Ye, it is likely that the bundle originally came from Zha lu monastery.[20] He worked from a microfilm that belongs to the Research Institute of Sanskrit Manuscripts and Buddhist Literature at Beijing University. In the same bundle, Ye also identified a single folio of an unknown commentary on the *Viniścayasaṃgrahaṇī*. Having reported on his discovery at the 5th Beijing International Seminar on Tibetan Studies,[21] Ye expressed the expectation that in the future some more folios of these texts may be found.[22]

The two folios of the *Viniścayasaṃgrahaṇī* and one folio of its unknown commentary are found in bundle no. 17, described by Wang Sen as "Sanskrit miscellaneous leaves," of the collection of Sanskrit manuscripts formerly preserved in the China Ethnic Library.[23] The manuscript collection in this library was returned to Tibet in 1993;[24] however, the microfilms of the manuscripts in this bundle belong to the Research Institute of Sanskrit Manuscripts and Buddhist Literature at Beijing

[18] Kano 2012: 5-11.
[19] Cf. Harrison 2014: 279, note 3, regarding Luo Zhao's catalogue.
[20] Ye et al. 2013: 233.
[21] Ye 2012: 7-8.
[22] Ye et al. 2013: 233, n. 2.
[23] Hu-von Hinüber 2006: 297–335.
[24] Steinkellner 2004: 23.

University. All three folios are parts of palm-leaf manuscripts with two string holes written in Proto-Nāgarī (8-9th century?) script. Both folios of the *Viniścayasaṃgrahaṇī* are damaged, one on both ends, the other only on the right end. The first contains five lines on one side and six on the other. For the latter, a folio no., 147, is preserved; it contains six and seven lines. The two folios may belong to the same manuscript, but they are not consecutive. The single folio of the commentary of the *Viniścayasaṃgrahaṇī* is complete, preserves the folio number 12 and contains six lines in three columns on both sides. The microfilm images of these three folios are of extremely poor quality, and it is difficult to clearly decipher some parts of the fragments; this is aggravated by the script that is older and more difficult to read than that of the folios in St. Petersburg and Kathmandu.

4. The two folios of the *Yogācārabhūmi* in Kathmandu

In the 1990s, Matsuda succeeded in identifying some Sanskrit folios currently preserved in the National Archives of Nepal, Kathmandu. He took special interest in the bundle of palm leaf manuscripts referred to as 'Bendall's Puka', which were discovered and partially identified by the Sanskrit scholar C. Bendall of the University of Cambridge during his tour of research to the Durbar Library, Kathmandu, from 1898 to 1899.[25] Ever since Bendall's initial discovery and reports, several other renowned scholars, such as L. de La Vallée Poussin and S. Lévi, have studied these manuscripts. However, a number of folios remained unidentified, overlooked and unnoticed for decades until Matsuda's identification.[26]

Among the folios examined by Matsuda, there is a manuscript set entitled Bauddhaśāstrīyapattrāṇi,[27] which is an unusual compilation comprised of eight folios taken from eight different palm leaf manuscripts. Apart from one folio that Bendall identified himself (No. 6 *Bhikṣuṇīkarmavācanā*), the other seven were identified by Matsuda, who also published them with the exception of Nos. 5 and 7:

1 Viniścayasaṃgrahaṇī section of the Yogācārabhūmi
(Matsuda 1995, 2013)

2 Saddharmapuṇḍarīkasūtra

[25] Bendall 1899a: 422; Bendall 1899b.
[26] Matsuda and Steinkellner 1991: 139-140.
[27] Manuscript No. I-1697 Vi Bauddhadarśana 64 Ka.

(Matsuda and Toda 1991)

3 Pramāṇaviniścaya

(Matsuda and Steinkellner 1991)

4 An unknown commentary on the Abhidharmakośabhāṣya

(Matsuda 2000)

5 Gauḍapādīyakārikābhāṣya

(Harimoto 2007)

6 Bhikṣuṇīkarmavācanā

(Bendall 1903)

7 Śatasāhasrikā prajñāpāramitā

8 Paryāyasaṃgrahaṇī section of the Yogācārabhūmi

(Matsuda 1994)

No. 1 belongs to the second section of the *Yogācārabhūmi*, the *Viniścaya-saṃgrahaṇī*[28] and No. 8 to the fourth section, the *Paryāyasaṃgrahaṇī*.[29] Matsuda provides a transliteration, preliminary reconstruction and partial Japanese translation of the *Paryāyasaṃgrahaṇī* Section, along with information on possible correspondences in the *Āgama* literature.[30] As Matsuda himself confesses his lack of confidence in locating the exact correspondences of some parts of this text, a more thorough textual analysis and a complete translation are yet to be accomplished.

5. Contents of the available fragments of the *Viniścayasaṃgrahaṇī*

The *YoBh* consists of five sections: I. *Maulī bhūmi* ("Basic Section"), II. *Viniścayasaṃgrahaṇī* ("Collection of Clarifications"), III. **Vyākhyāsaṃgrahaṇī*, IV. *Paryāyasaṃgrahaṇī* ("Collection of Synonyms"), and V. *Vastusaṃgrahaṇī*. The first section, illustrating the 17 levels (*bhūmi*) in spiritual training within the tradition of Yogācāra, covers about half of the whole text, and the second section, the *Viniścayasaṃgrahaṇī*, compiling all available additional materials related to the subject-matter treated in the Basic Section, takes up over half of the rest.

5.1. Contents of the St. Petersburg fragments

[28] Corresponding to P 5539, 'i 87b7–92a3; D 4038, Zi 80a1–83b2 in Tibetan; T 30, No. 1579, 728c16-730b21 in Chinese.

[29] Corresponding to P 5542, Yi 47b7–49b7; D 4041, 'i 40a7–42a5 in Tibetan; T 30, No. 1579, 768c9-769c9 in Chinese.

[30] Matsuda 1994.

The twelve folios preserved in St. Petersburg belong to the first chapter of the *Viniścayasaṃgrahaṇī*. It records the clarification (*viniścaya*) of the first two stages of 17 levels of spiritual training in the Yogācāra tradition, that is, the *pañcavijñānakāyasaṃprayuktā bhūmi* and the *mano bhūmi*, which are—in contrast to the *Viniścayasaṃgrahaṇī*—separately treated in the Basic Section. This chapter of the *Viniścayasaṃgrahaṇī* begins with one of the most discussed topics of the field, the *ālayavijñāna* theory, which is unfortunately not preserved in the St. Petersburg fragments (fols. 1-12). The preserved 12 folios can be divided content-wise into two parts: the beginning four folios (fols. 13-16 and the first line of the folio 17) and the following eight folios (folios 17-24).

a) St. Petersburg folios 13-16

The former deals with explanations and discussions on six Abhidharmic terminologies: 1) *vijñapti-karman*, 2) *saṃvara*, 3) *asaṃjñisamāpatti*, 4) *nirodhasamāpatti*, 5) *ākāśa*, and 6) *asaṃkhyānirodha*. Among them, especially the discussion of *saṃvara* takes over almost three folios out of the four. According to Abhidharma literature, there are a number of different kinds of *saṃvara* (restraint) and what is being discussed exclusively in this part is *bhikṣu-saṃvara* (restraint of monks), which implies an operation of protection against evil arisen in the mind of a renunciant monk who has received the precepts. It would be impossible to accurately understand the context of the discussion, composed in rather long and complex sentences, without any basic knowledge of the Sarvāstivādin Abhidharma literature, especially the contents of the fourth chapter of the *Abhidharmakośabhāṣya*, the Karmanirdeśa, and accordingly its multiple commentaries.

b) St. Petersburg Folios Nos. 17-24

The main topic of the following eight folios is the *pañcavijñānakāyasaṃprayuktā bhūmi*, a stage, in which a practitioner engages in the five kinds of consciousness of the body, and the *mano bhūmi*, in which the five constituents of the person (*pañca skandha*) are discussed. Regarding the five *skandha* theory, J. Kramer recently published an edition of Sthiramati's commentary on Vasubandhu's *Pañcaskandhaka*, the *Pañca-skandhakavibhāṣā*.[31] She has been working on the doctrinal development of the five *skandha* theory and of other related concepts by close comparison to the vast corpus of Indian and Tibetan Abhidharma and Yogācāra sources.[32] According to her investigation, the five *skandha* theory described in the *Viniścayasaṃgrahaṇī*

[31] Kramer 2013a.
[32] Kramer 2008, 2012, 2013b, 2013c, and forthcoming.

reflects an attempt to integrate the earlier model into the Abhidharmic system of the Yogācāra. This process of reshaping the *skandha* model is particularly visible in the *Pañcaskandhaka(vibhāṣā)*.[33]

5.2. Contents of the three folios from Tibet

a) The first folio of the *Viniścayasaṃgrahaṇī* from Tibet

According to Ye, the first folio of the *Viniścayasaṃgrahaṇī* corresponds to the first chapter of the text, where the *pañcavijñānakāyasaṃprayukta bhūmi* and *mano bhūmi* is clarified. In other words, this is a later part of the same chapter of the *Viniścayasaṃgrahaṇī* preserved in the St. Petersburg folios. Its counterparts are found in P 5539 Zi 67b7–69b1; D 4038 Zhi 64b5–66a5 in its Tibetan translations; T 30, No. 1579, 604a9–c5 in its Chinese version.

b) The second folio of the *Viniścayasaṃgrahaṇī* from Tibet

The second folio (folio no. 147) is from the *Bodhisattvabhūmi-viniścaya*, which coincides with the *Viniścayasaṃgrahaṇī* folio in Kathmandu. It is not a part of the *Saṃdhinirmocana-sūtra*, which is fully quoted in this chapter, but belongs to the later portion of the chapter after the end of the citation.[34]

c) The folio of an unknown commentary on the *Viniścayasaṃgrahaṇī* from Tibet

The commentary of the *Viniścayasaṃgrahaṇī* has no known counterparts in Tibetan, nor in Chinese. The words and sentences being commented upon are found in the *Viniścayasaṃgrahaṇī* as follows: a) Tibetan translations: P 5539 Zi 10b1–11b2; D 4038 Zhi 8b6–9b5. b) Chinese translations (Ui 1930: 558–568): by Xuanzang T 30, No. 1579, 581a4–582b3; by Paramārtha T 30, No. 1584, 1020a7–1020c24..

4.3. Contents of the two folios in Kathmandu

a) The folio from the *Viniścayasaṃgrahaṇī*[35]

[33] Kramer 2013a: ix.

[34] Corresponding to P 5539 Zi 67b7-69b1; D 4038 Zi 108a1–109b6 in Tibetan translation, and T 30, No. 1579, 741a27–742a21 in Chinese translation.

[35] Tibetan and Chinese correspondences: a) Tibetan: P 5539 'i 87b7–92a3; D 4038 Zi 80a1–83b2; b) Chinese translation: T 30, No. 1579, 728c16–730b21; c) Correspondences to the *Saṃdhinirmocana-sūtra* P 774, Ṅu 42a5–46a1; Lamotte ed. (1935), VIII.39 – IX.7; T 16, No. 676, 703a14–704c20.

This folio belongs to the longest chapter of the *Viniścayasaṃgrahaṇī*, the fifth, *Bodhisattvabhūmi-viniścaya*, in which the full text of the *Saṃdhinirmocana-sūtra* is quoted except some introductory sentences at the beginning of each chapter.[36] The passages preserved in the folio correspond to the text found at the end of the eighth chapter on Maitreya and on to the middle of the ninth chapter on Avalokiteśvara in Tibetan translation. Matsuda published two articles regarding this folio: the earlier article provides a transliteration, a reconstruction and a preliminary Japanese translation of the text of the ninth chapter (recto 4-verso 9). As he commented himself,[37] the overall transliteration and reconstruction need to be revised. The rest of the folio (recto 1–3), which belongs to the *Maitreya* chapter, has recently been edited along with a *Saṃdhinirmocana-sūtra* fragment from Central Asia that Matsuda identified in the German Turfan Collection. However, he confesses his lack of confidence in interpreting the five epilogue verses, not only because of the extremely poor condition of the photographs, but also because they are written in a difficult Buddhist Hybrid Sanskrit.

b) The folio from the *Paryāyasaṃgrahaṇī* [38]

The *Paryāyasaṃgrahaṇī* deals with canonical sets of synonyms (*paryāya*), presenting how the individual words given in the text are differentiated from one another by assigning a distinct meaning to each. The whole section is divided into two groups: (I) synonyms of the pure (*śukla-paryāya*) and (II) synonyms of the evil/dark (*kṛṣṇa-paryāya*). This single folio amounts to roughly 5–10 % of the whole text of the section.[39] It starts in the middle of the very last category of the first group (*phenapiṇḍādi*) and ends in the middle of the fifth category of the second group (*iṣṭa*). Matsuda provides a transliterated and reconstructed text with a partial Japanese translation. Matsuda tries to trace the origins in the Chinese *Āgama* literature, but this is provisional, and further investigation will be necessary.

Bibliography

Bendall, C. 1899a. Pāli MSS. in Nepal (Kathmandu, Jan. 1, 1899). In *Journal of the Royal Asiatic Society of Great Britain & Ireland* (1899): 422.

---

36 Tibetan P 5539 ’i.47b7–108b8 = Chinese T 30, No. 1579, 713c28–736c12.
37 Matsuda 1995: 67, 71.
38 Tibetan and Chinese Correspondences are as follows. a) Tibetan: P 5542, Yi 47b7–49b7; D 4041, ’i 40a7–42a5. b) Chinese: T 30, No. 1579, 768c20–769c9.
39 Delhey 2013: 539.

Bendall, C. 1899b. Remarks on the Results of Bendall's Recent Journey to Nepal in Search of Sanskrit Mss. and Inscriptions. In *Proceedings of the Asiatic Society of Bengal*. No. II (Feb. 1899): 30–35.

Bendall, C. 1903. Fragment of a Buddhist Ordination-Ritual in Sanskrit. In *Album Kern*. Leiden: 373–376.

Delhey, M. 2009. *Samāhitā bhūmiḥ: Das Kapitel über die meditative Versenkung im Grundteil der Yogācārabhūmi*, 2 vols., Wiener Studien zur Tibetologie und Buddhismuskunde 73, Vienna: Arbeitskreis für tibetische und buddhistische Studien, Universität Wien.

Delhey, M. 2013. The *Yogācārabhūmi* Corpus: Sources, Editions, Translations, and Reference Works. In Kragh 2013: 498-561.

Harrison, P. and Hartmann, J.-U. 2014. *From Birch Bark to Digital Data: Recent Advances in Buddhist Manuscript Research: papers presented at the conference Indic Buddhist Manuscripts: the State of the Field, Stanford, June 15-19, 2009*. Wien: Verlag der Österreichischen Akademie der Wissenschaften.

Harimoto, K. 2007. A Fragment of the Āgamaśāstravivaraṇa. In *Newsletter of the NGMCP*. No. 5, Hamburg University: 16-21.

Hu-von Hinüber, H. 2006. Some remarks on the Sanskrit manuscript of the Mūlasarvāstivāda-Prātimokṣasūtra found in Tibet. In *Jaina-itihāsa-ratna: Festschrift für Gustav Roth zum 90. Geburtstag*. Indica et Tibetica 47. Edited by U. Hüsken, P. Kieffer-Pülz and A. Peters. Marburg: Indica et Tibetica Verlag: 283–337.

Kano, K. (加納　和雄) 2012. アティシャに由来するレティン寺旧蔵の梵文写本—1934 年のチベットにおける梵文調査を起点として— [Rāhula Sāṅkrityāyana's visit to Rwa sgren monastery and a Sanskrit manuscript collection in possesion of Atisa once preserved at Rwa sgreng]. In *Indo Ronrigaku Kenkyū* インド論理学研究 No. 4: 123-161.

Kano, K. (加納　和雄) 2016. Transmission of Sanskrit manuscripts from India to Tibet: In the case of a manuscript collection in possession of Atiśa Dīpaṃkaraśrījñāna. In *Transfer of Buddhism across Central Asian networks (7th to 13th centuries).* Dynamics in the history of religion v. 8. C. Meinert (ed.). Leiden. Brill: 82-117.

Kragh, U. T. 2013. *The Foundation for Yoga Practitioners: The Buddhist Yogācārabhūmi treatise and its adaptation in India, East Asia, and Tibet.* Harvard Oriental Series vol. 75. Cambridge, Mass: Harvard University, Department of South Asian studies.

Kramer, J. 2005. *Kategorien der Wirklichkeit im frühen Yogācāra: der Fünf-vastu-Abschnitt in der Viniścayasaṃgrahaṇī der Yogācārabhūmi.* Contributions to Tibetan Studies vol. 4. Wiesbaden: Ludwig Reichert.

Kramer, J. 2008. On Sthiramati's *Pañcaskandhakavibhāṣā*: A Preliminary Survey. In *Nagoya Studies in Indian Culture and Buddhism: Saṃbhāṣā* 27: 149-171.

Kramer, J. 2013a. *Sthiramati's Pañcaskandhakavibhāṣā.* China Tibetology Publishing House. Austrian Academy of Sciences Press. Beijing-Vienna.

Kramer, J. 2013b. A Study of the *Saṃskāra* Section of Vasubandhu's *Pañcaskandhaka* with Reference to Its Commentary by Sthiramati. In Kragh 2013: 986-1035.

Kramer, J. 2013c. Notes on the Rūpa Section of the *Pañcaskandhakavibhāṣā.* In China Tibetology 21: 86-99.

Kramer, J. (forthcoming). Innovation and the Role of Intertextuality in the *Pañcaskandhaka* and Related Yogācāra Works. In the Proceedings of the Conference "Authors and Editors in the Literary Traditions of Asian Buddhism" (Oxford 2013), *Journal of the International Association of Buddhist Studies.*

Lamotte, É. 1935. *Saṃdhinirmocana-sūtra : L'Explication des Mystères.* Louvain / Paris.

Luo, Z. 1985. Budalagong suocang beiyejing mulu 布达拉宫所藏贝叶目录 [*A Catalogue of the Manuscripts Preserved at the Potala Palace*]. Unpublished manuscript. (Translated by Matsuda K. 2008. チベット自治区に保存された梵文写本の目録編纂—その二十有余

年の紆余曲折. In 佛教学ゼミナー [*Buddhist Seminar*] 88: 128-117.)

Matsuda, K. (松田 和信) 1988. ダライラマ十三世寄贈の一連のネパール系写本について：『瑜伽論』「摂決択分」梵文断簡発見記 [A Nepalese manuscript presented by the 13th Dalai Lama: the discovery of a Sanskrit fragment of the Viniścayasaṃgrahaṇī of the *Yogācarabhūmi*]. In *Nippon Chibetto Gakkai Kaihō* 日本西蔵学会会報 [*Association for Tibetan Studies*] 34: 16-20.

Matsuda, K. 1994.『瑜伽論』「摂異門分」の梵文断片 [Sanskrit Fragments of Paryāyasaṃgrahaṇī of the Yogācārabhūmi]. In 印度哲学仏教学 [*Hokkaido Journal of Indological and Buddhist Studies*] No. 9: 90-108.

Matsuda, K. 1995. 『解深密経』における菩薩十地の梵文資料 [Sanskrit Text of the Bodhisattva's Ten Stages in the Saṃdhinirmocanasūtra: Based on the Kathmandu Fragment of the Yogācārabhūmi. In *Bukkyō Daigaku Sōgō Kenkyūjo Kiyō* 佛教大学総合研究所紀要 [*Bulletin of the Research Institute of Bukkyo University*] 2: 59-77.

Matsuda, K. 2000. 倶舎論(I.10d-11)に対する未知の註釈書断簡備忘 [A Note on Sanskrit Fragment of an Unkown Commentary to the *Abhidharmakośabhāṣya*.] In 仏教大学総合研究所紀要 [*Bulletin of the Research Institute of Bukkyo University*]. Vol. 7: 105-114.

Matsuda, K. 2011. アフガニスタン写本からみた大乗仏教—大乗仏教資料論に代えて. In *Daijōbukkyō towa Nanika* 大乗仏教とは何か. シリーズ大乗仏教 1. Tokyo. Shunjusha.

Matsuda, K. 2013. Sanskrit Fragments of the Saṃdhinirmocanasūtra. In Kragh 2013: 938-945.

Matsuda, K. and Steinkellner, E. 1991. The Sanskrit Manuscript of Dharmakīrti's Pramāṇaviniścaya: Report on a Single Folio Fragment from the National Archives Collection, Kathmandu. In *Wiener Zeitschrift für die Kunde Südasiens*, Band 35: 139-149.

Matsuda, K. and Toda, H. 1991. Three Sanskrit Fragments of the Saddharmapṇḍarīkasūtra from the Cecil Bendall Manuscript Collection in the National archives, Kathmandu. In *Memoirs of the Department of Ethics, College of General Education, University of Tokushima*, no.

20: 21-35.

Mironov, N. D. 1914. *Catalogus codicum manu scriptorum Indicorum qui in Academiae Imperialis Scientiarum Petropolitanae Museo Asiatico*. Petoropoli.

Schmithausen, L. 2007. Aspects of Spiritual Practice in Early Yogācāra. In *Journal of the International College for Postgraduate Buddhist Studies* 11: 213-244.

Steinkellner, E. 2004. *A Tale of Leaves: On Sanskrit Manuscripts in Tibet, their Past and their Future.* 2003 Gonda Lecture. Amsterdam: Royal Netherlands Academy of Arts and Sciences.

Tucci, G. 1971. *Minor Buddhist Texts.* Part 3: *Third Bhāvanākrama*. Serie Orientale Roma 43. Rome: Istituto Italiano per il Medio ed Estremo Oriente.

Ui, H. 1930. *Ketsuzōzōron no Kenkyū* 決定蔵論の研究. In *Indotetsugaku-kenkyū* 印度哲学研究 [*Studies in Indian Philosophy*] vol. 6. Tokyo: Kōshisha Shobō 甲子社書房. Reprint 1965. Tokyo: Iwanami Shoten 岩波書店 : 541-790.

Wogihara, U. 1904. Bemerkungen über die nordbuddhistische Terminologie im Hinblick auf die Bodhisattvabhūmi. In *Zeitschrift der Deutschen Morgenländischen Gesellschaft* v58 n2: 451-454.

Ye, S. 2012. A folio of the *Yuktiaṣaṣtikāvṛtti* and Some Other Sanskrit Manuscripts Newly Found in Tibet: A Preliminary Report. (Handout, CTRC conference, August 2012, Beijing).

Ye, S. / Li, X. / Kano, K. 2013. Further Folios from the Set of Miscellaneous Texts in *Śāradā* Palm-leaves from Zha lu Ri phug: A Preliminary Report Based on Photographs Preserved in the CTRC, CEL and IsIAO. In *China Tibetology* No. 1: 30-47.

Yuyama, A. (湯山 明) 1969. Kamalaśīla の Bhāvanākrama に引用された維摩経 [The Vimalakīrtinirdeśa quoted by Kamalaśīla in his Bhāvanā-krama]. In *Tōhōgaku* 東方学 [*Eastern Studies*] 38: 90-105.

インド古典修辞学におけるutprekṣāについて[1]
—ダンディン著『美文体の鏡』を中心として—

和田　悠元

I.　はじめに

インド古典修辞学（alaṃkāra）において，連想（utprekṣā）は最もポピュラーな修辞法の一つである。インド古典修辞学は，サンスクリット文学の発展とも相俟って，多くの修辞法を定義・分類しているが，それらの諸修辞法を大別するカテゴリーとしてサンスクリット詩学の碩学 V. RAGHAVAN 博士の言及する三種のカテゴリーのうち[2]，upamā（直喩）や rūpaka（隠喩）に代表される「類似に基づく修辞技巧」は特に好まれ，発展・進化を遂げてきた。そして utprekṣā もその諸修辞法に含まれる。この修辞法は古典修辞学の初期に属するバーマハ（Bhāmaha）やダンディン（Daṇḍin）のみならず，彼らに後続するヴァーマナ（Vāmana）やルドラタ（Rudraṭa）から，後代のマンマタ（Maṃmaṭa）やヴィシュヴァナータ（Viśvanātha）までほとんどあらゆる詩論家の扱うところである[3]。

またサンスクリット文学の世界では，utprekṣā はすでに仏教詩人として高名なアシュヴァゴーシャ（Aśvaghoṣa, 馬鳴, ca. 80-150 A.D.）の作品において使用されている。小林信彦氏の指摘するように，アシュヴァゴーシャの作品は，「内容から見ても形式から見ても」[4]，「古代叙事詩とは一線を画する mahākāvya[5]であることは疑うべくもない」[6]（脚註・下線は引用者）。前掲引用文に続けて小林氏はアシュヴァゴーシャの作品が古代叙事詩とは一線を画する mahākāvya であると指摘しつつも，細部

---

[1] 本稿は 2013 年 12 月 13 日に駒澤大学 246 号会館で行われた平成 25 年度第 1 回インド論理学研究会における発表に大幅な加筆・修正を加えたものである。
[2] RAGHAVAN[1963]pp.73-74.
[3] e.g. *Kāvyālaṃkāra* (of Bhāmaha) 2.91-92, *Kāvyādarśa* (of Daṇḍin) 2.221-234, *Kāvyālaṃkārasūtravṛtti* (of Vāmana) 4.3.9, *Kāvyālaṃkārasārasaṃgraha* (of Udbhaṭa) 3.3-4, *Agniprāṇa* (Anonymous) 344.24-25, *Kāvyālaṃkāra* (of Rudraṭa) 8.32-37, 9.11-15, *Kāvyaprakāśa* (of Mammaṭa) 137, *Sāhityadarpaṇa* (of Viśvanātha) 10.40-45ab.
[4] 小林[1988]p.1.
[5] mahākāvyā（長篇詩）とは周知のように章作品（sargabandha）のことであり（KĀ 1.14ab），例えば，ダンディンの詩論書『美文体の鏡』（*Kāvyādarśa*）第 1 章においても，9 verses に亘って形式（荘厳され alaṃkṛta，簡略すぎず asaṃkṣipta，過度に冗長にならず anativistīrṇa，作品全体において韻律の異なった章の終わりを有する binna-vṛtta-anta 等）や描写対象（主人公 nāyaka の属性，町 nagara，海 arṇava，山 śaila，季節 ārtu，別離 vipralambha，結婚 vivāha，王子の誕生 kumāra-udaya，戦闘 āji，主人公の勝利 nāyaka-abhyudaya 等）に関する事細かな定義がなされている。（KĀ 1.14-22）
[6] 小林，op. cit.

には修辞や文体の面で古典期との距離が認められ，古典期の基準に照らせば不完全であると指摘する[7]。そしてその不完全性が作家個人の未熟さに帰するものなのか時代を反映したものであるかを，「詩人」パーニニ（Pāṇini）[8]の作品の断片と比較・検証しているが，それは本稿の主題とは関係がないのでこれ以上踏み込まない。

いずれにせよ，そのような細かい点は一先ず措くとして，少なくともアシュヴァゴーシャの作品として誰もが首肯する『仏所行讃』（*Buddhacarita*）や『端正なる難陀』（*Saundarananda*）を瞥見する限り，筆者もこれらの作品が所謂 mahākāvya であるとの印象を受け，前掲の小林氏の指摘に賛同するものである。

さて，話がやや逸脱してしまったので，本題に戻したい。utprekṣā がすでにアシュヴァゴーシャの作品中に見られることはすでに指摘した。そして，時代が下るにつれてその使用頻度は増加傾向を示すのである。それは，すでにひとまず mahākāvya たることが確認されたアシュヴァゴーシャ作品を含めて，大詩聖（mahākavi）と称されるカーリダーサ（Kālidāsa）以降の古典期の諸作品に至るまでの修辞学的傾向として，小林[1981]によって確認されている。それによれば[9]，特に使用頻度の高い upamā と utprekṣā の 2 修辞法に限ってここに引用すると，詩節数に対する両者の使用頻度は *Buddhacarita* 第 1 章～第 8 章では upamā が 15.8%に対して utprekṣā は 4.6%と低い数値であるが，古典期に入るにつれてその使用頻度が上昇し，カーリダーサの『クマーラの誕生』(*Kumārasambhava*) の真正部である第 1 章～第 8 章では utprekṣā が 11.7%に対して upamā が 7.6%，バーラヴィ（Bhāravi）の『キラータとアルジュナの戦い』(*Kirātārjunīya*) 第 1 章～10 章では utprekṣā が 13.9%に対して upamā が 10.7%，マーガ (Māgha) の『シシュパーラの殺戮』(*Śiśupālavadha*) 第 1 章～第 8 章では utprekṣā が 15.3%に対して upamā が 9.9%と，逆転している。これはサンスクリット文学の潮流としての utprekṣā の擡頭を明確に示すものと云えるであろう。このように，utprekṣā

[7] ibid.

[8] 詳述は避けるが，パーニニという名の作家の存在は，種々の詞華集（anthology）等に彼に帰される詩節が多く残されている点から推知しうる。例えば，11 世紀の仏教の学匠ヴィディヤーカラ（Vidyākara）の編纂とされる『詩華の宝庫』(*Subhāṣitaratnakoṣa*, cf. 辻[1973]p.141）にはこのパーニニなる人物に帰される詩節が，10 詩節収録されており（SR 251, 266, 438, 451, 651, 920, 946, 1387, 1528, 1529），また 1257 年にジャルハナ（Jalhaṇa）によって編纂された詞華集『名句という真珠の首飾り』(*Sūktimktāvalī*, cf. 辻[1973]p.142）にもパーニニに帰される詩節が 2 詩節残されている（SMV 61.17, 72.5）他，同書において『美文体の考究』(*Kāvyamīmāṃsā*）等の著者として知られる作家・詩論家のラージャシェーカラ（Rājaśekhara）に帰される詩節は詩人・文法家のパーニニの kāvya の著作として *Jāmbavatījaya* を挙げている（SMV 4.45）。以上の「詩人」パーニニが『八章篇』(*Aṣṭādhyāyī*)の著者パーニニと同一人物であるのかという問題については，従来諸学者により議論が為されてきたが，本稿はそれに言及する紙幅がない。

[9] 小林[1981]p.921.

はカーリダーサ以降の古典期の作家に愛好され，詩論家によっても重視されたという人気の（？）修辞法であることが知れよう。

本稿はこのような utprekṣā の特質を主としてダンディンの詩論書『美文体の鏡』（*Kāvyādarśa*=KĀ）を中心として闡明することを企図している。ダンディンは KĀ 第 2 章 Arthālaṃkāravibhāga（意味の修辞法の区別）の後半に utprekṣā を配置しているが，この中で utprekṣā と upamā の区別に関する興味深い議論を展開している。この点についてもトレースし，検討してゆきたい。

II.　utprekṣā の訳語の問題

本格的な論述を開始する前に，ここで“utprekṣā”という術語に対する訳語の問題について一言しておくべきであろう。

語源的には，utprekṣā は動詞語根 ut-pra√īkṣ から造られた女性名詞であることは言うまでもない。ut-pra√īkṣ は辞書によれば，通常“to observe”あるいは“to look out or at”などの意味を有する[10]。あるいは，“to use (a word) figuratively”，“to transfer”，“to take anything for another, compare one thing with another, illuminate by a simile”，“to fancy, imagine”など修辞学的要素の色濃い意味も見られる[11]。この動詞から造られた名詞である utprekṣā は，当然上述の修辞学的意味合いを保持している。即ち，“comparison in general, simile, illustration, metaphor”と MONIER-WILLIAMS は記しているが[12]，この定義は修辞学の定義[13]としてはアバウトな印象が否定できない。これでは utprekṣā という修辞法の解説とは程遠く，比較一般から，直喩，例示，隠喩といった個別的修辞法までが包含されて記述されてしまっており，この辞書だけを参照したならば，utprekṣā が個別的な修辞法であることすら気付かない事態すら出来するであろう[14]。

まさかそのためではないであろうが，utprekṣā には実に多種多様な訳語が与えられている。試みにそのうちの主要なものをアトランダムに示すと，「ascription」[15]，「poetic-conception」[16]，「poetical fancy」[17]，「witzige Deutung」[18]，「詩的空想」[19]，「空

[10] MONIER-WILLIAMS[1889/1986r]p.181.
[11] ibid.
[12] ibid.
[13] MONIER-WILLIAMS は当該箇所でわざわざ「(in rhetoric)」と明記した上で，この定義を提示しているのである。
[14] 因みに，BÖHTLINGK[1879-1889/1991r]（p.225）の utprekṣā の定義は，1) Nichtbeachtung, Gleichgültigkeit 2) Gleichniss, bildliche Redeweise となっている。
[15] GEROW[1971]p.131.
[16] BELVALKAR[1924]p.34(translation part).

想」[20]，「奇想」[21]等々である。また三井淳司氏のように直截的な訳語を示さないケースも見られる[22]。筆者は後述の定義や文脈に鑑みて「連想」という訳語を示したが，これをも含めて，上述の諸訳語は utprekṣā という修辞法の態様をどの角度から理解するかという，その差異の現れとも言えよう。無論，先行訳の影響を伺わせる訳語や，また KANE 氏や波多江氏のもののように後代の詩論家ヴィシュヴァナータ（Viśvanātha）の『詩の鏡』（*Sāhityadarpaṇa*=SD）の utprekṣā に対して与えられた訳語もあるので，一概に断言できる性質のものではないが，このように訳語が一定でないということ，さらには辞書の定義が曖昧であることは，utprekṣā という修辞法の理解が一筋縄ではいかないことを予想させる。

III. utprekṣā の定義

ここで，ダンディンによって与えられた utprekṣā の定義を確認しておくのが学問上の流儀というものであろうが，小林氏の指摘の如く[23]，śāstra の定義は明確な概念を得るには曖昧すぎる感がある。特に utprekṣā について，この指摘は正鵠を射ている印象があるが，形式的に以下に示してみよう。

anyathā^eva sthitā vṛttiś cetanasya^itarasya vā /
anyathā^utprekṣyate yatra tām utprekṣāṃ vidur yathā // KĀ 2.221 //

“生物（cetana）[24]あるいは（vā）その他のもの（itara=非生物）の在り方（vṛtti）が別の（anyathā）状態（sthita）で別様に（anyathā）連想される（utprekṣyate）場合（yatra），それが（tām）連想（utprekṣā）であると［人々は］知っている（vidur）。例えば（yathā），”

理解出来たようで，もう一つ理解しきれないような要領を得ない定義である。やはり我々はダンディンの敷いたレールに従って，彼の示す用例より学ぶ他ないようである。しかし，この定義からも，utprekṣā が「連想」（ut-pra√īkṣ）を媒介としてあるものの在り方 A を類似する在り方 B と結びつけて，譬喩的な表現を行う修辞法で

---

[17] KANE[1965/1995r] p.141, GUPTA[1970]p.215
[18] BÖHTLINGK[1890]p.58.
[19] 波多江[1988]p.41.
[20] サンスクリット修辞法研究会[2010]p.146(L).
[21] 黄宝生[2007]p.185.
[22] e.g. 三井[1994]. 但し三井[1998](p.109)では，脚註において「メタフォライズ」という語を検討中である旨が示されている。しかし，この語が氏の研究において公式のものとなったのか，寡聞にして存じ上げない。
[23] 小林，op. cit.
[24] 一般に cetana は人間を意味するが，この場合は sajīva と解釈される。Cf. PATHAK[2005]p.311.

あることは少なくとも理解出来る。また今，さらなる理解のために実際の詩例に当たるに際し，古典期の kāvya に見られる実例に基づいて utprekṣā の分類を試みた小林[1981]の成果を参照することは，我々の課題にとっても有益であると思われるので，以下にそれを簡潔に要約して引用してみたい[25]。小林氏は古典期 kāvya に見られる utprekṣā を 4 種に分類している。

A型：定動詞／分詞／Bahuvrīhi＋iva

この iva はいわゆる「空想を表す“iva”」（Kaiyaṭa ad *Mahābhāṣya* 3.1.7）であり，iva に前置される upamāna（能喩）は実体を欠いたものである。

B型：名詞＋iva

この型は，形態上 upamā と全く変わりない。但し，upamā の upamāna が現実のものであるのに対して，このB型 utprekṣā の upamāna は非現実・空想上のものである。

C型：iva を用いない形式

iva を用いないとは，即ち譬喩の形をとらずに非現実的情況を描写するものである。その際，“nūnam”（確かに），“dharuvam”（疑いなく），“manye”（［私は］…であると思う），“śaṅke”（［私は］思う）等の副詞・一人称動詞等の使用によって，作者の主観的判断に非現実情況を帰する。

D型：何の保留なしに非現実情況を現実のものとして提示するもの

この型ではC型のように作者の主観的判断を明示する語は用いられない。

A 型とB型は形態上，upamā と非常に類似していることが理解される。これがA型及びB型 utprekṣā の特質なのであるが，この upamā との類似性が多くの問題を孕んでいる。ダンディンもこの点に関して詩節を割いて議論を行っており，このことは後述する。

また，いずれのタイプにおいても，非現実的情況を設定し，描写する点は共通しており，これは utprekṣā の特質と云えるであろう。

このような分類とその特質を踏まえた上で，ダンディンの示した utprekṣā の用例を検討したい。

IV. utprekṣā の用例

ダンディンは先の定義に引き続いて，まず以下のような詩例を提示する。

[25] op. cit., pp.921-916.

mādhyaṃdina-arka-saṃtaptaḥ sarasīṃ gāhate gajaḥ /

manye mārtaṇḍa-gṛhyāṇi padmāny uddhartum udyataḥ // KĀ 2.222 //

"〔真昼の陽光（madhyaṃdina-arka）によって熱せられた（saṃtapta）象（gaja）は池（sarasī）に飛び込む（jāhate）。［それは］太陽に味方する（mārtaṇḍa-gṛhya）蓮華（padma）たちを根こそぎに（uddhartum）しようとしている（udyata）のであると［私は］考える（manye）。〕"

これは，ノーマルな utprekṣā の詩例である。ダンディンはこの詩例に対して，以下のような解説を附している。

snātuṃ pātuṃ bisāny attuṃ kariṇo jala-gāhanam /

tad-vaira-niṣkrayāya^iti kavinā^utprekṣya varṇyate // KĀ 2.223 //

"水浴びし（snātum），飲み（pātum），蓮の根（bisa）を食べようとするため（attum）の象（karinī）の入水（jala-gāhana）は，その［苦しめられた］憎しみに対する報復（tad-vaira-niṣkraya）のためであると（iti）詩人（kavi）によって連想され（utprekṣya），描写される（varṇyate）。"

この解説のように，水浴び等のための象の入水が，太陽で熱せられたことに起因する憎しみに対して，太陽の味方である蓮華への報復であるとして詩人に連想され，このように描写されるのである。これは "manye" という語を用いて，象の入水が太陽の味方である蓮華に対する報復であるという非現実的情況を作者の主観的判断に帰する典型的なC型 utprekṣā である。ダンディンの解説も同旨のことを言っている。またこの詩例は生物（cetana）である象の状態を描写している例である。

次にダンディンは異なる utprekṣā の詩例を挙げる。

karṇasya bhūṣaṇam idaṃ mama^āyāti-virodhinaḥ /

iti karṇa-utpalaṃ prāyas tava dṛṣṭyā vilaṅghyate // KĀ 2.224 //

"'これは（idam）私に対する（mama）接近を妨げる（āyati-virodhin）耳（karṇa）の飾り（bhūṣaṇa）である。' というけれども（iti），耳の青蓮華（karṇa-utpala）は恐らくは（prāyas）あなたの（tava）視線（dṛṣṭi）によって超越されている（vilaṅghyate）。"

この詩例は，PATHAK[2005](p.314)の語釈によれば，「眼（netra）は自身の魅力の増大（sva-kānti-vistāra）によって，蓮華（kamala）を凌駕する（atiśete）ものであり，この記述においては，眼によって，自身の魅力の増大を妨害するもの（rodhaka）である耳（karṇa）の蓮華は超越された（tiraskriyate）と仮定された（kalpita）」と解釈されている。そして，この詩例に対するダンディンの解説は以下の通りである。

apāṅga-bhāga-pātinyā dṛṣṭer aṃśubhir utpalam /

spṛśyate vā na vā^ity evaṃ kavinā^utprekṣya varṇyate // KĀ 2.225 //

“眥の部分から落ちる（apāṅga-bhāga-pātin）眼（dṛṣṭi）の光線（aṃśu）によって蓮華（utpala）が捉えられ（spṛśyate），あるいは（vā）［捉えられ］ない（na）と（iti），このように（evam）詩人（kavi）によって連想され（utprekṣya），描写される（varṇyate）。”

ここで重要であるのは，眥から落ちる視線によって，蓮華が捉えられるか，捉えられないのかという記述である。これは前掲詩例（KĀ 2.224）に現れる「prāyaḥ」という語の存在に起因している。即ちこの副詞の存在によって，「私に対する接近を妨害する耳の飾り」である青蓮華が「あなたの視線」によって超越されるという非現実的情況を詩人の推測＝仮定として処理することにより，utprekṣā が成立しているのである。それ故に，この詩例においては「prāyaḥ」という語が utprekṣā を示す語として機能しているＣ型 utprekṣā であるといえよう。また，非現実的情況が非生物（acetana）に関するものであるので，先の KĀ 2.221 の定義におけるその他のもの（itara）を描写している utprekṣā の詩例である。

V. KĀ 2.226

そして次に，KĀ 2.226 の以下の例文もほとんど utprekṣā の特徴を具えている[26]として，ダンディンによって挙げられている。そして，この詩例を巡って，upamā と utprekṣā の区別に関する議論が展開される。

limpati^iva tamo^aṅgāni varṣati^iva^añjanaṃ nabhaḥ / KĀ 2.226ab

“〔暗闇（tamas）は肢体（aṅga）に塗油する（limpati）ようであり（iva），空（nabhas）は［黒い］眼膏（añjana）を雨降らす（varṣati）ようである（iva）。〕”

この一文は原則として詩例を他書から引用しない KĀ においては例外的に，シュードラカ（Śūdraka, ca. 300-400 A.D.）作の古典劇『土の小車』（*Mṛcchakaṭikā*=Mṛc）1.34 から引用されているものである。この一文は詩節の前半偈であり，全文は以下の通りである。

limpati^iva tamo^aṅgāni varṣati^iva^añjanaṃ nabhaḥ /

asat-puruṣa-sevā^iva dṛṣṭir niṣphalatāṃ gatā // Mṛc 1.34 //

“〔暗闇（tamas）は肢体（aṅga）に塗油する（limpati）ようであり（iva），空（nabhas）は［黒い］眼膏（añjana）を雨降らす（varṣati）ようだ（iva）。

[26] iti^idam api bhūyiṣṭham utprekṣā-lakṣaṇa-anvitam // KĀ 2.226cd //

不善の人に仕える（asat-puruṣa-sevā）ように（iva），［私の］眼（dṛṣṭi）は無用（niṣphalatā）になった（gata）。］”

この全文はKĀ 2.362にも見られるが，Mṛcにおけるこの詩節は，パーラカ王の義兄サンスターナカ（Saṃsthānakha）という無学な悪役[27]とその王の廷臣（viṭa）が，逃げる女主人公であるヴァサンタセーナー（Vasantasenā）を追いかけるが，日が暮れて暗くなり，捕まえることができないという文脈で語られる。しかし，この廷臣は実は密かに彼女に好意をもっている人物であり，なんとかして彼女を逃がそうとしているのである。彼は後続の詩節において，ヴァサンタセーナーに囁く形（janāntika）をとって，暗闇でサンスターナカが彼女を見出せないとはいえ，花環から生ずる（mālya-samudbhava）芳香（gandha）やチリチリと鳴る（mukhara）アンクレット（nūpura）で，探し出しうることを示唆して，彼女を助けている[28]。

前掲の半偈（KĀ 2.226ab=Mṛc 1.34ab）はその廷臣が述べるものであるが，暗闇の深さを描写することでサンスターナカのこれ以上の追跡を断念させたいという意図が垣間見えるものである。

つまり，この詩例は暗闇の過度の暗さを譬喩的に表現している詩節であることが理解される。また，前述の小林氏の分類に照応させてみれば，この例文は二つのivaの前にそれぞれ定動詞が置かれており，さらにそれらは実体を欠いているため，A型utprekṣāであると判断しうる。

次にダンディンは「ある人々」の見解として以下のような主張を紹介する。

keṣāṃ cid upamā-bhrāntir iva-śrutyā^iha jāyate /
na^upamānaṃ tiṅantena^ity atikramya^āpta-bhāṣitam // KĀ 2.227 //

“ここでは（iha）「ように」（iva）［の語］を聞くこと（śruti）によって，ある者たちにとって（keṣāṃ cid），直喩（upamā）であるという誤謬（bhrānti）が生じている（jāyate）。‘動詞（tiṅ）の末尾（anta）によっては能喩（upamāna）ではない（na）’と（iti）権威によって言われたこと（āpta-bhāṣita）を等閑にして（atikramya），［ある者たちは直喩であると主張する］。”

このように，この詩例では，「～ように」（iva）という語が使用されていること

---

[27] 彼はインド演劇論でいうところの“śakāra”である。śakāraは「śの字を使う者」という意味である。彼は俗語のみを用い，常にs音とṣ音をśと発音するため，このように呼ばれる。Mṛcでも彼がヴァサンタセーナーを呼ぶときは，「ヴァシャンタシェーナー」（Vaśantaśenā）となる。

[28] kāmaṃ pradoṣa-timreṇa na dṛśyase tvaṃ
saudāmanī^iva jalada-udara-saṃdhi-līnā /
tvāṃ sūcayiṣyati tu mālya-samudbhavo^ayaṃ
gandhaś ca bhīru mukharāṇi ca nūpurāṇi // Mṛc 1.35 //

で，「ある者たち」にとって upamā であるという誤謬が生じているが，動詞の末尾の iva は upamāna を示すものではないとダンディンは主張する。この主張の論拠となっている権威（āpta）とは，文法家パーニニ（Pāṇini）の『八章篇』（*Aṣṭādhyāyī*）に対する註釈書である『大註解書』（*Mahābhāṣya*）の著者として著名であるパタンジャリ（Patañjali）のことであり，引用箇所も同書の 3.1.15 に見られる。

upamā の場合，その成立には upameya と upamāna との共通属性（sādhāraṇa-dharma）が必要とされる。それは明示される場合と明示されない場合があるが，例えば以下の一文は upamā の例文としては模範的なものである。

indur iva te vaktram. (KĀ 2.232)

“〔あなたの（te）顔（vaktra）は月（indu）のようだ（iva）。〕”

この upamā では iva が upamāna である indu を明示することによって読者に vaktra と indu との類似性が意識され，kānti（美しさ）という sādhāraṇa-dharma が認識される。

しかし KĀ 2.226ab の一文を upamā と見做す場合，iva の直前の語である「塗油する」（limpati）が upamāna を示し，upameya「暗闇」（tamas）との間に何らかの共通属性が見出されなければならないが，それは不可能である。何となれば upamā においては，upamāna は実体的なものでなければならないからである[29]。ダンディンも「塗油する」こと（limpati）においては，塗ること（lepa）以外のもの（anyat）が認識されないので upamā とは言えないとして，以下のように反論する。

upamāna-upameyatvaṃ tulya-dharma-vyapekṣayā /

limpates tamasaś ca^asau dharmaḥ ko^atra samīkṣyate // KĀ 2.228 //

“相似する性質の使用（tulya-dharma-vyapekṣā）によって，能喩と所喩であること（upamāna-upameyatva）が［存在すべきである］。ここで（atra），「塗油する」（limpati）と「暗闇」（tamas）とに，この（asau）［共通の］性質（dharma）である何が（kas）見られる（samīkṣyate）のか。”

また，ダンディンは，limpati と tamas が類似しているという主張に対しては以下のように反駁する。

yo limpaty amunā tulyaṃ tama ity api śaṃsataḥ /

aṅgāni^iti na saṃbaddhaṃ so^api mṛgyaḥ samo guṇaḥ // KĀ 2.231 //

“何であれ（yas）塗油する（limpati）もの，それと（amunā）暗黒（tamas）が等しい（tulya）と（iti）言われる（śaṃsata）けれども（api），［limpati の

---

29 小林，op. cit., p.920.

目的語の］肢体（aṅga）という（iti）［語］には結びつけられない（na saṃbaddha）。その（sa）共通の（sama）性質（guṇa）がまた（api）探求されるべき（mṛgya）である。”

このように tamas が limpati の目的語である肢体（aṅga）とは結びつけることができないと反論してこれを退けている。このように KĀ 2.226ab の一文が upamā であることの妥当性はダンディンによって否定されたのである。

それではその KĀ 2.226ab の描写意図はどのようなものなのであろうか。後代のヴィシュヴァナータも SD において同じ一文を検討しているが，同書によれば，この一文は「暗闇の充満している状態」を描写しようとしているが，その充満している状態（vyāpana-rūpa）という主題（viṣaya）は述べられず，譬喩的に tamo limpati と述べられているという[30]。つまり充満（vyāpana）を譬喩的に述べる語として塗ること（lepana）が立てられて，作者または読者によって連想（ut-pra√īkṣ）されることにより，「暗闇の充満している状態」が譬喩的に表現されるのである。これはこの半偈の後半の文にも当てはまることであり，「眼膏が雨降ること」（añjana-varṣaṇa）という譬喩的な表現によって「暗闇の下りること」（tamaḥ-saṃpāta）という主題（viṣaya）が連想されるのである。

おおよそ utprekṣā という修辞法はこのようなものであり，ダンディンも以下のように主張する。

tad upaśleṣaṇa-artho^ayaṃ limpatir dhvānta-kartṛkaḥ /
aṅga-karmā ca puṃsā^evam utprekṣyata iti^iṣyatām // KĀ 2.233 //

“それ故（tad），包摂する（upaśleṣaṇa）という意味（artha）をもつこの（ayam）「塗油する」（limpati）［という動詞］は暗闇を作るもの（dhvānta-kartṛka）であり，そして（ca）肢体に［塗油する］行為（aṅga-karman）は人（puṃs）によってそのように（evam）連想される（utprekṣyate），と（iti）見なすべし（iṣyatām）。”

このように，塗ること（lepana）の包み込むこと（upaśleṣaṇa）というニュアンスを利用して，暗闇が身体に纏わり付くことが「暗闇が塗油する」（tamo limpati）というように譬喩的に表現されているのである。それ故，「塗油する」（limpati）という動詞は暗闇を作るもの（dhvānta-kartṛka）と理解され，「肢体に塗油する行為」によって暗闇が作られることが連想されるのである。

さらにダンディンは以下のように述べる

---

30 atra tamaso lepanasya vyāpana-rūpo viṣayo na^upāttaḥ. (SD p.32)

manye śaṅke dhruvaṃ prāyo nūnam ity evam-ādibhiḥ /
utprekṣā vyajyate śabdair iva-śabdo^api tādṛśaḥ // KĀ 2.234 //

"「[私は] 考える」(manye),「[私は] 思う」(śaṅke),「疑いなく」(dhruvam),「ほとんど」(prāyas),「確かに」(nūnam) という (iti) このようなものを始めとする (evam-ādi) 諸語 (śabda) によって，連想 (utprekṣā) が顕示される (vyajyate)。「ように」(iva) という言葉 (śabda) も (api) 同様のもの (tādṛśa) である。"

このように，ダンディンによれば，非現実的情況の描写を個人的主観に帰す副詞や一人称動詞等を用いることにより，utprekṣā が顕示されるという。前述したの「manye」も言うまでもなく一人称動詞であり，「prāyaḥ」も不確定性を表現することの出来る副詞である。また KĀ 2.226ab の iva もダンディンによれば utprekṣā を示す語として認識されていることが知られる。

しかし，これはダンディンが典型とする utprekṣā の定義であり，utprekṣā における iva が全て動詞の後に位置しているわけではなく，名詞の後に位置するヴァリエーションもまた存在することは前述した通りである（B 型）。例えば，小林信彦氏によれば，*Śiśupālavadha* 中に見られる utprekṣā のうち 24%がこのタイプであるという[31]。このように，utprekṣā は古典期以降の作家・詩論家によく好まれた修辞法の一つであって，後代には体系化された多数のヴァリエーションを有する修辞法となるのである[32]。本稿は utprekṣā の一例として主に KĀ の用例と同書 2.226 に関する議論を検討したが，その他の分類の発展と変遷についての検討は今後の課題としたい。

VI. 三井論文の解釈について

ところで三井淳司氏は utprekṣā について，これまで筆者が述べてきた理解や小林信彦氏の utprekṣā 解釈とは異なる，というよりはむしろ，異なる視座からの見解を示している[33]。氏はまず，インド古典修辞学の upamā とか rūpaka，あるいは utprekṣā など修辞法の枠組みを外し，それらを記号化することによって[34]，「比喩の解説の際に出されるごく一般的な例文は，現実的・具象的な要素を含む比喩であることが多い」[35]（下線は引用者）ことを明らかにした。そして，KĀ の utprekṣā の用例においても，必ず

[31] 小林，op. cit., p.918.
[32] Cf. 波多江，op. cit., pp.50-52.
[33] 三井[1994]，同[1995].
[34] 三井[1994]pp.108-103.
[35] ibid., p.103.

しも非現実的な要素が含まれるとは限らず，むしろ現実的な要素を含む例が多いと指摘し[36]，小林[1981]における utprekṣā に共通する「ある対立する特定の側面を強調するために，非現実的な情況を設定する」[37]という特徴の「非現実的な情況を設定する」という部分を「utprekṣā の基本構造を形成する二つの事象である A:と B:[38]とが非現実的な関係をもつ情況を設定すること」[39]と再解釈した。この指摘は示唆に富むものであり，筆者も首肯するものである。

さらに三井氏は，ダンディンの utprekṣā 理解というものは，「比喩の一つの項目というよりもむしろ，比喩を生み出す働きを担うもの」[40]であると主張する。即ち，氏によれば utprekṣā とは，「二つのものの共通属性を何らかの形として見ること」[41]であるという。また氏は別稿において utprekṣā を KĀ 2.364-366 に現れる bhāvika と並んで，「［修辞］技巧の根底にあって作用する力のようなものを意味する」[42]「修辞作用」[43]であるとする。この主張には，筆者は俄には左袒し難い。何故ならば，「二つものの共通属性を何らかの形で見ること」は，なにも utprekṣā に限らず，upamā や rūpaka，sasaṃdeha など所謂「類似に基づく修辞技巧」全般が，形式こそ違えども，等しく行っていることだからである。確かに utprekṣā に upamā や sasaṃdeha などとの境界が曖昧な点は看取される。しかし，それは KĀ の artha-alaṃkāra 一般に見られる傾向であり，それがために詩論としての体系性を損なっていることは，後代の体系化された詩論書に比して，初期の詩論書あるいは詩論のもつ特質であるとも考えられる。故に，utprekṣā の二物間の共通属性を何らかの形で見るという特徴を，比喩を生み出す働きや諸修辞法の根底で作用する力にまで敷衍することは困難であると思量する。確かに類似物を共通属性によって関連づけて表現する行為において，その根底にそのような作用の存在は措定されよう。しかし，少なくとも KĀ においては，utprekṣā はそのような作用としては言及されていないと思われる。ダンディンはあくまでも utprekṣā を修辞法の一つと見做していたものと考えられる。そうでなければ，KĀ の utprekṣā は，修辞法としての側面と修辞法の根底で作用する力という二重の意味を有し，尚且つ両者は概念のレヴェルとしても異なる階層に属するものとなってしまう。

---

36 ibid.

37 小林，op. cit., p.920.

38 三井[1994]の記号化の原則によれば，事象 A:と B:は単語あるいは文で表される，具体的物体・抽象概念・現象・動作・状態など記述されうるものすべてを包含する。Cf. 三井[1994]p.108.

39 ibid., p.103.

40 三井[1995]p.103.

41 ibid.

42 三井[1997]p.1(L).

43 ibid.

ダンディンがそのような性質の異なる概念を一つの語の下に集約して理論化するとは考えがたい。また，仮に utprekṣā が修辞法ではなく「作用」であるとしても，修辞法の根底にあって修辞法を生み出すその作用が，修辞法の解説が淡々と列挙されている Arthālaṃkāravibhāga の中盤に現れることになってしまい，その配置に唐突さを禁じ得ない。やはり少なくとも KĀ の utprekṣā は一つの修辞法として解すべきであろう。

VII.　結びに代えて

以上，KĀ において述べられている utprekṣā の特質について概観してきた。それぞれの箇所において結論的なことはその都度指摘しているが，それを改めて簡潔に示して，筆を擱くこととしたい。

・ utprekṣā は生物（cetana）或いは非生物（acetana）の状態を別様に連想して描写する修辞法である

・ その描写はある情況を別の非現実的情況に譬えるものであるが，非現実的情況は「manye」や「śanke」などの動詞，または「nūnam」や「dhruvam」「prāyaḥ」などの副詞によって作者の主観的判断に帰される。またこれらの諸語がその文が utprekṣā の文であることを示す指標としても機能している。

・ KĀ に示されている utprekṣā の 3 詩例は，小林信彦氏の言うところのＣ型が 2 例，Ａ型が 1 例であると考えられる。

REFERENCES

ACHARYA, Diwakar

[2009]: *The Little Clay Cart*, Clay Sanskrit Library, New York: New York University Press & JJC Foundation.

BELVALKAR, S. K.

[1924]: *Kāvyādarśa of Daṇḍin*, Sanskrit Text and English Translation, Poona: The Oriental Book-Supplying Agency.

BÖHTLINGK, Otto

[1879-1889/1991r]: *Sanskrit-Wörterbuch, In Kürzerer Fassung*, repr., Verkleinerter Nachdruck, Kyoto: Rinsen Book Co.

[1890]: *Daṇḍin's Poetik (Kâvjâdarça)*, Leipzig: Verlag von H. Haessel. (=KĀ)

GEROW, Edwin

[1971]: *A Glossary of Indian Figures of Speech*, The Hague: Mouton.

[1977]: *Indian Poetics*, A History of Indian Literature, Vol. V, Fasc. 3, Wiesbaden: Otto Harrassowitz.

INGALLS, Daniel, H. H.

[1965]: *An Anthology of Sanskrit Court Poetry*, Harvard Oriental Series 44, Cambridge, MA: Harvard University Press.

KANE, P. V.

[1965/1995r]: *The Sāhityadarpaṇa*, Paricchedas I, II, X Arthālaṃkāras with Exhaustive Notes, Sixth Edition, Delhi: Motilal Banarsidass. (=SD)

KARMARKAR, R. D.

[1937/2002r]: *Mṛcchakaṭika of Śūdraka*, The Vrajajivan Indological Studies 10, Delhi: Chaukhamba Sanskrit Pratishthan. (=Mṛc)

KOSAMBI, D. D. & GOKHALE, V. V.

[1957]: *The Subhāṣītaratnakoṣa*, Harvard Oriental Series 42, Cambridge, MA: Harvard University Press. (=SR)

MONIER-WILLIAMS, Monier

[1899/1986r]: *A Sanskrit-English Dictionary*, Etymologically and philologically arranged with special reference to Cognate Indo-European Languages, repr., Tokyo: Meicho Fukyu Kai.

PATHAK, Jamuna

[2005]: *Kāvyādarśa of Acharya Dandi*, Krishnadas Sanskrit Series 187, Varanasi: Chowkhamba Krishnadas Academy.

RAGHAVAN, Venkatarama

[1963]: *Bhoja's Śṛṅgāra Prakāśa*, Madras: Punarvasu.

RANGACHARYA, M.

[1910]: *The Kāvyādarśa of Daṇḍin*, With the Commentary of Taruṇavācaspati and also with an anonymous incomplete commentary known as Hṛdayaṅgama, Madras: Brahmavadin Press.

THAKUR, Anantalal and JHA, Upendra

[1957]: *Kāvyalakṣaṇa of Daṇḍin* (also known as Kāvyādarśa), with commentary called Ratnaśrī of Ratnaśrījñā, Darbhanga: Mithila Institute of Post-Graduate Studies and Reserch in Sanskrit Learning.

VYAS, R. T.

[1991]: *The Sūktimuktāvalī of Bhagadatta Jalhaṇa*, Gaekwad's Oriental Series 82, Vadodara: Oriental Institute. (=SMV)

岩本裕

[1955]:「古典劇「土の小車」の著者シュードラカについて」,『印度学仏教学研究』3-2, pp.66-69：東京.

上村勝彦

[1990]:『インド古典演劇論における美的経験』, 東京：東京大学東洋文化研究所.

小林信彦

[1962]:「比喩表現における同一性指示の方法」,『印度学仏教学研究』10-1, pp.64-73(L)：東京.

[1981]:「Aśvaghoṣaのutprekṣā」,『印度学仏教学研究』29-2, pp.57-62(L)：東京.

[1988]:「アシュヴァゴーシャと詩人と詩人パーニニに共通する前古典性」,『南都佛教』59, pp.1-16, 奈良：南都佛教研究会.

サンスクリット修辞法研究会

[2010]:「Daṇḍin著Kāvyādarśa『詩の鏡』第２章（下）―テクストならびに訳註―」,『大正大学綜合佛教研究所年報』32, pp.120-169(L)：東京.

辻直四郎

[1973]:『サンスクリット文学史』, 岩波全書277, 東京：岩波書店.

辻直四郎 et al.

[1959]:『インド集』, 世界文學大系４, 東京：筑摩書房.

波多江輝子

[1988]:「Utprekṣāについて―Sāhityadarpaṇa X, 40-45ab―」,『西日本宗教学雑誌』10, pp.41-53, 福岡：西日本宗教学会.

三井淳司

[1994]:「utprekṣāにおける問題点について」,『密教文化』185, pp.116-100, 高野山：密教研究会.

[1995]:「インド古典修辞学における utprekṣā の解釈」,『密教文化』193, pp.112-100, 高野山：密教研究会.

[1997]:「修辞作用バーヴィカについて」,『密教文化』198, pp.1-10(L).

[1998]:「T．S．エリオットとインド古典修辞学」,『密教文化』201, pp.22-45(L), 高野山：密教研究会.

黄宝生

[1991]:「梵語文學修辭例釋」,『季羨林教授八十華誕紀念論文集』(上), pp.91-109, 南昌：江西人民出版社.

[2007]:『梵语诗学论著汇编』,（上）, 东方文化集成, 北京：昆仑出版社.

ダルマキールティの恋歌

金沢　篤

戀は吾身の社(やしろ)にて
君は社の神なれば
君の祭壇(つくゑ)の上ならで
なにゝいのちを捧(さゝ)げまし[1]

Can an old scholar find love at last and stop having to pull himself off every night so he can get to sleep ? I don't even hate books any more. I've forgotten most of what I've read and, frankly, it never seemed very important to me or to the world[2].

はじめに

藤原定家の恋歌について論及した[3]。そのせいでもない筈だが、最近は恋歌ばかり読んだり聴いたりしているような気がする。と言うより、本誌本号は、長年おつきあいをいただいている松田和信教授の還暦記念号である。したがって、写本解読・写本研究で世界的な権威であられる氏に同調するように、わたしも貧弱な古文書経験にからめて何か書こうかとも考えたが、その元になる資料が散逸して思うようにならない、ならば唯識や倶舎に関連する題材ではどうかと一瞬模索したが、やはり荷が勝ちすぎ、いずれもあっさりと断念した。代わりに思い浮かべたのが、松田教授が愛好していると仄聞するレナード・コーエン。ご存じだろうか？　レナード・コーエン Leonard Norman Cohen (1934～　)。わが国で唯一公刊されている「コーエン伝」の訳者大橋悦子氏は、その「訳者あとがき」を次のように書き始めている。

「詩人、小説家、ミュージシャンなど、さまざまな顔を持つレナード・コーエンは、先の九月二一日、七〇歳の誕生日を迎えた。禅僧「自間」として一九九三年から暮らしていたマウント・ボールディー禅センター[4]を一九九九年春に出て、現在は一市民としてロサン

---

1 島崎藤村著『若菜集』（筑摩選書 1）18-19 頁。
2 Cohen[1966],p.3.
3 金沢[2015]。
4 仏教にも関わりのありそうなこのセンターに関してもほとんど知るところはないが、たまたま読

ゼルスで暮らしている。とはいえ、誕生日後の一〇月末、日本では一一月に、ニュー・アルバム『ディア・ヘザー』が発売され、六〇年代から活躍する現役のシンガー・ソングライターとして健在ぶりを見せつけた。そんな折、コーエンの人生と、詩や小説、音楽など多岐にわたる彼の芸術活動について詳細に綴ったこの本を翻訳出版できることになり、心から光栄に思う。」（大橋[2005]391 頁）

そう、レナード・コーエンは一般にはカナダ生まれのロック歌手、シンガーソングライターとして知られている。「コーエン伝」のその和訳がわが国で出版されてから既に 10 年経過した現在もバリバリの現役ミュージシャンである。作家としては「現代のジェイムズ・ジョイス」とも喧伝されたことのあるレナード・コーエン。その得意はやはり「恋歌」。文学者としては、恋歌の詩人としての側面がやはり一等重要なのではないか。「恋の苦しみ」故に？出家し、還俗しては？またも「恋歌」を紡ぎ続けているコーエン。

わたしはイラ・ブルース・ナデルのその「コーエン伝」では、次のパッセージで始まるコーエンの「恋のエピソード」が好きだ。

「一九六六年、コーエンは「シーン」を求めて、銀色のホイルでラ・ドム（La Dom）と画かれた店に入った。イースト・ヴィレッジの八番街にある、アンディ・ウォーホルのクラブである。彼は、もやのかかったようなふわふわした声で、ドイツ訛りで単調に歌う、彫像のように美しいブロンドの女性に一目惚れした。彼女の名はニコ。「完璧なアーリア人の氷の女王」だった。「私はその女性がバーの向こうで歌っているのを見た。彼女は視線を釘付けにした。私がそれまでに見てきた中で、最も美しい女性だと思う。私は歩み寄り、人波に押されてはじかれるまで、彼女の前に立っていた。」美術評論家のデイヴィッド・アントリムは、ニコを評して、「メメント・モリ（訳注：死の表徴。しゃれこうべ）そっくりの背筋の凍るような顔と、美しいブロンドの頭部から発せられる不思議な死の声を持っている」と言った。コーエンは、彼女が歌う晩は欠かさずラ・ドムに通い、ついに自己紹介するに至った。彼女のギター伴奏をしていたのは、当時まだ一八歳のハンサムな若者、ジャ[ン]クソン・ブラウンだった。」（大橋[2005]202-203 頁）

ワクワクするような若きコーエンの恋のエピソードである。ニコ Nico (1938?〜1988)と

む機会のあった岩本[2010]によって、その概略を知ることが出来た。

は伝説のロックバンド「ヴェルヴェット・アンダーグラウンド」に加入し、音楽史上不滅の金字塔を打ち立てた伝説の歌姫。

「のぼせあがったコーエンは、ニコを追いかけてニューヨーク中をついて回ったが、彼女は彼にまったく興味を示さなかった。だが、コーエンは彼女を猛烈に愛してしまった。「キャンドルを灯し、お祈りし、呪文を唱え、お守りを身につけた。彼女が私を好きになるように、ありとあらゆることをした。でも、彼女はけっして振り向いてくれなかった[5]。」・・・」（同204頁）からも想像できるように、コーエンのニコへの恋は遂に成就しなかった[6]。それにしても、恋の成就のためにコーエンが「キャンドルを灯し、お祈りし、呪文を唱え、お守りを身につけた。・・・ありとあらゆることをした。」というのには恐れ入るばかりだ。このコーエンのニコに対する恋情は、例えば "If you want a lover / I'll do anything you ask me to / And if you want another kind of love / I'll wear a mask for you / If you want a partner, take my hand, or / If you want to strike me down in anger / Here I stand / I'm your man"（拙訳：もし君が愛人を欲するなら、君が求めるままにぼくは何でもしよう。そして君がもうひとつの愛を欲するなら、ぼくは君のために仮面を被ろう。もし君が相棒を欲するなら、ぼくの手をお取り。あるいは、もし君が怒りのままにぼくを殴り倒すことを欲するなら、ここにぼくがいるよ。ぼくは君の僕だ。）と厳粛に始まる コーエンの恋歌の代

[5] "I was lighting candles and praying and performing incantations and wearing amulets, *anything* to have her fall in love with me, but she never did."(Nadel[1996]) Cf."After one of the occasions on which Nico spurned him, Leonard went back to his room 'and indulged myself in the black magic of candles' — the green candles he bought at a magic and voodoo shop — 'and I married these two wax candles, and I married the smoke of two cones of sandalwood and I did many bizarre and occult practices that resulted in nothing at all, except an enduring friendship'."(Simmons[2013],No.2661)

[6] コーエンのこの恋の顛末は、たぶん、例えばDevlin[1996]の以下の記述と見事に呼応するものである。"In the mid-Sixties, in New York, Leonard had met former Velvet Underground musicians Lou Reed and John Cale. Then he saw Nico, the Cologne-born former model who appeared in Andy Warhol's movie *Chelsea Girls*. Leonard developed an unrequited crush on her. "I had been writing a lot of poems to Nico with no discernible response on her part," he told *Melody Maker*'s Allan Jones in June, 1974. "She was a sight to behold. Isuppose the most beautiful woman I'd ever seen up to that moment… I started writing songs for her then." His song 'Joan Of Arc', he later admitted "came through her."(Paris, October, 1974.) In fact, he also steted that 'Joan Of Arc', who was first introduced in 'I Met You'(New Poems 1968), again in 'Last Year's Man', then later in 'The Energy Of Slaves'(No 24, page 32), "… was written for a German girl I used to know, she is a great singer, I love her songs…" (Paris, again.) The lyrics are in the form of a conversation between the Maid Of Orleans and the flames of the fire which eventualyy consumed her at the stake in Rouen. It's an ideal duet — and one which has not been surpassed either before or since Leonard and Julie Christensen's performances in 1988 and 1993. On the album-take, Leonard sings everything, at first with some backing echo of his own voice reciting the first four lines, and again (a neat stylistic touch this) for the final four lines, over gentle acoustic picking, with his female support. It's a fine four-verse lyric (the chill of the opening 'Avalanche' finally dissipates in the embrace of fire and flame), with good delineations of both protagonists, containing several points of Cohen-reference to matters sexual, religious, social and historical."(pp.53-54)

表作の一つ、"I'm Your Man"の歌詞に通じるものがある。この歌は、ある女への恋に焦がれた男の恋情をみごとに歌った恋歌と直ちに読み取れるが、もしかしたら、単なる恋歌と処理すべきではないのかも知れない。人は言葉に自らのどのような思いをも籠めて歌うことが出来るのである。文献学に従事するわれわれの務めは、この歌を自分はどのように理解したかではなく、作者はどのような意図を籠めて歌ったのかを闡明することではないだろうか。終わりのない難しい作業と言えるが、それもまた愉し、である。つい先日、出張から帰った同僚より「ういろう」の土産をもらった。その和紙の素敵な包装紙に「愛贈答歌」として以下の「恋歌」が刷り込まれていた。

あかねさす　紫野行き標野行き
野守は見ずや　君が袖振る

むらさきの　にほえる妹を憎くあらば
人妻ゆえに　われ恋ひめやも

誰もが知っているあまりにも有名な歌と思われるが、その意味はと言うと、やはり一筋縄には行かないのである。前者は、女が、人目も構わず袖で合図を送ってくる男に対して「見られるわよ、冗談は止めて」と諌める歌であるのに対して、後者は、「自分が人妻であるあなたに対してそのようなことをするのは、いい加減な気持ちからではない、本気なのだ」と自らの恋情を率直に伝える文字通りの「恋歌」と解される。だが、その真意は如何[7]。笑止。

そこで、今回は「ダルマキールティの恋歌」を取り上げることにする。先頃、現代の詩人、思想家として名高いオクタビオ・パス Octavio Paz (1914～1998)[8]のインド受容を問題

---

[7] 参考までに新潮日本古典集成『萬葉集一』(1976 年刊) の清水勝彦氏による現代語訳を付す。「まあ紫草の栽培されている標野を行きながらそんなことをなさって、野守が見るではありませんか。あなたはそんなに袖をお振りになったりして。」(55 頁)「むらさきのように美しいあなたが好きでなかったら、人妻と知りながら、私はどうしてあなたに心ひかれたりしようか。」(56 頁) 前者が額田王の作、野守は天智天皇を寓したもの、後者は大海人皇子(天智天皇の弟、後の天武天皇)の作という。なお、この贈答歌をめぐっては小川[1996] 32-34 頁にさらに踏み込んだ解釈があって興味深い。

[8] オクタビオ・パスについては必ずしも一般的ではないと思われるので、「メキシコの詩人・批評家・外交官。メキシコ・シティ出身。進歩的文化人だった祖父の影響で文学的関心を深め、19 歳で処女詩集『野生の月』を発表している。1937 年、内戦下のスペインで開かれた反ファシスト作家会議に参加。翌年に帰国してからは、新世代を代表する作家として精力的な執筆活動を開始する。1944

にする機会[9]があったが、なんとそのパスの最晩年の著作の中に、わたしがこのところ気にかけてきたダルマキールティの問題の一恋歌が大きく言及されていたからでもある。インド経験は豊富で、長年インド大使をも勤めたとはいえ、やはりインド学の専門家とは言い難いオクタビオ・パスが、論理学者としてのダルマキールティを承知した上で、そのダルマキールティの作とされる一恋歌を俎上に取り上げている点が興味深く思われたのである。やはり恋歌を得意とする詩人パスにとって、その恋歌のどこが魅力的だったのだろう。パスの恋歌と呼び得る詩篇を一つ引く。パスのインド体験と深く結びついた詩集『東斜面』の中の「眼を閉じて」と題する一篇[10]。

眼を閉じて

きみは眼を閉じて
きみ自身の内部を照らす
きみは盲目の石なのだ

ぼくは眼を閉じて
夜な夜なきみを刻む
きみは自在な石なのだ

年にアメリカに留学、翌年にはパリに渡る（この時、アンドレ・ブルトンらの知遇を得る）。 1946年には外交官になり、ヨーロッパ各国を転々としながら『弓と竪琴』『孤独の迷宮』などを執筆する。しかしメキシコシティオリンピック直前に起こった反体制デモに対する政府の弾圧に抗議してインド大使の職を辞し、その後はケンブリッジ大学やテキサス大学、ハーバード大学などで教鞭を採りながら執筆活動を展開した。ノーベル文学賞ほか多くの賞を受賞し、自身の主宰する雑誌「ブエルタ」(es)も、1993 年にアストゥリアス皇太子賞コミュニケーション及びヒューマニズム部門を受賞した。」（Wikipeadia）を引いておこう。下線はわたし。

[9] 平成 27 年 10 月 1 日、駒澤沢大学仏教文学研究所主催の公開講演会で、「現代詩人と仏教―オクタビオ・パスのインド理解を中心として―」と題する講演を行う機会を恵まれた。

[10] この詩篇はパス最初期の詩「ふたつの肉体」（真辺[1997]15-16 頁）と対応するものであり、パスの恋歌の特徴を端的に表すものである。井上輝夫氏は、この「二つの身体」を引いて、「この詩はよく知られているものらしいが、イメージの喚起力の使用と宇宙的な要素の簡潔な表現は、愛という主題も手伝ってかなりエリュアールを思わせる。素直に言って超現実主義の作詩法に今までかならずしも馴染めなかったのだが、パスの詩はほとんど一気に読めた理由を考えてみると、どこかに西欧の詩人にない荒々しい鼓動、苛烈なイメージがふくまれているからだと思う。詩というものは嘘をつかないもので、パスという詩人のなかに力強いエネルギーが充溢しているのだろう。」（井上[1980]70 頁）と評している。わたしは何気なくこのパスの詩を選んだのだが、後で論じずるダルマキールティの詩が「眼を閉じての創造は不可能」との主張を前提としたものであることを考えると、「眼を閉じての創造」を謳っているかのこの詩を選んだことは、何か運命的なものを感じてしまう。

眼を閉じて
お互いに知りあうことによってのみ
ぼくたちは巨大な石になる（真辺[1997] 95 頁）

CON LOS OJOS CERRADOS

Con los ojos cerrados
te iluminas por dentro
eres la piedra ciega

Noche a noche te labro
con los ojos cerrados
eres la piedra franca

Nos volvemos inmensos
sólo por conocernos
con los ojos cerrados　(Weinberger[1987/1990],p.270)

WITH EYES CLOSED

With eyes closed
you light up within
you are blind stone

Night after night I carve you
with eyes closed
you are frank stone

We have become enormous
just knowing each other
with eyes closed　(Weinberger[1987/1990],p.271)

いかが、パスの恋歌とは、これまで見てきたどの恋歌とも違って、男から女へ向けられた「恋情」の吐露というものではない。異なる個体存在である男女の交接を通じてそこに顕現する新しい何かについての言葉による表現という装いをとっているように思われる。その意味で、パスは抒情詩人というよりは哲学詩人というものに近いのではないか。パスは恋愛を山車にして一つの世界観、哲学を開陳する哲学者と言うべき者であるように思われる。ある至福体験を言葉を用いて如何にリアルに表現し、読者に如何にリアルに追体験させるかに詩人の関心は向けられているようだ。もとよりわたしは、数多くの詩を残しているオクタビオ・パスという詩人について、ふと選び取られた小詩ただ一篇によって、語ろうとしているのではない。パスがダルマキールティに注目し、しかも数あるダルマキールティの恋歌の中から、ただ一篇を俎上に載せ[11]、題名の付されていないダルマキールティの詩篇に prueba という題名を与えた上で、論じているのであるが、わたしは、恋の渦中にあっても哲学者の視点を失うことのない詩人ダルマキールティをポジティヴに評価するパスに同調したくない。パスは幸せな人だ、わたしはパスの詩やパスの書くものを読んで、そう思う。恋歌の紡ぎ手は、多くパスのような幸福な者ではない。幸福な者は恋歌など紡がない、わたしはそう考える。ダルマキールティの恋歌にどんな幸せな思いが込められているだろう。コナラクやカジュラホーの寺院に見られる夥しい数の交合像がエロチックであるように、ダルマキールティの恋歌のどこがエロチックだと言うのであろうか。多くの者にとって仮に交合が至福体験であるにしても、それがすぐ果ててしまう束の間のものであるとの自覚の果てに、いわゆる恋歌が生まれるのではないか。

本攷はパス同様、仏教論理学のチャンピオンたるダルマキールティに帰せられるその恋歌に注目し、その意味について真摯に思いをめぐらす傍ら、現代詩人オクタビオ・パスのそこに伺われるダルマキールティ理解、さらにはインド理解、インド受容にも言及すべく、ささやかに構想された文字通りの笑論に過ぎない[12]。と言うよりは本誌の刊行を最優先事とする編集者としてのわたし自身がいて、その彼が、本攷をいつもの編集後記のやや長めの前振りと考えている、と潔く記しておこう。実は、松田和信氏に対する謝意と祝意の表

---

[11] 真辺[2000]は、「訳者あとがき」にある通り、1996年に刊行された第二版（増補改訂版）である。しかも、「ただし、紙幅の都合で、最後のApendice（付録）は省略」されている。その部分にはDharmakīrtiの名前を付した詩篇が二篇含まれている。また、Weinberger[1997]、Masson[1997]が翻訳の底本としている初版には、Dharmakiīrti の問題の一詩篇に続く箇所に、Dharmakīrti の名前を付したもう一篇の詩が論じられている。Cf. Weinberger[1997],p.161; Masson[1997],p.176.

[12] 和田[2012]を読んでいなかったら、こうした形の小論は企図されなかった。常に啓発されることの多い和田悠元氏に感謝する。いずれ氏自身によって言及されることもあろうかと想像するが、公になっている和田[2012]には完成原稿に不測の落丁があったようだ。

明以外のなにものも求めていないのである。諒とされたい。

I. 二人の詩人：オクタビオ・パスとダルマキールティ

オクタビオ・パスの最晩年の著作『インドの薄明』*Vislumbres de la India* の中には、ダルマキールティのある恋歌に言及する部分がある。パスが参照しているのはダルマキールティに帰される以下のサンスクリット原詩（『スバーシタラトナコーシャ』Subhāṣitaratnakośa:Srk 440）とそれに対するインゴールズ D.H.Ingalls の英訳である。そしてブラフ John Brough の英訳である。

(i) yātā locana-gocaraṃ yadi vidher eṇa-īkṣaṇā sundarī
na^iyaṃ kuṅkuma-paṅka-piñjara-mukhī tena^ujjhitā syāt kṣaṇam /
na^apy āmīlita-locanasya racanād rūpaṃ bhaved īdṛśaṃ
tasmāt sarvam akartṛkaṃ jagad idaṃ śreyo mataṃ saugatam //57//（Kosambi & Gokhale[1957],p.80）

Had the Creator once seen her he would never have let her go, this gazelle-eyed beauty
with face as golden as saffron-paste.
Again, had he closed his eyes he could never have made such features.
From which we see
that the Buddhist doctrine is best:
that all is uncreated. DHARMAKĪRTI (Ingalls[1965],p.174)

［Ingalls 訳の和訳：造物主が一度でも彼女を見ていたならば、彼は決して彼女を解き放つことはなかったであろう。この、サフランの塗香のような黄金の顔を持つ、羚羊の眼をした美［そのもの］を。また、彼が眼を閉じていたのであるならば、彼は決して、そのような形象物を創造することは出来なかったであろう。このことから、わたしたちは理解するのである。この一切は［一人の造物主によって］創造されたものではないとの仏教の教理が最勝であることを。］

本誌《ダルマキールティ特輯号》の第 5 号に掲載された和田[2012]の中で、和田悠元氏はこの詩篇に対して以下のような和訳を与えた。

「もし(yadi)、羚羊のような眼をもつ(eṇa-īkṣaṇā)美しい女(sundarī)が創造者(vidhi)の視野の内(locana-gocara)を動きつつある(yātā)ならば、蕃香花の塗膏のような黄褐色の顔をもつ(kuṅkuma-paṅka-piñjara-mukhī)この女は(iyaṃ)一瞬たりとも(kṣaṇam)、彼より(tena)免れる(ujjhitā)であろう(syāt)ことはない(na)。また(api)、目を閉じた者(āmīlita-locana)の創出(racana)から、そのような(īdṛśa)容貌(rūpa)は生じるであろう(bhavet)ことはない(na)。故に(tasmāt)、一切(sarva)の世界(jagat)は作者をもたない(akartṛka)［という］この(idaṃ)仏教(saugata)の教説(mata)は最勝(śreyas)である。」（和田[2012]201 頁）

そして、和田氏は、次のようにコメントしている。

「木村[1998](p.51)が指摘するように、ダルマキールティはこの詩において、自らの思想を披瀝していると考えられる。まず彼はシヴァを世界の作者とする獣主派（Pāśupata）の神学を揶揄している。すなわち羚羊のような眼と蕃香花の塗膏のような黄褐色の顔をもつ美女も創造者の視野内でのみ生じうるのであって、ひとたび彼が目を閉じれば、そのような美女の容貌も創出されることがないのである。故に世界の無作者性を標榜する仏教こそが最勝であると主張するのである。」（和田[2012]201 頁）

また、和田氏が言及する木村俊彦氏の訳文も見てみたい。

「もしやつぶらなる瞳持てるおみな子、［神の］視界に動くことあらば、サフラン胡粉のごと朱色のかんばせもて、ひとときも彼に、離さるること非じ。かつ又まなこ閉じたる者の創造からは、かくの如きみめかたちは起り得じ。ゆえに、世の一切は作者を持たず（sarvam akartṛkaṃ jagat）なる仏教哲学こそ最勝（śreyaḥ）なれ。」（木村[1998]51 頁）

サンスクリット語で書かれた一篇の詩篇に対して、現代語による翻訳がこのように公にされているのである。千差万別、いや大同小異と言うべきだろうか。同一の詩篇に対して、人それぞれの解釈が示されているのである。ダルマキールティは、この詩篇でいったい何を言わんとしているのだろうか。

和田氏の「故に」も木村氏の「ゆえに」も、論証式における「因（理由）」に続いて「帰結」としての「主張命題」を導出する際に用いられる「定型語」である。和田氏も木村氏も、その点を明確に理解してこのダルマキールティの詩を受け止めたのだろうか。

ダルマキールティを作者とするこの詩に対して木村氏は「まさに「仏教哲学(mataṃ saugatam)をダルマキールティが口にする直接資料である」と言い、「仏教は無神論であることを宣言し、世界作者（kartā）を持つ神学を詩的に揶揄する作品だ。「まなこ閉じたる」とは、動かない神像を暗示したもので、永遠のものは作用能力がないというダルマキールティの哲学も関連している。そしてシヴァ神を世界作者とするパーシュパタ神学（本論第２篇でとり上げるテーマ）を、「乙女」を題材にしながら攻撃したのである。」と言うのである。

木村氏の言う「「まなこ閉じたる」とは、動かない神像を暗示したもの」とは、どういう意味だろうか。「神像」とは誰にとっても動かない存在ではないだろうか。この波線を付した部分よりすれば、木村氏が、その詩の中の「まなこ閉じたる」の意味を正しく理解しているとは言い難く、したがって、氏が、ダルマキールティに帰されるこの恋歌の論理性を正しく理解しているとは言い難いのである。その木村氏の言説を肯ったかの和田氏も、したがって、このダルマキールティに帰される恋歌の真意をつかみ損なっているように感じられたのである。わたしがこのダルマキールティの詩篇を気にかけて本攷の俎上に乗せようと考えたのは、ひとえに、この二人の和訳者たちの文言の中に『スバーシタラトナコーシャ』の「乙女讃歌の部(Yuvati-varṇana-vrajyā)」に収録されたダルマキールティのその一詩篇に対する大いなる誤解を看取したためである。造物主が眼をあけていたなら、自ら創作した美女を手放すことはなく、眼を閉じていたのでは、そうした美女を創作することは出来ない。したがって、それ故に、一切は造物主を持たない、との仏教徒の主張が証明されたとダルマキールティに帰されるその詩篇は記しているのである。

Ingallsによる英訳などに基づいてパスがスペイン語で捻り出した、ダルマキールティの問題の一詩篇が以下のものである。英語のproofに相当するprueba（証拠／立証／証明）という「詩題」が付されている。注意すべきは、パス自身によっては、いずれにしてもその問題の一詩篇に対する「スペイン語訳」という体裁をとっていないことであろう。そのことは何を意味しているのだろうか。パス自身はサンスクリット語を読めないので、その英訳であるIngalls訳とBrough訳を通じて、ダルマキールティに帰されるその詩篇を、自分なりに理解した内容をスペイン語で表現したということだろうか。サンスクリット文献学の立場よりするならば、それはもはや重訳ですらない、むしろ自由訳と言うべきものである。時代と地域を越えて交感し合った二人の哲学者でもある詩人によって生み出された貴重な一つの哲学詩、とパス自身は言いたいのだろうか。

PRUEBA

Su pie les azafrán al sol tostado,
son de gacela los sedientos ojos.

——Ese Dios que la hizo, ¿cómo pudo
dejar que lo dejara? ¿Estaba ciego?

——No es hechura de ciego este prodigio:
Es mujer y es sinuosa enredadera.

La doctrina del Buda así se prueba:
nada en este universo fue creado. (Paz[1995/2001],p.147)

オクタビオ・パスは『インドの薄明』の中で、次のようにこの詩を取り扱っている。メキシコ人のパスの著作はやはりスペイン語の原典で問題にすべきだろうけれど、日本語訳のパス詩集、真辺[1997][1998]などを刊行している真辺博章氏による同書の全和訳、真辺[2000][13]が刊行されているので、とにかくその訳文によって問題にしてみたい。

「ダニエル・H・インガルズ教授によってある時期から英語に翻訳された、ヴィドヤーカラの収集によるサンスクリット語の詞華集のなかの、これらの詩の大部分はエロチックなものである[14]。この選集の編者が仏教の僧侶であったことは不思議ではない。仏教徒の聖地においても、ジャイナ教徒およびヒンドゥー教徒の聖地においても、エロチックな画像が豊富である。コナラクやカハジュラホのような、いくつかの寺院には性的体位のマニュ

---

[13] ただし、本書には「平成一二年八月一日」という日付を持つ真辺氏の「訳者あとがき」(292-294頁)が付されているが、「発行　2000年12月25日」とある奥付には、「訳者・真辺博章(1932-2000)」とあることから、訳者の真辺氏は本書の刊行を見ることなく亡くなられたようである。本攷では詳しく触れないが、本訳書のあからさまな不備は、そのことと深く関連していると想像される。真辺氏には深く哀悼の意を表す所存であるが、本書がパスの最晩年の重要な著作の訳書という点も考え合わせると、慚愧の念に堪えない。新訳の刊行が待望される。

[14] 和訳者の真辺博章氏は、この箇所に「(原注３)」と入れ、巻末に「英語版『サンスクリット宮廷詞華集』(ダニエル・H・インガルズ訳、ハーバード東洋双書、第四二巻、ケンブリッヂ、MA、一九五七)。」と「原注３」を記している。これは、驚くべき虚偽の記述である。ここではこれ以上触れるつもりはないが、この真辺博章氏によるパスの『インドの薄明』は、最も悪質な翻訳書の一つである。スペイン語原書、英訳書、仏訳書の「原註３」には、Ingallsによる英訳(HOS 44:1965)に先だって、Kosambi&Gokhaleによる、そのサンスクリット原典(HOS 42:1957)も記載されているのである。それが、真辺氏による和訳書だと、先に見た通りの記述のみということになる。きわめて杜撰な和訳書である。

アルとして見ることができる、彫刻された『カーマスートラ』がある。エロチシズムと宗教の結合は、インドにおけるほど強烈であからさまではないけれども、一六および一七世紀のスペイン語圏の文学の一つの特色である。もっとも強烈で厳格な宗教心が高揚した官能性と混合されるのである。私は、聖ファン・デ・ラ・クルスの詩の、また、アビラの聖テレサの散文の熱烈なエロチシズムを思いおこす必要はほとんどない。何故ならば、それらにおいては、精神的な体験と身体の感覚とを識別することはしばしば困難だからである。そしてローペ・デ・ベーガとゴンゴラは聖職者であったし、ファナ・イネス・デ・ラ・クルスは修道女であったことを忘れることはできない。ヴィドヤーカラの詞華集の詩作品の多くがダルマキールティの作品であるように思われる[15]。その名前を読みながら私は両眼をこすった。それらのエロチックな詩作品の作者が厳格な仏教徒の論理学者でありえようか。インガルズ教授が私の疑惑を一掃してくれた。おそらく情熱的で官能的でアイロニックな詩人と、鋭利な知能と厳正な理性をそなえた哲学者とは、同じ人物であろう[16]。

私がダルマキールティの場合を引き合いに出したのは、彼がとりわけ、思索と官能性、抽象と感覚の快楽のこのような当惑させる結合の一例だと思われるからである。哲学者ダルマキールティはあらゆる合理性を不合理にし、詩人ダルマキールティは、一人の女性の肉体の前で、不合理を彼の論理とした。ダルマキールティは七世紀の終わりに生きた人である。インド南部のトリマラヤで生まれ、たぶんナランダの有名な修道院で学んだであろう。彼は七冊の論理学の論文と、スートラ（仏教の経典）に関する様々な注釈、および一握りのエロチックな詩作品を残した。ダルマキールティは、仏教徒の経典の権威を（仏陀のものは別として）否定した。そして人間は現実を知覚するがその知覚は瞬間的で言葉で表現できず、それらの知覚の残余のものによって、過去と未来、貴方と私と呼ばれている幻覚的な実体を知能が構成するのだと主張したのである。彼の詩篇のなかに、一人の娘の肉体を介して（それは何も創造していないが）、仏教徒の教理の真実を立証する一篇が存

[15] 「ヴィドヤーカラの詞華集の詩作品の中には、ダルマキールティに帰されるものが、数多くあるようである。」“Entre los poemas de la antología de Vidyakara aparecen muchos atribuidos a Dharmakirti.”(p.146) 似て非なる誤訳である。

[16] パス自身は、Ingalls の主張の根拠を明示してはいないが、恐らく次の記述などを直接的に踏まえているのであろう。“In view of the fact that Dharmakīrti shows just such qualities in verses that are undoubtedly his own, one cannot avoid the impression that most of the verses here attributed to Dharmakīrti are his own compositions.”(Ingalls[1965],p.47) Brough は、その恋歌の作者とされるダルマキールティに関しては、以下のように記している。“In some cases, naturally, more than one poet may share the same name. For example, it has been suggested that most of the verses attributed to Dharmakīrti are not by the great Buddhist logician of that name, but by another Dharmakīrti.”(Brough[1968//1982],p.17

在する。インガルズおよびジョン・ブラフの翻訳（『サンスクリット語からの詩篇』、一九六八）に基づいて、私はあえてこの詩をスペイン語で構成した。

立証

彼女の肌は日なたで焼かれたサフランで、
すばやく動く眼は雌の羚羊のようだ。

——彼女をつくったあの神よ、どのようにして
神は彼女を放すことができたか。神は目が見えなかったのか。

——この不思議なことは盲目のせいではない——
彼女は女性であり、曲りくねった葡萄の蔓だ。

仏陀の教理はこのように立証される——
この世界の何物も創造されはしなかった。

ダルマキールティによるこの詩は、『王宮詞華集』に収録されることもできただろう。この詩は、メレアグロスあるいはフィロデムスによるエピグラムの完璧さと秩序をそなえている。これは官能的であると同時に知的であり、そしてアイロニカルである——つまり、読者とともに知性のウィンクをかわす。」（真辺[2000]194-197 頁）

「これは官能的であると同時に知的であり、そしてアイロニカルである」“Es a un tiempo sensual, intellectual e irónico: cambia un guiño de inteligencia con el lector.” (Paz[1995/2001],p.147.)とパスは、ダルマキールティのその詩を評している。

この真辺氏の訳文からノーベル文学賞受賞の詩人オクタビオ・パスのダルマキールティ観を読み取ることができるだろうか。Prueba と題されたそのスペイン語による詩篇の Weinberger の英訳、Masson の仏訳も以下に引いておこうか。

PROOF

Her skin, saffron toasted in the sun,
eyes darting like a gazelle.

—That god who made her, how could he
have let her go? Was he blind?

—This wonder is not the result of blindness:
she is a woman, a sinuous vine.

The Buddha's doctrine thus is proved:
Nothing in this world was created.　(Weinberger[1997//1998],p.142)

PREUVE
Sa peau : du safran au soleil doré,
les yeus assoiffés de gazelle.

—Ce Dieu qui l'a faite, comment a-t-il pu
permettre qu'elle fût délaissée ? Est-il aveugle ?

—Ce prodige n'est pas l'oeuvre du ciel :
c'est une femme, et une plante grimpante.

Ainsi se prouve la doctrine du Bouddha :
rien de cet univers ne fut créé.*
* La version française se fonde, a son tour, sur la traduction anglaise et la version castillane. (*N.d.T.*) (Masson[1997],p.156)

いかが。オクタビオ・パスのスペイン語の詩 Prueba の特徴は、その各国語訳にも波線を付した箇所である。ダルマキールティのサンスクリット語による原詩、及びそこからの通常の現代語訳には見られないものである。"Es mujer y es sinuosa enredadera."「それは女性であり、曲がりくねった蔓草である」との一節は何故付加されたのか？　わたしには不明である。その恋愛詩にエロチシズムを付加する目的があったのだろうか。他人の詩作品に勝手に手を入れることが詩人に対する冒涜であることを詩人であるパスが知らないわけはないのである。ダルマキールティのその詩を評価するのなら、忠実にスペイン語訳すべきであるし、自身がサンスクリット語を解さないのなら、信頼する英訳などの忠実なスペイン語訳を作るべきだったと考えるのである。その一節を付加したことで、パスがその詩に込められたダルマキールティの論理性を不合理極まりないものとしてしまったとわたしは考える。人間ならざる造物主に人間の気持ちを期待しているダルマキールティの詩が通常の意味で論証となっていないことは明らかである。また、造物主が創造した女性は乙女なのか幼女なのかとの突っ込みもあり得るとすれば、その詩が「造物主」の存在を認める他宗派の主張に対する反論や揶揄や論駁などを意図したものと考える必要など毛頭ないのでは。むしろ自身の眼前にいるそのように若く美しい女性についときめいてしまう自身に対する仏教徒の自戒と嘆きが聞こえてくると考えるのである。

オクタビオ・パスも参照している Brough の英訳とは以下の通りである。

If he had seen this dainty creature,
Golden as saffron in every feature,
How could a high creator bear
To part with anything so faire?
Suppose he shut his eyes? Oh, no:
How could he then have made her so?
—Which proves the universe was not created:
Buddhist theology is vindicated.

Dharmakīrti (Brough[1968//1982],p.134)

［Brough 訳の和訳：もし一人の最高創造者が、全身サフランのように輝かしい、この優美な被造物を見たのなら、どうして、彼は、そんなにも美しい何ものかと別離することに耐え得たであろうか？ ［その創造の折］彼が、眼を閉じていたのだと仮定してみたらいかが？ いや駄目である。彼がその［眼を閉じていた］場合には、どうして、彼女をそのように[美しく]造作することが出来たであろうか。このことは、宇宙は創造されなかったということを証明するものである。［したがって］仏教の教理が立証されるのである。］

果たしてパスが言うように「知性のウィンクをかわす」“cambia un guiño de inteligencia …” (Paz[1995/2001],p.147.)ことが出来るだろうか。パスが、その詩篇の持つ論理性を看過しているのは明らかだろう。ダルマキールティのみならず、「恋歌」を捻り出す詩人にとって唾棄すべき「不合理」は「恋愛」である。言葉を紡ぎ出す詩人は常に「合理」に貫かれている者である。読者とウィンクを交わす余裕など、果たしてあるだろうか。

さて、オクタビオ・パスも問題にしたダルマキールティに帰されるこの一詩篇に対しては、大部の「カーヴィヤ研究書」を公刊している Warder の英訳もある。それも見てみよう。言葉少なに語る詩の理解は困難を極める。その一つの解釈としてある現代語訳は何であれ興味深い。

If the antelope-eyed beauty had come within the range of Brahmā's eyes
he would not have abandoned her for a moment, her face reddish with saffron paste;
Nor could he have formed such beauty with his eyes shut;
therefore the doctrine of the Buddha is best: this whole universe is without a creator.(Warder[1983],p.147)
[Warder 訳の和訳：もしその羚羊の眼をした美が梵天の視界に入ったならば、彼は、サフランの塗香で赤茶けた顔を持つ彼女を、一瞬間たりとも、手放すことはなかっただろうし、眼を閉じていては、彼は、そのような美を形成することも出来なかっただろう。それ故に、ブッダの教理が最高である。この全世界は造物主を持たないのである。]

わたしは、このダルマキールティに帰せられる詩篇をめぐって本論を起こしたのだが、その作者問題に関しては何一つ言うことを持たない。ただ、「論理学っぽい処理」の施されたこの詩篇をより説明的に訳すならば、次のようになるのではないか、と言いたいのである。

もし(yadi)、羚羊の眼(eṇa-īkṣaṇa)を持てる[この]美女(sundarī)が[ひとたび]造物主(vidhi)の視界(locana-gocara)を過ぎった(yāta)ならば、サフラン塗膏によって黄褐色の顔を持てるこの[美女]が、その[造物主]より、一刹那[といえども]、見放される(ujjhihita)だろう(syāt)ことはない(na)し、[また、]眼を閉じていた(āmīlita-locana)[造物主]の創造(racana)から、そのような(īdṛśa)美貌(rūpa)が生ずるだろう(bhavet)こともない(na^api)のである。それ故に(tasmāt)、この(idam)世界(jagat)の一切は(sarva)作者を持たず(akartṛka)、仏教徒の(saugata)[そうした]教理(mata)が最勝なのである(śreyas)。（拙訳）

造物主がいるとしたら、①見ながら創造するか、②見ることなく創造するかのどちらかであろう。もし、前者①だとすれば、[こんなにも美しいのだから、造物主が、自身の]創造した彼女を手放すことはないだろう。後者②だとすれば、そのように美しい女を[目を閉じた状態で、]見ないで創造することなど[絶対]出来ないはずである。だが、彼女は現にあまりに美しく、しかも野放し状態である。したがって、［彼女に造物主がいるという前提は如何様にしても成立しない。したがって、］造物主の存在を否定する［仏教徒の］定説が証明されたことになる。

このように考えて初めてこの詩が＜論証＞を構成しているという言い分が成立するのである。だが先にも指摘したように、こうした論証は、ダルマキールティが自身の著作で厳密に展開させた論理学とは似て非なるものである。真の論証とは似て非なるものである。いわば論理ゲームかまやかしの類いであろう。次節に紹介する片岡氏のコメント「恋愛詩にしても，ちゃんと論証式っぽくなっているところは流石です． 理由の一つ一つも仏教臭く」のレベルのものと言うべきであろう。ダルマキールティは、自らは決してこのような論証を駆使することはなかったのではないか。この詩で表明されているのは、目の前にいる美女にどうしようもなく惹かれてしまう自身の弱さ、というものではないだろうか。

II. ダルマキールティの恋歌

今やインド論理学の研究者としても名高い片岡啓氏のブログ[17]には、「2006.12.23」の日付と共に、ダルマキールティのものとされる以下の興味深い詩篇が引かれており、氏自身による興味深いコメントも付されている。

(ii) alam aticapalatvāt svapnamāyopamatvāt pariṇativirasatvāt saṃgamena priyāyāḥ /
iti yadi śatakṛtvas tattvam ālokayāmas tad api na hariṇākṣīṃ vismaraty antarātmā //

「漢訳では法称． 後 7 世紀前半頃の活躍です． インドに残る詞華集には，ダルマキールティ(Dharmakirti)の名で，幾つかの詩が残っています． チベット仏教で「ツェマ」(Skt. プラマーナ) と言えば論理学のこと． その最終的に行き着くところはダルマキールティの論理学です． まさか，こんな詩を残しているとは，両手を撃って論争練習に明け暮れるツェマの学僧も思いもよらないことでしょう． しかし，恋愛詩にしても，ちゃんと論証式っぽくなっているところは流石です． 理由の一つ一つも仏教臭くて笑えます．」

17 http://kaula.blog110.fc2.com/blog-entry-168.html このことに関しては片岡氏の 2015.9.11 のメールでご教示いただいた。氏には心より感謝したい。

そして片岡氏によってダルマキールティのその詩篇に対して与えられた訳文が以下のものである。「何百回と」は誇張であるとしても、さすがになかなかの名訳と思われる。

「もうたくさんだ うつろいやすいがゆえに　夢・幻の如きであるがゆえに 転じて味を失い［苦くなる］がゆえに　愛しい女［と］の交わりは と　たとえ　何百回と　真実をかえりみても それでも　鹿の目をした女を　私の心は　忘れない」

片岡氏は、このダルマキールティの詩の典拠を示しておられないが、それは、やはり『スバーシタラトナコーシャ』の中に直ちに見つかる。

alam aticapalatvāt svapna-māyā-upamatvāt pariṇati-virasatvāt saṃgamena priyāyāḥ /
iti yadi śata-kṛtvas tattvam ālokayāmas tad api na hariṇa-akṣīṃ vismaraty antar-ātmā //13//[18]
（Kosambi & Gokhale[1957], p.87）

Since congress with your mistress will be short,
like to a dream or jugglery,
and end in disillusion, stay away !
Though I reflect upon these truths a hundred times
My heart forgets not the gazelle-eyed girl.（Ingalls[1965], pp.181-182;p.503,n.479）
[Ingalls 訳の和訳：君の婦人とのお付き合いは、短命で、夢・まやかしの如くして、幻滅で終わるのであるから、遠ざかってあれ。わたしは、百度、こうした真理を熟考しているが、わたしの心は、その鹿の目を持てる少女を忘れることはないのである。]

幸いダルマキールティに帰されるこの Srk 477 に関しては、Brough の英訳も残されている[19]。

---

[18] Kpr に引かれるものは、variant を与える。“alam aticapalatvāt svapna-māyā-upamatvāt pariṇati-virasatvāt saṃgamena^aṅganāyāḥ / iti yadi śata-kṛtvas tattvam ālocayāmas tad api na hariṇa-akṣīṃ vismaraty antarātmā //”(Durgāprasāda & Paṇśīkar[1912],.200)　Brough も典拠の一つと考えて”P.566”と註記している(p.145)のも、Kpr と同じである。Brough のこの詩篇に対する英訳は、一般向けの訳書ということもあるのか、原典からの忠実な訳とは言えない。

[19] この詩節は、有名な Böhtlingk[1966R]にも収録されており、独訳“Wenn wir uns auch hundertmal die Wahrheit zu Gemüthe führen, dass man den Umgang mit einem Weibe meiden müsse, weil er gar flüchtig ist, einem Traume und Zauber gleicht und schliesslich einen bittern Geschmack zurücklässt, so vergisst das Herz

A hundred times I learnt from my philosophy
To think no more of love, this vanity,
This dream, this source of all regret,
This emptiness.
But no philosophy can make my heart forget
Her loveliness. (Brough[1968], p.64)

[Brough 訳の和訳：わが哲学より、百度、わたしは、もはや愛、[すなわち]この虚妄なるもの、この夢、この一切の後悔の源、この空性のことは考えまい、と学んだのだが、哲学は決して、わが心をして、彼女のすばらしさを忘れさせることは出来ないのである。]

変わり映えもしないが、拙訳は以下の通りである。

「まことに儚き(aticapala)が故、夢(svapna)・幻(māyā)の如きものであるが故、失望に終わるもの（pariṇati-virasa）であるが故、愛しき女(priyā)との交わり(saṃgama)は為すなかれ(alam)」と(iti)、仮に百度も(śata-kṛtvas)真実(tattva)をさとった(ālokayāmas)としても(tad api)、わたしの内なる心(antar-ātman)は、［あの］鹿の目を持つ女(hariṇa-akṣī)を忘れる(vismarati)ことはない(na)。」（拙訳）

いかが。この詩篇は、『スバーシタラトナコーシャ』の「恋愛の部 (Anurāga-vrajyā)」に収録されたものである。女性に対する作者の率直な恋情が、哲学や論理学と直結する「真実(tattva)」との対比で歌われたものである。いわゆるエロチックな描写など微塵も伺われないではないか。以下には、「恋歌」と言い得るダルマキールティに帰される有名なもう一篇の詩篇について検討してみよう。最初の詩節と同じく『スバーシタラトナコーシャ』の「乙女讃歌の部(Yuvati-varṇana-vrajyā)」に収録された以下の詩篇 Srk 454 である。ダルマキールティに帰される「恋歌」で最も有名な詩篇と言ってもいいかと思う。

(iii) lāvaṇya-draviṇa-vyayo na gaṇitaḥ kleśo mahān svīkṛtaḥ
svacchandaṃ vasato janasya hṛdaye cintā-jvaro nirmitaḥ /
eṣā^api sva-guṇa-anurūpa-ramaṇa-abhāvād varākī hatā

---

dennoch nimmer die Gazellenäugige."(Böhtlingk[1966R] 637:I, p.119)も与えられている。

ko^arthaś cetasi vedhasā vinihitas tanvyās tanuṃ tanvatā //71//[20] (Kosambi & Gokhale[1957], p.83)

He reckoned not expense of precious substance
nor the infinite pains that he employed;
nor did he stick at firing the hearts of men
who heretofore had dwelt in peace.
And yet, poor lady, she's undone
from lack of lover matched in quality.
What sense had the Creator
In making the body of this slender maid? (Ingalls[1965], p.176)

He counted not the cost of beauty's grace,
But toiled for a perfected work of art;
And so she kindles a contented heart
To fever by the vision of her face.
Her sad perfection, matchless and apart,
Finds no fit counterpart. With what intention
Did God take thought to shape this fair invention? (Brough[1968],p.62)

No heed was paid to the lavish expense of wealth and beauty. Great pains have been endured! Of a man, who was happy and free, there remains only a burning torch of thoughts. See! This luckless lady herself has been drowned in despair for want of a befitting spouse. But what might have been the idea in Creator's mind when he brought the body of this charming lady into being? (Gnoli[1960],p.xxxvi)[21]

---

[20] Böhtlingk[1966R]には、この詩篇に対する以下のヴァリアントとその独訳が収録されている。
"lāvaṇya-draviṇa-vyayo na gaṇitaḥ kleśo mahān arjitaḥ svacchandaṃ carato janasya hṛdaye cintā-jvaro nirmitaḥ / eṣā^api sva-guṇa-anurūpa-ramaṇa-abhāvād varākī hatā ko^arthaś cetasi vedhasā vinihitas tanvīm imāṃ tanvatā //"
"Einen Reichthum an Anmuth zu verschwenden, erachtete er für Nichts, grosse Muhen bürdete er sich auf, im Herzen ruhig ihrer Wege gehender Menschen erzeugte er das Fieber der Sorgen; und auch diese Unglückliche strafte er, da kein Gatte da ist, der ihren Vorzügen entspräche: welchen Zweck hatte sich doch der Schöpfer im Herzen vorgesetzt, als er diese Schlanke bildete ? "(Böhtlingk[1966R]5850:III,p.247)

[21] Gnoli は、この英訳に対して、"I have partially adopted here the translation of K. Krishnamoorthy,…"とコメントしている。Cf. Gnoli[1960],p.xxxvi, f.n. 1.

美の資材の消費(lāvaṇya-draviṇa-vyaya)[22]をお構いなしに(na gaṇitaḥ)、大いなる(mahat)労苦(kleśa)が費やされた(svīkṛta)、気儘に(svacchandam)住する(vasat)人々(jana)の心(hṛdaya)の中には、思案の熱苦(cintā-jvara)が生みだされ(nirmita)、[しかも、造出された]彼女は、自身の美徳(sva-guṇa)に似合った(anurūpa)恋人(ramaṇa)がなく(abhāva)、打ちのめされて(hata)哀しみに暮れている(varāka)。[だとするならば、]美しき女(tanvī)の身体(tanu)を造出する(tanvat)造物主(vedhas)によって、心(cetas)の中には、いかなる目的(artha)が置かれた(vinihita)のであろうか。（拙訳）

このダルマキールティに帰される詩篇に対しては、有名な詩論書『ドゥヴァニアーローカ』Dhvanyāloka にダルマキールティのものとして引かれる以下のヴァリアントが知られている。文言の上で若干の差異を示すが、意味するところは、ほとんど変わるところはなく、多くの現代語訳が公になっている。

(iii') lāvaṇya-draviṇa-vyayo na gaṇitaḥ kleśo mahān svīkṛtaḥ
svacchandasya sukhaṃ janasya vasataḥ cintā-analo dīpitaḥ /
eṣā^api svayam eva tulya-ramaṇa-abhāvād varākī hatā
ko^arthaś cetasi vedhasā vinihitas tanvyās tanuṃ tanvatā // [23] (Śāstri[2009R],p.487)

The expenditure of a wealth of sensuous beauty has not been counted, great trouble has been taken,
a fire of anxiety has been lit for a person who was living happily at will,
And this poor girl herself, from the absence of an equal lover, has been destroyed:
in fashioning the body of this slender one, what object had the Creator fixed in mind ? (Warder[1983],p.146)

He reckoned not expense of **beauty's** substance
nor the infinite pains that he employed;
nor did he stick at firing the hearts of men

---

[22] この詩の最初の複合語 lāvaṇya-draviṇa-vyayo を構成する lāvaṇya と draviṇa の両語の関係はタトプルシャと解すべきと考えるが、Gnoli[1960]、木村俊彦[1993]、和田[2012]の三氏はドヴァンドヴァと解している。
[23] Dhā III にダルマキールティの詩として引かれるこの詩は、Srk に現れる(iii)のヴァリアントとなっている。意味するところは、ほとんど変わらない。

who heretofore had dwelt **without constraint**.
And yet, poor lady, she's undone
from lack of lover matched in quality.
What **purpose** had the Creator
In making the body of this slender maid? (Ingalls[1990], p.625)

「"美女（tanvī）の身体（tanu）を創造する（tanvat）時，造物主（vedhas）によって心（cetas）に抱かれた（vinihita）のは，如何なる（kas）目的（artha）であろうか。［彼は］美と富の喪失（lāvaṇya-draviṇa-vyaya）を計算（gaṇita）せず（na），大いなる（mahat）労苦（kleśa）を受け（svīkṛta），［また］快適に（sukhaṃ）暮らしつつある（vasat）気ままな（svacchanda）男（jana）に不安の火焔（cintā-anala）を燃え上がらせた（dīpita）。またこの女（eṣā）自身（svayam eva）も（api）相応しい夫がいないが故に（tulya-ramaṇa-abhāvāt）惨めであり（varākī），うちひしがれた（hatā）。」（和田[2012]197 頁）

「造り主（vedhāḥ）は美と富の費消を顧みず、大いなる煩悩を認め来れり。己がままに生きるおのこの心に苦しみを起せり。
この傷心の乙女も適いし妹背の無きゆえ。佳人のか細き肢体を創りて、造り主は何の意図ぞ。」（木村[1993]417-418 頁）

「創造者はこの美女の身体を創った時、どのような意図を心に抱いたのか。彼は美の財物を費やすことを意にかけなかった。そして多大なる労苦を経験した。しかし、気ままで幸福に暮している人々にものおもいの火を燃え上がらせた。そして彼女もまた、似合いの恋人がいないので、うちひしがれた。」（上村[2001]518 頁）

最初の詩篇(i)で造物主の存在を否定したかのダルマキールティが、またも造物主にからめて恋歌を紡いでいるのである。世界が造物主によって作られたものであるとすると、造物主は金に糸目をつけず、時間を存分にかけて、快心の作品である美女を創造したようだ。だが結果として、世界に苦悩と混乱を招き入れたのであるから、造物主とは何と愚かしい存在だろう、と愚痴をこぼした詩篇である。敵は恋情、カーマである。詩人は苦の原因たる愛の苦しみを歌っているのである。

まだまだダルマキールティの恋歌を問題にし得る。「恋愛の部」に分類される以下の詩篇 Srk 501 である。

(iv) sā bālā^iti mṛga-īkṣaṇā^iti vikasat-padma-ānanā^iti krama-pronmīlat-kuca-kuḍmalā^iti hṛdaya tvāṃ dhig vṛthā śrāmyasi /
māyā^iyaṃ mṛga-tṛṣṇikāsv api payaḥ pātuṃ samīhā tava tyaktavye pathi mā kṛthāḥ punar api prema-pramāda-āspadam //37//（Kosambi & Gokhale[1957], p.91）

"She is young, with fawn eyes, her face an opening lotus,
the buds of her breasts just blossoming."
Fie on you, heart, that work in vain;
it is delusion this wish of yours
to drink up water from mirages.
Set not again in passion's error
your foot upon that treacherous path. (Ingalls[1965], p.185)

'Ah, she is fair', you say; 'her tender eyes —'
You say; 'her lotus-blossom face—' you say;
'Her budding breasts — ' you say. For shame, my heart.
This is vain torture. Would you seek to drink
At a mirage? No, never again, I say,
Shall you encourage dallying thoughts of love
To find a foothold on forbidden paths. (Brough[1968], p.64)

'She is young', 'She has eyes like a deer's', 'Her face is a blossoming lotus',
'The buds of her breasts are gradually appearing' — Fie, heart, you tire yourself in vain!
She is an illusion and you wish to drink the water in a mirage:
don't go again by the way which must be abandoned, the place of the blunder of affection. (Warder[1983],p.147)

「彼女は（sā）若く（bāla），鹿のような眼をもち（mṛga-īkṣaṇa），開いた蓮華のような顔をもち（vikasat-padma-ānana），次第に膨らみつつある乳房の蕾をもつ

(krama-pronmīlat-kuca-kuḍmala)，という（iti）［ので］，ああいやだ（tvāṃ dhik），心（hṛdaya）よ，［汝は］無駄に（vṛthā）努力する（śrāmyasi）。これは（iyaṃ）幻影（māyā）である。蜃気楼（mṛga-tṛṣṇika）の中にあっても（api），水（payas）を飲もうとする（pātuṃ）汝の（tava）欲望（samīhā）である。放擲さるべき（tyāktavya）道（path）において，愛欲という誤謬を含むこと（prema-pramāda-āspada）を再び（punar api）為しては（kṛthāḥ）ならない（mā）。」（和田[2012]202 頁）

「彼女は(sā)若く(bāla)、鹿の目(mṛga-īkṣaṇa)を持ち、開きつつある(vikasat)蓮華(Padma)の［如き］顔(ānana)を持ち、間もなく(karma)開花せんばかり(pronmīlat)の蕾(kuḍmala)のような胸(kuca)を持つ。哀れむべきは、そなた(tvāṃ dhik)。心(hṛdaya)よ。［そなたの］足掻きはむなしい(vṛthā śrāmyasi)。これは(iyam)幻影(māyā)だ。陽炎(mṛga-tṛṣṇikā)の中にあっても(api)、水(payas)を飲もうとする(pātum)そなたの(tava)欲望(samīhā)。捨離すべき(tyaktavya)道(pathan)にあって、［そなたは、］またもや(punar api)、愛(preman)の狂乱(pramāda)に踏み入ること(āspada)を為すことなかれ(mā kṛthāḥ)。」（拙訳）

むすびにかえて

わたしに許された紙面は既に尽きたと言えるが、確かにダルマキールティに帰される恋愛詩は一つの共通の特徴をもっているとは言えるかも知れない。常に理屈っぽいし、諦念が横溢しているとは言えるように思う。わたしたちの愛して止まないダルマキールティの『プラマーナ・ヴァールッティッカ』Pramāṇavārttika の冒頭部に置かれた有名な一詩篇[24]のシニカルな調子は、それらの一連のダルマキールティの恋歌と同じ空気をはらんでいるとは言えるかも知れない。仏教徒はカーマを敵視し、カーマと戦って人間としての生涯を終えるのだと考えるが、そこにはカーマの克服し難い面についての深い自覚が見られ、世俗を離れての諦観へ向けての仏教徒としてのひたすらの歩みへの強い意志を看取することが出来るような気がする。その事情を端的に示す詩節をもう二つほど引いて本攷を閉じようと思う。仏教徒にして知性溢れる比類無き哲学者としてのダルマキールティの真骨頂を歌った詩篇と言えるのではないか。やはり『スバーシタラトナコーシャ』の「恋愛の部」に収録された Srk 478、英語文化圏の一般読者に紹介する Brough の英訳詩集ペンギンブッ

---

[24] “prāyaḥ prākṛta-saktir apratibala-prajño janaḥ kevalam
na^anarthy eva subhāṣitaiḥ parigato vidveṣṭy api^īrṣyā-malaiḥ /
tena^ayaṃ na para-upakāra iti naś cintā^api cetaś ciram
sūkta-abhyāsa-vivardhita-vyasanam ity atra^anubaddha-spṛham //2//”(Pandeya[1989], p.2,ll.1-4)
ここではこれを引くに留める。

ク版『サンスクリット詩集』、Brough[1968]に収録されている詩篇である[25]。

(v) napuṃsakam iti jñātvā tāṃ prati prahitaṃ manaḥ /
ramate tac ca tatra^eva hatāḥ pāṇininā vayam //14//（Kosambi & Gokhale[1957], p.87）

Knowing that 'heart' is neuter,
I sent her mine;
But there it fell in love;
so Pāṇini undid me. (Ingalls[1965], p.182)

The grammar-books all say that 'mind' is neuter,
And so I thought it safe to let my mind
    Salute her.
But now it lingers in embraces tender:
For Pāṇini made a mistake, I find,
    In gender. (Brough[1968], p.64)[26]

「心(manas)が、中性(napuṃsaka)である」と(iti)知った上で(jñātvā)、彼女に(tām)対して(prati)置かれた(prahita)のである。だが(ca)、その［心］は(tad)、他ならぬ彼女に(tatra^eva)溺れてっしまっている(ramate)。わたしたちは(vayam)、パーニニ(Pāṇini)によって蹂躙された(hata)のだ。」（拙訳）

最後は『スバーシタラトナコーシャ』の「老年の部(Vārdhakya-vrajyā)」に収録された以下の詩篇 Srk 1518 である。

(vi) anaṅga palitaṃ mūrdhni paśya^etad vijaya-dhvajam /
idānīṃ jitam asmābhis tava^a-kiñcit-karāḥ śarāḥ //1//[27]（Kosambi & Gokhale[1957], p.262）

---

[25] 本攷ではダルマキールティに帰される六つの詩篇が問題にされている。Brough[1968]には、合計 264 の詩篇の英訳が収録され、それには、通し詩節番号が付されている。(i)から(vi)は、それぞれ、247(p.134),45(p.64),46(p.64),38(p.62),44(p.64),254(p.136),である。

[26] Böhtlingk[1966R]の独訳は"Weil wir das Herz fur ein Neutrum (einen Eunuchen) hielten, sandten wire s als Boten zur Liebsten; es ist aber dort geblieben und buhlt mit ihr: Panini (der Grammatiker) hat uns in's Verderben gesturzt. "(Böhtlingk[1966R] II, p.230)。

[27] この詩篇に基づくオクタビオ・パスによるスペイン語詩は、真辺氏によっては訳出されなかった

See, Love, this white-haired pillar of victory.
I have won. Your shafts are harmless. (Ingalls[1965], p.396)

Look, Love: the flag of victory —
  A grey hair plain to view!
Your futile darts are naught to me.
  Now, I shall conquer you. (Brough[1968], p.136)

「愛神（anaṅga）よ，この（etad）白髪（palita）の勝利の幢幡（vijaya-dhvaja）を上（mūrdhan）に見よ（paśya）。今や（idānīṃ）私たちによって（asmābhis），あなたの何事も為さない（tava-akiñcit-kara）矢（śara）は打ち負かされた（jita）。」（和田[2012]206 頁）

「愛神(anaṅga)[28]よ、［汝は］見るべし(paśya)、勝利の幡(vijaya-dhvaja)たる、この(etad)額(mūrdhan)の上の白髪(palita)を。今や(idānīm)わたしたちは勝利した。あなたの(tava)[華の]矢(śara)々は、為すところがない(akiñcit-kara)のである［から］。」（拙訳）

当然ながらダルマキールティの恋歌には、恋愛讃歌と言い得るものは一つとしてないように思われる。この最後の詩節には、仏教徒の敵である「愛」を、老境によって克服できた／出来そうだという冷静な視点が見てとれるように思われる。オクタビオ・パスの詩篇に伺われる恋愛讃歌、恋愛の成就による幸福の実現の謳歌は、愛を克服し、諦観を目指すダルマキールティの恋愛観とは天と地ほども開きがあると言えるような気がする。

【略号・参考文献】

Kpra:Kāvyapradīpa → Durgāprasāda & Paṇśīkar[1912]

P:Paddhati of Śārṅgadhara → Peterson[1888//1987]

Pv:Pramāṇavārttika → Pandeya[1989]

R:Rāmāyaṇa → Paṇśīkar[1930]

Srk:Subhāṣitaratnakośa → Kosambi & Gokhale [1957]

付録部分に収録されている。“Mira este cano pilar de victoria. Gané: tu flechas, amor, ya no me tocan. DHARMAKIRTI” (Paz[1995//2001//2012],p.213) 初版の英訳、Weinberger[1997//1998]には、“See this white-haired pillar of victory. I’ve won. Your arrows, Love, can’t touch me.”(p.143)と、本文中にある。

28 インドの場合、恋歌や恋愛に関わるものとして、この「愛神／カーマ神」を無視し得ない。金沢[1998]、金沢[2016]（予定）を参照されたい。

T:Tilaka ad Rāmāyaṇa → Paṇśīkar[1930]

Dhā:Dhvanyāloka → Śāstri[2009R]

Arya, Ravi Prakash

[1998]:*Rāmāyaṇa of Vālmīki, Sanskrit Text and English Translation (by M. N. Dutt)*, 4 Vols, Delhi.

Aryan, K.C.

[1994]: *Hanuman:Art, Mythology & Folklore*, New Delhi.

Böhtlingk, Otto

[1966R]: *Indische Sprüche*, 3 vols, Osnabrück.

Brough, John

[1968//1982]:Poems from the Sanskrit, Harmondsworth, etc.

Cohen, Leonard

[1966]: *Beautiful Losers*, HarperCollins E-books [Kindle Ed.]

Devlin, Jim

[1996]: *In Every Style of Passion: The Works of Leonard Cohen*, London,etc.

Dowson, John

[1888]:*A Classical Dictionary of Hindu Mythology and Religion, Geography, History, and Literature[2nd Edition]*, London.

Durgāprasāda & Wāsudev Laxmaṇ Śāstrī Paṇśīkar

[1912]: *The Kāvyapradīpa of Mahāmahopādhyāya Govinda* ....., Bombay.

Gerow, Edwin.

[1971]: *A Glossary of Indian Figures of Speech*, The Hague.

[1977]: *Indian Poetics*, Wiesbaden.

Gnoli, Raniero

[1960]: *The Pramāṇavārttikam of Dharmakīrti, The First Chapter with the Autocommentary, Texts and Critical Notes*, Roma.

Ingalls, Daniel H.

[1965]: *An Anthology of Sanskrit Court Poetry, Vidyākara's "Subhāṣitaratnakoṣa"*, Cambridge(Mass.).

Ingalls, Daniel H., Masson, J. Moussaieff, & Patwardhan, M.V.

[1990]: *The Dhvanyāloka of Ānandavardhana with the Locana of Abhinavagupta* .....,

Cambridge(Mass.) & London.
Keith, A. Berriedale
[1920/1966]:*A History of Sanskrit Literature*, London.
Keul, István
[2002]: *Hanumān, der Gott in Affengestalt: Entwicklung und Erscheinungsformen seiner Verehrung*, Berlin & New York.ba
Kosambi, D.D. & Gokhale, V.V.
[1957]: *The Subhāṣitaratnakoṣa Compiled by Vidyākara*, Cambridge(Mass.).
Lane, Helen R.
[1981]: *The Monkey Grammarian by Octavio Paz*, New York.
Ludvik, Catherine
[1994]: *Hanumān in the Rāmāyaṇa of Vālmīki and the Rāmacaritamānasa of Tulasī Dāsa*, Delhi.
Masson, Jean-Claude
[1997]: *Lueurs de l'Inde (par Octavio Paz)*, Paris.
Nadel, Ira B.
[1996]: *Various Positions: A Life of Leonard Cohen*, Vintage Canada [Kindle Ed.]
Nagar, Shantilal
[2004]: *Hanumān through the Ages*, 3 Vols., Delhi.
Pandeya, Ram Chandra
[1989]: *The Pramāṇavārttikam of Ācārya Dharmakīrti with the Commentaries Svopajñavṛtti of the Author and Pramāṇavārttikavṛtti of Manorathanandin*, Delhi,etc..
Paṇśīkar, Wāsudev Laxman Śāstrī
[1930]:*The Rāmāyaṇa of Vālmīki with the Commentary (Tilaka) of Rāma[4th Ed.]*, Bombay.
Paz, Octavio
[1951/1973]: *¿Águila o sol?*, México.
[1995//2001//2012]:*Vislumbres de la India*, Barcelona.
[1968]:Conjunciones y disyunciones, Barcelona.
Peterson, Peter
[1888//1987]:*Śārṅgadhara Paddhati…*, Delhi.
Raghavan, V.

[1939//1963/1978]: *Bhoja's Śṛṅgāra Prakāśa*, Madras.

Śāstri, Pandit Pattābhirāma

[2009R]: *The Dhvanyāloka of Śrī Ānandavardhanāchārya....*,[KashiSanskritSeries 135],Varanasi.

Simmons, Sylvie

[2013]: *I'm Your Man: The Life of Leonard Cohen*, Jonathan Cape[KindleEd.]

Warder, A.K.

[1983]:*Indian Kāvya Literature, Vol.4*, Delhi,etc..

Weinberger, Eliot

[1987/1991]:*The Collected Poems of Octavio Paz 1957-1987*, New York.

[1997//1998]:*In Light of India (by Octavio Paz)*, New York.

浅尾敦則

[1997]：訳『NICO ニコ―伝説の歌姫―』（リチャード・ウィッツ著）河出書房新社

井上輝夫

[1980]：「パス・ノート―「Hic(いま) et nunc(ここ)」の詩」『現代詩手帖』9 月号

井上義一・木村榮一

[1997]：訳『二重の炎―愛とエロティシズム』（オクタビオ・パス著）岩波書店

岩本明美

[2010]：「アメリカ禅の誕生―ローリー大道老師のマウンテン禅院―」『東アジア文化交渉研究　別冊 6』

牛島信明

[2011]：訳『弓と竪琴』（オクタビオ・パス著）岩波文庫

大沢正佳

[1970]：訳『歎きの壁』（レナード・コーエン著）集英社

大橋悦子

[2005]：訳『レナード・コーエン伝』（イラ・ブルース・ナデル著）夏目書房

小川靖彦

[1996]：「紫草の贈答歌―恋歌における媚態について」『國文学』10 月号

片岡啓

[2006]：「仏教論理学者ダルマキールティの恋愛詩（サンスクリットのカーヴィヤ）」ブログ

金沢篤

[1998]：「カーマの矢―インド愛神考序説―」『駒澤大学佛教学部研究紀要』第 56 号
[2015]：「「盲亀浮木の喩」と定家の恋歌」『駒澤大学佛教学部研究紀要』第 73 号
[2016]：「カーマの死―Kālikāpurāṇa 第 42 章を読む―」『駒澤大学佛教学部研究紀要』第 74 号（予定）

木村榮一

[2007]：訳『もうひとつの声―詩と世紀末』（オクタビオ・パス著）岩波書店

木村俊彦

[1993]：「詩人ダルマキールティ―年代論と共に―」『インド学 密教学研究 上』法藏館
[1998]：著『ダルマキールティにおける哲学と宗教』大東出版社

清水憲男

[1977]：訳『大いなる文法学者の猿』新潮社
[1982]：「オクタビオ・パス詩学の根本概念」『イベロアメリカ研究』IV-1
[2014]：「パス詩学の諸相」『季刊 iichiko』No.123

野谷文昭

[2002]：訳『鷲か太陽か？』（オクタビオ・パス著）書肆山田

本多恵

[2005]：訳『ダルマキールティの『認識批判』』平楽寺書店

真辺博章

[1997]：訳『オクタビオ・パス詩集』世界現代詩文庫　土曜美術社出版販売
[1998]：訳『続オクタビオ・パス詩集』世界現代詩文庫　土曜美術社出版販売
[2000]：訳『インドの薄明』土曜美術社出版販売

和田悠元

[2012]：「詩人としてのダルマキールティ」『インド論理学研究』第 V 号

（本稿は JSPS 科研費 24520406 の助成を受けた研究の成果の一部である）

Indian Logic, No. 8 (Tokyo, 2015)

CONTENTS

MATSUMOTO Shirō
In Praise of Professor Matsuda Kazunobu 1

YOSHIMIZU Kiyotaka
Kumārila on the Non-difference between an Individual and Its Generic Property: A Comparison with Aristotle 5

KATAOKA Kei
Reconsidering the Authorship of the *Nyāyakalikā* 31

UNEBE Toshiya
Śūnyatā in the *Prajñāpāramitāhṛdaya*: With Special Reference to *Bhāva-pratyaya* Theory in Pāṇinian Grammar 49

FUKUDA Yōichi
On the Two Meanings of Svabhāva in Tsong kha pa's Madhyamaka Philosophy 75

YOTSUYA Kōdō
Yogācāra-Madhyamaka and the *Saṃdhinirmocanasūtra* 103

YAMABE Nobuyoshi
On the Interpretation of the First Proof of *Ālayavijñāna* in the *Viniścayasaṃgrahaṇī* of the *Yogācārabhūmi* 123

HOSODA Noriaki
A Collection of Gāthās and Keywords from the "Mārgavarga" of the *Saṃyuktāgama* (I): TT VIII A, lines 1–7 145

SHŌNO Masanori
Newly Identified Sanskrit Fragments of the *Saṃyuktāgama* in the Private Collection in Virginia 161

KANO Kazuo
Text-Critical Remarks and Translation of the Dharmadhātustava, Verses 1–51 177

UENO Makio
Aśvaghoṣa's Lost **Sūtrālaṃkāra* 203

HABATA Hiromi
Newly Identified St. Petersburg Sanskrit Fragments of the *Mahāparinirvāṇa-mahāsūtra* 235

YONEZAWA Yoshiyasu
The First Greeting of Vimalakīrti to Mañjuśrī : Notes on the Sanskrit *Vimalakīrtinirdeśa* IV-4 247

MATSUDA Kazunobu
Sanskrit Text of the *Samantabhadracaryānirdeśaparivarta*, VV. 78–121 in the *Buddhāvataṃsakasūtra* 255

Self-Compiled List of Publications by Professor Matsuda Kazunobu 269

HORIUCHI Toshio
Toward a Critical Edition of the *Laṅkāvatārasūtra*: The Significance of the Palm-leaf Manuscript 275

YAO Fumi
A Preliminary Report on the Newly Found Sanskrit Manuscript Fragments of the *Bhaiṣajyavastu* of the Mūlasarvāstivāda *Vinaya* 289

CHOI, Jinkyoung
A Brief Survey on the Sanskrit Fragments of the *Viniścayasaṃgrahaṇī* 305

WADA Yūgen
Utprekṣā in Daṇḍin's *Kāvyādarśa* 319

KANAZAWA Atsushi
Love Poems Attributed to Dharmakīrti 335

Editor's Note (KANAZAWA Atsushi) 367

編 集 後 記

やっと第8号をお届けできる。本号は、「松田和信教授還暦記念号」。全篇依頼原稿である。世の還暦記念論集の顰みに倣って、松田和信氏より年下の方々に執筆を打診し、依頼した。本記念号の発案者の一人である松本史朗氏には、巻頭言に代わる貴重な「松田和信讃」を書いていただいた。感謝。編集人のわたしも松田氏より年長であることを理由に、編集後記だけで済ますつもりでいたが、長年常に啓発されるばかりで、研究者としてのキャリアーも後発である立場上、苦しまぎれに書いた。だが、いざ雑誌が出来上がってみると、格調高い文献学的研究の数々によって醸し出された学術的な雰囲気を一人台無しにしているようにも思えてきた。思うように進捗しない編集作業に対する非力な編集人のぼやきと、拙論を本篇から切り離してもらえたらと思う。本誌の三人いる編集委員の一人、四津谷孝道氏よりは、三人を代表するようにして格調高い論攷を寄稿していただいた。また、本誌の母胎となるインド論理学研究会の創設時よりのメンバー、Kailasa フォント（松田和信教授のご論攷には、このフォントが使われている）の産みの親でもある福田洋一氏からも、いつに変わらぬ刺激的な論攷をいただいた。インド論理学研究会のいわば同志である両氏に感謝したい。

また編集人にとって同門の後輩に当たる圧倒的なお二人、吉水清孝氏と片岡啓氏からも貴重な論攷を頂戴できた。感謝。片岡啓氏は、今年度の鈴木学術財団特別賞を受賞されたとか。その業績を考えれば当然であるが、祝意を表したい。また今さら紹介するまでもない進撃の巨人、吉水清孝氏であるが、氏は交通事故に見舞われるという不運をものともせずにご寄稿くださった。一日も早いご快癒を祈念したい。

また、忘れ得ぬインド学研究の大先達泉芳璟氏ゆかりの、文法学研究の精鋭、畝部俊也氏からも興味深い論攷を頂戴できた。畝部氏はさわやか無比のナイスガイ、俊英ジュニアでもある。前号への寄稿もお願いしていたのだが、今回が多彩な研究活動で多忙をきわめる氏の初寄稿である。感謝。原稿が送付されてから何度かメールのやりとりを重ねたが、氏からの最後のメールには、明日から数日病気加療のために入院するとあった。その後お加減はいかがだろうか。一日も早いご快癒を祈念したい。

そして本誌創刊号以来の常連の和田悠元氏は、愛すべきワーシャ・シュムコフの徒、本誌の誌友と言うべき頼もしい存在である。感謝。また、加納和雄氏には、本誌第Ⅳ号に続いて二度目の登場を願った。氏は、編集人が学生のころ学会学術大会の折に入山したものの畏れ多くてすぐに下山して帰ってしまった高野山からのご寄稿である。感謝。定年退職後山登りに明け暮れる友人から単独行の武勇伝を聞かされ、賀状で年に一度だけ近況を知らせてくれる別の友人の「今年も修験道にはまっています」という文言などを目にするにつけ、人は何故山に登るのだろうか、と不思議に思う。「そこに山があるから」とのマロリーの名言が想起されるが、理由にも何にもなっていないと言いたくなる。わたしが登らないのは、おそらくシヴァ神に遭いたくないからだ。

さて残る、山部能宜氏、細田典明氏、生野昌範氏、上野牧生氏、幅田裕美氏、米澤嘉康氏、堀内俊郎氏、八尾史氏、Choi, Jinkyoung（崔珍景）氏といった錚々たる面々は、いずれも本誌には初登場。大学入学後この方、ほとんど東京地方の平らかな街路を超え出ることなく人生の大半を生きてしまったわたしは、どなたとも面識がない。有用な梵文テキストとご自身の著作目録を寄せられた松田和信教授とのご縁でご寄稿いただいた方々である。おそらく松田氏がみごとに展開させた研究の方向性を各々個性をもって共有しておられる研究者ではないかと想像している。感謝感謝。編集人にはその論攷の一々についてあれこれ語る資格はないが、いずれも精緻な研究方法の堅実な学術的な成果のように思われる。無駄な文彩や衒学的脱線を極力排した厳格な論攷である。そのこととも関連していると思われるが、本誌本号は、執筆者の数（合計 19 名）に比して（雑誌の厚さが、）やや薄目か。言うまでもなく学術論文の価値は長さではない。後でも触れる、本誌掲載論文の欧文目次のチェックをお願いしているギーブル氏に、元になる目次と英文目次をメール添付のファイルでお届けしたところ、返ってきたメールに、「随分内容の充実した一冊になったようで、さぞご満足でしょう。」とあったのが、編集人としてはうれしかった。

当然ながら、原稿執筆を依頼したものの、日程的に都合がつかずにご寄稿いただけなかった方々が少なからずいたことも付記しておく。が、松田和信教授にも十分ご満足いただける内容になっているのではないかと自負する。いかが。

最後になったが、毎度の突然のメールによる依頼に嫌な顔ひとつすることなく直ちに応えていただいているロルフ・ギーブル氏には、感謝。氏は、このほど大部の『大乗本生心地観経』の英訳を完成されたと聞く。英訳大蔵経の一冊となって刊行される日が待たれる。また、本誌第 8 号の刊行予定を勝手にどんどん遅延させる編集人に呆れ果てることなくじっと待っていてくださった山喜房佛書林の浅地康平社長にも、感謝。久しぶりに、映画 STAR WARS の新作を観た。恥ずかしながら、わたしのデスクサイドは STAR WARS グッズの山である。さあ、次はその一歩先を行く第 9 号。　　金沢　篤

インド論理学研究　VIII

初版　2015 年 11 月 30 日発行

編　集:　松本 史朗　金沢 篤　四津谷 孝道

発行者:　©インド論理学研究会

〒154－8525　東京都世田谷区駒沢 1-23-1

駒澤大学 第二研究館 金沢研究室

発行所:　山喜房佛書林

〒113－0033　東京都文京区本郷 5-28-5

TEL: 03 (3811) 5361

ISSN 1884-7382　定価 8,500 円（税別）